근대의 이중과제와

한반도식
나라만들기

근대의 이중과제와

한반도식
나라만들기

백낙청
지음

창비

책머리에

문학평론을 처음 쓰기 시작할 때부터 한반도의 분단과 통일은 나의 큰 관심사였다. 그러나 '분단체제'에 대한 인식을 강조하며 한층 본격적인 논의를 처음 펼친 단행본은 『분단체제 변혁의 공부길』(1994)이다. 이후 『흔들리는 분단체제』(1998), 『한반도식 통일, 현재진행형』(2006), 『어디가 중도며 어째서 변혁인가』(2009) 등이 잇달아 출간됨으로써 4부작 비슷한 모양새를 갖추었다.

그다음 책 『2013년체제 만들기』(2012)는 성격이 좀 달랐다. 역시 분단체제극복을 중요 주제로 삼았으나 2012년의 총선과 대선을 앞두고 현실정치에 직접적인 영형을 끼치려는 야심을 갖고 소책자의 형태로 서둘러 출간한 것이었다. 나로서는 안 하던 짓이었고, 새 정부의 출범을 계기로 '2013년체제'라 부름직한 새 시대를 열어보려는 기획은 참담하게 실패했다. 하지만 시대의 대전환이라는 목표 자체는 깃발을 달리해서라도 계속 추구할 만한 성격이었고 책 내용에도 아직껏 유용한 것이 적지 않다고 스스로 위안하고 있다.

그렇게 따지면 본서는 크게 봐서 같은 종류의 여섯번째 저서가 되는 셈이다. 이번도 대통령선거라는 정치일정을 몇달 앞에 둔 상황이며 거대한 전환에 대한 꿈이 여전함은 서장에 밝혀져 있다. 그러나 현실정치에 대한 나의 개입능력이 극히 한정된 것임을 나는 2012년의 실패를 통해 깨우친 바 있고 내 책이 어떤 단기적 효과를 거두리라는 욕심은 내지 않는다. 다만 2012년 당시보다 한층 느긋한 마음으로 변함없는 희망을 품는 데는 그럴 만한 까닭이 있다. 그사이 우리 사회에는 2016~17년의 촛불대항쟁이 일어났고 촛불혁명이라는 거대한 변화가 진행 중인 것이다.

  당장의 선거승리보다 더 긴 앞날을 내다보면서 논의를 펼치게 된 또 하나의 이유는, '근대적응과 근대극복의 이중과제'라는 개념을 주요 열쇠말로 삼아 그동안 아껴두었던 글들을 처음으로 한자리에 모았기 때문이다. 여기에 '분단체제' '한반도식 통일' '변혁적 중도주의' '촛불혁명' 등 내 책의 독자라면 얼마간 익숙한 주제를 다룬 근년의 글을 보태 한권을 만들었다. 새로 집필한 것은 서장 「촛불혁명과 개벽세상의 주인노릇을 위해」뿐이지만 나머지 글들도 다소간에 새로 손을 보았다.

  손질한 방식이 모두 똑같지는 않다. 제1부의 두편은 각기 '근대의 이중과제'와 '한반도식 나라만들기'에 대해 비교적 최근에 쓴 글들이고, 내용을 많이 손질하지는 않았지만 현재의 시점에서 읽히도록 표현을 조정했다. 반면에 제2부와 3부는 이중과제론을 처음 전개한 1999년의 「한반도에서의 식민성 문제와 근대 한국의 이중과제」를 시작으로 대략 시대순으로 배열했으며 더러 집필과 발표 경위를 글머리에 설명하기도 했지만 처음 발표된 시점이 드러나게 놔두었다. (일부 각주는 현재 시점에서 추가한 것이나 원래 주와 쉽게 구별되므로 따로 표시하지 않았다.) 유일하게 시계열에 어긋나는 예는 작년에 처음 발표한 5장 「고 김종철과 나」인데, 내용상 4장 「근대 한국의 이중과제와 녹색담론」과 이어지기에 그렇게 배치

했다. 하지만 6장부터 다시 연대순으로 돌아와 8장까지로 2부를 채웠다. 8장 「2013년체제와 변혁적 중도주의」는 2012년 총선에서의 야당 패배로 '2013체제 만들기'의 전망이 어두워진 상황에서 어떻게든 희망을 살려보려는 안간힘과 더불어, 변혁적 중도주의 개념을 다시 끌어들여 논의의 깊이나마 더해보려는 시도를 담은 것이다.

제2부와 3부 사이에는 '2013년체제 만들기' 실패 이후의 자숙기간을 대표하는 약간의 공백이 있다. 그러나 세월호참사를 지켜본 뒤에 나도 '가만있지 않겠다'는 다짐으로 다시 입을 연 것이 9장 「큰 적공, 큰 전환을 위하여」(2014)다. 10장 「'촛불'의 새세상 만들기와 남북관계」는 촛불대항쟁이 한참 진행되던 도중에 씌었고 11장 「시민참여형 통일운동과 한반도 평화」, 12장 「어떤 남북연합을 만들 것인가」는 문재인정부 출범 이후의 산물이다. 끝으로 올해 초에 쓴 「기후위기와 근대의 이중과제」로 제3부가 마무리된다.

제4부는 '단평 모둠'으로, 해마다 써온 '신년칼럼'을 위주로 그동안 책으로 엮지 않은 시국 평을 주로 모은 것이다. 그중 두번째와 네번째 글은 이미 다른 저서에 실린 것을 중복 게재했는데, '단평 모둠'이 노무현 대통령 탄핵을 저지한 2004년의 촛불시위 이래 우리 현대사의 흐름을 드러내는 일정한 서사를 이룬다면 2008년의 촛불 그리고 2010년의 천안함사건에 대한 기억이 포함될 필요가 있다고 보았기 때문이다. 사실 제4부는 비교적 부담없이 읽히는 짧은 글들이라 1~3부의 시대적 배경을 일별하고 출발하고 싶은 독자의 '미리보기'로 이용될 수도 있고, 본론을 접한 뒤에 일종의 복습용으로 삼아도 좋겠다.

근대라는 역사적 현실이 점점 난맥상을 더해가는 시점에 유독 이 땅에서는 촛불혁명이라는 민중주도 민주적 변화의 거대한 사건이 벌어졌다. 한국과 한반도가 근대에 대한 적응력을 높임과 동시에 근대를 극복하고 개벽세상을 열어가는 세계사적 작업을 선도할 기회를 잡은 것이다. 본서가 이 작업에 조금이라도 기여할 수 있다면 더없는 보람이요 기쁨이 아닐 수 없다. 책의 내용을 준비해온 지난 20여년의 세월에 온갖 은택과 지적인 깨우침을 주신 분들이 일일이 거명할 수 없을 정도로 많다. 여기서는 단지 출간의 최종 단계에 직접적인 도움을 준 창비의 한기욱 주간, 이남주 부주간, 염종선 상무, 황혜숙 본부장, 그리고 신채용 숲과나무편집실 대표, 이지영 인문교양출판부장, 박주용 팀장 등 실무진에게 감사하는 데 그치고자 한다. 그동안 내 책을 거듭 내면서 사업상 재미를 별로 못 본 강일우 사장에게도 감사와 위로의 뜻을 전한다.

2021년 11월
백낙청 삼가 씀

촛불혁명과 개벽세상의 주인노릇을 위해

촛불혁명이 시작된 후로 '주인노릇'에 대해 더 많은 생각을 하게 된다. 2016년 가을부터 이듬해 봄까지, 세계적으로도 유례가 드물게 많은 시민들이 자발적·평화적인 시위를 끈질기게 벌이며 스스로 나라의 주인이자 자기 삶의 주인임을 과시했기 때문이다.

대한민국이 민주공화국이라는 원칙은 제헌헌법에서, 아니 1919년의 상해임시정부 헌장에서 이미 선포한 바 있다. 군주의 신민(臣民)에서 주권자 국민으로의 전환이 이루어진 것이다. 하지만 직접민주주의가 아닌 대의정치가 어떤 식으로든 불가피한 근대국가에서 주권행사는 선거철의 유권자 노릇에 국한되기 일쑤였는데, 촛불대항쟁[1]은 그런 반쪽짜리 주인행세는 안 되며 아예 신민의 수준으로 되돌아가려는 나라는 더욱이나 안 된

---

1 우리 사회에는 2002년 효순·미선이 사건, 2004년 노무현 대통령 탄핵 저지, 2008년 광우병 소 수입반대 때에도 대규모 촛불시위가 있었고 2019년 검찰개혁을 위한 서초동 집회도 촛불항쟁의 이름에 값했다. 따라서 2016~17년의 가장 크고 결정적이었던 촛불을 '대항쟁'이라 불러 특화할 필요를 느낀다. 이는 촛불대항쟁을 촛불혁명의 시발점이 아니라 혁명 그 자체로 설정하여 혁명이냐 아니냐를 따지는 입장과 분명한 거리를 두는 이점도 있다.

다고 분명히 못박았다. 따라서 '촛불'이 대통령 탄핵과 정권교체로 끝난 일회성 항쟁이 아니고 세상과 나라를 크게 바꾸는 촛불**혁명**이 되려면 시민들이 어떻게 주인노릇을 하느냐가 그 어느 때보다 중요해진 것이다.

문제는 촛불대항쟁으로 시민들이 새로운 차원의 주인의식을 갖게 되었더라도 일단 선거가 끝나고 새로운 집권자들이 들어서면 명목상 머슴집단인 후자는 막강한 권한과 조직을 갖는 데 비해 주인은 너무나 많은 사람들이 권한을 나눠 갖고 있기 때문에 머슴(들)을 뜻대로 부리기가 힘들어진다는 점이다. 어떻게 주인노릇을 제대로 하는 주인이 될지 진지하게 고민하지 않을 수 없다.

촛불대항쟁, 촛불혁명, 촛불정부

구체적인 답을 찾기 전에 '촛불'이 과거지사가 아니라 진행 중인 '혁명'일 가능성에 대한 고민이 없이는 기본적인 사실마저 오인할 수 있음을 지적하고자 한다. 처음부터 혁명이라고 규정해놓고 출발하자는 게 아니다. 대항쟁은 2016~17년으로 한정된 사건이지만 그것을 어떻게 기억할지, 이후의 진전에 혁명의 면모가 있다면 어떤 것인지를 줄곧 성찰하면서 살아가자는 말이다. 불교적 표현으로 촛불혁명을 '화두'로 붙들고 살자는 것인데[2] 그럼으로써만 시국을 올바로 진단하고 적절히 대응할 수 있기 때문이다.

문재인정부가 '촛불정부'를 자임하는 데는 스스로 촛불 덕에 집권했다는 엄연한 사실에 더해 나라다운 나라를 만들라는 시민들의 요구를 실현

---

[2] 본서 4부 16「촛불혁명이라는 화두」참조.

하겠다는 다짐이 포함되어 있다. 하지만 세월이 흐를수록 그러한 다짐이 흐려지고 — 집권세력 중 대다수는 처음부터 진정어린 다짐이 아니었을 수도 있다 — 요즘은 촛불정부라는 호칭 자체가 가당치 않다는 평가조차 많아진 형국이다.

문재인정부의 탄생이 촛불에 힘입었음은 자타가 공인하는 바다. 그러나 대항쟁이 아니었으면 이른바 3기 민주정부의 성립이 거의 불가능했으리라는 점을 얼마나 실감들 하는지는 의문이다. 물론 국민이 박근혜정권을 끝까지 참아줬으리라는 가정은 우리 국민을 과소평가하는 일일뿐더러 역사적 사실에 반하는(영어로 counter-factual이라고 하는) 가설이므로 일종의 사고실험 이상이 되기 어렵다. 그래도 점점 많은 사람들이 촛불이라는 화두를 내려버리는 지금의 상황에서는 유용한 사고실험이며 2016년 당시의 상황을 되새겨보는 방편이기도 하다.

이명박·박근혜 정부의 공통된 정치기획은 87년체제가 열어놓은 정권교체의 기회를 원천적으로 봉쇄하여 한국정치를 1987년 이전으로 되돌리려는 '점진 쿠데타' 내지 '신종 쿠데타'였다.[3] 이명박의 사익편취나 박근혜의 국정농단은 그들 체질의 자연스러운 표출이긴 했지만 점진 쿠데타 프로젝트를 위해서는 교란요인이 되는 면이 컸다. 어쨌든 그 기획이 촛불시민의 대대적인 봉기 없이 2017년 12월의 대선 때까지 진행되었더라면 민주당 후보가 누구든 간에 정권을 탈환할 확률은 극히 낮지 않았을까. 2012년에도 극도로 편향된 언론상황에 더해 국정원, 기무사 등이 동원된 조직적인 선거부정이 저질러졌음이 훗날 밝혀졌지만, 2017년 12월까지의 시간이 주어졌다면 훨씬 대대적이고 치밀한 공작이 수행되었으리라는 점은 의문의 여지가 없다.

---

3 이남주 「역사쿠데타가 아니라 신종 쿠데타 국면이다」, 『창작과비평』 2015년 겨울호 '책머리에' 2~5면.

현실에서는 촛불대항쟁으로 저들의 시간표가 완전히 어그러졌다. 하지만 민주당정부 역시 '얼떨결'에 등장할 수밖에 없었다. 대항쟁은 어떤 의미로 문재인정부 성립의 필요조건을 넘어 거의 충분조건이었다고 할 수 있다. 민중혁명의 과정에서 시행되는 선거는 위험한 국면일 수 있는데 2017년 대선의 선거과정 역시 여러모로 촛불정신을 후퇴시키는 양상을 보였다. 그럼에도 1968년 6월 프랑스 총선에서와 같은 역전을 허용하지 않은 것은 승리한 후보나 정당의 역량보다 촛불시민의 위력에 주로 힘입었다고 봐야 할 것이다.[4]

준비가 부족하기로는 시민사회도 마찬가지였다. 대항쟁에서 수많은 시민들이 특별한 조직이나 지휘체계 없이 자발적 행동과 수평적 연결만으로 거대한 변화를 이끌어낸 점을 자랑하는 것은 백번 타당하다. 하지만 수평주의에 항상 따르는 위험은, 성공 후에 그 열매를 가로채기 당할 가능성이다. 4·19혁명도 그랬다. 흔히 4·19로 성립한 민주당정권이 5·16쿠데타로 무너진 사실만을 언급하지만, 민주당의 집권 자체가 일종의 가로채기였고 신·구파 모두 일찌감치 4·19의 정신에서 멀어졌던 정권이 군부의 무력에 다시 가로채기를 당한 것이었다. 4·19가 학생조직 외에는 조직이랄 게 없는 민중봉기였기에 보수야당과 군부에 의한 연속 가로채기를 막지 못한 것이다. 촛불대항쟁의 수평주의도 똑같은 위험에 노출되어 있었다. 그러나 촛불의 위력이 워낙 대단했기에 촛불혁명을 완수하겠다는 충정을 가진 후보가 선거에서 당선되었고 이후 대통령 본인의 능력과 준비 부족 등 온갖 한계에도 불구하고 우리가 여전히 촛불혁명을 말할 수 있는 상황이 존속되고 있는 것이다.

문정부를 평가할 때 잊지 말아야 할 또 한가지는, 그 실적이 아무리 기

---

4 프랑스 5월혁명과의 대비는 본서 4부 13「'촛불'이 한반도 평화를 만들어낼까」 442면 참조.

대에 못 미쳤다 해도 촛불이 낳은 정부가 아니고서는 설혹 문재인보다 훨씬 역량이 뛰어난 인물이 나섰더라도 도저히 못 했을 일들을 해냈다는 사실이다. 이명박·박근혜 두 전직 대통령과 삼성 총수의 구속, 70여년 만에 처음 성취된 검찰의 기소독점권 폐지, 여순항쟁 관련 특별법 제정을 비롯한 각종 피맺힌 역사에 대한 신원(伸冤)작업의 진행 같은 일들을 촛불 없이 '정상적'으로 집권한 중도보수정당 대통령 누가 해냈을 것인가. 마찬가지로 2018년의 획기적인 남북관계 진전을 촛불혁명이 아니고서는 김대중 전 대통령의 준비와 개인기를 갖춘 인물이라 해도 과연 이뤄낼 수 있었을 것인가. 이런 것들을 두고 '누가 해도 그 정도는 했을 것'이라고 대수롭지 않게 넘기고 정부비판에만 열을 올리는 태도는 현실에 대한 극도의 무감각을 말해줄 뿐이다.

사실은 이 정부에 대한 정당한 분노의 표출이나 심지어 제1야당 등 기득권세력의 결사저항 역시 본질적으로 촛불의 '자장(磁場)' 안에서 벌어지고 있음을 유의해야 한다.[5] 분노한 목소리들에 귀를 막자거나 비판을 자제하라는 말이 아니다. 비판하고 질타하더라도 어디까지나 촛불혁명의 **주인노릇**의 일환으로 하자는 것이다. 주인은 평론가가 아니다. 물론 주인노릇을 제대로 하자면 세상과 노복들에 대한 비평을 게을리하지 말아야 하지만, 본질상 일을 되게 만드는 것이 주인의 몫이다. 그래서 옛말에도 주인은 종의 종노릇을 해야 된다고 했고, 불가(佛家)에서는 수처작주(隨處作主)라 하여 언제 어디서나 자기가 처한 위치에서 주인노릇 할 것을 다짐하기도 한다. 민주사회의 주인이 정부가 아니고 시민이며 촛불혁명의 시

---

5 "냉정하게 생각해보면 당연한 사실은 현재 정부여당의 지지율 하락도 촛불혁명의 자장 안에서 진행되고 있다는 점이다. 퇴행적 이슈가 아니라 성평등, 주거권 보장, 소득불평등 해소 등 앞으로 나아갈 수 있는 의제에서의 미흡한 대응이 지지율 하락을 촉발하고 있기 때문이다."(이남주 「촛불혁명의 초심으로」, 『창작과비평』 2020년 가을호 4면)

대에는 더욱이나 그래야 한다면, 못난 일꾼을 욕하더라도 잘 부리기를 고민하는 자세로 욕할 일이요 여차하면 궂은일을 몸소 해낼 각오도 필요하다. 머슴은 일을 못했을 때 벌을 받거나 정 감당이 안 되면 도망가도 그만이지만 주인은 그럴 수가 없는 것이다.

1기 촛불정부 기간에 달라진 세상

현 정부의 잘잘못 문제를 떠나 세상은 1기 촛불정부 4년여 동안에 엄청나게 달라졌다. 그런데 이 나라가 온통 망가지고 '빨갱이' 세상이 되었다는 수구세력의 공격과는 대조적으로, 진보적이라는 인사들 사이에는 '아무것도 달라진 게 없다'는 개탄이 자주 들린다. 자신이 특별히 주창하고 소망하던 분야에서 이뤄진 게 없다는 뜻이겠지만 이 또한 온전한 주인노릇은 아니다. 선거철에 각자의 판단과 이해관계에 따라 투표하고 나머지 기간은 평론에 열중하는 촛불 이전의 낡은 행태인 것이다. 어쩌면 촛불 이전부터 가장 진보적인 입장을 취했고 지금도 그렇다는 은근한 자기과시일지 모르겠는데, 이런 이들은 주권시민보다는 '주권을 가진 소비자', 심한 경우에는 일종의 '진상고객'일 수도 있다.

기후위기의 심화라든가 미·중 대결 같은 것은 정부의 잘잘못 차원에서만 따질 수 없는 전지구적 생태계 또는 지정학적 차원의 문제이다. 또, 나중에 다시 언급하겠지만 4차 산업혁명이라 일컬어지는 현대사회의 급속한 변화 역시 일국 차원에 국한할 수 없는 문제다. 그러나 결국 이들 현실에 대한 대응의 성패는 촛불시민의 주인노릇에 크게 좌우되게 마련이다.

다른 한편, 촛불 이전에 대두했던 국내의 현안들이 촛불혁명으로 새로운 양상을 띠게 된 경우도 많다. 예컨대 우리 사회의 생명경시, 특히 노동자의 안전과 목숨을 가볍게 보는 폐습은 유구한 역사를 지녔으나 이에 대한 시민들의 민감성과 극복의지는 한결 다른 차원에 도달했다. 물론 아직 충분한 변화는 아니고, 중대재해기업처벌법의 처리가 국회에서 지연을 거듭하다가 대폭 약화된 채 통과된 과정을 보면 촛불시민들이 허탈감을 느낄 법도 하다. 하지만 직장에서 또는 사업자 간에 행해지는 '갑질'이 사회적인 쟁점으로 부각되는 현상들에서도 촛불로 인한 사회적 체질의 변화를 실감할 수 있다.

촛불 이후 새로운 차원에 달한 것이 성평등 문제, 특히 여성에 대한 차별과 혐오, 여성의 신변안전 문제 들이다. '미투(#MeToo)운동'만 해도 2016년에 이미 문단의 성폭력 사례들이 주목을 끌었고 '미투'라는 용어 자체는 외국에서 만들어진 것이지만, 대항쟁 현장에서 부각되던 성차별 반대 움직임이 그후 촛불혁명의 일환으로 사회적 대세를 이루게 되었다. 지금은 성평등운동이 '미투'라는 고발운동에 한정되는 것을 오히려 경계하며 운동방식의 한계를 성찰하고 성평등운동의 보편적 지평을 확대하려는 문제의식이 일어나는 수준으로까지 진화한 것으로 보인다. 군대 내의 성폭력과 이에 대한 군조직의 거듭된 은폐도 새롭게 부각되었는데, 이는 김영삼정부의 하나회 청산 이래 군사쿠데타를 다시 일으키기는 힘들어졌지만 여전히 문민통제를 제대로 받지 않는 군이라는 특수조직이 지닌 좀 다른 차원의 문제들과 함께 따로 검토할 심각한 사안이다.

그밖에도 열거할 문제야 많지만 나는 우리 사회 적폐세력들의 민낯이 세상에 드러나고 있는 것이야말로 촛불혁명의 최대 성과 중 하나라고 본다.[6] 전모가 드러나려면 물론 아직 멀었다. 특히 예의 민낯들이 개인으로 또는 특정 집단으로만 존재하는 게 아니라 여러 분야에 걸쳐 강고하고 거

---

6 본서 4부 18「세상의 민낯을 본 뒤에 무엇을 할까」.

대한 다업종 카르텔을 형성하고 있는 현실은 온 천하에 보이기 시작한 데 불과하다.

이처럼 누적된 폐해가 드러나고 새로운 개혁과제가 제기될수록 2기 촛불정부의 성립 여부야말로 우리 역사의 분기점이 될 것임을 실감한다. 2017년 대선은 대항쟁의 결과로 예정된 수순을 밟은 거나 다름없었지만, 이후 수구세력이 재정비의 시간을 가졌을뿐더러 한번 민낯을 드러낸 장본인들은 수단·방법을 안 가리고 죽기 살기로 싸우게 마련이다. 내년의 대통령선거야말로 건곤일척의 대회전(大會戰)일 수밖에 없는 것이다.

개벽을 말하는 이유

이 싸움에서 '2기 촛불정부'와 민주당의 정권 재창출을 동일시하는 것은 정확하지도 바람직하지도 않다. 물론 현실적으로 민주당정권이 아닌 2기 촛불정부를 상정하기는 힘들다. 또, 민주당의 경선과정에서 대선후보들이 '4기 민주정권'을 외쳐대는 것은 불가피했고 후보로 확정된 이재명 지사의 수락연설에서도 그 표현이 사용된 것을 탓할 일은 아니다. 그러나 4기 민주**당**정권을 곧 4기 **민주정권**이라 부르는 것은 부정확할 뿐 아니라 일종의 오만일 수 있으며 촛불혁명에 대한 인식을 흐려놓을 위험이 있다.[7]

87년체제 첫 민주당정권인 김대중정부의 성립이 종전 10년으로부터의 의미있는 전환을 뜻하는 것은 사실이다. 그러나 한국의 민주화가 1987

---

7 1기 촛불정부를 3기 민주정부로 부르는 것이 부당하다는 지적은 본서 4부 14「촛불혁명과 촛불정부」449면 참조. '민주당정부'와 '민주정부'의 부당한 동일시와 이것이 이명박·박근혜 정부의 역진적 성격을 호도할 위험에 대해서는 촛불혁명 이전에도 비판한 바 있다(본서 9장「큰 적공, 큰 전환을 위하여」221면).

년의 6월항쟁으로 시작되었다고 한다면 김대중정권을 민주화시대의 세 번째 정권으로 보는 것이 논리적이며, 실제로 첫 문민정부인 김영삼정권은 물론 5공화국과의 연속성이 한결 두드러졌던 노태우정권조차 국민들이 쟁취한 새 헌법 아래 탄생했고 남북관계와 북방외교에서 획기적인 변화를 가져왔다.[8] 그런 마당에 민주당정권만이 민주정권인 양 말하는 것은 87년체제 기득권의 일부를 착실히 누려온 더불어민주당 특유의 오만이며 촛불혁명이라는 역사적 분기점을 흐려버리는 효과마저 있다. 오늘의 촛불 대 반촛불 전선은 여야의 전선과 겹치지 않으며 이른바 진보 대 보수의 '진영대립'과도 일치하지 않는다. 실제로 수구세력 가운데는—정권을 다투는 일을 본업으로 삼는 정당이며 어차피 전체 기득권세력의 전략지휘부로서의 위상을 잃어버린 '국민의힘'을 넘어 더 넓게 보면—촛불정부 2기만 아니면 '민주정부 4기'도 감내할 수 있다는 속내가 한결 뚜렷하다. 아니, 민주당 내부에도 그런 전선이 그어져 있음을 이번 대선후보 경선과정에서도 실감할 수 있었다. 하기는 '4기 민주정부'라는 목표를 공유하기에 본선에서 어느 수준의 당내 협업이 성사되겠지만, '2기 촛불정부'에 대한 경계심과 거부감이 민주당 내부는 물론 '진보진영' 곳곳에 퍼져 있음을 촛불시민은 눈 부릅뜨고 직시해야 한다.

그런데 촛불정부 논의에 굳이 '개벽'을 끌어들이는 이유가 무엇인가?

첫째 촛불혁명의 위력이 갑자기 생긴 것이 아니라 이 땅에 깊은 뿌리를 지녔다는 자긍심과 자신감을 갖기 위해서다. 촛불대항쟁 이전에 2002년, 2004년, 2008년 등의 예행연습이 있었음은 물론 4·19, 5·18, 6월항쟁 등의 오랜 민중운동이 전개되었음은 알려진 사실이다. 더하여 6·25의 폐허에서 나라 경제를 다시 일으킨 국민적 노력, 4·19의 평화통일운동을 끈질기

---

8 이런 인식은 노태우·김영삼의 보수적 정권과 이들의 성과마저 허물어간 이명박·박근혜의 '점진 쿠데타' 정권을 구별하기 위해서도 긴요하다.

게 이어받아 드디어 6·15시대를 연 민족의 저력도 생략할 수 없다. 더 긴 시간대에서는 3·1운동이 '백년의 변혁'에 시동을 걸었고,[9] 더욱 길게 보면 1860년대 수운(水雲) 최제우(崔濟愚)의 동학에서 비롯된 한반도 후천개벽운동의 물줄기가 3·1까지 그리고 이후로도 이어진 것이었다.[10]

둘째로, 수운이 '다시개벽'을 제창한 배경에 이미 장기간 누적된 병폐가 있었음을 상기하면서 촛불혁명의 과정에서도 섣부른 낙관과 절망을 모두 경계하자는 뜻이다. 조선왕조에 의한 임진·병자 두 난리의 대응과 뒷수습이 지혜롭지도 정의롭지도 못했던데다 정조(正祖)의 마지막 개혁 시도마저 그의 급서로 좌절되었다(그가 더 오래 살았더라도 개혁이 성공했을지는 장담 못하지만). 그사이 다산(茶山) 정약용(丁若鏞)을 비롯한 우국적 유학자들의 모색도 적폐세상을 바꾸지 못한 상황에서, 개혁이 아닌 **개벽**을 향한 사상적·실천적 돌파가 이루어진 것이다. 이에 부응해 벌어진 대규모 민중투쟁이 1894년의 동학농민전쟁이었고 그 패배로 1910년의 국권상실, 35년에 걸친 이민족지배, 일제패망과 동시적으로 이루어진 국토분할과 뒤이은 6·25전쟁, 1953년의 정전협정 이래 성립한 분단체제와 남북 기득권세력의 적대적 공존 등의 괴로운 역사가 지속되었다. 촛불혁명이 청산해야 할 적폐가 얼마나 뿌리깊고 완강한 현실인지를 뼈저리게 인식하며 싸움에 임할 필요가 있다.

셋째로, 시야를 지구 차원으로 넓혀서 근대 세계체제 자체가 말기국면에 진입한바 한국과 한민족이 앞장서 이 현실을 타개하고 새세상을 열어갈 전망을 공유하자는 의미가 있다. 16세기 서유럽의 한 모퉁이에서 발생한 자본주의체제가 19세기에는 동아시아마저 아우르는 전지구적 현

---

9 백영서 엮음 『백년의 변혁: 3·1에서 촛불까지』, 창비 2019.
10 같은 책에서 백낙청, 임형택, 백영서, 정혜정 등의 글 참조. 더 최근의 논의로는 김용옥·박맹수·백낙청 특별좌담 「다시 동학을 찾아 오늘의 길을 묻다」, 『창작과비평』 2021년 가을호.

실이 되었다가 20세기 말에 혼란기에 접어들었음은 이매뉴얼 월러스틴 (Immanuel Wallerstein) 등이 일찍부터 지적해왔다. 21세기에 와서는 이른바 선진국들의 정치적 퇴행과 경제적 부진이 더욱 두드러지게 되었고, 최근의 코로나19 대유행마저 겹쳐 패권국 미국과 전세계적 기득권세력의 민낯도 드러날 대로 드러났다.

한국사회의 민낯 또한 곳곳에서 노출됐고 지금도 계속 드러나고 있음을 앞서 지적했지만, 세계적 지평에서 보면 한국과 한반도가 뜻밖의 저력을 보여주는 면도 눈에 뜨인다. 코로나 방역만 해도 전반적으로 동아시아가 비교적 성공하고 있는 가운데 한국은 민주시민들의 자발적인 협조에 힘입은 결과라는 점에서 동아시아에서도 예외적인 사례다. 경제지표를 보더라도 국가경제는 OECD 국가 중에서도 가장 순항하는 나라에 속하며 국가신인도가 미국이나 일본보다 높다. 물론 이것이 마냥 자축할 일만은 아니다. 빈부격차의 확대, 낮은 출산율, 높은 자살률과 노인빈곤율 등 기득권세력에 짓눌린 민초들의 고난을 딛고 이룩된 성과이기 때문이다. 특히 K-방역의 성취가 물류업계 노동자들의 과다노동과 거듭된 과로사, 소상공인들의 폐업과 자살 같은 댓가를 치른 결과임을 잊어서는 안 된다. 다만 촛불혁명으로 나라가 완전히 망가졌다는 가짜뉴스에 흔들리지 말자는 것이며, 이런 현실에 대한 대중의 깨달음이 급속도로 확산되고 있는 데서 희망을 찾자는 것이다.

어쨌든 한국의 국가위상 상승은 단지 경제력만이 아니라 K-방역 외에도 K-팝, 드라마, 영화, 웹툰 등 K-문화에 의해 뒷받침되고 있고, 미얀마 시민항쟁에 보낸 한국민의 남다른 성원도 촛불시대 특유의 현상이다. 그렇다고 이런 현상들이 곧 개벽의 징표라 단정할 수는 없다. 그러나 한반도식으로 평화를 정착시키고 새로운 나라만들기를 진행함과 동시에 현대세계가 당면한 난제의 해결에 한국의 사상적 기여 가능성이 보태진다면 한반도가 전지구적 후천개벽의 진원지가 될 전망도 지녀볼 수 있다.

그에 대한 본격적 검토를 여기서 할 수는 없다. 다만 본서의 중요 열쇠 말인 '근대의 이중과제'를 생각하더라도, 그것은 자본주의 근대의 변증법적 극복을 주창해온 서구 진보사상을 이어받은 면이 있지만, '물질개벽에 상응하는 정신개벽'이라는 한반도 고유의 사상을 수용함으로써만 원만한 성취를 이룰 수 있는 성격이다.[11] 예컨대 점점 심각해지는 기후위기라는 전지구적 문제의 경우 자본주의로부터의 일대 전환 없이는 해결이 불가능하다는 인식이 점차 공유되고 있는데, 이러한 대전환 역시 개벽에 미달하는 차원의 사유로 추동할 수 있을지 의문이며 전환의 과정에서 이중과제론 특유의 현실적인 대응을 요하지 않을까 한다.[12] 이른바 4차 산업혁명 문제도 개벽의 맥락에서 접근할 필요가 있다. '4차'냐 '3차'냐 하는 호칭의 차이를 두고 학자들 간에 논란이 분분하며 몇차라고 번호를 다는 것 자체에 대한 반론도 없지 않다. 사실 자본주의의 역사에서 보면 18세기 말 영국의 산업혁명 자체가 16세기 영국의 자본주의적 영농의 성립으로 이미 자본주의 시대가 진행 중인 도중에 일어난 사태이며 물질개벽의 전개과정의 일부였다고 할 수 있다. 그렇다 해도 그 과정 내부에 특별

---

11 앞의 좌담에서 도올과 나는 '물질이 개벽되니 정신을 개벽하자'는 소태산 박중빈의 원불교 개교표어에 대해 의견을 달리했다(116~21면). 곧, 도올은 소태산이 '물질개벽'을 바람직한 방향으로의 물질환경 변화로 이해하면서 그것을 뒤따라가는 '정신개벽'을 제창했다고 본 데 반해, 나는 소태산이 물질개벽을 전적으로 부정적인 현상으로 본 것은 아닐지라도 세상을 망치고 인류를 도탄에 빠뜨릴 수 있는 위협적인 현상으로 파악하여 그 위협을 이겨낼 만한 정신의 개벽을 이룩해야 함을 주장했다고 해석했다. 동시에 원불교의 개교표어가 수운의 '다시개벽' 사상의 연장선에 있음을 강조했다. 사실 소태산에 의한 한반도 개벽사상과 불교의 결합이야말로 세계사적 사건이라는 것은 나의 지론이며, "벌써 1세기 반이 넘는 이 땅의 자생적 후천개벽운동의 연장선에서 '불법을 주체로' 출발한 원불교가 인류가 찾는 맥을 바로 짚어 앞서나간 면이 있다"(백낙청 『문명의 대전환과 후천개벽』, 박윤철 엮음, 모시는사람들 2016, '지은이 후기' 389면)고 말하기도 했다.

12 본서 3부 13장 참조.

한 변곡점들이 존재했음이 사실이며, 오늘날 디지털기술 등의 발달로 물질개벽이 한층 급격히 가속화되고 있음은 의문의 여지가 없다. 이에 대한 인류의 대응이 종래의 기술문명 따라가기 또는 기술개발 앞서가기와 전혀 다른 성격이어야 함을 인식하기 위해서도 개벽에 대한 연마가 불가결해졌다. 물질개벽만 더욱 눈부시게 되고 인심과 정신은 상응하는 개벽을 이루지 못한다면 '민주주의'니 '주인의식'이니 하는 것 자체가 마음에 어른이 없는 애물들만 양산되어 스스로 주인이라 착각하면서 오히려 기술과 자본에 지배당하는 노예생활을 초래하게 마련인 것이다.

끝으로 본서의 또다른 주제인 '한반도식 나라만들기' 역시 촛불혁명과 개벽세상의 주인들이 나서야 하는 과업임을 강조하고자 한다. 조선왕조가 무너지면서 본격화된 새로운 나라만들기는 한반도 특유의 후천개벽운동과 함께 진행되었고 운동의 부침에 따라 파란곡절을 겪어오다가 민족의 대참사인 동족상잔의 국제전쟁까지 겪었다. 그 후과로 성립한 분단체제는 동학과 3·1이 꿈꾸었던 범한반도적 나라만들기를 70년 가까이 막아왔는데, 이 길고 쓰라린 경험을 바탕으로 세계적으로도 새로운 나라만들기를 진전시킬 가능성을 열어준 것이 촛불혁명이다. 이에 대해서는 책의 본론이 비교적 상세히 다룰 것이므로 여기서 더이상의 언급은 아끼고자 한다.

제1부

1장
근대, 적응과 극복의 이중과제

1. 이중과제론의 제기 경위와 용어 문제

이 글은 네이버문화재단 주최 '문화의 안과 밖' 강연(2014. 11. 22)이 출발점이었고, 수정 보완한 원고가 송호근 외 『시민사회의 기획과 도전: 근대성의 검토』(민음사 2016)에 실렸다. 원고를 넘긴 것은 강연 이듬해 초였는데 그 내용을 상당부분 활용하면서 영어권 독자를 위해 새로 쓴 글이 영국의 *New Left Review* 2015년 9-10월호(95호)에 "The Double Project of Modernity"라는 제목으로 발표되었다. 전혀 다른 독자들을 위해 다른 언어로 집필된 별개의 글인데, 당시 새로 서술한 내용 중 일부는 본장에 반영했다.

이야기가 좀 길어지지만 '이중과제론'이 제기된 경위와 그 전개과정에 대한 설명을 밝히고 시작할까 한다.

'근대극복과 근대적응의 이중과제'를 내가 처음 언급한 것은 1998년 12월 미국 빙엄튼대학 페르낭 브로델 쎈터에서 열린 학술대회에서였다. 대회의 큰 주제는 '트랜스모더니티, 역사적 자본주의, 그리고 식민성: 탈분과학문적 대화'(Transmodernity, Historical Capitalism, and Coloniality: A Post-disciplinary Dialogue)였고 내 발제는 '식민성'에 초점을 둔 시간에 이루어졌다. 영어로 진행된 대회여서 이중과제도 'the double project of simultaneously adapting to and overcoming modernity'라고 영어로 표현했다(직역하면 '근대에 동시적으로 적응하며 극복하는 이중의 기획'이 되겠다). 발제문을 대폭 보완하여 로버트 영(Robert Young)이 주관하는 영국 잡지 *Interventions: International Journal of Postcolonial Studies* 제2권 1호(통권 4호, 2000)에 발표했는데(제목은 "Coloniality in Korea and a South Korean Project for Overcoming Modernity"), 그 한국어 번역본(성은애 옮김)이 원문보다 먼저 출간되어 『창작과비평』 1999년 가을호(통권 105호)에 「한반도에서의 식민성 문제와 근대 한국의 이중과제」라는 제목으로 게재되었다(약간의 수정 보완을 더해 본서 2부 3장으로 수록했음).

이에 대한 즉각적인 반향은 별로 없었던 셈이다. 나의 정년퇴임을 기념하여 제자들이 꾸민 논문집 『지구화시대의 영문학』(창비 2004)에 송승철 교수가 「시민문학론에서 근대극복론까지」를 기고한 것 외에는 산발적인 언급이 있을 뿐이었고, 2008년에야 『창작과비평』지가 '한반도에서의 근대와 탈근대'라는 특집을 통해 집중 조명을 가했다(2008년 봄호, 통권 139호). 이때 이남주(李南周), 백영서(白永瑞) 교수가 각기 「전지구적 자본주의와 한반도 변혁」, 「동아시아론과 근대적응·근대극복의 이중과제」를 집필하여 논의의 확산에 기여했고 김종철(金鍾哲) 『녹색평론』 발행인은 「민주주의, 성장논리, 농적(農的) 순환사회」라는 제목으로 본격적인 비판을 시도했다. 이어서 이중과제론에 대한 여러 사람의 글을 모은 책이 이듬해 간행되었다.[1]

이중과제론은 한국이나 한반도뿐 아니라 세계 전체를 적용대상으로 삼은 개념이고 첫 발언이 영어로 진행된 국제회의에서였으며 그 내용이 영국 잡지에 실리기도 했지만, 외국에서도 큰 반향을 일으켰다고 하기 어렵다. 국제 담론장에서의 시민권 획득이 한두번의 발언으로 성사되는 일이 아니려니와, 그런 성과를 향한 나 자신과 동조자들의 노력도 너무나 미흡했던 것이다.[2] 앞으로 그 노력이 한층 활발해지기를 기대하며, 한국어와 영어 두개의 언어로 발언하는 가운데 특별히 유의하게 된 용어 문제를 살펴보고자 한다.[3]

영어 모더니티(modernity)에는 근대, 근대성, 현대, 현대성 등 우리말로 각기 달리 표기되는 여러 의미가 있다. 이를 두고 한국어가 영어를 제대로 번역하지 못하는 한계를 지적할 수도 있으나, 달리 보면 한국어(그리

---

1 이남주 엮음 『이중과제론: 근대적응과 근대극복의 이중과제』, 창비담론총서 1, 창비 2009. 김종철의 비판에 대해 나는 이 책에 재수록된 「근대 한국의 이중과제와 녹색담론」과 새로 집필한 '덧글'을 통해 답변을 시도했다. 이남주의 서장 「근대의 이중과제란 무엇인가」와 김영희 「페미니즘과 근대성」도 이 책을 위해 새로 집필한 글들이다.

2 나의 영문 저서 *The Division System in Crisis: Essays on Contemporary Korea* (University of California Press 2011)는 주로 졸저 『흔들리는 분단체제』(창작과비평사 1998)에 바탕을 두고 있기 때문에 *Interventions*지의 글이 포함되지 않았으며, 이중과제론의 본격적인 제기 이전의 단계에 속하는 「민족문학론·분단체제론·근대극복론」(1995)이 제4장으로 수록되었을 뿐이다. 영문 잡지 *Inter-Asia Cultural Studies*의 '백낙청 특집'(Vol. 11 No. 4, December 2010, Special Issue: Paik Nak-chung)에서도 객원 편집자(백영서)와 기고자 몇사람의 간헐적 언급이 있는 정도다. 최근에 와서 나 스스로 한층 분발하자는 생각으로 2012년 10월 중국 상하이에서 열린 '아시아사상 회의'의 연설 "The 'Third Party' in Inter-Korean Relations and Its Potential Contribution to Modern Asian Thought"에서 이중과제론을 조금 더 상세히 소개했고(*Inter-Asia Cultural Studies* Vol. 15 No. 1, 8~16면에 2014. 3. 24. 온라인 게재, http://dx.doi.org/10.1080/14649373.2014.871772), 2014년 10월에는 중국 광저우에서 열린 학술회의에서 "Modernity's Double Project in Korea and East Asia"라는 발표를 통해 이 주제를 정면으로 다루었다. 본고의 내용 상당부분이 이 발표와 겹치기도 함을 밝힌다.

3 모던, 모더니티, 모더니즘 등 용어에 관한 검토는 이중과제론을 제기하기 전인 1993년의 한 토론회에서 다소 체계적인 시도를 했고 그날의 발제와 토론 내용을 정리하여 나의 평론집 『통일시대 한국문학의 보람』(창비 2006)에 「근대성과 근대문학에 관한 문제제기와 토론」으로 실었다.

고 한자문화를 공유하는 중국어와 일본어)가 용어를 분별하며 정밀하게 변별하는 능력을 서구어들이 결여하고 있다는 판단이 가능하다. 곧, 우리 말로 '근대'는 중세(또는 전근대) 다음에 오는 **시대**를 지칭하고, '근대성' 은 그러한 시대의 **특성(들)**을 일컫는 추상명사이며, '현대'는 어느 특정한 시대의 명칭이라기보다 '지금의 시기' '최근의 시대'를 가리키는 말이고 '현대성'은 그것과 연관된 추상명사가 된다. 물론 지금도 자본주의 근대 가 지속되고 있다는 점에서는 '현대'와 '근대'가 내용상 같은 것일 수 있 고, 아니면 '근대' 중에서 현재에 더 가까운 일부에 해당할 수도 있다. 그 러므로 '근대성'과 '현대성'이 전혀 별개의 개념일 수는 없지만, 다른 한 편 근대의 여러 성격 중 어떤 것을 더 새롭고 때로는 더 바람직한 것으로 간주하느냐에 따라 '현대성'의 의미가 달라진다.[4]

문제는 동아시아 언어들이 지닌 이런 정밀한 변별력을 제대로 살리는 일을 동아시아인들 자신도 제대로 안 하기 일쑤라는 것이다. 특히 중국의 경우, '근대'를 1919년 5·4운동 이전까지로 한정하고, 5·4에서 1949년 중 화인민공화국 건국까지를 '현대', 그 후를 '당대'로 규정하는 것이 당국 과 학계의 공식 입장이다. 그런데 원래 '현대'와 '당대'는 구분할 수 있는 개념이 아니려니와, 5·4운동으로 '근대'가 끝나고 '현대'가 시작되었다 는 발상도 너무나 중국중심적, 아니 중국공산당 중심적이어서 아무리 중 국 인구가 인류의 4분의 1을 차지한다 해도 보편성을 띤 개념으로 정착하 기 어려울 것이다.[5] 아무튼 세계사의 근대를 '현대'(xiandai)로 번역하는

---

4 영어 modernism이 일반사회와 예술 중 어느 분야에 적용되느냐에 따라 각기 '근대주의'와 '현대주의'로 번역이 달라져야 하는 것은 그 때문이다(「근대성과 근대문학에 관한 문제제 기와 토론」 93면). 전자는 근대화(modernization)를 대체로 지지하는 입장인 데 반해, 후자 의 경우 19세기 중반 이래의 수많은 전위예술가들이 보여주듯이 자본주의 근대에 적대적 인 경우가 오히려 우세한 실정이다.
5 당장에 같은 중어문화권이지만 신해혁명(1911)의 획기성을 강조하는 타이완부터가 동

30

것이 현대 중국의 관행이며 '모더니티'라고 하면 추상명사·구상명사를 구별할 생각도 없이 무조건 '현대성'(xiandaixing)으로 옮기는 예도 허다하다.[6] 그러나 모더니티를 자본주의가 발생한 이후 지금까지 지속되는 역사적 시기로 설정하면서 그것을 '현대'도 아니고 '근대성'도 아닌 '근대'라고 부르는 일은 개념의 혼동을 피하기 위해 중요하다. 또한 근대 논의가 16세기 이래 지속되었고 지금도 건재한 자본주의체제에 대한 인식과 동떨어진 관념적 논의가 되지 않기 위해서도 이 용법을 고수할 필요가 있다. 본고의 제목에 사용된 '근대'도 바로 그런 취지로 선택했다. 본론에서 '근대성'도 언급하고 '현대(성)' 논의도 있겠지만 그들 낱말은 각기 다른 의미로 사용될 것이다.

번역과 관련해서 한마디 덧붙이자면 '이중과제'는 원래 영어로 double project 곧 '이중기획'이었다. 이것을 우리말로 옮기면서 '기획' 대신 '과제'를 선택했는데, 당시로서는 그것이 더 친숙한 표현이라 판단했고 그후 어느덧 익숙해진 느낌이다. 그러나 두가지 과제의 **병행**이 아니라 **이중적인 단일 기획**임을 부각시키는 점에서는 영어의 단수명사 project가 더 적절한 면도 있음을 상기하고 넘어가려 한다.

조하지 않는다. 사회주의혁명과 더불어 '근대'가 끝난다는 시대구분법은 볼셰비끼혁명(1917)을 세계사의 전환점으로 삼은 쏘비에뜨연방의 선례가 있지만, 오늘날 러시아는 더 말할 것 없고 중국의 현실에 비추어서도 납득하기 어려운 역사인식이다. 더구나 스딸린과 달리 혁명 이후의 사회도 언제나 자본주의로의 역전 가능성을 안고 있다고 주장한 마오쩌둥사상에도 어긋난다.

6 광저우 학술회의 내 발제문 제목도 현지 번역자가 '현대성의 이중과제'로 해놓은 것을 절충해서 '현대의 이중과제'로 고치게 되었다.

2. 이중과제론의 연원과 제출 계기

이중과제론의 발상이 독창적인 것이라고 주장할 생각은 없다. 예의 브로델쎈터 학술대회의 제목만 해도 '트랜스모더니티'라는 단어를 썼는데, 이는 이매뉴얼 월러스틴, 아니발 끼하노(Aníbal Quijano)와 더불어 대회의 3인 주역 가운데 하나이던 엔리께 두쎌(Enrique Dussel)이 표방하는 개념이다. 그는 5백년간 지속된 자본주의와 근대의 역사를 끝내야 한다는 점에서 근대의 '완성'론에 반대하는 동시에, 새로운 흐름으로 떠오른 '포스트모던' 역시 유럽중심주의에서 벗어나지 못했다고 비판한다. 전세계 피압박민중, 특히 제3세계 민중의 '해방의 윤리학'은 '트랜스모던'(transmodern)한 것이라는 주장인데, 이때 trans라는 접미사는 '횡단' '가로지르기'의 뜻과 함께 '너머'의 뜻도 지닌다.[7] 그 점에서 이중과제론과 상통하는 바 있다. 다만 근대에 **적응하면서** 횡단을 이룩한다는 의식은 짙지 않은 편이고, '포스트모더니즘'이라는 부실한 근대극복 시도보다 제3세계 민중의 한층 철저한 '근대 너머로 가기'를 부각시키는 데 치중하는 느낌이다. 아르헨띠나 태생으로 멕시코에서 망명생활을 하는 라틴아메리카 철학자다운 결연한 저항정신과 함께, 국민생활의 구체적 현장과의 거리에서 오는 약간의 편향성이 감지되는 대목이다.

이중과제론의 더 방불한 선례로는 오히려 맑스를 들 수 있다. 『공산당선언』에서 그는 한편으로 부르주아계급이 이룩한 혁명적 사회변화를 거의 예찬에 가까울 정도로 서술하면서도 부르주아사회 자체가 새로운 혁명의 대상이 되어야 함을 역설하기도 한다. 그런 의미로 맑스의 유물론적 변증법은 근대적응과 근대극복의 이중과제를 일찌감치 제기했던 셈이다.

---

7 Enrique Dussel, "Beyond Eurocentrism," in Fredric Jameson and Masao Miyoshi, eds., *The Cultures of Globalization*, Duke University Press 1998, 19면.

개인사적 경위를 말한다면, 1970년대 초의 한국문학에서 다시 점화되고 나 자신도 참여한 민족문학 논의와 운동에서 서양 주도의 근대에 대한 양가적(兩價的) 정서가 중요한 몫을 차지했다. 문학작품을 두고도 한편으로 구미의 국민국가들이 앞질러 달성한 국민문학을 우리도 성취하자는 의욕이 활발했는가 하면, 다른 한편 선진국에 의한 제국주의 지배의 문화적 도구를 부정하고 극복할 필요성이 절실했다. 실제로 이러한 양가적 정서는 한국의 신문학 초기부터 존재했고 동아시아 이웃나라에서도 일본의 나쓰메 소오세끼(夏目漱石)나 중국의 루 쉰(魯迅) 등 여러 작가에게서 만날 수 있다. 한국의 신문학 초기에 벽초(碧初) 홍명희(洪命熹)와 횡보(橫步) 염상섭(廉想涉)이 — 각기 다른 방식으로 — 도달한 우뚝한 위치도 이중과제론적 시대인식과 무관하지 않을 듯하다. 아니, 어쩌면 이것은 근대의 훌륭한 문학작품을 구성하는 필수적 요소 아닐까. 물론 이런 거창한 가설은 훨씬 자세하게 '물건을 놓고' 검증해야겠지만, 근대와 예술작품 사이에 그러한 착잡한 관계가 본질상 개재한다면 이중과제론의 보편성을 논증하는 데 큰 도움이 될 것이 분명하다.

근대 및 서양 근대문화에 대한 양가적이고 복합적인 정서가 곧바로 이중과제론을 낳은 것은 아니다. 내 경우 처음에 민족문학론의 형태로 이론화되었다가 범한반도적 현실을 해명하는 개념인 분단체제론으로 진화했으며 이것이 근대세계 전체에 관한 이중과제론으로 발전했다. 그 궤적을 초기 단계에서 정리한 것이 주 2에 언급된 졸고 「민족문학론·분단체제론·근대극복론」이다. 하지만 이때도 "근대성의 성취와 근대의 극복이라는 '이중적 과제' 설정을 민족문학론 및 분단체제론의 연장선상에 놓음으로써 추상적인 구호 이상의 내실을 담으려 했다"[8]고 자부하면서도 '근대극

---

8 『흔들리는 분단체제』 113면.

복과 근대적응의 이중과제'라는 정확한 표현을 찾아내지는 못했던 것이다. 여기서 특히 주목할 점은 '근대성의 성취와 근대의 극복'이라는 용어 선택인데, '근대적응과 근대극복의 동시적 수행'과 대동소이한 것이지만 성취의 대상은 '근대'가 아닌 특정한 '근대성'이고 극복대상은 '근대'로 되어 있다. 하지만 자칫 부질없는 혼란을 야기할 수 있는 설정이었다.[9] 곧, 극복의 대상은 근대 자체지만 성취하자는 것은 근대가 아니고 그 시대의 일정한 특징들인 **근대성**이라는 취지가 흐려질 수 있고, 이중과제가 먼저 근대를 성취한 다음에 극복으로 나가는 순차적 작업처럼 보일 수 있는 것이다. 그러나 근대에는 성취함직한 특성뿐 아니라 식민지 수탈, 노동착취, 환경파괴 등 바람직하지 않은 특성들도 있으므로 그 둘이 혼재하는 근대에 '적응'한다는 것이 더 타당한 표현이며,[10] 성취와 부정을 겸하는 이러한 적응 노력은 극복의 노력과 일치함으로써만 실효를 지닐 수 있다는 것이다.

이중과제론을 이렇게 정리한 데는 당시 성행하던 모더니즘과 포스트모더니즘의 대립구도가 영향을 미쳤다. 예술에서의 모더니즘은 근대주의와 근대화를 지지하기보다 부정하는 기류가 강했다. 예컨대 19세기 프랑스 시인 랭보(A. Rimbaud)가 '우리는 절대적으로 모던해야 한다!'(Il faut être absolument moderne!)라고 외쳤을 때 그는 자본주의 근대에 충실하자는 게 아니라 철저히 '현대적'이 되어야 한다는 뜻이었다. 그러나 이중과제론의 관점에서 보면 그러한 현대주의는 충분한 근대적응이 없이 성급하게 근대극복을 선언하는 폐단이 일반적이었다. 반면에 저들 모더니

---

9 더구나 영어로는 둘다 modernity이기 때문에 'achievement of modernity and overcoming modernity'가 되는 셈이다.

10 앞의 『이중과제론』에 수록된 이남주의 「전지구적 자본주의와 한반도 변혁」은 전지구적 자본주의와 신자유주의의 공세에 대한 추수·탈출·적응이라는 세가지 유형의 대응을 검토하면서 '적응' 전략을 옹호한다(57~61면).

스트(현대주의자)가 근대주의를 충분히 탈피하지 못했다고 공격한 이른바 포스트모던(모더니즘 이후, 또는 모더니티 이후)의 제창자들도 두쎌의 지적처럼 유럽중심주의의 틀 안에 머물기 일쑤였을뿐더러, 근대극복의 구체적 경륜이 없고 더러는 근대가 이미 끝났다고 선포함으로써 자본주의 세계체제의 여전한 위세를 호도하기도 했다. 더구나 한국인의 입장에서는, "우리 문단에서 포스트모더니즘의 형식파괴가 일부 모더니즘의 극단적인 형식실험보다 하등 새로운 것이 없다는 점을 보나, 포스트모더니즘의 이름으로 자행되는 외국(특히 미국) 중심의 상업주의에의 파렴치한 영합행위들을 보나, 그것이 근대주의·현대주의적 문화침략의 실질적인 연속인 동시에 그 새로운 국면이라는 점 또한 너무나 명백하다."[11]

20여년 전 이 발언의 기본 인식은 아직도 유효하다고 믿는다. 그러나 문화침략을 수반할지라도 현대주의 또는 후현대주의(포스트모더니즘) 예술과 사조를 주체적으로 수용하는 자세가 훨씬 유연하고 적극적이지 않고는 이중과제 수행이 부실할 터이다. 더욱이 포스트모더니즘의 제창자라 해서 모두가 자본주의나 그 소비문화에 동조하는 것으로 단정해서도 안 된다. 예컨대 포스트모더니즘의 대표적 이론가 중 한 사람인 프레드릭 제임슨은 그의 책 제목 『포스트모더니즘, 또는 후기 자본주의의 문화적 논리』(*Postmodernism, or, The Cultural Logic of Late Capitalism*)가 말해주듯이 '자본주의 이후'가 아니라 '후기 자본주의(또는 자본주의의 후기)'의 문화논리가 포스트모더니즘임을 명시하고 있으며 '자본주의 이후'에 대한 자신의 지향을 분명히 밝히고 있다. 다만 그의 경우에도 새로운 문화논리와 종전 현대주의의 차이를 과대평가하고 자본주의 소비문화에 실질적으로 ─ 곧, 딱히 예술가 자신의 의도가 아니더라도 ─ 합류하는 작품들에

---

11 「근대성과 근대문학에 관한 문제제기와 토론」, 『통일시대 한국문학의 보람』 113면.

과도한 찬사를 보낸다는 혐의가 없지 않다.[12]

아무튼 그러한 담론상황에서, 한편으로는 근대에 대한 적응 일변도로 나가려는 근대주의자와 맞서면서 다른 한편으로 현존하는 자본주의 현실에 제대로 뿌리박은 전략이 부족한 채 포스트모더니즘이건 사회주의건 또다른 어떤 이름으로건 근대극복을 표방하는 자본주의 반대자들과도 구별되는 입장을 규정할 필요가 절실했다. '근대적응과 근대극복의 이중과제'가 그렇게 해서 성립했고 이후 우리 시대의 온갖 정치적·사회적·예술적 실천의 적절성을 가늠하는 하나의 척도로 대두하게 되었다.

3. '이중과제'로서의 한반도 분단체제 극복

개인사적으로 이중과제론이 분단체제론에서 파생했음은 이미 밝힌 대로다. 이후 나는 분단체제극복 작업이 어떻게 세계사적 차원에서는 이중과제에 부합하는지를 논술하는 방식을 주로 취했는데, 본고에서는 수순을 바꾸어, 이중과제론이 한반도에 적용될 때 어떻게 분단체제극복을 요구하게 되는지를 살펴보려 한다.

한반도의 분단이 1953년의 휴전 상태로 고착되면서 일종의 '체제적' 성격을 띠게 되었다는 것이 나의 지론이다.[13] 이는 분단된 남쪽과 북쪽 모두가 흔히 '근대성'의 중요한 지표로 상정되는 특성들에 견줄 때 매우 들

---

12 Fredric Jameson, *Postmodernism, or, The Cultural Logic of Late Capitalism*, Duke University Press 1991. 나는 「근대성과 근대문학에 관한 문제제기와 토론」에서 이 저서의 논지에 대한 일차적 소개와 비판을 시도한 바 있다(101~103면).

13 이에 관해 참고문헌을 일일이 제시할 필요는 없으리라 본다. 다만 분단체제론이 처음으로 다소나마 본격적으로 제시된 사례로 졸고 「분단체제의 인식을 위하여」(1992), 『분단체제 변혁의 공부길』, 창작과비평사 1994 참조.

쭉날쭉한 양상을 드러내는 현실이기도 하다. 그 지표들이 무엇인지에 대해 일치된 견해가 있는 건 아니지만, 대개는 국민국가, 세계경제에의 능동적 참여, 그리고 '근대적 가치'로서(이 대목은 특히 논란의 여지가 많고, '근대성' 자체와 혼동해서는 곤란하지만) 정치적 민주주의, 근대과학, 개인주의, 그리고 '국민문화' 또는 '민족문화'라 불리는 국민 대다수에 의해 공유되는 문화 등이 열거된다. 이런 기준에서 볼 때 한반도는 오랫동안 독특한 민족문화와 중앙집권화된 단일 정치공동체를 보유한 민족으로 존재해왔고, 분단시대의 남북한 모두가 상당수준의 공업화와 경제성장을 이룩하기도 했다. 더구나 군사력으로 말하면 남북한 각기 거의 강대국 수준에 달해 있다.

반면에 한반도에는 통일된 근대 국민국가가 존재한 적이 없다. 전근대적 왕조가 식민지배 아래로 들어갔다가 해방이 되면서 곧바로 분단국가가 되었다. 양쪽의 당국이 무어라고 주장하건 남북한 모두 '정상적'인 국민국가가 아니고, 엄밀하게 정의되는 의미로 **결손국가**(defective state)인 것이다.

먼저, 양쪽 당국 모두 상대방을 정규적인 국가로 인정하지 않는데다 양자의 관계가 '나라와 나라 사이가 아니라 통일을 지향하는 과정에서 잠정적으로 형성되는 특수한 관계'라고 정부 간의 합의문서(남북기본합의서, 1992)로 못박기조차 했다. 더구나 이는 남북한이 유엔의 회원국으로 동시 가입한 **이후**에 체결된 문서이다.[14] 뿐만 아니라 대한민국의 영토를 한반도와 그 부속도서로 규정한 남한 헌법 제3조를 보더라도 실질적 주권행사 범위가 군사분계선 이남으로 국한되는 점과 명백히 배치된다. 게다가 군

---

14 따라서 남북관계가 '통일을 지향하는 과정에서 잠정적으로 형성되는 특수한 관계'라는 기본합의서 조항이 유엔 동시가입으로 부정되었다는 주장이 적어도 역사상의 선후관계를 오인하고 있는 것만은 분명하다.

사분계선은 쌍방 정부와 국제사회 어느 쪽에서도 국경선으로 공인한 바 없는 일개 휴전선에 불과한 것으로, 근대 국민국가로서 중대한 결손에 해당하는 대목이다. 조선민주주의인민공화국의 경우도 마찬가지다.

그런데 이러한 의미의 결손국가가 동시에 불량국가(delinquent state)인지는 따로 검증할 문제다. 북한의 경우 '불량국가'라거나 '실패한 국가'라는 딱지가 곧잘 붙여지는데, 이는 분단국으로서 앞서 말한 법리상 결손상태에 대한 지적이라기보다 인권이라든가 법치, 인민생활의 수준 등 통치의 **내용**을 두고 제기되는 문제다. 대한민국도 여러가지 불량성의 혐의를 국내외 비판자들로부터 받아왔는데, 2008년 이명박정부의 대두 이래 한국의 민주주의가 퇴행을 겪고 사회의 혼란상이 가중되면서 그런 비판이 부쩍 늘어났다. 하지만 본고에서는 이런저런 비판이나 비난의 타당성을 구체적으로 점검하기보다 이러한 내용상의 '불량성'이 (일단 존재한다고 가정할 때) 어떤 점에서 앞서 정의한 형식상의 '결손상태'와 연관되는지를 살펴보고자 한다.

거듭 말하지만 결손국가와 불량국가는 별개의 개념이다. 그런데 한반도에서는 1945년 이후 주민 절대다수의 의사에 반하는 외세의 결정으로 분단이 강요되었고 그 결과 1948년에 두개의 결손국가가 탄생했다. 이는 체코슬로바키아가 1993년 상호합의에 따라 체코공화국과 슬로바키아로의 분리를 수용한 것과 극도의 대조를 이룸은 물론, 동·서독의 분단과도 다른 성격이었다. 1945년의 독일 분할은 비록 외세가 강제한 분단이지만 2차대전 전범국에 대한 응징이자 유럽에서의 전쟁재발을 방지하는 장치로서 상당수 독일인들마저 적어도 수동적인 동의를 했던 것이다.

한반도의 비민주적이고 타율적인 분할은 민주주의와 민족적 자주성 면에서 심각한 문제점을 지닌 사회를 낳을 수밖에 없었다. 단독정권 수립은 남한의 제주 4·3사건, 여수·순천 민중항쟁을 비롯한 대규모 주민탄압과 유혈사태를 수반했으며, 1950년에는 본격적인 동족상잔의 전쟁참화를 불러왔다.

그렇다고 민주주의와 자주성이 남북 양쪽에서 동일한 형태, 동일한 수준으로 손상되었다고 볼 일은 아니다. 또한 어느 한쪽에서도 구체적 양상은 시기에 따라 달랐다. 나아가, 분단체제 아래라고 나쁜 일만 벌어졌다고 단정하는 것도 단순논리다. 어떤 체제도 그 나름의 긍정적 요소를 지니지 않고서는 **체제**로 존립할 수 없으며, 한반도의 분단체제 또한 비록 불안정한 정전체제를 토대로 지속되었지만 그 나름으로 주민들의 요구에 부응하는 면이 있었다. 우선 60년이 넘도록 전쟁의 재발을 막아왔기에, 통일에 대한 염원을 가로막으면서도 '최소한 전쟁만은 없어야 한다'는 대다수 주민들의 욕구를 충족해왔다. 게다가 '결손가정'이 반드시 '불량가정'이 아니고 때로는 부모가 구존한 '정상적'인 가정보다 더욱 열심히 살고 많은 것을 성취할 수 있듯이, 남북한의 결손국가들은 분단을 이용하여 내부적으로 주민을 통제하고 초기 단계의 경제성장에 동원하는 데 한층 효율적인 여건을 만들어내기도 했다. 다만 이제는 세계경제의 새로운 국면이 열리고 남북한을 포함한 각국 경제의 새로운 대응방식이 요구되는 마당이라 그러한 초기적 이점마저 대부분 사라진 상태다. 게다가 민주주의로 말하면 북한의 경우 분단체제의 장기화와 더불어 사회주의보다 왕조적 성격이 점점 짙어져 이제는 '민주주의인민공화국'이라는 주장이 세계에서 신뢰를 잃은 지 오래다. 그에 비해 남한에서는 4·19혁명 이래 민중의 끈질긴 투쟁과 커다란 희생을 통해 1987년에 드디어 독재정권을 마감하고 상당한 수준의 민주화를 달성했다. 그러나 분단체제 속의 민주주의는 항상 위태위태한 성격이었고,[15] 이명박과 박근혜 정부하에서의 역행을 겪으

---

15 졸저 『2013년체제 만들기』, 창비 2012, 제7장 「한국 민주주의와 한반도의 분단체제」 참조.

면서 다시 불량상태가 두드러지게 되었다. 여기에는 날로 심화되는 빈부 격차도 중요하게 포함되어야 할 것이다.

자주성 문제로 오면 남한의 성적은 훨씬 열악하다. 그동안의 경제성장으로 상당한 자주력을 확보한 면이 있지만 한국경제 자체가 지나친 해외 의존도로 극도로 불안한 처지이거니와, 외교정책에서 미국의 영향력이 여전히 과다함은 물론이다. 특히 군사주권은 '전시작전통제권'의 이름으로 미국이 실질적으로 보유해온데다가, 예정됐던 전작권 반환을 박근혜 정부가 자청해서 사실상 무기연기하는 심각한 사태가 발생하기조차 했다. 이에 비해 북한은 군사주권을 확실히 보유하고 있을 뿐 아니라 외국군 주둔이 없고 외교정책에 대한 타국의 간섭을 완강하게 배제한다는 점에서 '자주'를 내세울 만도 하다. 그러나 자주성을 개인이건 집단이건 스스로 원하고 필요로 하는 바를 해내는 능력으로 넓게 해석한다면 오늘날 북한은 국제제재 등 외부의 압력과 내부운영의 경직성 등으로 자주성에 심각한 제약을 받는 나라라고 하지 않을 수 없다.[16]

한반도 주민들이 근대에 더 잘 적응하기 위해서도 분단체제를 극복해야 하는 것이 바로 그런 이유들 때문이다. 이는 남북이 같은 민족이니까 무조건 통일해야 한다는 민족주의적 통일론도 아니요, 전지구적으로 적용하려다가는 도처에 피비린내가 진동하기 십상인 '1민족 1국가' 원리를 내세우는 것은 더욱이나 아니다. 어쨌든 한반도 주민이 통일된 국민국가를 보유함으로써 세계의 '국가간체제'(interstate system)에 '정상적'으로 참여하는 일이 벌써 70년 가까이 실현되지 못하고 있는 것이 엄연한 사실이다. 게다가 통일 국민국가 수립이 가까운 장래에 실현될 전망도 거의 없다.

---

16 자주성에 대한 이런 각도에서의 평가로 앞의 졸고 「분단체제의 인식을 위하여」 19면 참조.

그러나 많은 사람들이 모르거나 잊고 지내는 또 하나의 엄연한 사실이 있다. 2000년 6월의 남북정상회담에서 두 최고지도자는 조속한 통일은 **추구하지도 않겠다**는 데 합의했다. 게다가 그들이 합의한 대안은, 점진적일 뿐 아니라 **단계적**인 화해와 재통합 과정이었고, 그 1단계로 '남측의 연합제 안과 북측의 낮은 단계의 연방제 안이 서로 공통성이 있다고 인정하고' 대략 그런 성격의 느슨한 결합을 지향하는 것이었다(6·15남북공동선언 제2항). 물론 이 조항의 이행은 그후 여러 장애요인으로 순탄치 못하다. 그러나 이런 대안적 구상 자체는 뒤늦게 '정상적'인 국민국가를 건설하는 것과는 **질적으로 다른** 근대적응의 길을 열어놓았다.

점진적인 통일 자체는 한결 실용적인 방안일지언정 반드시 질적으로 다른 기획이랄 수 없다. 그러나 통일의 최종 형태는 물론 제1단계 이후 다음 단계가 어떤 과정일지조차 미정으로 남긴 채 중간단계를 거쳐 점차적으로 통합의 수준을 높여나간다는 결정은 통일과정에 국가권력뿐 아니라 시민사회(남한의 경우 민간기업을 포함하는 넓은 의미의 시민사회)가 참여하여 그 진행의 속도와 방향 및 실질적 내용에 영향력을 행사할 공간과 시간적 여유를 제공하게 마련이다. 그러한 시민참여가 — 어느 지점에선가는 북녘 민중 나름의 참여도 획기적으로 늘어나는 가운데 — 활발하고 슬기롭게 이루어진다면, 한반도 주민들의 실질적인 욕구에 한결 충실할뿐더러 세계와 동아시아 지역 시민들의 변화하는 미래구상에도 부응하는 결과가 나올 것이다. 그러한 결과는 '정상적'인 단일형 국민국가가 아니리라 예상되는바, 사실 단일형 국민국가는 오랜 분단시대를 경과한 한반도에서 어차피 점진적으로조차 달성되기 힘든 목표이기도 하다. 반면에 왕성한 시민참여로 동아시아 지역의 화해와 연대에도 결정적인 보탬이 될 새로운 형태의 복합국가가 한반도에 건설된다면 지역적·지구적 차원에서의 근대극복에 한걸음 다가가는 성과가 되는 것이다.

다시 말해서, 한반도 분단체제의 극복은 한반도에서의 근대적응 노력이 근대극복의 노력과 합치됨으로써만 가능해진다. 그런 의미로 분단체제극복 작업은 '이중과제'의 한 전형적인 사례인 셈이다.

4. 동아시아에서의 적용 가능성

이중과제의 개념을 한반도 이외에도 적용할 수 있을까? 그것이 한반도만의 현안을 치장하는 수사적 호칭이 아니라 하나의 **개념**으로 성립하려면 마땅히 그래야 할 것이다. 그 가능성을 일단 동아시아를 중심으로 (문외한으로서나마) 살펴볼까 한다.

일본의 근대사를 돌이켜보면 메이지유신 이래로 근대극복보다 근대적응에 주력하는 것이 국가정책이었다. 후꾸자와 유끼찌(福澤諭吉)의「탈아론(脫亞論)」(1885)이 상징하는 이른바 탈아입구(脫亞入歐) 노선이 그 집약적 표현이랄 수 있는데, 이 흐름을 거스르는 사상과 운동도 일본사회 안에 물론 많았지만 국가운영에 큰 영향을 미치지는 못했다. 이후 일본제국이 대동아공영권(大東亞共榮圈)을 표방하며 미국, 영국 등을 상대로 전쟁을 벌인 사실도 본질적으로 다른 흐름이었다고 보기 어렵다. 오히려 일본이 구미 열강을 너무도 착실히 학습한 나머지 독자적인 대규모 제국주의 전쟁을 일으키는 데까지 갔던 것이며, 아시아로의 진정한 복귀라기보다 더욱 철저히 아시아를 타자화해서 침략의 대상으로 삼았던 것이다. 아무튼 일본의 근대화 작업은 제국시대 한동안 괄목할 성과를 거두었지만 결국 제2차 세계대전에서의 패망이라는 재앙으로 끝났다. 근대적응에도 실패한 셈이다.

패전 이후 일본사회가 본질적으로 다른 노선을 택했는지도 확실치 않다. 적어도 정부와 지배계층은 아시아 이웃나라 민중에 대한 우월감과 거리두기를 계속하면서 추수대상을 유럽에서 미국으로 바꾸는 선에서 '탈아입구' 노선을 견지한 것으로 보인다. 그런데도 70년 가까이 전쟁을 다시 벌이는 일 없이 비교적 안정되고 민주화된 사회를 이룩했고, 경제적으로는 그 어느 때보다 번영했으며, 전반적으로 근대에의 성공적인 적응 사례로 높은 국제적인 평판을 누리고 있다. 그렇다면 현대 일본은 이렇다 할 근대극복의 노력 없이도 근대적응에 성공할 수 있음을 보여준 것일까?

그렇게만 볼 수 없는 면들이 있다. 예컨대 전후 일본의 평화와 번영에 결정적으로 작용한 것이 평화헌법인데, 비록 이것이 전승국에 의해 부과된 헌법이라고는 해도 평화국가에 대한 일본 민중의 염원을 반영했고 전후의 대대적인 호헌운동을 통해 새롭게 뿌리내렸으며, 이전 시대가 선취했던 각종 평화주의적 흐름과도 이어진 면이 있었다.[17] 아무튼 국가의 전쟁수행 기능을 부정한 제9조는 명백히 근대의 '정상적'인 국민국가와는 다른 정치공동체를 상정한 것이며, 그밖에도 전후 일본에서는 '자본주의 이후' 즉 근대극복을 지향하는 여러 정치적·사회적·지적 활동이 진행되어온 점을 무시할 수 없다.

그럼에도 불구하고 최근 일본정부가 공공연하게 '전쟁을 할 수 있는 정상국가'를 목표로 내걸기에 이른 것은 평화헌법을 포함한 근대극복의 노력이 거의 소진되었음을 뜻하는가? 내가 이 물음에 답할 능력은 없다. 다만 한국인으로서는 너무 쉽게 일본의 우경화와 군국주의화를 불가역적인 현실로 단정하고 분개하기보다, 후꾸시마 원전사고 이후 전혀 다른 일본 사회를 건설하려는 풀뿌리운동이라든가 오끼나와 주민이 자율성과 존엄

---

17 20세기 전반기 일본 주류사회의 부국강병 노선에 맞선 소국주의·소일본주의 사상과 후반기 호헌운동의 연관성에 관해서는 백영서 「20세기형 동아시아문명과 국민국가를 넘어서」, 『동아시아의 귀환』, 창작과비평사 2000, 29~30면 참조.

성을 쟁취함으로써 일본 국가의 성격 자체를 바꾸려는 싸움에 우리가 어떻게 연대할지를 고민하는 것이 옳다고 본다.[18] 동시에 전후 일본의 근대극복 노력들이 한층 위력을 발휘하지 못한 것이, 평화헌법수호운동 역시 일본이라는 국민국가를 전제한(또는 아예 국민국가를 무시한 '보편주의적'인) 평화국가론으로 흐른다든가 사회주의·공산주의를 포함한 일본의 반체제적 사상과 운동 대부분이 여전히 탈아사관(脫亞史觀)에 젖어 있는 등[19], 근대주의를 온전히 벗어나지 못한 면이 많기 때문임을 지적할 수 있다. 지금이야말로 성공적인 근대적응을 위해서도 실다운 근대극복 노력을 겸해야 한다는 이중과제론을 일본의 시민들이 숙고해도 좋을 듯하다.

중국의 근대화가 일본과 극히 대조적인 과정이었음은 누가 보나 명백하다. 1840년 아편전쟁 이후 중국은 유럽 열강과 일본의 침공을 잇달아 겪으면서 수많은 치욕을 경험했고 반 식민지 상태로 전락했다. 1949년의 중화인민공화국 건국 이후에도 경제적 궁핍과 국제무대에서의 고립을 떨치지 못하는 세월이 한동안 지속되었다. 한마디로 일본이 근대화의 우등생이라면 중국은 한참 뒤처진 문제아였다. 그러나 오늘날 양상은 크게 달라졌다.

중국은 강력한 통일국가를 건설하고 유지하는 데 성공했으며 최근 수십년간 거대한 경제력을 확보했고 국제무대에서 미국에 버금가는 영향력을 행사하게 되었다. 게다가 이런 업적을 주로 자본주의 근대를 넘어선다

---

18 일단 실패로 끝났지만 그러한 연대는 '2013년체제 만들기'가 기대한 효과 중 하나였다. "일본이 3·11의 교훈을 제대로 살려 기존의 탈아입구·부국강병 노선을 청산하고 새로운 동아시아, 나아가 새로운 인류문명 건설에 적극 나서는 일이 한국에서의 2013년체제 성취 없이도 가능하리라고는 믿기 어렵습니다."(『2013년체제 만들기』 제2장 「동아시아와 한반도에서 새로운 시대를 열기 위하여」 54면)

19 이에 관해서는 미야지마 히로시(宮嶋博史) 『일본의 역사관을 비판한다』(창비 2013) 제6장 「평화의 시각에서 다시 보는 일본 '근세화': 탈아적 역사이해 비판」 및 제7장 「일본사 인식의 패러다임 전환을 위하여: '한일병합' 100주년에 즈음하여」 등 참조.

는 명분을 걸고 이룩했다. 물론 오늘날 베이징 당국이 내세우는 '중국 특색의 사회주의'가 실은 '중국 특색의 자본주의'가 아니냐는 논란은 쉽게 가라앉지 않는다. 하지만 오늘의 중국을 쏘비에뜨 이후의 러시아와 비교한다면 사회주의혁명의 유산을 현대 중국이 훨씬 더 많이 보존하고 있는 것은 분명한 듯하다. 물론 러시아에서 혁명의 유산이 완전히 사라졌다는 것도 속단이겠지만, 볼셰비끼혁명의 주된 세계사적 기능은 러시아를 자본주의 세계경제 속으로 편입하는 일이었다는 잠정적 결론이 가능하다.[20] 어쩌면 이것은 근대적응을 제대로 하기 위해 강력한 근대극복의 노력이 필요하듯이 근대극복을 제대로 달성하려면 그에 걸맞은 근대적응의 성과가 필요하다는 이중과제론을 입증하는 사례인지 모른다.

중국혁명도 결국 비슷한 판결을 받을까? 적어도 부분적으로는 그렇다고 분명히 말할 수 있을 것이다. 예컨대 경제학자이자 사상가인 원 톄쥔(溫鐵軍)은 적어도 21세기 초·중반까지의 중국이 원시적 자본축적을 지상목표로 삼은 사회였으며, 문화대혁명을 포함하는 혁명 이데올로기는 대중을 그에 동원하는 기제로 작동했다고 설파한다.

중국은 자본이 제로에 가까울 정도로 결핍되고 심지어 대외적으로 심각한 부채를 짊어진 상황에서, 고도의 집단화를 이루고 그에 따른 제도를 건설함으로써 국가의 기본적인 건설에 대규모의 노동력을 거의 무상으로 집중 투입할 수 있었다. 이 과정에서 대중에 대한 설득의 논리를 제공하여 효과적으로 일반대중을 동원하게 한 것이 바로 혁명 이

---

20 월러스틴은 1990년에 이미 그런 취지의 진단을 내놓았다. "결과적으로 맑스·레닌주의는 사실상 사회주의 건설의 이데올로기라기보다 국가발전의 이데올로기로 기능했다."(Immanuel Wallerstein, "Marx, Marxism-Leninism, and socialist experiences in the modern world-system," *Geopolitics and geoculture: Essays on the changing world-system*, Cambridge University Press 1991, 97면)

데올로기이다. 이 혁명 이데올로기 때문에 중국의 노동자와 농민들은 희생을 감수하면서까지 자발적으로 노동력을 제공했다. (…)

거시적으로 살펴보면 중국의 이전 백년은 비록 급진적이었으나, 이는 국가자본 위주의 공업화를 이룩하기 위한 과정이었다. 지난 백년 동안 중국은 자본의 축적에서 산업의 확장으로, 그리고 다시 과잉으로 이어지는 역사적 경로를 밟아왔다.[21]

원 톄쥔 자신은 이러한 자본축적 과정이 일단락된 이제, 중국이 현존하는 세계자본주의와는 다른 길을 갈 가능성을 포기하지 않고 있으며 특히 중국 농촌과 농민의 역할에 기대를 건다. 아무튼 현대 중국이 러시아보다 단지 더 성공적이고 중국의 독자성을 더 살리는 자본주의로 나아갈지 아니면 이중과제 수행의 새로운 사례로 떠오를지는 더 지켜볼 일이 아닌가 한다.

중국이 근대적응에 이미 적잖은 성공을 거두었음을 앞서 언급했는데, 그러한 성공을 근대극복 문제에 대한 마오 쩌둥(毛澤東)의 접근방식이 볼셰비끼나 스딸린의 방식과 달랐던 면과 어느정도 연관지을 수 있을지 검토해봄직하다. 물론 그는 프롤레타리아 문화대혁명을 일으키는 등 사회주의혁명을 추진함에 오히려 더욱 과격한 면이 있었다. 반면에 그는 공산당이 집권함으로써 자기 나라에서 자본주의가 끝장났다는 스딸린식 발상을 거부했으며, 레닌이나 뜨로쯔끼처럼 선진자본주의 나라들의 혁명이 뒤따라줘야 자국의 혁명이 살아남을 수 있으리라는 생각도 하지 않았다. 오로지 중국 인민의 힘으로 ─ 거기에 제3세계 민중과의 연대를 보탠 정도로 ─ 그의 고유한 근대극복 전략이 성공할 수 있다고 믿었다.

---

21 원톄쥔『백년의 급진: 중국의 현대를 성찰하다』, 김진공 옮김, 돌베개 2013, 53~54면.

마오표 개발전략은 ── 중국의 공식 지도노선으로서의 '마오쩌둥사상'과는 별개로 ── 오늘의 중국공산당 지도부에 의해 실질적으로 폐기된 형국이다. 물론 당의 권력독점은 유지되고 있지만 그것이 마오 유산의 가장 소중한 부분인지는 의문이다. 그것보다는 위에 언급했듯이 공산당의 집권과 자본주의의 소멸을 동일시하지 않는 태도라든가 중국의 평범한 대중, 특히 중국의 농민들에 대한 그의 신뢰 등을 꼽을 만하며, 자신의 반전통주의적 이념에도 불구하고 전통 중국의 풍부한 문화에 깊은 뿌리를 두고 이를 능란하게 활용한 사실도 주목에 값한다. 물론 중국이 이중과제를 수행하려면 마오가 소홀히 했던 여러 근대적응 과제에도 유의해야 한다. 전제정치에 대한 제도화된 견제, 중국중심주의·대국주의에 대한 근본적 성찰, 표현의 자유처럼 '부르주아적' 가치로 치부되기도 하는 시민의 기본적 권리 확보 등이 그 예일 것이다. 또, 기후위기 등 마오시대 이후에야 떠오른 새로운 과제들도 감당해야 함은 더 말할 나위 없다. 아무튼 그러한 과제 수행을 평가함에 있어 이중과제론이 하나의 유용한 척도가 되리라 믿는다.

여기서 우리는 한걸음 더 나아가 이런 질문을 던져볼 수 있다. 곧, 동아시아의 미래 역사가 전지구적 이중과제 수행의 획기적 전범을 만들어내기 이전이라도 동아시아의 전통 자체가 세계체제 변혁에 요구되는 사상적 자원을 이미 내장하고 있는가 하는 것이다. 예컨대 근대 세계체제의 출범 이후 전지구적으로 지적 헤게모니를 확보한 근대과학의 인식론과 진리관은 오늘날 서양 내부에서도 갖가지 도전에 직면해 있다.[22] 새로운 지식체계의 필요성을 거듭 강조해온 월러스틴도 근대에 와서 진(眞)과 선(善)이 분리됨으로써 이론과 실천의 원만한 결합이 불가능해졌음을 지적

---

22 졸저『분단체제 변혁의 공부길』중「세계시장의 논리와 인문교육의 이념」제4절 '진리 개념에 대한 도전'(244~50면) 참조.

한 바 있다. 이와 관련해 그는 그 둘이 "개념으로서는 '융합'(fused)될 수 없지만 '나란히'(in tandem) 추구될 수는 있다"[23]고 주장했다. 하지만 나는 이중과제를 처음 제기할 때부터 "동아시아 전통 속의 도(道) 개념은 유교에서건 불교 또는 도가에서건 항상 진(the true)과 선(the good)의 '융합'에 해당하는 것이었음을 상기"시키면서, "진과 선을 한때 동아시아의 사고와 실천에서 친숙했던 어떤 궁극적인 수준에서 '융합'함이 없이 양자를 '나란히' 추구하는 일이 과연 가능할 것이냐는 물음"을 제기했다.[24]

도는 문자 그대로 사람들이 걷는 **길**로서 실천과 유리된 인식이 아니요 그렇다고 진리와 무관한 실천도 아니다. 동시에 플라톤의 이데아나 유일신교의 하느님 같은 초월적 존재자도 아니며 인간이 실천을 통해 깨닫고 구현하는 진리이다. 다시 말해 해체론자들이 비판하는 바 본질화된 실체 또는 현존으로서의 진리를 전제하고 있지도 않다. 이처럼 '이론과 실천의 괴리' 문제와 '본질주의'(essentialism) 문제를 동시에 감당할 수 있는 개념이 도인 것이다. 그러나 동양 전통 속의 '도'는 스스로 과학적 인식을 배태하고 지탱해온 역사가 없고 심지어 근대에의 적응을 방해해온 경력마저 지닌 개념이기에 전승된 내용 그대로 오늘의 과제 해결에 투입될 수는 없다. 근대적 지식을 수용하면서 넘어서는 힘든 과정을 — 서양 전통

---

23 Immanuel Wallerstein, "Questioning Eurocentrism: A Reply to Gregor McLennan," *New Left Review* 231, September/October 1998, 159면. 이 논쟁의 발단이 된 월러스틴의 논문 「유럽중심주의와 그 화신들」("Eurocentrism and Its Avatars," *New Left Review* 226, November/December 1997)은 월러스틴 『우리가 아는 세계의 종언: 21세기를 위한 사회과학』(백승욱 옮김, 창작과비평사 2001)에 일부 수정된 상태로 수록되었다.

24 「한반도에서의 식민성 문제와 근대 한국의 이중과제」, 『이중과제론』 49면 및 50면(본서 103면 및 104면). 이 논의는 윗책에 수록되면서 다소 축약되었는데, 원문은 『창작과비평』 1999년 가을호 23~26면에서 읽을 수 있다. 거기서 나는 도 개념의 활성화가 단순한 이론적 과제가 아니라 평등사회의 실현에도 필수적인 그 실천적 의의도 강조했는데 본고에서는 생략한다(약간의 추가논의로 『백낙청 회화록』 제4권, 창비 2007, 방민호와의 대담 「시대적 전환을 앞둔 한국문학의 문제들」(1999), 220~26면 참조).

내부에서 싹튼 비슷한 성격의 작업들과 함께 ─ 새로이 완수해야 한다. 이 또한 이중과제의 또다른 면모이며, 예컨대 앞서 말한 대로 맑스가 이중과제의 발상을 선취한 바 있다 하더라도 19세기 유럽인 맑스로서는 예상하기 힘들었던 면모이다.

5. 남은 하나의 물음: 결론을 대신하여

이상의 논의에서 동아시아 지역에 관한 이중과제론이 자연스럽게 전지구적 과제로 이어졌다. 거듭 말하지만 근대는 지구적 현실이므로 이중과제론이 일반성을 인정받으려면 그 전지구적 적용 가능성이 검증되어야 한다. 이러한 검증을 위해 지금까지 논의와는 다른 차원의 물음을 던짐으로써 결론을 대신할까 한다.

근대 세계체제가 일단 생기고 난 뒤의 이런저런 이중과제를 시인하더라도, 동일한 개념을 근대가 **성립하는 과정에도** 적용할 수 있는가? 16세기 서유럽에서 자본주의가 건설될 때, 단지 구체제를 지켜내기 위해 자본주의의 도래에 반대하는 것이 아니라 자본주의에 적응하면서 극복하는 이중과제가 이미 제기되었다고 할 수 있는가?

이 물음에 제대로 답하려면 엄청나게 해박한 지식과 남다른 예지가 필요할 터인데 나로서 불감당이라는 점은 긴 말을 요하지 않는다. 다만 근대 세계체제의 탄생이 처음부터 무한대의 자본축적을 원리로 삼는 사회체제를 건설하겠다는 배타적인 목적의식의 결과이기보다는 자본주의가 도저히 실현할 수 없는 가치들을 포함하는 새로운 시대를 향한 복잡다단한 노력들의 산물이라 보는 게 합리적이 아닐까 한다. 예컨대 프랑스대혁명이 공식화한 ─ 그러나 근대 초기의 여러 반봉건적 사회운동들이 내장했던 — 자유·평등·우애의 가치만 해도 자본주의의 틀 안에서는 부분적인 실현 이상을 기대할 수 없는 성질이다. 근대의 이러한 양면성을 여러 논자가 주목했고, 월러스틴 자신도 '기술의 근대성'(modernity of technology)과 '해방의 근대성'(modernity of liberation)을 구별하면서 전자를 극복하고 후자를 추진할 것을 제안한 바 있다.[25] 이는 '근대'와 '근대성'을 엄격히 구별한다면 충분히 성립할 수 있는 주장이다. 하지만 그 구별이 힘든 영어권이나 '근대'와 '근대성'이라는 별개의 단어를 보유한 자국어로 얼마든지 구별할 수 있는데도 영어의 관행을 추종하기 일쑤인 한국 학계에서는, '근대'의 극복 없이도 '기술의 근대성'을 극복할 수 있다는 황당한 주장을 낳기 십상이다. 이에 따른 지적 혼란은 적어도 근대와 자본주의 시대를 동일시하는 월러스틴 자신에게는 달갑지 않은 성격일 것이다.

곁가지로 따라오는 질문으로, 근대 성립기의 그러한 복합적 성격에 동의하더라도 이 시기에 한해서는 근대의 '성취'가 '적응'보다 더 적절한 표현이 아니겠냐는 의문이 있을 법하다. 이 또한 간단히 답할 성질은 아니다. 하지만 나는 여전히 '적응'을 고수하고 싶다. 첫째, 근대**性**의 성취라고 하면 도대체 **어떤** 근대성이 성취함직한 것이냐는 문제가 이때도 해당한다. 월러스틴이 말하는 '기술의 근대성'과 '해방의 근대성'을 구별할 필요가 당연히 있거니와, 두쎌 등 라틴아메리카의 지식인들이 강조하듯이

---

25 Immanuel Wallerstein, "The End of What Modernity?," *Theory and Society*, Vol. 24 No. 4, 1995 (I. Wallerstein, *The Essential Wallerstein*, The New Press 2000에 재수록). 월러스틴은 자유·평등·우애 중 자유와 평등이 따로따로 논의된 문제점과 더불어 '우애'가 상대적으로 소홀히 다뤄졌음을 지적한 바 있는데, 우애에 관한 국내의 최근 논의로 황정아 「팬데믹 시대의 민주주의와 '한국모델'」(『창작과비평』 2020년 가을호)의 제4절 '커먼즈 이념으로서의 우애' 참조. 월러스틴의 우애에 대한 황정아의 언급은 32~33면, 월러스틴의 원문 "The French Revolution as a World-Historical Event"는 그의 *Unthinking Social Science: The Limits of Nineteenth-Century Paradigms* (Polity Press 1991)에 수록되었다.

근대의 여러 해방적 가치들은 중심부의 근대에 집중된 특징이었으며 이와 동시적으로 식민지에서 전개된 적나라한 착취와 살육은 '기술의 근대성'이라는 명칭조차 과분한 야만적 성격이었다. 그러므로 근대성을 바람직한 것으로 예단하지 않고 그중 성취할 만한 것을 성취하되 배격할 것은 배격하면서 근대에 '적응'해간다는 것이 한층 공정한 표현이라 생각된다. 둘째로, 물론 '근대'가 아니던 시기에 '근대'가 출발한 이행의 과정이 언젠가 존재했겠지만 역사서술의 영역에서 그 시발점을 확정하는 일은 거의 불가능하다. 사람들이 새 시대의 도래를 알아차리기 시작했을 때는 근대이행의 흐름이 이미 어느정도 자리잡았을 때일 것이며 그 흐름에 적응하면서 궁극적으로 이를 넘어서려는 '이중과제'적 노력이 이미 필요해진 상황이었을 것이다.

아무튼 근대 초기 이래의 실상과 이중과제론의 적용 가능성에 대해서는 훨씬 많은 연구가 필요하다. 나 자신은 문학도로서 예컨대 근대 초기의 작가인 셰익스피어(1564~1616)가 거대한 역사적 이행의 불가피성에 대한 인식과 더불어 그에 수반되는 비극적 손실들, 그리고 다가오는 새 시대를 넘어설 필요성과 가능성을 일찍이 제시했다는 가설을 언젠가 본격적으로 검증해보고 싶다. 전공분야와는 거리가 있지만 세르반떼스(1547~1616) 소설의 주인공 돈 끼호떼가 근대전환기의 적응에 실패한 우스꽝스러운 인물로 출발하지만 근대에 순응하기를 끝까지 거부함으로써 독자의 공감을 얻게 되는 양면성도 주목할 만하다. 또한 1세기 반가량 지나 후발 근대화지역 독일에서 괴테(1749~1832)가 파우스트 같은 근대인상을 그려냄으로써 한층 의식적으로 '이중과제'를 예시했을 가능성[26]에 관심을 갖고 있다. 무엇보다 내가 집중적으로 연마해온 D. H. 로런스의 경우

---

26 임홍배 「괴테가 예감한 근대의 이중과제」, 『창작과비평』 2013년 겨울호 참조.

장편 『무지개』(*The Rainbow*)야말로 근대적응과 근대극복의 이중과제가 우리 시대의 절박한 현안임을 그려낸 고전적 사례가 아닌가 한다.[1] 앞서 동아시아 문학의 경우도 잠시 언급했지만 문학도로서 연마함직한 과제는 실로 무궁무진해 보인다.

---

1 『무지개』에 대한 논의를 틈틈이 해왔지만 본장이 처음 간행된 뒤에야 완성한 졸저 『서양의 개벽사상가 D. H. 로런스』(창비 2020)의 제1장 '『무지개』와 근대의 이중과제'에서 비로소 본격적인 정리를 해보았다.

2장
3·1과 한반도식 나라만들기

1. 여는 말

이 글은 한국기독교사회문제연구원 주최로 열린 '3·1운동100주년기념 국제컨퍼런스'(2019. 2. 25)에서 강연한 내용을 비교적 큰 폭으로 수정 보완하는 데서 출발했다.[2] 이후 2019년에 발표된 중요 논문들을 수록한 백영서 엮음 『백년의 변혁』(창비 2019)의 '서장'으로 실으면서 약간의 손질을 더했고 '친일잔재' 청산에 관한 '덧글'을 달았다.

애초에 컨퍼런스 주최 측에 처음 전달한 제목은 '3·1운동과 한반도식 나라만들기'였는데 발표가 임박해서 '3·1과 한반도식 나라만들기'로 바꾸었다. 3·1운동인가 3·1혁명인가 하는 논란에 대한 깊은 고민이 없다가,

---

2 국문·영문 두 언어로 된 강연원고는 한국기독교사회문제연구원 주최 3·1운동100주년기념 국제컨퍼런스(2019. 2. 24~27, 롯데호텔서울) 자료집 『3·1운동의 의미와 동북아 평화를 위한 한반도 미래 구상』에 수록되었고, 영문본은 『창작과비평』 홈페이지(http://magazine.changbi.com/en/articles/89775?board_id=2487)에도 게재되었다.

내 나름으로 해석하는 '혁명'에 한층 기울었기에 '3·1'이라는 중립적 표현을 쓰기로 한 것이다.[3] 실은 '운동'이라는 표현을 '혁명'으로 바꿀 근거가 충분치 못하다는 학계 다수 인사들의 주장에 공감하는 바도 없지 않고, 운동이냐 혁명이냐 하는 논란이 별로 생산적이지 않다는 일부의 비판이 수긍되는 면도 있었다. 그러나 이것이 단순히 호칭에 관한 논란이 아니고 3·1의 성격과 '혁명'의 의미를 되묻는 계기가 된다면 더 밀고 나갈 필요가 있겠다는 생각이다. 더구나 21세기 한국의 '촛불혁명'이 실제로 혁명의 이름에 값한다는 주장을 펼쳐온 나로서는 '3·1혁명' 개념을 진지하게 검토할 책임마저 있다. 물론 촛불이 혁명이므로 3·1도 혁명이어야 한다는 논리는 성립하지 않는다. 하지만 촛불혁명이 다시 성찰하게 만든 혁명 개념을 3·1과 관련해서도 더 발전시키고 점검해볼 필요가 있을 것이다.

『창작과비평』 특집의 권두를 장식한 임형택(林熒澤)의 다음 주장을 일단 출발점으로 삼아보자

> 3·1은 한국 근대의 본격적인 출발 지점이다. 그렇기에 이 지점은 한국 근현대가 안고 있는 대립 갈등의 발원처이기도 하다. 3·1은 문자 그대로 거족적이어서 혁명적 영향력을 폭넓게 불러올 수 있었다. 하지만

---

3 강연 준비를 위해 참고한 선행연구는 『3·1혁명100주년기념사업추진위원회 결성식: 95주년 기념 학술회의』(3·1혁명100주년기념사업준비위원회 2014)에 수록된 이만열의 기조강연과 이준식, 박찬승, 임경석, 서희경 등의 논문, 김정인 『오늘과 마주한 3·1운동』(책과함께 2019), 한인섭 「'3·1운동'이야말로 대한민국을 태동시킨 혁명」(『한국일보』 2019. 1. 2) 등이었다. 『창작과비평』 2019년 봄호는 임형택 「3·1운동, 한국 근현대에서 다시 묻다」, 백영서 「연동하는 동아시아와 3·1운동」, 이남주 「3·1운동, 촛불혁명 그리고 '진리사건'」 세편으로 '3·1운동의 현재성' 특집을 짰는데, 강연 준비 막바지에 출간되어 충분히 숙독하고 활용하지 못했다. 『창비』 여름호에 기고하면서 재독하며 한층 생산적인 후속논의로 만들고자 했고, 새로 참조한 다른 문헌들도 필요한 대로 적시했다.

대단히 유감스럽게도 이후로는 명실상부한 거족적인 움직임은 재현되지 못했다.[4]

이는 한국의 '근대'에 관한 논의와 3·1 이후 운동들의 진행에 관한 논의를 동시에 촉발하는 주장이다. 편의상 두번째 문제를 먼저 다루고자 하는데, 성찰의 초점은 3·1 자체보다 3·1이 꿈꾸었던 국가건설의 과제에 두기로 한다.

결론부터 말한다면, 한반도 근대의 나라만들기는 **단계적으로 진행**되어왔고 아직도 **미완의 과제**로 남아 있다. 단계적 건국이 세계사에 유례가 없는 건 결코 아니다. 하지만 한반도 근대 특유의 역사로 인해 유난히 긴 세월에 걸쳐, 유난히 복잡한 경로를 밟게 되었고, 국민국가의 형색을 상당부분 갖춘 두개의 정부가 남과 북에 자리잡았지만 — 아니, 바로 두개의 정부가 있다는 사실만으로도 — 3·1이 요구하던 의미의 '대한독립' '조선독립'에는 여전히 도달하지 못하고 있다.

2. 3·1과 나라만들기

근년의 한국에서 '건국'을 둘러싼 논쟁은 헌법 전문에 나오는 대로 대한민국이 상해임시정부의 법통을 계승했으므로 2019년이 건국 100주년이 되느냐 아니면 1948년 8월 15일의 대한민국 정부수립을 정식 건국으로 보느냐 하는 문제를 중심으로 전개되었다. 후자는 이명박·박근혜 정부가 8·15를 '건국절'로 선포하려는 시도와 함께 내세운 입장임에 반해, 촛불

─────────

4 「3·1운동, 한국 근현대에서 다시 묻다」 16면; 『백년의 변혁』 18면.

대항쟁으로 정권교체를 이룬 현 정부는 헌법 전문의 입장을 강조하여 3·1과 임정 100주년을 대대적으로 기념한 바 있다.

8·15 건국절 추진은 임시정부 계승에 대한 헌법 규정에 어긋남은 물론 3·1과 그후의 항일독립운동 전체를 깎아내리면서, 단독정부 수립을 주도하고 이후의 독재정권에 가담한 친일인사들을 대거 건국공로자로 만들려는 정치적 책략을 내장했다는 점에서 애당초 진지한 학문적 고려의 대상이 되기 힘든 것이었고 촛불혁명으로 추동력을 상실한 형국이다. 그러나 '임정이냐 48년이냐'라는 대립구도는 논의의 폭을 너무 좁히고, 설혹 일부에서 우려하듯 또 하나의 관제 건국일 제정 시도는 아니더라도[5] 한반도에서의 나라만들기 작업을 제대로 파악하기 어렵게 만든다. 나라만들기의 과정에서 1948년의 남한정부 수립이 어떤 이정표가 되는지도 정확하게 가늠하지 못하게 만든다.

「기미독립선언서」 자체는 그 발표 날짜를 '조선건국(朝鮮建國) 4252년 3월 1일'로 기록했다. 그 무렵 대종교(大倧敎)를 중심으로 보급되던 단기(檀紀)를 사용한 것이다.[6] 상해임시정부가 1919년 4월 11일에 마련한 '대한민국임시헌장' 제7조는 "대한민국은 신(神)의 의사(意思)에 의하여 건국한 정신을 세계에 발휘하며 나아가 인류의 문화 및 평화에 공헌하기 위

---

5 최근 역사문제연구소·역사학연구소·한국역사연구회가 공동주최한 학술회의에서는 딱히 관제 건국일 혐의를 씌운다기보다 정부가 임정법통을 지나치게 강조하는 것이 국가주의 강화와 불필요한 역사전쟁을 초래한다는 비판의 목소리가 높았다(『국가정통론의 동원과 '역사전쟁'의 함정』, 역사문제연구소 외 학술회의 자료집, 2019. 4. 12). 이러한 경고를 일면 수긍하면서도 임시정부의 역사적 의의를 과소평가할 것은 아니라는 주장으로 고명섭 칼럼 「'대한민국임시정부'를 어떻게 볼 것인가」, 『한겨레』 2019. 5. 1. 참조.

6 도진순은 "연호는 나라의 건국연도 문제와 직접적인 관련은 없다"(「역사와 기억: 연호와 건국연도, 그 정치적 함의」, 『역사비평』 2019년 봄호 397면; 『백년의 변혁』 92면)고 역설하면서, 대한제국과 이후 여러 독립운동 세력뿐 아니라 외국의 사례들도 상세히 검토하고 있다.

하여 국제연맹에 가입함"이라고 했는데, 이때 '신의 의사'가 정확히 어떤 것인지는 분명치 않으나 아마도 환웅(桓雄)의 아들 단군이 신시(神市)를 연 '의사', 곧 홍익인간(弘益人間)의 이념을 말하는 것일 게다. 역시 그때를 조선건국의 시기로 보고 있는 것이다. 하지만 이후 1941년의 '대한민국건국강령'과 8·15 후 김구(金九) 주석의 여러 발언을 보면 상해임정은 단계적 건국관을 고수했음을 알 수 있다.[7]

그에 반해 이승만(李承晚)은 초대 대통령이 된 뒤에도 '민국 30년'을 말하며 기미년을 대한민국 원년으로 표현했다. 그 점에서 이승만을 떠받드는 우리 시대의 '건국절' 추진론자들과 대비되는데, 그렇다고 그가 임시정부 법통의 계승을 주장한 것은 아니다. 당시 임정세력의 대표는 김구였고 그는 단독정부 수립에 반대하여 5·10총선에도 불참했다. 제헌국회 당시 상해의 임정보다 1919년 4월 23일에 결성된 '한성임시정부'를 중시한 이승만의 독특한 입장을 서희경(徐希慶)도 지적한 바 있지만,[8] 이승만이 한편으로 단정수립에 반대한 김구에 맞서고 다른 한편으로 유엔 감시하 총선거를 거부한 북조선을 공격하기 위해 '민국 30년'설을 적극적·주도적으로 주장한 점을 명확히 지적한 것은 도진순(都珍淳)이다. "'1919년 건국론'은 기나긴 논쟁에서 오해되어온 것처럼 김구와 임시정부가 주도하고 이승만 '마저도' 그렇게 따라간 것이 결코 아니다. 이승만 '이야말로' 이 기억의 창시자이자 주도자"(도진순, 앞의 글 417면; 『백년의 변혁』 117면)였던 것이다. '임시정부'가 헌법 전문에 등장한 것은 알려져 있다시피 87년 헌법에서였다.

---

7 이에 대해서는 도진순의 논의가 상세하며 치밀하다(같은 글, 특히 제3절 '임시정부의 「건국강령」과 김구의 건국론'(『백년의 변혁』 제3장 제3절) 참조).

8 서희경 「해방후 '3·1운동'에 대한 인식과 국가정체성」, 『3·1혁명100주년기념추진준비위원회 결성식: 95주년 기념 학술회의』 112~13면.

1941년 11월 28일 임정이 선포한 '대한민국건국강령'이 제시한 건국과정은 세 단계로 구성되었다. (1) 독립선언, (2) 복국(復國, 국토의 회복), (3) 건국(온전한 정부수립). 곧, 여기서도 건국을 **단계적 과정이자 미완의 과제**로 설정한 것이다. 물론 '복국'에 임정세력이 별 기여를 하지 못함으로써 국토분단을 막지 못하고 두개의 단독정부가 수립되는 기이한 단계가 오리라 상정할 수는 없었을 것이다.

건국이 단계적으로 실현되는 일 자체는 역사에 드물지 않다. 미국의 경우 1776년 7월에 독립을 선언했지만 1781년의 요크타운 전투를 치르고서야 독립전쟁의 승리가 확정되었고 영국이 13개 주의 독립을 승인한 것은 1783년 9월 4일의 빠리조약을 통해서였다. 아메리카합주국(合州國) 정부가 출범한 것은 그로부터 다시 6년이 지난 1789년이었다. 그러나 미국은 건국기념일을 따로 두지 않고 7월 4일을 '독립기념일'로 축하하고 있다. 프랑스도 1789년 7월 바스띠유 습격 뒤 첫 공화국이 성립한 것은 1792년이다. 그후 나뽈레옹의 황제정치, 부르봉가의 왕정복고 등등의 곡절 끝에 제정 내지 왕정으로의 복귀 위험이 사라진 것은 제3공화국 수립(1870)에 이르러서였는데, '건국'의 시기를 그렇게까지 늦출 필요는 없지만 근대국가 프랑스의 나라만들기가 단계적으로 진행된 것만은 분명하다.

한반도 남쪽(또는 북쪽)에서만 일어나는 변화가 아무리 획기적이라도 그 자체로는 임형택이 말한 '거족적' 운동인 3·1의 나라만들기 기획에 부응했달 수 없다. 상해임시정부도 항일운동의 모든 세력을 대표한 것은 아니지만 임정의 목표는 어디까지나 한반도 전체를 통치하는 국가였다. 그런데 현실은 남북으로 갈린 단독정부의 수립으로 귀결했을 뿐 아니라, 북은 김일성(金日成)의 항일투쟁에 거의 배타적인 의미를 부여하는 전혀 다른 건국관을 유지하고 있다. 건국의 초석을 놓은 만주의 무장투쟁은 1926년 김일성에 의한 'ㅌ.ㄷ'(타도제국주의동맹) 결성에서 시작되었고 1948년 9

58

월 9일의 조선민주주의인민공화국 수립으로 건국이 완성된 것으로 보는 것이다. 1997년에는 김일성의 생년(1912)을 원년으로 삼는 주체연호 내지 주체력(主體曆)을 채택하기도 했다. 그 셈법에 남녘 국민은 동의하지 않을 터이며, 각 계기의 의미에 대한 남북의 역사적 평가가 균일할 필요도 없다. 그러나 남측의 임시정부 강조가 한반도 절반에서만 공유된다는 한계를 어떻게 넘어서서 3·1이 실제로 설정했던 범한반도적 나라만들기를 달성할지를 고민해야 한다. 북을 배제하는 논리로 '임시정부 법통'을 내세우는 일은 재고되어 마땅하다. 무엇보다 단계적이고 아직 진행 중인 한반도식 나라만들기라는 구도 속에서 '법통논쟁'이 아닌 실질적인 기여도 ── 나라만들기에 대한 이제까지의 기여와 앞으로 예상되는 기여 ── 차원에서 검토하며 합의의 폭을 넓혀나가야 할 것이다.[9]

3. 근대의 이중과제와 일제하의 '변혁적 중도주의'

3·1을 한반도에서 아직껏 재연되지 못한 거족적 혁명운동으로 규정한 임형택은 "3·1은 한국 근대의 본격적인 출발 지점이다"(앞의 글 16면;『백년의 변혁』 48면)라는 주장도 내놓았다. 그런데 '근대'는 세계사적 개념이다. 따라서 3·1이 거족적일뿐더러 근대의 본격적 출발 지점이기도 하다면 이

---

9 백영서는 남과 북의 3·1관의 차이 역시 단계적으로 극복될 것을 전망한다. "주체사관에 입각한 북쪽의 '3·1인민봉기'와 남쪽의 '3·1운동' 사이에는 분기가 분명히 존재한다(특히 임정 평가가 그렇다). 그러나 역사인식의 차이를 '생산적 자극물'로 적극 활용하면서, 낮은 수준의 '차이의 공존'을 거쳐 높은 수준의 '인식의 공유'로 향상해가는 역사화해의 여정에 민족과 민주라는 공통 화두를 제공하는 3·1의 기억은 유용하다."(「연동하는 동아시아와 3·1운동」 60면;『백년의 변혁』 150면) 북측의 3·1관에 대해서는 김정인 「북한은 3·1운동을 어떻게 생각할까」, 앞의 책 269~73면 참조.

는 3·1의 중요성을 한층 부각시키는 논리가 된다. 아니, "한국인의 근대정신은 3·1운동으로 깨어났다"(같은 글 15면;『백년의 변혁』 47면)는 그의 주장처럼, 주체적 운동을 통해 근대의 출발이 이루어졌다면 그것 자체로 혁명의 이름에 값한다 할 것이다. 다만 '본격적'이라는 수식어의 의미에 따라 주장의 수위가 달라질 수 있는데, 더욱 근본적인 문제는 '근대'의 개념을 어떻게 설정하느냐는 것일 터이다.

세계사적 시대구분상의 '근대'는 자본주의 시대로 규정해야지 안 그러면 '근대성'(곧 근대의 이런저런 특성)을 둘러싼 끝없는 논란에 휘말리어 엄밀한 학술적 토론이 거의 불가능해진다는 게 나의 지론이다. 이는 비교적 분명한 사실인데도 '근대'의 개념을 둘러싼 소모적 논쟁이 끊이지 않는데, 그 주된 이유로 첫째 많은 논자들이 '자본주의'를 괄호쳐버린 담론을 선호하는 경향이 있고, 동시에 '근대' '근대성' '현대' '현대성'이 식별가능한 우리말(및 다른 동아시아 언어) 위주로 사고하는 대신에 그 네 단어의 의미가 뒤섞인 'modernity'라는 서양어에 의존하고 있다는 사실을 꼽을 수 있다.[10] 역사적 시대구분으로서의 자본주의 시대인 '근대'와 어느 시점이든 당대인에게 가장 가까운 시대로서의 '현대'가 혼동되고, 근대 또는 현대의 이러저러한 특성으로서의 '근대성'과 '현대성' 논의도 섞여 들어와 혼란이 빚어지는 것이다.

아무튼 근대를 자본주의 시대로 설정하면 1876년 병자수호조약으로 한반도가 자본주의 세계시장에 편입된 시기가 한국 근대의 출발점이 될 수밖에 없다. 물론 이는 타율적인 근대전환이었으므로 주체적인 근대화작

---

10 이와 관련해서 졸고 「근대, 적응과 극복의 이중과제」, 송호근 외 『시민사회의 기획과 도전: 근대성의 검토』, 민음사 2016, 252~54면(본서 29~31면) 및 영어권 독자를 위해 새로 정리한 Paik Nak-chung, "The Double Project of Modernity," *New Left Review* 95, September/ October 2015, 65~66면 참조. 또한 백낙청 외 『문명의 대전환을 공부하다』, 창비 2018, 81면도 참조.

업과는 거리가 멀었다. 억지로 끌려들어간 결과 근대에 적응하지 못해 고생이 막심했고 드디어 국권상실로까지 이어졌다. 3·1이 한국 근대의 '본격적인 출발점'이라면 근대에 대한 우리 민족과 민중의 주체적 적응 노력이 그때부터 본격화했다는 뜻일 테다. 임형택의 표현대로 "한국인의 근대정신은 3·1운동으로 깨어"난 것이다.

그렇더라도 이 사실은 3·1 이전 및 이후 근대에 대한 여러 주체적 대응의 맥락 속에서 검토할 일이다.[11] 주체적 대응 가운데는 근대 자체를 거부하는 움직임도 있었는데 이들 '위정척사파(衛正斥邪派)'는 역사의 큰 흐름과 동떨어져 실패할 수밖에 없었다. 다만 시류에 맞서 그들 나름의 대의에 목숨을 건 기개는 결코 폄하할 수 없으며, 강렬한 민족주의 정서를 대표하면서도 국수주의가 아닌 유교적 보편주의를 내세운 것도 특기할 점이다. 반면에 비록 타율적으로 부과된 근대지만 이에 주체적으로 적응하여 어엿한 근대국가를 건설하려는 '개화파(開化派)'는 다시 두 흐름으로 나뉘곤 한다. 곧, 1884년 갑신정변(甲申政變)이라는 쿠데타를 통해 자주적 근대화를 서두르려던 급진개화파와 이들의 실패 이후 1894년 갑오경장(甲午更張)을 주도한 온건개화파가 그들이다. 개화파는 1905년 이후의 애국계몽운동에서도 큰 역할을 했다. 그러나 1910년의 국권상실로 그들의 근대적응 노력 또한 일단 실패했다고 봐야 하는데, 다만 식민종주국이 된 일본이 원래 근대화·서구화의 '모범생' 격이었으므로 개화파의 흐름은 이런저런 변주를 거치면서 식민지시대를 통해 오히려 입지를 넓혀간 것으로 보인다.

그런데 조선조 말기에 또 하나의 중요한 주체적 대응 시도가 있었음을

---

11 임형택은 3·1의 배경이 되는 19세기의 민요(民擾)·민란과 민회, 1893년 동학도들의 보은 집회, 1894년의 동학농민전쟁, 이후의 의병활동과 애국계몽운동 등을 상기시킨다(앞의 글 20~23면;『백년의 변혁』 53~57면).

기억할 필요가 있다. 곧 1894년의 동학농민전쟁인데, 남한의 급진운동권이 학계의 담론에 큰 영향을 행사하던 1980년대만 해도 '척사·개화·농민전쟁'의 3자구도를 설정하고 그중 농민전쟁을 가장 중시하는 경향이 강했다. 다만 이때 강조된 것은 '동학'보다 '농민전쟁' — 이른바 '종교의 외피를 쓴' 농민전쟁 — 이었다. 이후 급진운동권의 퇴락과 더불어 이 담론은 점차 사라지고 결국 척사론에 대한 개화론의 압도적 우세가 기정사실처럼 되었다. 그러다가 근년에 와서야 "근대전환기를 개화냐 척사냐 하는 구도에 가두어 결과적으로 개화파를 승인하게 만드는 관행을 깨고 개벽파를 이 시기의 핵심 주체로 새롭게 구성해내는 작업"[12]이 다시 주목받고 있다.

나 자신이 역설해온 '근대적응과 근대극복의 이중과제'를 중심으로 평가한다면, 한말의 척사·개화·개벽 3파 중 그나마 이중과제론적 문제의식이 뚜렷하고 실행도 무시할 수 없었던 것이 개벽파인데,[13] 이렇게 볼 때 동학농민전쟁에서 '동학'의 중요성을 다시 떠올리지 않을 수 없다. 아니, 3·1혁명을 이해함에 있어서도 단순히 천도교 교단과 교도들의 대대적 참여를 기억하는 일을 넘어, 동학운동과 농민전쟁을 거친 민족이기에 3·1의

---

12 황정아 서평「'개벽'이라는 대담한 호명」, 『창작과비평』 2019년 봄호 457면. 개벽파를 이 시기의 핵심 주체로 새롭게 구성해내는 작업을 정면으로 시도한 것은 서평의 대상이 된 조성환의 『한국 근대의 탄생: 개화에서 개벽으로』(모시는사람들 2018)인데, 다만 서평자도 지적하듯이 "서구적 근대를 규정하는 핵심 요소이자 그런 근대의 극복에 있어서 핵심 난관인 자본주의 문제에 이렇다 할 언급이 없는 점은 이 책의 커다란 공백"이며, "그런 점에서 '개벽'을 서구적이든 한국적이든 '근대'에 매어두지 말고 차라리 '근대극복'의 전망과 연결하되 그 도정에서 근대화의 압력에 어떻게 대처해야 하는가를 묻는 편이 저자의 문제의식에도 더 부합하리라"(황정아, 앞의 글 459면)는 지적은 경청할 만하다.
13 관련된 논의로 백낙청 외 『문명의 대전환을 공부하다』중 박맹수 발제(215~18면) 및 후속토론(242~43면) 참조. 임형택은 "동학농민전쟁은 19세기의 역사변화를 추동한 민요 형태 농민저항의 정점이자 종점이었다"(앞의 글 23면; 『백년의 변혁』 56~57면)고 평가하지만 개벽사상보다는 농민저항운동의 측면을 더 중시한다는 인상이다.

대규모 민중운동이 가능했고 동학의 개벽사상이 있었기에 민주공화주의로의 전환과 새로운 인류문명에 대한 구상이 한결 수월했음을 인식해야 하지 않을까. 덧붙여 여성의 참정권을 규정한 '대한민국임시헌장'의 선진성도, 직접적인 원인은 무엇보다 여성들의 대대적인 만세운동 참여였겠지만, 동학과 증산도의 남녀평등사상에서 그 중요한 뿌리를 찾아야 하지 않을까 한다.[14]

그럴 경우 3·1이 한반도에서 주체적 근대적응의 출발점이라는 명제도 3·1이 근대극복 노력의 본격적 출발이기도 했다는 명제를 동반해야 한다. 개항 이전부터 준비해온 한반도의 이중과제 수행이 이때 드디어 본격화되었는데, 근대극복 노력을 포함하는 이중과제의 일부로서만 근대적응이 장기적 성공을 기약할 수 있기 때문이다. 따라서 이후의 진행에서도 독립을 아예 포기한 개량주의나 급진개화파의 한 변형에 가까운 교조적 맑스주의·공산주의[15] 그 어느 쪽에도 치우치지 않는, 임형택이 홍명희(洪命憙)를 원용하며 말하는 "'바른 길로 바르게 나가는', 즉 정도의 중간 길"(앞의 글 30면;『백년의 변혁』 64면)을 택한 운동가·사상가들이야말로 근대적응이라

---

14 '임시헌장' 제3조(및 제5조)의 여성참정권 조항은 세계 최초는 아니지만, 미국(1920)이나 영국(1928)보다 앞선 것이었다. 그 배경에 대해 이준식은 "당시 중국에서 이루어지고 있던 헌법제정 움직임의 영향을 생각해볼 수도 있지만 그것만으로는 충분하지 않다. 중국도 임시정부보다 뒤늦게 여성의 참정권을 헌법적 권리로 인정했기 때문이다"라고 지적하면서 "헌장을 만드는 데 주도적인 역할을 한 조소앙의 생각이 강력하게 반영되었을 가능성이 크다고 추론하는 수밖에 없다"고 했다(이준식「대한민국 임시정부의 이념적 지향」,『인문과학연구』 제24집, 2017, 72면). 조소앙이 초안을 만드는 등 문안작업을 주도했음은 본인이 「자전(自傳)」에 기록한 바도 있다(임형택, 앞의 글 31면 참조). 그러나 개신교 전도가 시작되기 전인 1860년에 동학이 창건되며 이미 핵심 교리이자 실천강령으로 남녀평등이 선포되었음을 기억할 필요가 있다. 개신교가 조선 여성들의 권리신장에 기여한 공로를 무시해서는 안 되지만, 교리 차원에서는 성평등을 강조하는 종교로서의 한계가 뚜렷했다.

15 이 표현이 사회주의 사상 및 운동 전체를 과소평가하는 의미로 읽혀서는 안 될 것이다. 다른 한편, 분단 이후 북녘의 공산주의는 주체사상의 대두와 더불어 척사파적 면모가 두드러지게 되었다는 해석도 가능하다.

는 기준에서도 최적의 길을 찾았다고 볼 수 있겠다. 실제로 「기미독립선언서」도 천도교·기독교·불교 지도자들의 합작품이었고 이후 민족운동의 전개과정에서도 '변혁적 중도주의'의 선구자라 부름직한 인사가 많다. 도산 안창호(1878~1938), 불교사회주의를 제창한 만해 한용운(1879~1944), 우사 김규식(1881~1950), 몽양 여운형(1886~1947), 조소앙(1887~1958, 소앙 조용은), 벽초 홍명희(1888~1968), 민세 안재홍(1891~1965) 등은 하나같이 후대에 마주하기 힘든 거인들인바, 여기에 거인임에 틀림없지만 원래는 우편향이 두드러진 편이다가 말년에 남북협상과 좌우합작에 나선 백범 김구(1876~1949)도 당연히 추가해야 할 것이다.[16]

이들의 노선을 현대 한국의 정치지형에 적용되는 '변혁적 중도주의'라는 용어로 표현하는 데는 까닭이 없지 않다. 일본의 식민지체제에 대해 개량 아닌 변혁(곧 독립)을 수행하되 양 극단을 배제한 '정도의 중간 길'을 추구한 노력의 소중함을 인식할 필요가 있고, 오늘의 변혁적 중도주의가 식민지시대로 소급되는 뿌리를 지녔음을 상기하는 일도 중요하다. 다만 이때 경계할 점은, 일본의 철권통치 아래 평화적인 독립운동이 심각하게 제약된 상황에서 나라 안팎의 무장투쟁·폭력투쟁을 폄하하는 결과가 되어서는 안 되리라는 것이다. 실제로 독립운동의 **노선**과 그 **방법**은 차원이 다른 문제다. 이또오 히로부미(伊藤博文)를 사살했지만 본질적으로 평화사상가이던 안중근(安重根) 의사를 비롯하여, 의열단의 지도자이면서도 독립운동에서 좌우합작을 추진한 약산 김원봉(1898~1958)도 노선

---

16 그리고도 이것이 부분적인 목록에 불과함은 더 말할 나위 없다. 더구나 여기서는 사상가의 면모를 갖춘 독립운동가를 주로 거명했는데, 활동가가 아니었지만 소설가이자 사상가로서 벽초와 쌍벽을 이룬 염상섭 또한 변혁적 중도주의의 선구자로 꼽는 데 손색이 없을 것이다(도산과 함께 염상섭을 논한 강경석 「민족문학의 '정전 형성'과 3·1운동: 미당 퍼즐」, 이기훈 기획 『촛불의 눈으로 3·1운동을 보다』, 창비 2019, 206~10면 참조; 초본은 『창작과비평』 2018년 겨울호에 실림).

으로는 중도임이 분명하며 통일전선운동의 중요 인물이었다.[17] 아니, 설혹 중도주의를 거부한 경우라 해도 — 아나키즘으로 나아간 우당 이회영(1867~1932)과 단재 신채호(1880~1936)를 쉽게 떠올릴 수 있는데 — 그들의 공적과 헌신을 높이 평가해 마땅하다.

이론적으로 더 흥미로운 문제는 국내운동과 국외운동의 바람직한 관계가 어때야 하느냐는 것이다. 물론 상황에 따라 다른 답이 나오게 마련인데, 한반도의 경우 국내운동도 국외운동도 연합국의 승리에 결정적으로 기여하지 못한 채 8·15해방을 맞았기 때문에 그 질문에 답할 역사적 자료가 미비한 셈이다. 다만 성찰의 방편으로 추론을 해본다면, 변혁적 중도주의의 선구자들이 집결하여 나라 안팎의 운동에 이념적 지도력을 행사하는 가운데 국외의 무장투쟁도 연합국의 승리에 더 큰 기여를 할 수 있었더라면 해방 후의 혼란이 한결 덜했을 것이고 분단의 비극도 막을 수 있지 않았을까 한다.

현실에서는 신간회(新幹會) 해체(1931) 이후로는 여운형(呂運亨)의 건국동맹(1943년 이래의 몇 단계를 거쳐 1944년 8월에 결성)이 그나마 일정한 조직과 세력을 갖추었고 8·15 직후 건국준비위원회와 '조선인민공화국'으로 이어졌다. 그러나 미군정에 의해 이들이 해체된데다 몽양계와 공산주의 세력의 갈등으로 변혁적 중도주의 노선을 제대로 확립하지도 못했다. 그런 점을 고려할 때 도산이 원불교의 창시자 소태산 박중빈(1891~1943)을 방문하

---

[17] 일제하 통일전선운동에 관한 한국 역사학계 최초의 본격 연구서라 할 강만길 『조선민족혁명당과 통일전선』(초판 화평사 1991, 증보판 역사비평사 2003; 『강만길저작집』 7권, 창비 2018)은 김원봉 등의 조선민족혁명당을 주로 다루었다. "1930년대 후반기 이후 우리 민족운동전선이 민족의 해방을 한층 더 가까이 전망하면서 통일전선론의 수립과 통일전선운동의 실천에 최선을 다했다면, 1980년대 후반기 이후 우리 역사는 민족의 평화적 주체적 통일을 한층 더 가까이 전망하면서 그 올바른 방법론을 수립하고 실천하기 위해 몸부림치고 있다고 봐야 하지 않을까 싶다"(저작집 7권 11면)라는 초판 서문의 말은 지금도 곱씹어볼 만하다.

여 그의 경륜에 찬사를 보낸 것도, 일찍부터 이론과 세력을 갖춘 거의 유일한 국내 조직이 소태산(少太山)이 이끌던 불법연구회(佛法硏究會, 훗날의 원불교)였기 때문일 것이다.

이 만남에 대한 원불교 측 기록은 경전의 한 대목으로 남았다.

안도산(安島山)이 찾아온지라, 대종사 친히 영접하사 민족을 위한 그의 수고를 위로하시니, 도산이 말하기를 "나의 일은 판국이 좁고 솜씨가 또한 충분하지 못하여, 민족에게 큰 이익은 주지 못하고 도리어 나로 인하여 관헌들의 압박을 받는 동지까지 적지 아니하온데, 선생께서는 방편이 능란하시어, 안으로 동포 대중에게 공헌함은 많으시면서도, 직접으로 큰 구속과 압박은 받지 아니하시니 선생의 역량은 참으로 장하옵니다." 하니라.[18]

방문이 이루어진 1936년 2월 현재, 도산은 국내외로 유명한 58세의 민족 지도자였고 소태산은 40대 중반으로 전국적으로는 무명인사에 가까웠는데, 도산이 굳이 소태산을 찾아가고 후자는 여러명의 감시 경찰관을 달고 다니는 도산을 기꺼이 만난 것은 양쪽 모두 뜻한 바 있어서였을 것이다. 어찌 보면 이 사건은 '개벽을 향해 열린 개화파'와 '개화를 수용한 개벽파'의 상징적 만남이랄 수 있다.[19]

---

18 「대종경」 실시품 45, 『원불교전서』, 원불교출판사 1995, 344면. 도산 쪽에서는 당대에 기록을 남길 정황이 아니었으리라 짐작되고 실제로 확인되는 것이 없다. 가장 오래된 기록은 하와이 국민회의 기관지 『국민보』의 특파원이 익산 현지를 방문하고 쓴 기사인데(1956. 6. 20), 내용은 주로 소태산의 후계자 정산 송규 종법사로부터 들은 것으로 되어 있다(김도형 「소태산과 도산 안창호」, 『원불교와 독립운동』, 원광대학교 원불교사상연구원 공동학술대회 자료집, 2019. 2. 14, 32~35면).

19 백영서는 〔막판에 전쟁협력 단체로 변질한 천도교 교단과 달리〕 동학의 개벽론을 계승하는 동시에 불교와도 결합한 불법연구회(해방 후 원불교의 전신)가 개인수양과 사회변혁

아무튼 3·1 이후의 운동들이 좌우의 대립으로 갈라진 현실이 그 자체로 운동의 진전인 면이 없지는 않았지만 분열된 운동세력을 '정당한 중간길'로 다시 통합하는 과제가 절실했던 상황에서, '근대의 이중과제'라는 일관된 잣대로 각각의 사상과 노선을 평가하는 일이 긴요하다.[20] 그리함으로써 통합의 가능성을 열기가 쉬워질 뿐 아니라 그러한 통합에 기여한 인사와 운동을 정당하게 평가할 수 있으리라 본다.

4. 촛불혁명과 3·1혁명

2016~17년의 대규모 촛불시위와 그에 따른 한국사회의 변화를 과연 혁명이라 부를 수 있을지에 대해서는 아직 합의가 없다. 촛불혁명은 '고전적' 혁명 개념과 거리가 있음은 물론, 대한민국의 역사에서도 4·19나 6월항쟁처럼 정권교체를 넘어 새로운 헌법체제를 재빨리 만들어낸 사건에도

을 동시수행하면서 물질개벽(곧 물질문명시대)에 상응하는 정신개벽을 제창한 문명전환운동은 당시 민족종교 가운데 이중과제의 기준에 어울리는 것으로 주목할 가치가 있다"(앞의 글 55면; 『백년의 변혁』 144면)고 평가한다. 원불교에 대한 나 자신의 생각은 『문명의 대전환과 후천개벽』(박윤철 엮음, 백낙청 지음, 모시는사람들 2016)에 수록된 「문명의 대전환과 종교의 역할」 등, 그리고 이를 영어권 독자를 위해 수정 보완한 Paik Nak-chung, "Won-Buddhism and a Great Turning in Civilization," *Cross-Currents: East Asian History and Culture Review* No. 22, March 2017, https://cross-currents.berkeley.edu/e-journal/issue-22/paik 참조.

20 아쉽게도 『창작과비평』 2019년 봄호의 특집을 빼고는 최근의 3·1운동 연구에서도 이중과제론에 대한 관심은 여전히 찾아보기 힘들다. 특집 중 임형택은 백영서(53~56면; 『백년의 변혁』 141~46면)나 이남주(68~70면; 『백년의 변혁』 186~89면)와 달리 이중과제를 직접 언급하지 않는다. 그러나 조소앙의 삼균주의를 중시하고 특히 그의 '자본주의 소멸'론을 해석할 때 이중과제론적 문제의식에 접근한다(36면; 『백년의 변혁』 71~72면). 다만 그것을 자본주의 수용 이후의 극복이라는 단계론으로 보는지 아니면 이중과제론으로 보는지는 이 글에서 분명치 않은데, 소앙 자신의 입장은 이중과제론에 부합한다고 생각된다.

미달하는 면이 있다.[21]

3·1과 견준다면 어떨까? 3·1이 총독부 지배를 종식시키지 못한 데 비해 촛불은 현직 대통령을 퇴출하고 어떤 의미로는 대한민국 최초로 민주적 헌정을 실행할 길을 열었다. 반면에 앞서도 지적했듯이 3·1은 거족적 운동이었던 데 비해 촛불대항쟁은 —— 4·19나 6·10과 마찬가지로 —— 남한에 국한된 사건이었다는 점에서 여전히 3·1혁명의 수준에 못 미치는 면이 있었다.

그런데 촛불시위를 중심으로 전개된 촛불대항쟁이 촛불혁명의 제1기에 해당한다고 파악한다면, 한반도의 남북을 아우르는 분단체제에 발본적인 변화를 여는 한층 혁명적이고 '거족적'인 변화를 달성할 가능성이 아직 열려 있다는 결론이 가능하다. 2018년 이래 남북관계의 극적인 진전과 그해 6월 북·미 화해의 시작은 '거족적 항쟁'과는 다른 차원의 범한반도적 변화를 기대하게 만드는 것이다.[22] 그리고 보면 3·1이 '근대적응의 본격적 출발'로 인정받는 것도, 비록 독립된 근대국가의 건설은 망명 임시정부의 형태로밖에 달성하지 못했으나 3·1을 통해 주민생활 전역에 걸쳐 본질적인 변화가 일어나고 민중의 주체적 역량이 크게 향상되었기 때

---

21 그럼에도 불구하고 '촛불혁명'으로 호명하는 것이 옳다는 주장을 나는 「'촛불'의 새세상 만들기와 남북관계」, 『창작과비평』 2017년 봄호(본서 3부 10장); 「'촛불'이 한반도 평화를 만들어낼까」, 『창비주간논평』 2017. 9. 13; 「촛불혁명과 촛불정부」, 『창비주간논평』 2017. 12. 28(이상 본서 4부) 등에서 밝혀왔다. 영어권 독자를 위해 쓴 글로 Nak-chung Paik, "South Korea's Candlelight Revolution and the Future of the Korean Peninsula," *The Asia-Pacific Journal* Vol. 16 No. 3 (2018. 12. 1, https://apjjf.org/2018/23/Paik.html) 참조. 앞서 언급한 『창작과비평』 특집에서 백영서와 이남주는 모두 '촛불'을 혁명으로 부르는 데 동의하면서 각기 의미있는 후속논의를 펼친다(각기 58~59면과 62면, 67면; 『백년의 변혁』 147~49면과 179면, 184~85면).

22 알려진 대로 이 변화는 2019년 하노이 2차 북미정상회담의 실패로 오랜 정체기에 접어들었다(여기에는 코로나19 감염사태도 일조했다). 하지만 이는 촛불혁명의 굴곡진 과정의 일부로 이해해도 좋을 것이다.

문일 테다. 1968년에 프랑스의 5월 봉기를 포함하여 세계 도처에서 벌어진 반체제운동들이 국가권력 탈취에 성공한 예가 드문데도 '68혁명'이라 불리는 것도 사상·문화의 발본적 변화와 민중적 주체역량의 증대를 가져온 까닭이다.

여기에 3·1운동이 표방하고 크게 보아 실행하기도 한 비폭력 항쟁 방식도 단순히 고매한 이상(理想)의 발로였다거나 현실적인 약점이었다는 시각과는 달리 생각할 여지가 있다. 21세기에 와서 돌이켜보면, 세계 혁명사에서의 더 큰 변화의 시작, 김종엽(金鍾曄)이 촛불혁명을 두고 말했듯이 "혁명에도 스스로에 대한 유토피아가 있"고 "폭력 없는 축제인 혁명"[23]에 대한 꿈이 있는데 그 꿈의 현실화가 시작된 대사건이었다고 볼 수 있다. 직접적인 영향관계는 없지만 3·1과 간디(M. Gandhi)의 초기 불복종운동은 동시대 현상이었고, 중국의 5·4운동보다는 오히려 앞서면서 상당한 영향을 끼친 것은 알려진 사실이다.

어쨌든 촛불대항쟁으로 실현된 남한의 정권교체가 남북관계의 획기적 개선으로 이어지고 한반도 전역에 걸친 민중역량의 비약적 증대를 이룬다면 이는 '혁명'의 이름에 전혀 손색이 없을 것이다. 그런 면에서 촛불혁명은 "한국 근현대가 3·1에 진 채무"(임형택, 앞의 글 36면; 『백년의 변혁』 72면)를 드디어 갚게 될 것이다. 아니, 백년의 지체 끝에 실현되는 채무이행은 전에 없던 감수성의 확장을 이루고 3·1혁명이 미처 전망하지 못한 지평도 열어주게 마련이다.

감수성의 변화는 아무래도 논설보다 문학작품을 통해 잘 드러나는데 그 문제를 길게 논할 자리는 아니다. 『창작과비평』 2018년 겨울호의 평론 「주체의 변화와 촛불혁명: 최근의 몇몇 소설들」에서 그러한 논의를 내놓

---

23 김종엽 「촛불혁명에 대한 몇개의 단상」, 『분단체제와 87년체제』, 창비 2017, 469면.

았던 한기욱(韓基煜)은 3·1운동 특집을 꾸민 2019년 봄호의 머리글에서 황정은(黃貞殷)의 최근작 『디디의 우산』(창비 2019)을 언급한다.

> 『디디의 우산』에 수록된 중편 「d」와 「아무것도 말할 필요가 없다」에서 눈여겨볼 것은 혁명이라는 주제를 다루는 특이한 방식이다. 작가 나름의 새로운 혁명 개념을 제시하기보다 기존의 혁명운동이나 혁명관을 삐딱한 각도에서 바라보는 것이다. 게다가 그 비스듬한 시선으로 보이는 형상과 움직임을 그대로 진술하기보다 서사화하고 비평함으로써 독자로 하여금 스스로 낡은 세계의 제도·정동·사유에 침윤되지 않은 혁명 개념을 재구성하도록 이끈다. (한기욱 「혁명은 끝나지 않았다: 『디디의 우산』을 읽고」 2~3면)

낡은 세계의 제도·정동·사유에 침윤된 온갖 반응들에 대한 작가의 신선하고 예리한 비판은 독자의 감탄을 자아내기에 충분하다. 게다가 1996년의 연세대 투쟁과 2014년의 세월호참사 등을 2016~17년의 촛불대항쟁과 하나의 서사 속에 묶음으로써 촛불혁명이 대중의 누적된 학습의 결과임을 보여주는 동시에, 그 학습과정을 통해 배운 촛불시민의 평화적 시위에 대한 갈망에는 **상처**의 경험이 포함되어 있음을 날카롭게 짚어낸다.

> 누군가 다치는 광경을 우리는 너무 보았다. 사람들은 그렇게 말하고 싶은 게 아니었을까. 누구도 다치게 하지 말라, 우리는 이미 너무 겪었다고. (『디디의 우산』 309면)

다만 헌법재판소의 탄핵 결정으로 혁명이 도래했다거나 완성되었다는 '사람들의 생각'에 의문을 제기하는 일은 그 자체로 필요하면서도 그것만으로 촛불혁명에 충분히 부응한다고 말하기 어렵다. "혁명이 도래했다는 오늘을 나는 이렇게 기록한다"(317면)라고 작가는 끝머리 가까이서 말하는데, 그러나 혁명의 '도래'와 '완성'은 구별할 필요가 있다. 촛불대항쟁의 탄핵쟁취로 혁명이 '도래'했지만 혁명의 '완성'을 향한 긴 여정이 비로소 시작된다는 생각으로까지 나가야 하며, 한반도체제의 변혁을 가져올 혁명의 진행에 요구되는 제도·정동·사유의 더욱 발본적인 변화를 전망하고 탐색할 대목인 것이다.

국가에 관해서도 기존의 국가 행태를 비판하고 국가주의 이데올로기를 부정하는 일을 넘어 어떤 국가기구를 창의적으로 건설해서 촛불혁명을 완성할 것인가를 고민해야 한다. 3·1의 염원이던 '대한독립' 곧 단일형 국민국가(unitary nation-state)의 수립은 촛불혁명 이후에도 가능하지 않을뿐더러 촛불시민이 꿈꾸는 새세상의 기준으로 보면 오히려 낡은 관념일 수 있다. 완전한 통일보다 점진적·단계적·창의적인 한반도 재통합 방안을 강구할 때이며, 비핵화라는 현안 자체가 남북에 현존하는 두 국가의 상호인정과 평화공존을 전제하되 1991년 남북기본합의서의 표현대로 "쌍방 사이의 관계가 나라와 나라 사이의 관계가 아닌 통일을 지향하는 과정에서 잠정적으로 형성되는 특수관계라는 것을 인정"하는 방식을 요구하고 있다. 이는 동·서독이 1972년에 채택한 기본조약에도 없던 조항이며, 남북이 함께 유엔 회원국이 된 후에 이룩한 합의라는 점에서 국가연합을 추진하는 매우 특이하고 창의적인 방안인 것이다.

이후 6·15공동선언(2000)과 10·4선언(2007)으로 그 작업이 한층 구체화되다가 이명박·박근혜 시대에 정체와 역진을 보였다. 그러나 촛불혁명과 판문점선언(2018. 4. 27), 9월 평양선언 등으로 재개되어 큰 흐름으로 자리잡았고 현재 우여곡절을 겪으면서 진행되고 있다. 나는 '남북연합', 그것도 '낮은 단계의 남북연합'만 실현되어도 불가역적인 한반도 재통합의 '제1

단계'에 해당한다고 주장해왔다.[24] 이는 곧 한반도식 나라만들기의 당면한 다음 단계가 될 것인데, 『창작과비평』 2019년 봄호 특집에서 이남주(李南周)는 남북연합의 중요성을 이렇게 부연한다.

남북연합은 두가지 다른 차원의 속성을 내포한다. 하나는 남북이 국가자격으로 국제사회 활동에 참여하는 것과 내부에 대한 주권적 통치권을 상호 인정하는 국가간 관계로서의 속성이다. 이와 함께 민족공동체 의식을 기초로 양자의 재통합을 추구하는 특수관계이다. 특수관계적 속성은 단순히 민족통일이라는 당위성에서 비롯하지는 않는다. 남북분단이 초래한 상호적대 및 그 재생산을 뒷받침하는 정서와 사회적 기초를 청산해가는 작업은 분리의 법적 승인이 아니라 다양한 영역에서 화해와 협력의 과정을 필요로 한다. 그리고 이러한 진전이 없으면 국가간 관계의 규범에 기초한 관계의 안정성도 항상 위협받을 수밖에 없다. (이남주, 앞의 글 73~74면; 『백년의 변혁』 192~93면)

근대세계에 국가연합의 선례가 적지 않지만 지금 이곳에서 진행되는 이런 남북연합의 건설과정이야말로 "낡은 세계의 제도·정동·사유에 침윤되지 않은" 사고와 행동 그리고 감수성을 요구하는 것 아니겠는가.

국가연합이 나라만들기의 최종 단계는 아닐 것이다. 더욱이나 '낮은 단계의 연합'이라고 할 때는 더 높은 단계 연합의 존재를 상정한 것이고, 어차피 그 방향으로 지속되는 나라만들기의 동력을 그때 가서 멈추는 일도

---

24 최근의 글로는 졸고 「어떤 남북연합을 만들 것인가」(『창작과비평』 2018년 가을호; 본서 3부 12장) 및 위에 언급한 "South Korea's Candlelight Revolution and the Future of the Korean Peninsula," 특히 그 마지막 절 'Toward an Association of Korean States' 참조. 국가주의와 국가개조 문제에 관해서는 졸고 「국가주의 극복과 한반도에서의 국가개조 작업」(『창작과비평』 2011년 봄호; 본서 2부 7장) 참조.

쉽지 않을 터이다. 다만 완전한 통일국가 건설을 최종 목표로 미리 설정할 필요는 없지 싶다. 점진적·단계적 진행은 현실여건상 불가피하기도 하려니와, 그러한 진행이야말로 민중참여의 폭을 최대한 넓히는 길이며 그에 따라 확대되는 민중의 역량과 지혜는 무엇이 후천개벽시대의 한반도에 가장 걸맞은 수준의 정치공동체인지를 찾아낼 것이고 3·1혁명조차 뛰어넘는 세계사적 성취를 이룩할 것이다.

덧글: '친일잔재 청산'에 관하여

3·1은 한반도에서 '근대적응과 근대극복의 이중과제' 수행에 본격적인 시동을 건 혁명적 대사건이었다. 한민족의 역사뿐 아니라 세계사에서도 그것이 지니는 큰 의미는 촛불혁명의 진행에 따라 더욱 분명해질 것이다. 그러나 3·1 자체는 당시의 최대 과제인 독립국가 건설을 이루지 못했다. 한반도에 두개의 분단국가가 병립하고 있는 오늘도 그 점은 마찬가지다. 일제의 식민지 통치는 3·1 이후로도 4반세기 이상 지속되었고, 식민지시대가 곧바로 분단시대로 이어지면서 대한민국의 정부수립 이후에도 일제잔재 청산이 제대로 이루어지지 못했다. 아니, 한국전쟁 이후 성립된 분단체제에서는 일제잔재가 체제구성의 중요한 요소가 되었다.

문재인 대통령이 100주년 3·1절 기념사에서 "진정한 국민의 국가를 완성하는" 새로운 100년을 다짐하면서 "너무나 오래 미뤄둔 숙제"로 '친일잔재 청산'을 지적한 것은 그런 의미로 당연했다. 연설 당시는 일제하 강제징용에 대한 대법원 판결로 한일 갈등이 커지고는 있었지만 일본정부에 의한 무역보복이 시작되기 전이었다. 6월 말 남·북·미 정상의 판문점 상봉이 이루어진 직후에 발표된 일본의 수출규제 조치로 가히 '경제전쟁'

이라 부름직한 사태가 벌어졌다. 대통령의 '새로운 100년' 구상은 중대한 시련을 맞으면서 일제잔재 청산의 절실함도 새롭게 부각되고 있다.

그런데 일본제국주의 통치기의 유산을 제대로 청산하고자 할 때 '친일잔재'라는 표현이 적절한지는 생각해볼 문제다. '친일'이라고 하면 일제잔재 중에서도 특히 친일행위를 한 **인물**들에게 초점이 맞춰지고 '잔재청산'이 인적 청산에 과도하게 집중되기 십상이다. 예컨대 대한민국 정부수립 직후 잠시 시도됐던 반민족행위특별조사위원회(반민특위)에 의한 사법적 응징이라든가 참여정부 시절 대통령직속 친일반민족행위진상규명위원회의 작업, 또는 민간 차원에서 진행된 『친일인명사전』(전3권, 민족문제연구소 2009) 편찬 간행 등이 그러한 인적 청산 작업에 해당한다. 반민특위는 실패했지만 뒤늦게 그만큼이라도 해낸 작업들은 치하해 마땅하다. 그러나 이를 더 큰 범위의 일제잔재 청산 작업이라는 맥락 속에 자리매겨 슬기롭게 이어가지 못할 때 기대했던 성과를 올리지 못할 수도 있다.

반민특위 강제 해산으로 친일경력자들의 득세가 오히려 확고해진 것은 물론 이승만 대통령의 적극적인 개입 때문이었다. 그런데 이승만과 친일세력의 이런 결탁이야말로 당시에 이미 '일제잔재'는 단순히 '친일잔재'로 환원하기 어렵게 되었음을 말해준다. 이승만은 항일독립운동가로서 수많은 비판과 규탄을 받기는 했지만 결코 친일파는 아니었는데, 그런 인물이 왕년의 친일파들과 결합한 것이야말로 새로운 시대에 맞춰 '일제잔재'가 '친일파'의 국한을 넘어서 변모·진화하는 과정의 시작이었던 것이다.

이승만이 친일파와 손잡을 때의 최대 명분은 반공이요 분단정권 수립이었다. 문재인 대통령이 3·1절 기념사에서 지적했듯이 일제가 공산주의자가 아닌 항일인사마저 '빨갱이'로 몰아 때려잡은 것이 오늘날 우리 사회의 고질적 병폐로 남아 있다. 하지만 8·15 직후와 6·25전쟁의 와중에서 '빨갱이' 딱지 붙이기는 단순히 '친일'을 덮는 수단을 넘어, 각종 기득권세력을 위협하는 모든 비판자를 제거하는 주무기로 '업그레이드'되었다. 이어서 전쟁이 휴전 상태로 멈추고 분단체제가 성립하여 60년이 훨씬 넘도록 지속되면서 애초의 반공과 친일의 결합은 더욱 복잡다기한 요소들과 뒤섞여 강고한 분단체제 옹호세력을 형성하게 되었다. 이들이 모두가 '토착왜구'라면 일괄 청산하기에 너무 수효가 많고 실제로 그렇게 분류하기에는 구성도 너무 다양하다.

그러므로 '일제잔재의 청산'은 '친일잔재의 청산'보다 한층 복합적이고 정교한 개념을 요한다. 가령 본문에서 거론한 '분단체제'라는 틀 안에서 남한 내의 그 수호세력, 북한 내의 수호세력, 그리고 미국과 일본 내의 분단기득권 세력을 정확히 식별하고 그 책임의 경중을 가리며 국내외 세력들 간의 결탁 양상을 인지하고 대응할 수 있어야 한다. 최근의 한·일 경제전쟁에서 현실정치에 몸담은 수많은 인사들이 '친일파' 또는 '토착왜구'의 낙인을 무릅쓰고 아베정권 편들기에 나서는 것도, 촛불혁명에 반대하는 한·일 수구세력의 연대행동으로 인식해야 하지 않을까.

왕년의 친일세력이 8·15해방과 더불어 친미를 앞세운 새로운 복합체로 변모·진화했음을 지적했지만, 식민지시대의 친일행위 자체도 식민지조선의 독특한 역사적 성격에 비추어 이해할 필요가 있다. 브루스 커밍스(Bruce Cumings)는 「독특한 식민지, 한국: 식민화는 가장 늦게, 봉기는 가장 먼저」(『창작과비평』 2019년 여름호)에서 한국과 일본의 관계가 "벨기에와 자이르, 혹은 뽀르뚜갈과 모잠비끄의 관계보다는 독일과 프랑스, 혹은 영국과 아일랜드의 관계와 훨씬 더 비슷"(324면; 『백년의 변혁』 74면)함을 상기시킨 바 있다. 그런데 우리 사회의 친일잔재 청산 논의에서 가장 흔히 거론되는 것은 2차대전 이후 프랑스가 나치부역자를 처단한 사례다. 저들은 불과 몇해의 점령을 겪고도 그처럼 단호하고 철저했는데 우리는 몇배나 긴 종살이를 하고도 왜 거의 아무것도 못했냐고 개탄하기 일쑤다. 하지만 점령기간이 길어질수록 부역자 수가 늘어나게 마련이고 그들을 처단하고 청산하는 작업이 그만큼 더 어려워지는 것도 엄연한 현실이다. 더구나 프랑스·독일의 사례와 결정적인 차이는, 1940년 당시 프랑스는 국민국가가 확립된 지 오래된 상태로 적국과 협력하는 반국가행위에 대한 형법상의 처벌조항을 완비하고 있었다. 반면에 1905년 또는 1910년 당시의 대한제국은 그러한 근대국가가 아니었기에 황제를 배반한 대신과 지도급 인사들은 '역적'으로 규정되었지만 일단 일본이 점령한 뒤의 행위를 처벌할 형법 조항은 없었다. 대한민국 정부수립 후의 친일청산이 '반국가' 아닌 '반민족' 행위를 대상으로 삼은 것도 그 때문이다.

특히 국권상실 이후 태어나서 줄곧 총독부의 법질서 아래 산 인물들의 친일행위 판정은 결코 간단하지 않다. 법적 기준은 없고 3·1의 기억과 민족정신을 배반했다는 잘못을 따져야 하는데, 독립운동가들은 예우받아야 하고 명백히 악질적인 친일부역자는 사후적으로라도 처벌·단죄해야 마땅하지만 간명한 판단이 힘든 그 중간의 회색지대가 꽤나 넓게 마련이다. 또한 국권상실 이전에 성장한 세대라 해도 3·1의 성과로 열린 민족적 자력양성의 공간을 적극 활용하면서 더러 친일의 방편을 구사하기도 한 경우가 있다면 그 공과와 세정(細情)을 살펴 종합적으로 판단할 일이지 해외운동가의 순정한 기준이나 유교의 전통적 의리론을 그대로 적용하는 것이 상책은 아닐 것이다.

독일 점령하의 프랑스와 다른 식민지 조선의 이런 현실을 감안할 때, 대한민국 초기의 반민특위가 한결 순탄한 환경에서 활동을 더 오래 지속했더라면 일종의 혁명검찰 역할에 머물지 않고 오랜 백인통치 이후 남아프리카공화국이 시도한 '진실과 화해' 위원회 같은 역할을 한국의 실정에 맞게 창의적으로 배합하는 방향으로 진화했으리라 상상해볼 수 있다. 물론 현실에서는 창의적 진화는커녕 수많은 독립운동가들이 청산했어야 할 친일파한테 도리어 청산당하고 말았다. 그 결과로 친일청산 문제에 대한 진지한 토론이나 지혜로운 대응이 오늘날까지도 힘들어졌는데, 어쩌면 이것이야말로 일제통치가 남긴 최악의 유산 가운데 하나이자 분단으로 인한 최대의 피해에 속하지 않을까 한다.

애초에 친일보다 반공·친미 분단국가의 깃발 아래 살아남은 일제잔재는 이후 자유민주주의, 지역주의, 기독교적 가치 등 다양한 깃발을 활용하면서 남녘에서 분단체제를 지탱하는 큰 기둥으로 남았다. 다만 공공연한 친일은 대체로 삼가왔는데, 최근의 한·일 경제전쟁에서 명시적 또는 묵시적으로 일본정부를 두둔하는 행태를 드러낸 것은 어쩌면 초유의 현상일 듯하다. 하필이면 왜 다수 국민이 자발적으로 일본상품 불매운동마저 벌이는 이 판국에 저들이 그러는 것일까? 앞서도 비쳤듯이 이는 촛불혁명을 빼고는 설명하기 힘들다.

친일잔재를 대거 함유한 수구정당은 촛불혁명으로 정권을 빼앗겼을 뿐 아니라 정상적인 방법으로 다시 집권할 수 있다는 희망과 그럴 의지를 상실했다. 과거에는 자신의 민낯을 가리고 국민을 속여서 정권을 잡거나 집권에 근접했었지만 지금은 그런 여유가 없게 된 것이다. 게다가 미사일 발사와 핵실험을 계속하고 험악한 언사를 토해내어 그들의 권력유지에 도움을 주던 북측이 남북화해에 응함으로써 먼저 배신을 했고, 다음으로 믿던 미국이 북과의 대결을 지속하는 대신 북미정상회담을 엶으로써 또 배신했다. 이제 그나마 남은 것이 일본인데, 아베 수상마저 북·일 화해를 모색하며 배신자의 행렬에 가담할까 걱정하던 참에, 촛불정부라서 국민이 동의할 수 없는 한일합의의 이행을 거부하고 삼권분립의 원칙에 따라 대법원 판결을 존중하며 '신한반도체제'를 주도하겠다고 나서는 문재인 대통령을 혼내주려고 아베가 나섰으니 촛불혁명 반대세력으로서는 천우신조(天佑神助)인 셈이다. 어차피 집권을 하려면 현 정부를 철저히 망가뜨려서 반사이익을 보는 길밖에 없는데 문재인정부를 상대 않겠다는 일본을 돕지 않고 어쩔 것인가.

그러므로 3·1 백주년을 맞아 새로운 100년의 시급한 과제로 '친일잔재 청산'을 꼽은 대통령은 방향을 제대로 잡은 것이다. 다만 '친일잔재'보다는 '일제잔재'라는 한층 큰 틀로 접근할 일이며, '일제잔재' 또한 분단체제에서 그것이 어떻게 진화·온존해왔고 분단체제의 재생산에 어떻게 기여하고 있는지를 정확히 인식하고 대응할 일이다.

금년 들어 분단기득권 세력은 세차례의 대공세를 벌였다. 첫번째는 선거법개정과 검찰개혁안의 신속처리법안(이른바 패스트트랙) 상정을 폭력적으로 저지하려 한 것이었는데 결국 실패했다. 게다가 상당수 의원들이 국회선진화법을 어긴 행위로 피선거권 박탈 가능성도 높아진 상태라 그야말로 '쎌프청산'을 해주는 꼴이 될 것 같다. 두번째로는 추가경정예산 심의를 거부하고 장외투쟁에 나서서 거의 1백일 동안 발목잡기를 했다. 이 또한 여론의 뭇매를 맞고 결국은 처리에 응하고 말았다.

세번째는 조국(曺國) 전 민정수석의 법무부 장관 지명, 이어서 그의 임명에 반대하는 문자 그대로의 대전(大戰)이었다. 이번에는 후보자 본인의 —법적 혐의 여부를 떠나— 정치적·도덕적 약점이 상당수 드러남으로써 많은 사람들의 분노와 좌절감을 야기했고 거의 모든 언론기관이 야당의 공세에 합류한데다 검찰마저 개입함으로써 문재인정부의 검찰개혁시도 자체가 좌절될 위험마저 닥쳤다. 그리고 이 세번째 대공세가 성공한다면 곧 분단기득권 세력의 기사회생과 정국주도로 이어질 판이었다.

이때 다시 한번 대세를 결정한 것이 촛불시민이었다. 9월 28일, 10월 5일 그리고 12일의 대규모 촛불집회는 촛불혁명이 지금도 진행 중이라는 역력한 증거다. 집회 주최자와 참가자들 대다수가 군중의 규모에 스스로 놀랐는데, 과거의 촛불시위들은 (2016년 가을의 국정농단 규탄시위를 포함하여) 모두가 일정한 '예열기간'을 거치면서 점차 그 규모가 늘어났지만 이번에는 불과 수천명에서 수만명이 모이던 사법적폐청산 촉구 집회가 9월 28일에 갑자기 백만명 인파로 늘어났기 때문이다. 이는 2016~17년의 촛불시위가 일회성 항쟁으로 끝난 게 아니고 정권교체를 넘어 우리 사회의 체질을 바꾸는 촛불**혁명**의 시작이었음을 웅변한다. 일단 촛불정부를 탄생시킨 시민들은 정부의 개혁작업과 분단체제극복 노력을 지켜보면서 광장을 성조기와 태극기를 휘두르는 반촛불세력에 내맡기는 듯도 했지만, 촛불혁명 자체가 좌절의 위기에 처했음을 직감했을 때 '느닷없이' 거리로 쏟아져나와 적폐세력의 공세를 막아내고 검찰개혁의 동력을 되살렸던 것이다.

한마디 덧붙이자면 촛불시민들에 맞선 대규모 반정부시위도 진행 중인 촛불혁명의 또다른 반증이라는 점이다. 한편으로 그것은 최후의 결전을 맞았다는 기득권세력의 절박함을 반영한 군중동원이지만, 다른 한편 참가군중의 절대다수가 동원되고 오도된 것만은 아니고 촛불시대의 주권의식을 다른 방향으로 표출하는 시민들의 존재를 드러낸 것이기도 하다.

주권시민들의 이런 적극적 개입에 정부가 어떻게 반응하여 당면한 개혁과제들을 완수하고 분단기득권 세력의 한 중심축에 다름아닌 '일제잔재'의 청산작업으로 이어갈지는 지켜볼 일이다. 다만 3·1에서 시작하여 우리 시대의 촛불혁명에 이르는 경험과 경력을 자랑하는 시민들이 '촛불정부'가 얼마나 '촛불'다운가에 대한 감시도 게을리하지 않을 것이다.

제2부

3장
한반도에서의 식민성 문제와 근대 한국의 이중과제

글머리에

제1장 첫머리에 밝혔듯이 이 글은 1998년 12월 4~5일 미국 뉴욕주립 빙엄튼대학 페르낭 브로델 쎈터에서 개최된 학술대회에서 영어로 처음 발표되었고 논문 역시 애초에 영문으로 작성되었다. 영국의 계간지 *Interventions* 제4호(2000년 첫호)에 "Coloniality in Korea and a South Korean Project for Overcoming Modernity"라는 제목으로 실렸는데 그사이 시카고대학, 뉴욕주립 버팔로대학, 씨애틀의 워싱턴대학, 로스앤젤레스의 캘리포니아대학 등에서 비슷한 주제로 그때그때 수정 보완한 내용이 반영되었다.

이렇게 완성된 글을 우리말로 기고해달라는 창비 편집진의 요구는 몹시 고마우면서도 괴로운 제안이었다. 한반도에서의 식민성 문제를 진지하게 살피는 일은 매우 긴요하며 무엇보다 세계적으로 소통 가능한 담론을 개발할 필요가 절실했다. 우리는 식민통치를 겪었음은 물론, 해방 후에도 일제잔재라든가 미국의 신식민지적 지배 등에 대한 논의가 심심찮게 진행되어왔지만, 본론에서 논하는 바 근대성과 표리관계에 있는 광의의 식민성을 기준으로 삼기보다 식민지 경험(협의의 식민성)을 기준으로 식민지 이후(post-colonial) 현실을 규정하는 일이 대부분이어서, 분단시대의 식민성은 '미제의 식민지'라는 식으로 과장되거나 자본주의적 또는 사회주의적 근대화의 달성으로 이미 청산한 듯이 과소평가되기 일쑤였다. 아니, 과대평가냐 과소평가냐 하는 정도의 문제를 떠나 근대 및 근대성에 대한 올바른 인식을 가로막게 마련이었다. 오늘의 우리들이 정확히 어떤 의미로 얼마만큼 식민성에 젖어 있는가에 대한 성찰은 드물었던 것이다. "자신을 노예로 생각하지 않는 노예가 진짜 노예다"[1] ── 일본의 '노예문화'를 통렬하게 비판한 타께우찌 요시미(竹内好)의 이 구절은 최근 한국문화의 식민성에 대한 최원식(崔元植) 교수의 문제제기에서도 인용된 바 있지만, 식민지시대 당시에 있었던 노예라는 자각마저 무디게 한다는 점이야말로 분단체제가 조장하는 노예성과 식민성의 핵심이 아닌가 한다.

대체로 이러한 문제의식으로 한반도의 근대성·식민성 문제를 분단체제와 연관지어 거론한 이 번역본을 학술지 발표가 엄청 긴 시간을 소요하는 외국에서보다 먼저 『창작과비평』 1999년 가을호(통권 105호)에 발표하게 되었다. 그런데 자신이 외국어로 쓴 글을 번역하는 일은, 글이 잘되고 못되고를 떠나 내게는 언제나 감당하기 힘든 괴로움이다. 궁여지책으로 초벌 번역을 해줄 사람을 따로 찾은바, 고맙게도 성은애(成銀愛) 교수가 이 궂은일을 맡아주었다. 그러나 한국의 독자에게 내 이름으로 내놓는 글인 만큼 원문에 너무 구애받지 않고 새로 손을 보았고, 이남주 엮음 『이중과제론』에 수록될 때 추가로 손질을 했다. 다만 이 책에는 원문 중 일부를

---

1 竹内好 『魯迅入門』, 東京: 講談社 1996, 224면. 이 대목을 원용한 최원식의 논의는 「문학의 귀환」, 『창작과비평』 1999년 여름호, 특히 4절 '식민성과 탈식민성' 참조.

삭제하고 실었기에 본서는 창비 발표본 원본을 복원하면서 번역에 다시 한번 손을 댔다.

원고의 형성과정에 있었던 또 하나의 사연은 학술회의를 마친 직후 월러스틴과 따로 대담을 한 일이다. 대담 「21세기의 시련과 역사적 선택」은 『창작과비평』 1999년 봄호(103호)에 발표되었고, 뒤이어 그의 저서 국역본 『유토피스틱스』(창작과비평사 1999)에 부록으로 실리기도 했다. 읽어본 독자들은 아시겠지만 본고의 단초가 된 발제문 내용과 학술회의에서의 후속 토론이 대담에서도 언급되었는데, 이 대화가 다시금 원고의 수정 보완에 많은 참고가 되었다.

애초의 빙엄튼 학술회의에서 나는 세개의 주요 논제 가운데 '권력의 식민성' 문제를 천착해온 뻬루의 사회과학자 끼하노의 작업에 대한 논평을 주문받았다. 발제자 중 유일한 동아시아인으로서, 한반도문제를 주로 다루되 동아시아 전반에 관해 다소 초보적인 이야기도 곁들일 필요를 느꼈는데, 정작 끼하노의 작업에 대해서는 지나가는 말로 언급하는 선에 머물렀다. 무엇보다도 내가 그에 대해 아는 바가 적었기 때문이다. 그렇기는 해도 끼하노를 포함한 회의의 주역들의 작업을 의식한 '탈분과학문적 대화'(post-disciplinary dialogue)의 정신은 이 글에 드러나리라 믿는다.

1. 동아시아에서의 식민성과 서구중심주의

'식민성'(coloniality)이라는 용어를 나는 실제 식민지 상태에서 가장 뚜렷하게 예시되지만 그에 한정되지 않는 권력관계 내지 사회관계를 폭넓게 지칭하는 뜻으로 사용하려 한다. 그럴 경우 식민성의 특징에는 공식적인 식민지 상황에서의 법률상 불평등 같은 공공연한 인종/종족차별뿐만 아니라 관권주의, 성차별주의, 서구중심적인 지식구조 등 다른 형태의 온 갖 지배와 배제 행위가 포함될 것이며, 이는 또한 식민성을 근대 세계체 제의 일부로 굳건히 자리매기게 될 것이다.[2]

이런 관점에서는 '탈식민성'으로 흔히 번역되는 postcoloniality라는 낱 말은 그 기본적인 서술적 의미(즉 공식적인 식민통치 이후의 시기 또는 상태라는 의미)를 잃고 가치판단적인 의미(즉 좀더 광범위한 형태의 식 민성을 극복했거나 극복을 지향한다는 의미)만을 갖게 될 것이다. 나 자 신은 불필요한 혼동을 피하기 위해 이 단어의 사용을 되도록 줄이려는 편 이다.

'서구중심적'(Eurocentric)이랄 때의 서구 내지 유럽은 물론 지도상의 의미보다 문화적인 의미로 쓰인다. 따라서 유럽을 포함한 모든 생활양식 에 대해 '미국적인 생활양식'의 우월성을 주장하는 이데올로기로서의 미 국주의(Americanism)도 서구중심주의의 부정이라기보다는 그 절정을 이 룬다고 해야 할 것이다. 또한 서구중심주의[3]는 서유럽 및 북미인의 가치 들을 명시적으로 옹호하는 태도를 훨씬 넘어선다. 서구중심주의가 식민 성에서 핵심적인 역할을 하는 이유도 바로 거기 있다. 서구중심주의는 실 로 '진리'를 규정하며 무엇이 지식이고 무엇이 아닌가를 결정할 정도로까

---

2 Aníbal Quijano, "Coloniality of Power and Democracy in Latin America" 참조. 이 논문 은 위에서 말한 1998년 12월 4~5일 학술회의 자료로 영역 제출되었는바, 그에 앞서 "La Colonialité du Pouvoir et Démocratie en Amérique Latine"라는 제목으로 불역되어 *Future Antérieur: Amérique Latine, Démocratie et Exclusion* (Paris: L'Harmattan 1994)에 수록되었다. 끼하노의 다음 글들도 유익한 참고자료가 되었다. "Americanity as a concept, or the Americas in the modern world-system"(Immanuel Wallerstein과 공동집필), *International Social Science Journal* 134, 1992; "Modernity, Identity, and Utopia in Latin America," *boundary 2* 20:3, 1993; "Coloniality of Power and Eurocentrism"(1998년 12월 15~18일 듀크대학에서 개최 된 'Cross-Genealogies and Subaltern Knowledges'라는 제목의 학술회의 발표 문건).

3 '유럽중심주의'가 문자 그대로의 정확한 번역이지만 우리에게 친숙한 '서구중심주의'가 용 어의 취지에도 더 맞을 것 같다.

지 깊숙한 영역에서 작용하고 있는 것이다.[4]

한반도에서의 식민성에도 좀더 공공연한 형태와 더 깊숙한 심층에서 작용하는 서구중심주의가 모두 개입되어 있다. 그러나 이에 관해 더 이야기하기 전에 동아시아 전체에 관한 몇가지 언급을 하는 것이 순서겠다.

동아시아는 주요 지역들 가운데 자본주의 세계경제에 마지막으로 편입되었다. 또한 동아시아 전체가 서구 열강에 의해 식민지화된 적은 한번도 없다. 베트남을 예외로 꼽을 수 있지만, 베트남의 경우 문화적으로는 동아시아의 일부랄 수 있더라도 지도상으로는 (그리고 다른 중요한 측면에서) 동남아시아에 속한다. 동아시아 주요 3개국 가운데 일본은 식민지가 된 적이 없을 뿐 아니라 스스로 식민지지배에 나선 강대국이 되었다. 중국의 '반 식민지' 상태는 1840년의 아편전쟁에서 시작되어 1949년 또는 최소한 1945년까지는 지속되었다고 말할 수 있지만, 중국 역시 완전한 식민지가 된 적은 없다. 한편 한반도는 1910년부터 1945년까지 직접적인 식민통치를 겪긴 했지만, 같은 동아시아 국가인 일본에 점령당했던 것이다.

이러한 기초적인 사실들을 보면, 동아시아에서의 식민성이란 ─ 심지어 식민통치를 경험한 한반도에서도 ─ 라틴아메리카나 아프리카 혹은 아시아의 다른 지역에서 볼 수 있는 것과는 다른 측면을 드러내리라는 점이 짐작된다. 다른 한편 바로 그런 사실들 때문에 서구중심주의, 인종/종족차별주의, 민주적 권리의 결여 등등의 특징을 수반하는 식민성이 동아시아에서도 엄연한 현실이었고 여전히 현실이라는 점을 은폐하는 데 기여하기도 한다.

---

4 사회과학(그리고 과학 전반)에서의 서구중심주의와 이를 극복하는 일의 어려움에 관해서는 Immanuel Wallerstein, "Eurocentrism and its Avatars: The Dilemmas of Social Science," *New Left Review* 226, November/December 1997 참조. 이 논문은 1996년 11월 국제사회학회와 한국사회학회 공동주최로 서울에서 열린 동아시아 지역 콜로퀴엄에서 처음 발표됐고 원문에 앞서 국역 「유럽중심주의와 그 화신들」이 『창작과비평』 1997년 봄호에 간행되었다.

일본은 서구의 산업화된 (그리고 식민주의적인) 열강을 본받는 데 성공함으로써 좀더 명백한 서구중심주의에 대해서는 하나의 도전을 제기했던 것이 사실이지만, 더 깊은 의미로는 지배적인 세계체제와 그 이데올로기들의 '보편성'을 강화하는 결과를 가져왔다. 일본이 '대동아공영'과 백인지배에 대한 저항을 명분으로 미국·영국과 전쟁을 벌인 것조차 서구 제국주의와 인종/종족차별주의에 대해 일본이 보인 열렬한 모방이 절정에 달한 것이었다.

뿌리깊은 중국중심주의 내지 중화주의의 전통을 지닌 중국은 서구중심주의와 식민성에 저항할 남다른 자격을 갖추었음직하다. 실제로 중국은 여러차례 그러한 저항을 시도했으며, 앞으로도 그럴 가능성이 있다. 하지만 근대화와 개발을 위한 현대 중국의 적극적 자세를 보건대 마오 쩌둥(毛澤東)의 거대한 반체제적 노력조차 또다른 개발주의(developmentalism)의 특성을 드러낼 정도이니 최근의 국면은 더 말할 나위도 없다. 이에 대한 중국공산당 지도부의 공식 슬로건은 '중국적 특성을 지닌 사회주의'지만 '중국적 특성을 지닌 자본주의'가 좀더 정확한 표현일지 모른다. 그렇다고 마오나 마오주의, 심지어는 작금의 상황에 대해서도 이렇게 간단히 이야기하고 끝내버릴 수 있다는 말은 아니다. 중국혁명의 유산만으로도 일체의 소박한 근대성 추구에 도전을 제기할 가능성이 충분하기 때문이다.[5]

일본에 의한 한반도의 식민지화 역시 피상적으로 덜 서양적이고 때로는 반서양적인 특징들을 보이기는 했지만, 실제로는 큰 흐름에서 서구적인 가치들을 강화하는 결과를 가져왔다. 우선, 일제의 반서양적인 언사가

---

5 Liu Kang, "Is There an Alternative to (Capitalist) Globalization? The Debate about Modernity in China," in Fredric Jameson and Masao Miyoshi, eds., *The Cultures of Globalization*, Duke University Press 1998.

종종 한국인으로 하여금 서구에 대해 오히려 더욱 수용적인 태도를 취하도록 만들었고, 일제 식민주의 침략의 초창기에 영국과 미국이 공모자였음을 망각하게 만들기도 했다. 더 중요하게는, 자본주의 세계체제가 그 식민주의를 서방 국가에 의한 직접통치 대신 아시아의 대리역을 통해 부과했기 때문에, 서구중심주의는 더욱 음험하게 작용했고 어떤 의미로는 더욱 효과적이었다. 일상생활에서 한 예를 들어보면, 일제가 장려한 서양 복식은 이제 한국인들(특히 남성들)에게 뿌리를 내리고 거의 보편적인 것으로 자리잡았다. 물론 현대에 와서 다른 요인도 추가되었지만, 만약 일본인들이 자기네 고유 의상을 강요했더라면 해방 후 조선사람들은 전통적인 복식으로 되돌아가려는 충동을 훨씬 강하게 느꼈을 것이다. 사실인즉 일본인들은 경제개발과 국민국가 건설 이외의 문제에서도 서구학습의 모범생이었다. 예컨대 메이지(明治)시대 이래로 일본 황궁의 국빈만찬 공식 요리는 프랑스 요리였고 천황과 대신들의 예복은 턱시도와 프록코트였다.

동아시아에서의 식민성은 인종/종족차별주의의 낯익은 얼굴 또한 어김없이 드러냈다. 그것도 넓은 의미에서 단일한 인종이 존재한 것이나 다름없고 중국문화권 전체를 통틀어 종족에 대한 강한 정체의식도 찾아볼 수 없었던 지역에서 말이다(물론 한반도의 경우 비교적 중앙집권화된 통치의 경험이 길고 이웃한 중국의 압도적인 존재, 그리고 중국·몽골·만주·일본인들의 잦은 침략으로 인해 종족적 자기인식이라는 면에서 다소 예외적이긴 했지만). 어쨌거나 식민지 조선에서와 외국의 전쟁포로들을 상대로 한 수많은 잔혹행위, 그리고 1937년 난징(南京)에서 일어난 수십만의 중국 민간인 학살을 가능케 한 일제의 인종주의적 민족주의의 악독함은 유럽 열강이 자기네들끼리의 교전상황에서 보여준 행동과 비교할 때 예외적인 야만성의 증거로 지목될 수도 있다. 사실 동아시아의(물론 한국을 포함한) 여러 나라에서 많은 사람들이 여기서 일본인의 '민족적 특성'

을 찾아보곤 한다. 그러나 '민족성'이란 그 자체로도 문제가 많은 개념일 뿐더러, 지나간 여러 세기에 걸쳐 일본인들이 조선인이나 중국인을 인간 이하의 존재로 깔보았다는 경험적인 증거는 찾아보기 힘들다. 근대 일본 이 '탈아입구(脫亞入歐)'를 결심하고 그 시도에 성공했다는 자부심을 갖 게 됨으로써 비로소 나머지 아시아인들이 본질적인 타자(the Other)로 설 정되기 시작한 것이다. 그러므로 일제의 잔혹행위를 이해하려면 유럽이 아메리카대륙이나 아프리카의 토착민들과 만난 초창기에 서구중심주의 가 야기한 결과를 참고하는 길이 더 적절하다. 사실 일제의 잔혹행위들은 나치의 유대인 학살[6] ― 말이 난 김에 덧붙인다면 히로시마와 나가사끼 원폭투하 ― 로 대표되는 더욱 고도로 조직화되고 엄청난 공학기술적 위 력을 갖춘 현대식 변종보다 서구중심주의의 일반적 패턴에 더 잘 들어맞 는 면이 있는 것이다.

2. 1945년 이후의 한반도와 '분단체제'

오늘날 근대 세계체제가 지구의 나머지 부분에서와 마찬가지로 동아시 아에서도 작동하고 있는 한, '근대성의 이면'[7]으로서의 식민성도 동아시

---

6 이러한 비교는 나치의 범죄를 상대화함으로써 축소하려는 일부 보수적인 독일 지식인의 정치적 입장과는 전혀 다른 것이다. 우선 아시아, 아프리카, 라틴아메리카인에게는 이런 식 의 비교가 무수히 떠오르는 게 너무나 당연하다. 하지만 그렇다고 해도 마침내 세계체제의 중심부에까지 다다라, 백인들 사이에서, 그리고 근대의 중심부에서나 동원 가능한 온갖 행 정적·기술적 역량을 가동한 사건으로서의 유태인 대학살(세칭 Holocaust)이 지니는 특별 한 끔찍스러움과 광기는 여전히 실감할 필요가 있으며 최대한 지적으로 제어할 과제로 남 아 있다. (독일에서의 역사논쟁에 관해서는 Charles S. Maier, *The Unmasterable Past: History, Holocaust, and German National Identity*, Harvard University Press 1988, 1997 참조.)

7 Enrique Dussel, *The Underside of Modernity: Apel, Ricoeur, Taylor, and the Philosophy of Liberation*,

아 전역에서 찾아볼 수 있을 것이 당연하다. 이는 그동안 본격적인 중심부 국가가 된 일본에도 해당하는 이야기다. 그러나 여기서는 식민성의 특징이 좀더 눈에 띄는, 그렇다고 결코 덜 복잡하지 않은 한반도의 경우에 초점을 맞추려고 한다.

한국은 1945년 8월 일본의 지배에서 독립했으나, 소련과 미국의 점령군에 의해 38선을 따라 분단되었다. 분단은 곧 남북의 단독정부 수립으로 강화되었고, 1950~53년의 끔찍한 전쟁을 겪고 난 후에는, 내가 한반도 전체를 포괄하는 '분단체제'라고 불러온 바 남북한의 기득권세력들이 적대적 대치뿐 아니라 일정한 공생관계를 유지하는, 상당한 자기재생산 능력을 지닌 독특한 체제 — 좀더 엄밀히 말하면 세계체제의 한 독특한 하위체제 — 로 발전해왔다.

'식민성' 혹은 '식민주의'는 이 대립하는 두 정권의 적대적 수사법에서 현저한 몫을 차지해왔다. 특히 북한은 남한 지배집단 대다수의 일제협력 경력과 미군의 남한주둔 사실을 지적하면서, 남한이 식민상태를 종식시키지 못했으며 미국의 식민지가 되었다고 주장했다. 남쪽은 남쪽대로, 구체적인 입증은 덜했는지 몰라도, 북한을 때로는 소련 때로는 중국의 '괴뢰'라고 비난하곤 했다. 그러나 분단된 한반도의 식민성을 이런 식으로 규정할 수는 없다. 남한에 대한 미국의 지배는 애당초 엄밀한 의미로 식민지적이라기보다는 신식민지적이었으며, 오늘에 이르러서는 이른바 '바나나공화국'에 대한 미국의 지배와는 거리가 멀다. 한편 '주체'를 강조하는 북한은 최소한 내정에 대한 외세의 직접적인 간섭에 저항하는 점에서만은 자주성의 본보기가 될 만했다.

분단체제의 개념은 식민성의 문제를 전혀 다른 견지에서 보게 한다. 즉

---

tr. and ed. Eduardo Mendieta, Humanities Press 1996 참조.

분단체제의 양쪽이 모두 민주주의라든가 외세로부터의 진정한 독립을 성취하는 데 원천적인 한계(구체적인 사항으로 들어가면 남북이 각기 다르고 시기에 따라서도 차이를 보이지만)를 부과할 수밖에 없는 현실을 드러내는 것이다. 남한의 민주화과정에서의 중대한 진전이나 북한의 강력하고 때로는 공격적인 독자 외교노선은 이러한 판단을 부정하는 것으로 비칠는지 모른다. 그러나 남한의 경우 민주화운동이 대개는 통일운동과 중첩되어왔고, 최근의 가장 괄목할 성취, 즉 오랜 반정부 지도자인 김대중(金大中)과 야당이 선거를 통해 정권을 잡은 사건이 분단체제가 위기의 단계로 들어서서야 비로소 가능했다는 점에 주목해야만 한다. 한편 한 국가의 자립 정도를 외국의 직접적인 내정간섭을 배제한다는 좁은 의미에서 보다 국제적인 마당에서 자국의 이익을 보호하고 증진시킬 실력이라는 기준으로 판단한다면, 오늘의 북한은 남한보다도 자주력이 조금도 나은 상태에 있지 못하다고 평가해야 할 것이다.

남북한 각자가 다른 대다수의 국가들처럼 열국체제(또는 국가간체제, interstate system)에 직접 참여하기보다 분단체제의 압도적 영향이라는 매개작용을 거쳐서 참여하는 한, 그들은 완전한 국민국가 상태에 미달하는 운명이다. 이는 남북한이 각기 주적으로 삼는 상대방과의 사이에 국제적으로 공인된 국경(또는 민족 내부에서 정당화되는 분할선)을 갖지 못했다는 점에서 단적으로 드러난다. 이러한 '정상적인 국가'의 결여는 또한 대부분의 한반도 주민들 사이에 단일형 국민국가에 대한 집착을 낳으며, 이 집착은 다시 분단과 대치 상태를 극복하기보다는 유지하는 데 기여한다. 엄격한 단일국가라는 미래상은 각자 자기식의 통일이 아닌 그 어떤 통일에 대해서도 불안감을 높여주기 때문이다.

심지어 분단체제는 같은 종족집단 내에서, 그리고 자신의 '동질성'을 자랑해마지 않는 바로 그 동일민족 사이에서, 식민성 특유의 인종/종족차별주의를 재생산한다. 대치 중인 상대방 사람들은 단순한 대항자나 적으로 머무는 게 아니라 실질적으로 인간이 아닌 악마적 존재로 변한다. 이는 다시 국내정치에 결정적 영향을 끼치게 되는데, 안정된 국경이 없음으로 해서 가뜩이나 안보국가의 강력한 근거가 마련된 터에, 이제 내부의 반대가 단순한 반대가 아니라 본질적인 '타자'에 대한 대역무도한 추종으로 변하는 것이다. 실제로 한반도의 분단은, 바로 한국인들 자신이 일본인을 두고 비난하곤 하는 것과 똑같은 종류의 비인간적인 야만행위 즉 1948년 4·3사건에서의 제주도민 대량학살로 그 고착화의 과정을 시작했던 것이다. 또다른 예로서, 베트남전쟁에서 한국군이 보여준 행적도 일제 군대의 행동과 질적으로 다르지 않은 경우가 많았다. 그러므로 한반도의 분단체제는 흔히 내세우는 그 불안정성과 잠재적인 폭발성에도 불구하고 미국의 지속적인 패권자 역할을 정당화할뿐더러 식민성을 또다른 형태로 재생산하고, 그리하여 국가주의·민족주의·개발지상주의·인종차별주의 그리고 성차별주의 등 근대 세계체제의 제반 이데올로기를 강화함으로써 이 체제의 충실한 구성요인으로 복무하고 있는 것이다.[8]

그러므로 분단체제의 극복은 그냥 아무런 형태의 통일을 이루는 것 이상을 뜻한다. 일방적인 정복 내지 흡수는 설혹 그것이 가능하더라도 진정한 분단체제극복으로 보기 힘들다. 최소한 한쪽 체제의 기득권을 건드리지 않거나 강화할 것이며, 세계체제의 지배세력에 아무런 타격을 입히지 못할 것이 분명하기 때문이다. 민중의 실질적인 참여로 창의적인 국가구조와 그밖의 많은 것을 포함하면서 이루어지는 통일과정만이 다른 결과

---

8 분단체제가 어떻게 성차별주의에 영향을 주고 그것을 부추기는가는 너무 복잡한 문제이기 때문에 여기서는 이렇게 지나가면서 언급할 수밖에 없다. 여성운동과 분단체제극복 운동의 연대 가능성을 염두에 두고 이 문제를 다루어본 소략한 시도는 졸저 『흔들리는 분단체제』(창작과비평사 1998) 제1장에 나와 있다.

를 보장할 수 있을 것이다.

이는 힘겨운 과제이며 그 실현가능성이 사실에 입각해서 평가되어야 함은 물론이다. 여기서는 상세한 검토를 할 계제가 아니다. 다만 북한의 흡수를 통한 독일식 통일의 '불가피성'을 주장하는 자칭 현실주의자들이야말로 정녕 현실감각의 결여를 드러내고 있음을 지적함직하다. 북한 지도층이 흡수당하는 통일보다는 전쟁을 선택할 가능성이 오히려 높다든가, 서독과 비교할 수 없이 한정된 능력을 갖춘 남한이 동독보다 더 부담스러운 북한이라는 짐을 떠맡을 때 남한경제가 파산할 것이 거의 확실하다는 현실에 대해, 그들은 제멋대로의 낙관적 평가를 내리고 있는 것이다. 물론 '현실주의자'들이 좋아하는 또 하나의 선택이 있기는 하다. 즉 좀 덜 불안정하고 폭발성이 덜한 상태에서 분단을 유지하자는 것이다. 이는 분명 단기적으로 좀더 현실적인 방안이지만, 동서냉전의 종식이라든가 분단체제 북쪽의 극단적인 불안정성, 게다가 민주화의 진전으로 인한 남쪽 나름의 불안정성 등 여러 국면적 요인의 합류로 분단체제가 유지되기 점점 어려워지고 심지어는 위험해지고 있다. 여기에 지구 전체에 걸쳐 불안정과 혼돈을 야기하는 세계체제의 한층 광범위한 구조적 위기를 덧붙이지 않더라도 말이다.[9]

그러나 한국의 사회과학자들 중 심지어 정치의식이 비교적 높다는 이들 사이에서도 마주치는 분단체제 개념 자체에 대한 저항은,[10] 그것이 흔히 분단체제극복의 현실적 가능성에 대한 과학적 의문의 형태로 포장되긴 하지만, 좀더 깊은 까닭이 있다고 보아야 할 것 같다. 즉 분석의 단위로

9 구조적 위기와 그에 따른 '암흑기'에 관해서는 Immanuel Wallerstein, *Utopistics*, The New Press 1998, 2장 참조. 국역본 『유토피스틱스』, 백영경 옮김, 창작과비평사 1999.
10 논쟁의 일부는 『흔들리는 분단체제』와 그에 앞선 졸저 『분단체제 변혁의 공부길』(창작과비평사 1994)에 기록되었거나 반영되어 있다.

서 국민국가에 집착한다든가(한반도에는 통일된 국가가 없는데도!), 사회체제라는 것을 어떤 '동인'(agency)과 그 작용을 기다리는 자기완결적 '구조'(structure)의 이분법을 따라 이해하는 등, 그야말로 현존 사회과학의 서구중심적 전제들이 위력을 발휘하고 있는 것이다. 그 결과 분단체제론은 종종 '문학적 상상력에의 탐닉'이라고 공격받기도 한다. 이에 관한 논의는 지난 수십년간 남한의 문학적 상상력에 어떤 일이 진행되었는가를 살펴보는 우회로를 통해 접근해볼 수도 있겠다.

3. 근대성과 남한의 '민족문학운동'

개인적인 이야기를 한다면, 문학비평가로서, 편집자로서, 또 영문학 교수로서 나는 남한에서 '민족문학운동'(national literature movement)으로 알려진 움직임에 참여해왔다. 이 운동은 그간 민주화운동의 중요한 일부였다. 민족문학 담론은 1970년대 초에 등장―좀더 정확히 말하면 해방 직후 있었던 비슷한 논쟁의 좌익 참가자들 중 다수가 한국전쟁으로 침묵하게 되거나 북으로 간 상황에서 **재**등장―하여, 1974년 '자유실천문인협의회'의 창립과 더불어 조직적인 중심과 실천적 추동력을 얻게 되었으며, 이 단체는 군부독재에 대한 1987년 6월의 전국적인 저항운동 이후 '민족문학작가회의'로 확대 개편되었다. 본고가 이 문학운동의 목적이나 역사를 간략하게라도 소개할 수 있는 자리는 아니다.[11] 여기서는 이를 일차

---

11 다만, 민족문학운동의 시발단계(1974)에 참여했던 논의와, 20년 후 미국 청중을 대상으로 한 강연록이 함께 실린 Paik Nak-chung, "The Idea of Korean National Literature Then and Now," *positions: east asia cultures critique* 1:3, 1993 및 "National and Transnational Claims on Civil Society: A South Korean Contribution," *Seoul Journal of Korean Studies* Vol. 9, 1996 참조.

적으로 '한반도에서의 식민성과 남한에서의 근대극복 기획'이라는 주제에 비추어 다루기로 한다.

영어로 처음 발표했을 때의 제목에서 Korea 즉 한반도 전역을 포함하는 의미로의 '한국' 내지 '조선'과, South Korea 즉 남한(또는 남한만을 가리키는 의미로의 '한국')이라는 두가지 명칭을 사용한 것 자체가 오늘날 코리언의 민족적 정체성이 최소한 두개라는 사실, 다시 말해 남북한을 포괄하는 한민족의 일원이면서 동시에 분단된 한쪽 국가의 시민이라는 사실을 떠올린다.[12] 그리고 이러한 분단현실에 대응하는 '민족문학'이란 단순히 민족주의적인 과제만을 떠맡지는 않을 것임을 짐작하게 해준다. 실제로 이 운동은 원로·중진급에 이른 몇사람만 거론하더라도 고은·신경림·김지하·이문구·황석영·박완서·현기영 등 뛰어난 시인과 작가에 의한 풍성한 작품생산을 수반했을 뿐 아니라, 민족주의에 대한 근본적인 문제제기를 포함하는 만만찮은 수준의 논쟁을 낳기도 했다.

영어 제목의 overcoming modernity(근대극복)라는 말도 약간은 단순화된 표현으로서, 한국의 논단 일각에서 '근대적응과 근대극복의 이중과제'[13]라고 말하곤 하는 것을 줄인 표현이다. 여기서 생략된 '근대적응'도 핵심적인 부분이다. 왜냐하면 도저히 피할 수 없는 삶의 현실이 되어버린 근대를 제대로 감당할 줄 모르고서는 '근대극복'이 기껏해야 공허한 논의가 될 것이며, 심지어는 온갖 종류의 퇴행적인 정치적 입장이나 사회적 행위

---

12 물론 이는 한반도에 거주하는 한국인에게만 해당하는 말이다. '코리언의 정체성'은 하나의 종족집단(ethnic group)으로서의 한인(내지 조선인)을 감안하면 더욱 복잡해진다. 상당한 규모의 해외동포를 지닌 한민족은 이미 전세계에 걸친 다국적 공동체를 구성하고 있다(이에 대해서는 졸저『흔들리는 분단체제』제8장 참조). 그리고 당연한 이야기지만 개인의 정체성이란 언제나 다층적인 것으로, 민족적인 또는 종족적인 차원 외에도 여러 다른 차원을 지닌다.

13 영어로는 'the double project of adapting to and overcoming modernity'라고 표현했다.

를 정당화하는 해로운 논의로 떨어질 수 있을 것이기 때문이다. 물론 '이중과제'의 내용 자체가 말이 되느냐, 또 된다면 어떻게 되느냐는 것은 별개의 문제이다.

근대에 '적응'(adapt to)한다든가 이를 '감당'(cope with)한다는 말이 무슨 뜻인지를 규정하는 일부터가 만만찮은 과제다. 근대 세계체제가 끝없는 자본축적과 그에 따르는 경쟁의 논리를 외면하는 일정 규모의 집단(및 개인)들에게 불행을 안겨주고 심지어 파멸을 초래하는 한, 어쨌든 최소한의 적응과 경쟁력이 요구되는 것이 사실이겠다. 물론 일단 그 과정에 뛰어들고 나서 과연 '최소한'에서 멈출 수 있을지는 까다로운 질문으로 남는다. 동시에 근대는 특히 유럽과 북미 지역에서 그 자체로 본받을 만한 여러가지 성취를 이뤄냈다는 점 또한 대체로 인정되고 있으므로, '적응'은 단순한 생존을 위해 견뎌내는 것만은 아닐 것이다.

여기에 근대성의 서로 다른 두 패러다임, 즉 두쎌의 표현대로 '서구중심적'인 패러다임과 '지구적'(planetary) 패러다임[14]이 작용하면서 얼마간의 혼란을 낳고 있는 듯하다. 이를 정리하기 위해, 설혹 우리가 '지구적' 의미를 택하더라도 근대 세계체제를 극복하는 전제조건으로서 적응하고 감당하는 작업이 필요하다는 점, 그리고 더 나아가 이렇게 감당하는 일은 "'세계체제'의 **중심**의 문화"에 속한 수많은 값진 경험과 성취를 적극적으로 본받는 일을 포함할 수밖에 없음을 인정해야 한다. 다만 그러한 본받

---

14 Enrique Dussel, "Beyond Eurocentrism," Jameson and Miyoshi, eds., 앞의 책 3~4면 참조. "서구중심적 대 지구적이라는 두개의 대립되는 패러다임이 근대성의 문제를 특징짓는다. 전자는 유럽 중심의 지평에서 근대성을 '순전히' 유럽적인 것으로서, 중세에 발달하여 이후 전세계로 퍼져나간 것으로서 설정한다. 후자의 패러다임은 지구적 지평에서 근대성을 '세계체제' — 아메리카대륙 원주민의 통합을 통해 이룩된 사상 최초의 세계체제 — 의 **중심**의 문화로, 이 '중심성'을 **경영**하는 처지의 결과로 개념화한다. 즉 유럽의 근대성은 독립적이고 자기생산적이며 자기지시적인 체제가 아니라, 세계체제의 일부이며 사실은 그 **중심**인 것이다."

기란 하버마스가 말하는 근대라는 '미완의 기획'에 동참한다기보다는 두셀의 '근대 가로지르기'(trans-modernity) 과제에 더 방불한 본받기라고 해야 할 것이다.[15]

나 자신이 처음부터 이에 관해 분명한 이해를 갖고 출발했던 것은 아니다. 그러나 '민족문학'이라는 과제의 본질 자체가 우리에게 근대에 대한 복합적인 태도를 요구했다. 민족문학운동은 한편으로 근대 초기의 유럽 국가들이 보여준 자국어 문학의 찬란한 꽃핌을 본받고자 하는 열망으로 차 있었지만, 더 중요한 것은 단순한 모방이나 '따라잡기'로는 그러한 꽃핌을 이룰 수 없으며 오로지 식민지의 과거를 지닌 분단민족의 특수한 현실에 충실하고, 그럼으로써 이제까지 세계문학에서 다루어지지 않았던 근대의 어떤 측면과 대면함으로써만 가능하다는 사실을 우리는 직감하고 있었던 것이다. 아마도 진정한 예술적·문학적 노력이란 어느 시절에든 주어진 현실과 더불어 살면서 동시에 그것을 극복하려는 '이중과제'를 담고 있는 것이겠지만, 근대의 예술가에게는 근대 세계체제의 엄청난 압력과 그 모순의 거대함으로 인하여 그러한 과제가 더 강력하게 요구된다.

따라서 서구문학의 고전적 작품과 근대 세계체제의 '중심'이 낳은 여타 문화적 산물에 대한 태도가 단순히 우상파괴적인 것일 수만은 없다. 첫째 서구중심적이 아닌 읽기일수록, 진정한 문학이 예의 '이중과제'에 대해 본질적으로 개방적인 면을 가졌음을 서구중심적인 읽기보다 덜 존중해서는 안 될 터이다. 또한 서구적인 혹은 제1세계적인 읽기와 본질적으로 다른 남한적 혹은 제3세계적 읽기를 설정하는 것도 답이 아니다. 이것이야말로 오리엔탈리즘(또는 오리엔탈리즘을 뒤집은 옥시덴탈리즘 Occidentalism)의 덫에 걸려드는 꼴이 된다. 이미 지적했듯이 서구중심주

---

15 같은 글 19면; Jürgen Habermas, "Modernity—An Incomplete Project," in Hal Foster, ed., *The Anti-Aesthetic: Essays on Postmodern Culture*, Port Townsend, WA: Bay Press 1983.

의는 동서양을 막론하고 그 머리를 ─ 월러스틴의 표현을 따르면 그 히드라(hydra) 괴물의 머리를[16] ─ 쳐들고 있으며, 한국의 독자가 자신의 지역적/민족적 관심을 서구문학을 읽는 데 동원한다고 할 때 그 목적은 분명 서구인들에 의한 모든 읽기를 거부함으로써 촌스럽고 편협해지는 것이 아니라, 도리어 온갖 종류의 서구중심적 읽기 ─ '정전'으로 일컬어지는 작품들에서 발견되는 저항과 연대의 엄청난 가능성을 너무 쉽게 무시해버리는 일부 '탈식민적'(postcolonial) 또는 '해체적'(deconstructive) 독법을 포함하여 ─ 의 편협성을 비판하려는 것일 터이다. 이런 비판적인 다시읽기는 우리 '민족문학' 기획의 중요한 일부를 이루었거니와, 오늘의 세계적 상황을 살펴보면 세계체제의 주변부에서 수많은 민족적·지역적 문학이 동시에 꽃피느냐 여부에 그러한 작품들의 생존과 문학의 보존 자체가 달려 있다는 믿음을 안겨주기도 한다.[17]

민족문제를 '분단체제'의 시각에서 ─ 즉 세계체제와 연관지어 그것이 한반도 내부 및 그 주변에서 작동하는 특수한 하나의 국지적인 사례로 ─ 이해하는 일은 앞서 말한 문학적 과제의 논리적 연장이라고 할 수 있다. 이로써 민족적이지만 민족**주의**적이라기는 힘든 과제로서 통일문제를 천착하는 작업이 좀더 분명한 표현을 얻는다. 이는 민족해방론과 레닌주의 혁명론 그 어느 쪽의 '진보적' 사회과학 담론도 만족스럽지 못하다는 실감에서 추동된 바 없지 않다. 적어도 문학적 상상력은 '민족' 또는 '국민'을 하나의 완결된 실체로 전제한다든가 자족적인 분석단위로서의 '남한 자본주의' 같은 개념으로부터 출발해서 이론화하기보다, 분단된 나

---

16 Immanuel Wallerstein, 앞의 글 94면.

17 Paik Nak-chung, "Nations and Literatures in the Age of Globalization," Jameson and Miyoshi, eds., 앞의 책(국역 「지구화시대의 민족과 문학」,『내일을 여는 작가』 1997년 1-2 월호).

라에 실제로 살고 있는 사람들의 삶을 다루려는 미덕을 지닌 것이다. 양쪽의 기득권층이 보통사람들과 대립되며 그들을 억압한다고 보는 의미의 이런 민중지향적인 담론으로서, 그리고 한반도의 분단을 세계체제의 국지적 작용으로 이해한다는 의미의 전지구적인 시각으로서, 문학인들의 분단체제극복 의지는 '과학성'을 내세우는 담론들보다 훨씬 효과적으로 민족적인 과제를 지구적인 과제 및 국지적 현장의 과제들과 통합하는 작업을 수행해왔다. 거듭된 이야기지만 우리의 목적은 통일 그 자체보다도 세계체제의 한 핵심적 하부단위로서의 한반도 분단체제를 철폐하는 일이며, 따라서 남북한 각자 내부에서 좀더 완전한 시민권을 획득하려는 그날그날의 '개혁주의적' 투쟁과, 이러한 확대된 시민권을 바탕으로 그것을 더욱 확장해주는 통일이라는 중기적 과제, 그리고 세계체제를 바꾸고 새로운 문명을 창조하는 장기적인 노력 사이의 효과적인 상호연관을 성립시키고자 하는 것이다.

4. 연관된 질문과 과제들

위에서 그 윤곽을 제시한 과제는 문학적·예술적 관심을 다른 분야의 지적인 작업과 거의 자동적으로 연관시키며, 전지구적으로 의미있는 일련의 질문들을 제기한다. 이 글의 마지막 부분에서는 이들 중 세가지 정도만 언급할까 한다.

첫째, 민족적 과제를 가진다는 것의 중요성, 즉 이것이 해당 민족에뿐 아니라 좀더 인간적인 사회를 창조하고자 하는 집단적 노력에서의 일반적인 문제로서 지니는 중요성을 한층 전면적으로 토의할 필요가 있다. '전지구적으로 생각하고 국지적으로 행동하라'(think globally, act locally)

라는 지침은 원칙적으로 옳은 것이지만, 한편으로는 너무나 단편화된 국지적 행동들로 다른 한편으로는 내실이 약한 전지구적 사고로 떨어질 위험이 있다. 그 중간항으로서 민족적·국민적 과제를 가질 때 이러한 위험을 극복하는 데 도움이 될 것이 분명하다. 심지어 이는 필수불가결한 것일 수도 있다.

한반도의 분단체제가 요구하는 특수한 과제는 아무데서나 만날 수 없는 남다른 부담이자 특권이다. 그러나 기회가 한반도에서만큼 분명치 않은 곳에서도 노력을 포기해서는 안 된다. 게다가 대중운동은 전국적인 정치와 국가권력의 문제를 포함한 국민적(민족적) 차원을 무시할 수 없다. 물론 우리는 '옳은 사람들'이 국가권력을 잡기만 하면 체제를 변혁할 수 있고 변혁해내리라는 환상을 버려야 한다. '전지구적으로 생각하고 국지적으로 행동하라'는 슬로건의 정당성도 부분적으로는 그 슬로건이 "일부러 국가를 배제하며, 개혁의 기제로서의 국가에 대한 믿음을 철회하는 것"[18]이라는 데 있는 것이 사실이다. 그러나 바로 이 굴벤끼안 보고서(Gulbenkian Report)에서도 뒤이어 지적하듯이, "사회분석을 담는 사회묘사의 지정된 그릇으로서 국가를 거부하는 것이, 국가를 근대세계에서 핵심적인 제도로, 경제적·문화적·사회적 과정들에 심대한 영향을 끼치는 제도로 더는 볼 수 없다는 뜻은 결코 아니다."[19] 1968년 이후의 반체제운동은 국가 차원의 정치활동을 너무 쉽게 포기해버리는 경향이 있는데, 우리의 대응은 단순한 반국가주의에서 벗어나 더 적합한 국가구조의 창안으로 나아가야 한다. 이는 근대의 극복을 진지하게 추구하기 위해서라도 근대에 적응하는 또 하나의 예가 될 것이다.

---

18 Immanuel Wallerstein et al., *Open the Social Sciences: Report of the Gulbenkian Commission on the Restructuring of the Social Sciences*, Stanford University Press 1996, 82면.
19 같은 책 85면.

두번째로, 근대극복의 과제가 특정한 진리 개념을 가진 서구중심적 지식의 구조를 극복하는 문제도 포함한다는 것은 이제 널리 알려진 사실이다. 이는 수많은 '포스트모더니즘' 혹은 '탈식민주의' 사상가들이 즐겨 다루는 주제이며, 또한 '세계체제분석'의 기본 원칙 가운데 하나다. 한반도 통일을 위한 민중적 노력에서도 하나의 실천적인 문제로 떠오른바, 분단체제라는 개념 자체가 서구중심주의적인 사회과학에 대한 일종의 '탈사고'(unthinking)[20]와 직결된 것이다. 그러므로 진정한 분단체제극복의 필요조건으로서 앞에 제시한 "창의적인 국가구조와 그밖의 많은 것"들 가운데는, 분단됐던 민족의 발전하는 요구에 특별히 맞춘 새로운 형태의 복합국가와 더불어, 진리에 대한 근본적인 재고 및 진리를 향한 우리 태도의 재정립이 포함될 것이다.

이렇게 방대하고 난삽한 주제에 관해 자신있게 말할 처지가 못 되지만, 서구중심주의적 지식에 대한 기존의 대다수 비판에 공통되는 문제점은 지배적인 '진리'의 해체가 실질적으로는 진리 자체를 제거하고 말거나, 아니면 대안적인 진리 개념의 필요성에 대한 추상적인 인식을 크게 벗어나지 못한다는 점이다. 여기서 비서구적 배경을 지닌 문학운동이 기여할 바가 있을 듯하다. 왜냐하면 한편으로는 과학의 진리[21]와는 다른 종류의 진리에 대한 추구가 항상 모든 진지한 예술적인 노력에서 핵심적이었고, 다른 한편으로 동아시아적 사고의 요소들이 이러한 탐구에 새로운 돌파구를 제공할 수 있을 것이기 때문이다.

어쨌든 이성(reason) 자체를 ── 심지어 근대 유럽의 이성도 ── 송두

---

20 이 신조어는 월러스틴의 *Unthinking Social Science* (Polity Press 1991)에서 따온 것임.

21 영어의 truth가 근대에 와서는 '진리'보다는 '진실'에 해당하는데 양자를 혼동하는 한국 철학계의 관행에 관해서는 졸저 『민족문학의 새 단계』(창작과비평사 1990)에 수록된 「학문의 과학성과 민족주의적 실천: '인문과학'의 문제와 관련하여」중 320~21면 참조.

리째 거부하는 것보다는 그에 내포된 "인간해방의 역사적 약속"[22]에 대한 도구적 이성의 지배를 비판하는 것이 분명히 더 적절한 일이다. 이러한 작업의 목적은 "지식의 나무와 생명의 나무의 통일"[23]이라든가 "진리와 선을 나란히 추구하는 것"[24] 등으로 다양하게 표현되어왔다. 월러스틴은 나아가 진리와 선을 "개념으로서는 '융합될'(fused) 수 없지만 '나란히'(in tandem) 추구될 수는 있다"[25]고 못박기도 했다.

그러나 진리와 선이 본질적인 개념화의 차원이 아닌 실천 속에서만 합쳐질 수 있는 한, 그 둘의 동시적 추구는 일종의 곡예 수준으로 떨어진다는 문제가 남는다. 우리는 좀더 대담한 발상이 필요하다. 즉 진정한 예술(및 이에 상응하는 인간적 창조성의 작업)이 더 높은 차원의 진리와 객관성을 발견 — 창조적으로 발견 — 할 수 있는 능력을 지녔으며 이에 반해 자연과학이나 사회과학의 진리 혹은 진실은 그러한 창조성의 전문화되고 좀더 제한적인 적용에 해당한다는 발상으로의 전환이 필요한 것이다. 이제까지 이런 대담성 — 예술이 진리보다 우월하다고 주장하는 흔해빠진 미학주의와는 질적으로 다른 — 을 서방세계에서 만나는 경우는 매우 드물며, 있다 해도 서구중심주의적이라고 자주 비난받는(그 비난이 정당하건 아니건 간에) 사상가들, 예컨대 독일 철학자 마르틴 하이데거나 영국의 비평가 F. R. 리비스 등에서나 발견되곤 한다.[26]

이 문맥에서, 동아시아 전통 속의 도(道) 개념은 유교에서건 불교 또는

---

22 Aníbal Quijano, "Modernity, Identity, and Utopia in Latin America," 145면.

23 같은 글 150면.

24 Immanuel Wallerstein, 앞의 글 107면.

25 Immanuel Wallerstein, "Questioning Eurocentrism: A Reply to Gregor McLennan," *New Left Review* 231, September/October 1998, 159면.

26 예컨대 Martin Heidegger, "The Origin of the Work of Art," *Poetry, Language, Thought*, tr. A. Hofstadter, Harper & Row 1971 및 F. R. Leavis, *The Living Principle: 'English' as a Discipline of Thought*, Chatto & Windus 1975, 제1장 'Thought, Language and Objectivity' 참조.

도가에서건 항상 진(the true)과 선(the good)의 '융합'에 해당하는 것이었음을 상기해봄직하다. 물론 이때의 '진' 또는 '참'이라는 것은 명제적 진실(propositional truth)을 넘어선 것이며(특히 불교에서는 심지어 유와 무의 구분도 넘어서고 그리하여 그 진리로 하여금 본질주의의 경계를 벗어나게 한다), '선'이라는 것도 선악 이분법의 윤리에 한정되지 않는다. 물론 전통적인 도 개념으로의 단순한 복귀나 그 복원이 해답은 아니다. 그러한 복귀는 설사 가능하다고 해도 수긍하기 힘들 터이다. 전통적 도 개념의 본질적인 취지가 무엇이었건 간에, 그 구체적인 표현은 대체로 권위주의적이며 어김없이 불평등한 사회체제들을 지탱하는 특정 가치들과 결부되었기 때문이다. 그렇지만 진과 선을 한때 동아시아의 사고와 실천에서 친숙했던 어떤 궁극적인 수준에서 '융합'함이 없이 양자를 '나란히' 추구하는 일이 과연 가능할 것이냐는 물음은, 근대적 합리성에 대한 모든 진지한 비판에서 숙고할 점이다.

마지막으로 평등의 문제도 동아시아의 또다른 기여 가능성과 관련해서 새로 천착할 필요가 있다. 이는 도의 개념 그리고 도를 추구하고 깨치는 데 따르는 수준 내지 등급의 문제[27]와 밀접히 연관된다. 이는 해방의 사업에서 이론적인 문제인 동시에 사회적 조직화의 문제이기도 하다. '차이'(difference)에 대한 탈근대주의·탈식민주의·페미니즘 등의 지배적 담론은 사회적 평등에 관한 담론에서는 큰 흔적을 못 남기는 듯한데, 진리와 선에 대한 앎에서의 차이, 즉 지혜의 어떤 위계를 암시하는 차이의 문제가 될 때는 더욱 그러하다.

'Hierarchy of wisdom'(지혜의 위계질서)이라는 말이 가장 적절한 표현은 아닌 것 같다.[28] 왜냐하면 근대 영어에서 '지혜'(wisdom)란 반드시 진리

---

27 영어로는 'degree'라는 표현을 썼는데 '정도(程度)'와 '등급'의 뜻이 다 들어 있다.
28 동양적인 사유를 영어로 표현하려는 이 시도가 미흡하듯이 이 영어 표현을 다시 직역한

의 인식과 통합되지는 않는, 일종의 실용적 슬기(그리스어의 sophrosyne)를 의미하는 것이며, '위계질서'(hierarchy)라는 말은 불평등하고 구속적인 사회질서, 즉 모든 해방의 사업이 맞서 싸워야 할 상태를 상기시키기 때문이다.

그런 의미의 위계질서는 물론 거부하고 비판해야 하며, 전통적인 동아시아적 사고에서 이를 지탱하는 요소들에 대해서도 마찬가지다. 극도로 일반화해서 말하자면, 유교는 항상 고정된 사회적 위계질서를 공공연히 신봉해왔다는 점에서 비판을 받아 마땅하며 — 그렇더라도 정신이 바로 박힌 유생이라면 자본주의적 근대가 낳은 지독한 물질적 불평등을 묵과하지는 않았겠지만 — 불교는 역사상 **실재한** 불평등에 저항한 기록은 특출하달 수 없으나 **원리상의** 평등을 옹호하는 점은 두드러졌다. 도교는 속세의 위계질서로부터의 자유를 옹호하긴 하지만 일단 제도적인 정치와 연루된 경우 전제정치에 저항한 실적은 빈약하다고 말할 수 있을 듯싶다.

그러나 내가 '지혜의 위계질서'라는 말을 통해 환기하려는 바는, 지혜 혹은 어떤 본질적인 삶의 능력의 정도에 따라 사회조직을 면밀하게 구성하는 계획이 없이 해방과 진정한 평등의 사업이 실효를 발휘할 수 있겠느냐는 물음이다. 왜냐하면 일반민중들이 전반적으로 지금보다 훨씬 지혜로워지지 않고서 — 더 분별력 있고 더 적절하게 훈련되지 않고서 — 는 진정으로 민주적이고 환경친화적인 어떠한 세계도 건설될 수 없음이 분명하기 때문이다. 그런데 이런 '지혜'는, 모든 인간이[29] 기본적인 존엄

'지혜의 위계질서'가 우리말로도 어색함은 물론이다. 실은 불가나 도가에서 법력 또는 도력의 등급을 인정하는 것은 당연한 일로 되어 있고 원불교에서는 지우차별(智愚差別)이 다른 모든 차별과 달리 평등사상과 양립하는 (나아가 평등실현에 필요한) 것으로 설정되어 있다. 그러나 영어권 독자를 상대로 이를 상론할 계제는 아니었다. 우리말로 옮기면서도 기왕에 영문으로 쓴 표현을 번역하는 데 일단 머물고자 한다.

29 그리고 각기 그 나름으로 우주 만물이.

성을 공유하는 평등한 존재임을 확실히 아는 지혜와 더불어, 자신보다 더 나은 지혜를 그걸 어디서 만나든 알아보고 따를 줄 아는 지혜이기도 할 것이다. 이는 물론 고정된 사회적 위계질서를 옹호하기 위해서가 아니라 — 이른바 능력주의 사회(meritocracy)도 개인의 유동성이 얼마간 확대될 뿐 본질적으로 불평등체제이기는 마찬가지인데 — 새로운 강압적 통제조치의 필요성을 제거하고 지속적인 자기교육을 가능케 할 냉철하면서도 자발적인 복종을 확보하기 위한 것이다.

이러한 생각이 동아시아만의 것은 물론 아니다. 그러나 서구에서 (그리고 실은 서구중심주의에 물든 아시아에서도) 이런 발상을 옹호하는 사람들은 정치적인 보수파로 분류되는 — 대개는 실제로도 그러한 — 경향이며, 그들의 주장이 종종 기존의 특권에 대한 옹호와 손을 잡고, 그리하여 대안적인 역사적 체제에 관한 논의에서는 무시되기 십상이다. 하지만 강요되지 않은 존중의 예는 우리 일상에서도 이미 많이 찾아볼 수 있으며, 이는 물질적·사회적 평등의 상태에서 가장 잘 작용한다. 예를 들어 병을 고치거나 기계를 고치는 데 의사나 기계공의 자기보다 나은 능력을 존중하는 것도, 나와 상대방 모두가 최소한의 물질적 조건을 갖춘 상태와 더불어 다른 모든 위계질서의 일시적 정지를 전제하는 일이다.

물론 어떤 분야에서의 전문성을 인정하는 것은 상대적으로 쉬운 문제다.[30] '지혜의 위계질서'에는 — 적절치 못한 문구임을 인정하면서도 이를 계속 쓰는 데는 토론을 촉발하려는 의도가 없지 않은데 — 좀더 어려운 문제들이 따른다. 첫째는 '위계질서'란 것이 신축적이고 가변적인 것

---

30 그러나 현대의학에서 병 고치는 지혜가 전문화된 과학으로 축소된 현상은 전혀 별개의 문제다. (Ashis Nandy, "Modern Medicine and its Nonmodern Critics: A Study in Discourse," *The Savage Freud and Other Essays on Possible and Retrievable Selves*, Princeton University Press 1995 참조.)

이라고 못박는다 해도 의사나 기계공을 한 개인이 알아서 찾아가는 것보다는 좀더 조직화된 어떤 것을 암시하게 마련이고, 또 '지혜'란 것은 과학적으로 확정될 수 있는 품목이 아니기 때문이기도 하다. 그러나 전문기술보다 훨씬 모호한 이런 영역에서도 교육처럼 우리에게 낯익은 활동이 의미있는 예를 제공해줌을 확인할 수 있다. 물론 교육 자체가 이제 점점 전문지식을 팔고 사는 과정으로 변해가고 있지만, 진정한 교육은 본질적으로 자기교육으로서, 바로 그렇기 때문에 자신보다 더 지혜로운 사람(들)에 대한 어떤 형태의 자발적 승복을 포함한다. 종교적·도덕적·예술적 교육에 대한 인류의 오랜 경험 속에서, 우리는 지혜가 다스리는 세상을 이루기 위한 기나긴 지적·제도적 창안의 과정에서 무엇을 추구할 것인가, 그리고 무력이든 고정된 신분이든 돈이든 지혜 이외의 모든 구속이 제거된 시대로부터 우리가 무엇을 기대할 것인가에 대한 암시를 얻을 수 있다.

여기서 우리는 다시 도의 개념으로 돌아온다. 지혜로운 자와 어리석은 자 혹은 덜 지혜로운 자의 구분은 진과 선의 통합된 개념에 따라 지혜의 등급이 판단될 때만 확실한 설득력을 가질 것이기 때문이다. 이는 바로 도 비슷한 것일 텐데, 다만 지난날 동아시아의 전통에서는 과학과 기술의 진보를 제대로 수용하지 못한 점과 오랜 동안 억압적이고 불평등한 사회체제와 공모관계에 있었던 점에 대한 근대적 이성의 비판작업을 겪어낸 도라야 할 것이다. 우리에게 필요한 것은 근대에 적응하는 동시에 그것을 극복하는 '이중의 과제'임을 다시금 실감하게 된다.

4장
근대 한국의 이중과제와 녹색담론
'이중과제론'에 대한 김종철씨의 비판을 읽고

1. 글머리에

　'근대의 이중과제'론, 곧 근대적응과 근대극복을 이중적인 단일과제로 추진한다는 논의는 추상수준이 매우 높을 수밖에 없다. '근대'를 세계 역사상 자본주의 시대로 규정할 경우 그 구체적인 기간에 대해 여러 학설이 있지만, 여하튼 짧게는 2, 3백년, 길게는 5백년 이상에 걸쳐 있으며 아직도 지속 중인 시간대이다. 공간적으로도, 자본주의가 자리잡은 지역이 처음에는 지구의 한 모서리에 불과했으나 지금은 전세계를 망라하는 공간이 되었다. 이렇듯 거대한 시·공간에 전반적으로 적용되는 담론이라면 추상성이 높은 것은 당연한 일이다.

　반면에 근대 개념의 다양성이라든가 '이중과제' 실행의 현실적 어려움 등은 다른 문제다. 사람마다 개념을 달리 쓰더라도 자신은 근대의 기준을 어디에 두는지를 밝혀주면 그만이고, 실천적인 어려움은 그것대로 따로 고민할 일인 것이다. 다만 이중과제론이 추상수준이 높은 담론임을 솔직히 인정하면서 다른 차원의 담론과 어떻게 연결될 수 있을지를 성찰하는 과제가 남는다. 이에 대해 나는 최근에 조효제(趙孝濟) 교수와의 대화에서 세계체제라는 차원에 맞춰진 이중과제론이 한반도에 적용될 때 분단체제극복론이 되고, 추상수준을 조금 더 내릴 때 남한사회 내에서의 변혁적 중도주의가 된다는 개략적인 설명을 제시한 바 있다.[1]

그런 점에서 이 대화가 포함된 『창작과비평』 2008년 봄호 특집 '한반도에서의 근대와 탈근대'에서 이남주, 백영서, 홍석률 등이 이중과제 수행을 위한 자기 나름의 시도를 보여준 것은 무척 반가운 일이다. 이 가운데 홍석률의 「대한민국 60년의 안과 밖, 그리고 정체성」은 이중과제론의 본격적 전개를 꾀한 것은 아니지만, "국민국가, 산업화, 민주화 등 근대의 과제들이 서로 분리된 채 선후관계를 형성하여 상호 배제하고 근대의 온전한 성취와 탈근대론이 서로를 배제하는 사고가 아직 우리 사회에서 극복되지 못하고 있다"(같은 책 66면; 이남주 엮음 『이중과제론』, 창비 2009, 116면)는 문제의식이 이중과제론과 기본적으로 일치한다. 다른 한편, 변혁적 중도주의를 통한 한반도 분단체제 극복과 전지구적 자본주의에 대응하는 문제를 연결지은 이남주의 「전지구적 자본주의와 한반도 변혁」이나, 그간의 동아시아론을 한걸음 진전시키면서 분단된 한반도에서의 남북연합 같은 복합국가를 건설하는 문제를 동아시아 지역연대의 중요 의제로 부각시킨 백영서의 「동아시아론과 근대적응·근대극복의 이중과제」는 각기 자신의 관심분야에서 이중과제론의 구체화를 시도한 예이다. 그 성과는 많은 토론을 거치며 검증할 일이겠지만 이중과제론이 끝내 추상적인 언술로 겉

---

1 그리고 당연한 이야기지만, "구체적인 과제를 놓고 근대에 적응하는 일과 근대극복의 비전을 실현해가는 일이 어떻게 결합될지는 우리가 사안별로 점검도 하고 새로운 방안도 개발" 해야 한다고 덧붙였다(백낙청·조효제 대화 「87년체제의 극복과 변혁적 중도주의」, 『창작과비평』 2008년 봄호 125면; 『백낙청 회화록』 제6권, 창비 2017, 68면).

돌지 않는다는 것을 보여준 셈이다.

　반면에 김종철『녹색평론』발행인의「민주주의, 성장논리, 농적(農的)순환사회」는 이중과제론을 포함한 나의 이런저런 주장에 대해 분명한 반대의견을 내놓았다. 이는 창비 편집진과 입장을 달리하는 목소리를 듣고자 한 기획의도에 합치하며, 기획에 호응하여 성의있는 비판을 해준 필자에게 나 자신과 동료들뿐 아니라 많은 독자들도 고마움을 느낄 것이다. 내 쪽에서도 그의 비판을 진지하게 검토하고 솔직하게 답변하는 것이 도리일 터인데, 논쟁이라기보다 공유하는 문제의식에서 출발한 담론의 진전을 주된 목표로 삼고자 한다.

　덧붙이자면 본고는『이중과제론』(2009)에 수록될 때 '덧글'이 보태졌고 김종철의 글은 그 앞부분을 상당히 덜어낸 상태로 그의 저서『근대문명에서 생태문명으로』(녹색평론사 2019)에 실렸다.

2. 성장논리 비판과 담론의 차원 문제

　먼저 나는 근대의 기본적인 성격을 비롯한 많은 사안에 대해 김종철과 인식을 같이하고 있음을 상기하고자 한다. 예컨대 자본주의 시장경제를 두고,

　　경제성장의 과실이 보편적으로 나눌 수 있는 성질의 것이라고 믿는 것은 어리석은 망념(妄念)이다. 오늘날 자본주의 시장경제가 요구하는 소비형태는 본질적으로 낭비를 제도화하고 있는 것이지만, 그 낭비적인 소비수준을 누릴 수 있는 인구는 현재는 말할 것도 없고 미래의 어떤 지점에서도 세계인구의 소부분에만 국한될 수밖에 없는 것이다. 부

의 균점은 자본주의의 성장 메커니즘이 결코 허용할 수 없는 것이며, 만약 실제로 균점이 실현된다면 이미 그것은 자본주의 씨스템이 아닐 것이다. (『창작과비평』 2008년 봄호 77~78면; 『이중과제론』 155~56면. 이하 이 글을 인용할 때는 『이중과제론』의 면수만 표시한다—편집자)

라고 하는 그의 말은 내 나름으로도 주장해온 내용이다. 생태계의 위기에 관해서는 물론 나의 공부와 실행이 많이 못 미치지만, 김종철의 다음과 같은 주장 역시 나의 지론과 기본적으로 일치한다.

에콜로지의 관점에서 볼 때, 자본주의 근대문명의 근본문제는 그것이 순환의 법칙에 의해 돌아가는 세계 속에서 끊임없이 직선적인 '진보'를 추구하도록 강요하는 메커니즘에 종속된 씨스템이라는 것이다. 이 근본적 모순이 해소되지 않는 한, 조만간 자본주의의 종언은 필연적이라고 할 수 있다. 아니, 이대로 가면 자본주의의 종언보다 먼저 세상의 종말이 닥칠 가능성이 더 크다고 할 수 있다. (164면)

김종철의 녹색담론에서 또 하나 매력적인 점은 민주주의 문제에 대한 그의 남다른 관심이다. 이는 그가 녹색운동에 뛰어들기 전부터 견지해온 입장으로서, 어느덧 100호를 맞이하는 『녹색평론』의 편집·발행을 포함한 그의 실천활동에서도 생태계운동과 민주주의적 지향을 결합하려는 열정을 확인할 수 있다. 이번 글에서도 그는 "민주주의란, 간단히 말하여, 민중이 자신의 삶을 스스로 다스린다는 것을 의미한다"(147면)는 전제 아래, "이른바 '민주화 이후' 시대라는 지난 20년 동안 우리가 민주주의에 대해 지나치게 낙관적인 태도로 살아온 게 아닌가(⋯). 우리는 이제 '민주화'는 성취했으니까 다음 과제는 '선진화'라고 생각하고 있었는지 모른다"(142

면)라는 반성을 제기하면서, 노무현정부가 한미FTA 협상을 강행함으로써 "이 나라의 민주주의의 토대가 얼마나 허약한 것인가가 폭로되는 데 큰 기여를 했다"(143~44면)고 꼬집는다. 하나같이 동의가 되는 명제들이다.

하지만 논술이 진행되면서 완전히 수긍하기 힘든 대목도 눈에 뜨인다. 예컨대 민주주의에 관해서도 한미FTA 체결에 대한 비판에 이어, "지난 20년 동안 '민주화 이후' 시대 전체에 걸쳐서 민주주의가 한번도 제대로 실현된 바가 있는지 의심스럽(⋯)다. 오히려 사태는 점점 더 악화되어왔다고 보는 것이 정당한 판단일 것이다"(144면)라는 주장에 이르면, 민중자치로서의 민주주의가 한번도 제대로 실현된 바 없다는 데는 동의할 수 있고 자본주의의 고도화에 따라 민중자치의 여건이 악화된 면이 분명히 있다고는 해도, 지난 20년 동안 한국 민주주의가 줄곧 후퇴하고 사태가 줄곧 악화되어왔다고 거침없이 말해도 되는지는 의문이다. 민중자치의 조건을 두고도, "참다운 민주주의의 성립에 무엇보다도 필요한 것은 민중이 주체적인 삶을 영위할 수 있는 자립과 자치의 조건이다. 요컨대 노예의 삶을 강제당하지 않기 위한 근본적인 조건을 갖추어야 한다"(147면)라는 온당한 주장은 민중이 경제성장의 과실을 일부라도 차지할 현실적 필요성으로 이어질 법도 하건만, 그는 "이런 각도에서 볼 때, 사람들이 흔히 믿고 있는 것과는 달리, 경제성장은 민주주의의 발전에 조금도 도움이 되지 않는다고 할 수 있다"(같은 곳)고 단언하는 쪽을 선택한다. 그리고 이런 극단적인 판정에 대해 어떠한 사실점검이나 단서조항도 없이, "경제성장은 자본주의적 사회관계의 심화·확대를 의미하는 것이며, 따라서 그것은 갈수록 민중의 자치·자립의 역량을 근원적으로 훼손하고, 불평등한 사회적 관계를 끝없이 확대재생산한다"(같은 곳)는 원론에 호소할 뿐이다.

그밖에도 예컨대 우리나라 전통마을의 '민주주의적 생활방식'에 관해 그가 인용하는 보고(149면)가 얼마나 충실한 것인지, 또 거기 적시된 특징들이 사실에 부합하더라도 그것은 지난날 농촌공동체의 비민주적·성차별적 요소들과 연동된 것이 아닌지 등, 따져볼 문제가 적지 않다. 하지만 정작 중요한 것은, 무릇 어떤 담론이건 그것이 적합한 차원을 벗어나면 무리한 이야기가 되기 십상인데, 김종철의 글에서는 그러한 '차원의 혼동'이 거듭 일어난다는 점이다.

예컨대, "경제성장은 현재의 사회경제적 격차를 토대로 해서만 성립될 수 있는 것이며, 성장의 결과는 기왕의 불평등을 해소하거나 완화시키기는커녕 그 불평등구조를 온존·심화시키는 데 기여할 뿐이다. 그리고 다시금 그러한 불평등구조는 계속적인 성장의 토대가 되는 것이다"(155면)라는 대목이 그렇다. 이는 자본주의 세계경제의 작동원리라는 높은 추상수준의 담론으로서는 타당하지만 — 적어도 나 자신은 타당하다고 동의하지만 — 자본주의체제의 특정 시기 특정 지역에서의 불평등 해소 또는 완화 가능성이라는 좀더 낮은 차원으로 옮겨가는 순간 독단적인 주장에 불과해지고 만다. 아니, '성장의 토대'라는 측면에서도, 아무리 자본주의체제라 해도 사회경제적 격차가 클수록 반드시 성장에 유리한 것은 아니며 불평등구조의 일정한 완화가 성장을 돕는 일이 얼마든지 있는 것이다.

나의 '적당한 경제성장' 내지 '자기방어적 성장전략'에 대한 비판에서도 바로 이러한 차원의 혼동이 일어난다.

자본주의 씨스템은 원래 '빈곤'을 제거할 수 있는 씨스템이 아니다. 빈곤을 해소한다는 명분으로 전개되는 경제발전은 오히려 새로운 형태의 빈곤을 만들어내고, 경쟁력이 약한 고리에 위치한 사람들을 비참한 곤경으로 내몰 뿐이다. 경제발전 혹은 성장의 논리는 생태적으로나 윤리적으로 받아들일 수 있는 것이 결코 아니다. (160면)

이는 또 한번 자본주의 씨스템의 '원래 성격'에 대한 높은 추상수준의 담론에 해당한다. 반면에 나의 '적당한 성장' 개념은 어차피 자본주의체제 아래 살아갈 수밖에 없으면서도 현대 한국, 즉 자본주의 세계경제의 특정 시기 특정 지역에서 이 현실을 극복하는 방향으로 살고자 하는 처지에서의 구체적인 대응전략으로 제안된 것이다. 이에 따른 고심을 김종철도 전혀 모르지는 않는 듯, "계속하면 환경도 파괴하고 인간성도 파괴할 수밖에 없는 경제성장이지만, 그렇다고 안 할 수도 없다 ─ 이러한 딜레마를 뚫고 나가자면 그야말로 엄청난 '지혜'가 필요할 것임은 말할 필요가 없다. 그 결과, 아마도 고심 끝에 백낙청이 내놓은 처방이 '방어적인 경쟁력 노선' 혹은 좀더 간단하게 '적당한 경제성장'이라는 개념인 듯하다"(160~61면)라고 말하기도 한다. 그런데 기왕이면 이 개념에 입각한 이런저런 방안들이 실제로 얼마만큼의 '지혜'를 담았는지를 점검해주기까지 했으면 좋으련만, "지금으로서는 이 '적당한 경제성장'이라는 것이 하나의 추상적인 언술로서는 성립할 수 있을지 모르지만, 과연 그것이 구체적인 현실에서 무엇을 어떻게 하자는 전략인지 분명치 않다"(161면)는 말로 일축해버린다.[2] 그리고는 다시금, "분명한 것은 자본주의 경제의 틀에 일단 '적응'하는 것을 전제로 하는 한, 어떠한 경우에도 '적당한 경제성장'이라는 것은 있을 수 없다"(162면)는 원칙론으로 되돌아간다.

'적응'이란 낱말은 사람마다 다르게 쓸 수 있다. 하지만 여기서 문제삼

---

2 이어지는 문장에서는 이중과제론 자체가 동일한 판정을 받는다. "이것은 마치 '근대적응과 근대극복의 이중과제'라는 말이 추상적인 언술로는 그럴듯하게 들리는 개념이면서도 정작 구체적으로 무엇을 어떻게 한다는 것인지, 그 실천적인 상황을 생각하면, 지극히 모호한 것으로 되어버리는 것과 같다고 할 수 있다."(161면) 『녹색평론』 97호의 머리말에서도 그는 동일한 태도를 보여준 바 있다. "물론 근년에 와서 '근대적응과 근대극복'의 동시적 수행이라는 명제를 내걸고 활동해온 지식인 그룹이 없었던 것은 아니지만, 이 명제가 단순히 그럴듯한 슬로건의 수준을 넘어서, 구체적으로 무엇을 뜻하는 것인지 그다지 분명하게 드러나는 것은 아니었다고 할 수 있다."(2007년 11-12월호 9~10면)

아야 할 '적응'은 어디까지나 동시에 '극복' 노력이기도 한 이중적 단일 과제의 일부로서의 적응, 다시 말해 극복하기 위해서도 최소한으로 필요한 적응, 극복 노력이 따름으로써만 '투항'이 아니라 주체적인 '적응'에 값하는 적응이다.[3] 물론 이때 중요한 것은 낱말의 뜻을 놓고 다투는 일이 아니라, 실천적인 상황에서 '적당한 성장 또는 경쟁력 확보'가 — 김종철의 물음대로 — "과연 현실적으로 성립할 수 있는 개념인가 하는 것이다."(160면)

그러나 정작 삶의 현장에서는 수많은 사람들이 자기 나름으로 이런 개념에 따라 살고 있는 것 아닐까. 물론 개인이건 국가건 자본주의의 무한 축적 원리에 충실하여 최대한의 돈벌이에 목을 매고 사는 경우가 대다수지만, 적어도 개인이나 한정된 집단 차원에서는 그런 세태에 맞서 자신을 지켜내고 나아가 이런 기막힌 세상을 바꾸기 위해서라도 꼭 필요한 돈벌이를 하고 경쟁에서 탈락하지 말아야겠다는 마음가짐으로 살아가는 사람들이 결코 적지 않을 것이다. (당장에 나 자신과 김종철을 이런 개인들 틈에 포함시켜도 되지 않을까.)

아무튼 '적당' 여부는 무엇을 위한 적당이냐에 따라 판별하는 것이지 만사에 두루 해당되는 '적당'이란 없다. 특정 상황에서 특정 주체가 '극복을 위한 생존 내지 적응'을 위해 도모하는 '방어적인 경쟁력 노선'이 과연 그 목적에 비추어 적당한지, 아니면 말로만 '방어'지 실제로는 공세적인

---

3 이남주는 근대에 대한 '추수'도 아니고 근대로부터의 (현재로서는 불가능한) '탈출'도 아닌 것을 '적응'으로 규정하면서, "실천전략을 설명하는 경우 적응과 극복을 구분하기보다는 '적응'이라는 개념을 이 양자의 의미를 모두 포함하는 뜻으로 사용하는 것이 혼란을 줄일 수 있다"(「전지구적 자본주의와 한반도 변혁」, 『이중과제론』 제1부, 후주 9)고 주장한다. 그러나 적응과 극복이 이중의 단일과제임을 누구이 설명해도 김종철 식의 오해가 생기는 마당에, '적응' 한마디만 썼을 때 그것이 '추수/탈출/적응'의 3분구도에 속하는 적응임을 헤아려줄 사람이 얼마나 될지 의문이다. 번거롭더라도 '적응과 극복의 이중과제'라는 표현을 계속 쓸 수밖에 없을 듯하다.

추수주의(追隨主義)와 하등 다를 바가 없는지, 또는 '방어'를 꾀하다가 방어마저 제대로 못하고 오히려 낙오하게 마련인 전략인지, 이런 문제는 구체적인 사안을 놓고 판단할 일인 것이다.

김종철도 부분적으로 인용하는 대목에서 나는 '적당한 경쟁력'의 기준을 남한 및 범한반도적 당면과제가 요구하는 적정선에 두었다. "한번 낙오하면 항구적인 약자로 전락하기 일쑤고 약자는 강자로부터 사람대접을 기대하기 어려운 현존 세계체제의 현실에서 우리가 애써 쟁취한 그나마의 민주적 가치를 보존하고 한반도의 분단체제극복 과정에 능동적으로 개입할 수 있기 위해서라도 근대**극복**의 노력들과 슬기롭게 일치하는 **적응**의 노력이 필요하다는 입장이다."(졸저 『한반도식 통일, 현재진행형』, 창비 2006, 269면, 강조는 원문) 실제로 이런 입장이 '적정선'에 제대로 맞췄는지는 논의할 여지가 얼마든지 있다. 그러나 김종철이, "우리가 생명의 지속에 필요한 물질적 여건을 개선하려는 노력 자체를 거부해야 할 하등의 이유는 없다"고 인정하면서도, "그것이 여전히 물자와 써비스의 낭비를 구조적으로 강제하는 근대적 생활을 유지·확대하기 위한 양적 성장을 의미하는 것이라면, 그것은 그다지 의미있는 것이라고 할 수 없다"고 결론지은 것은 정작 힘든 문제를 회피해버린 느낌이다. 이런 자세로 그가 주장하는 대로 "성장논리와는 무관한 질적으로 전혀 다른 삶, 즉 비근대적 방식으로 방향전환하려는 급진적 노력"(163면)이 과연 얼마만큼의 실행력을 확보할 수 있을지 의문이다. 하기야 이명박정부의 출범 이후 더욱 기승을 부리는 성장주의와 개발주의의 광풍 속에서 근본주의적 반대운동의 효용은 그것대로 소중하다. 그러나 좋은 이야기라도 논리가 그토록 허술해서는 긴 싸움에서 승리할 방도가 안 나오는 것이다.[4]

---

4 『녹색평론』 83호 머리말의 다음 발언은 더욱 심한 논리의 비약을 보여준다. "이른바 글로벌 경제의 바깥에서 생존할 수 있는 가능성은 지금으로서는 거의 없고, 따라서 우리는 싫건 좋

3. 분단체제극복 운동이라는 매개항

거듭 말하지만 나는 "비근대적 방식으로 방향전환하려는 급진적 노력"을 원칙적으로 지지한다. 근대의 극복이란 바로 그런 급진적 방향전환에 다름아니기도 하다. 따라서 김종철이 결론에서 강조하는 "(자본주의 근대의 폭력적인) 독주에 맞서서 '비근대적인' 삶의 양식을 보존·확보하려는 세계 전역에 걸친 풀뿌리 저항운동"(171면)들은 당연히 근대극복 운동의 소중한 자산이다. 다만 이들 저항운동이 현실 속에서 실행력과 지구력을 발휘하고 있다면 그것은 또한 '적응'의 사례들이기도 함을 지적하고자 한다. 이런 토를 단다면, "모든 노력을 다하여 그러한 저항운동에 합류"(172면)하자는 그의 다그침에 기꺼이 동조할 수 있다.[5]

물론 이중과제론을 주장해온 지식인들이 그러한 노력을 실제로 얼마나 했느냐는 것은 별개 문제다. 나 자신은 녹색담론의 개발이나 녹색운동의 실행에 이바지가 너무 적었음을 부끄럽게 생각하고 있다. 다른 한편, 이중과제의 한반도적 실천에서 핵심 고리의 몫을 하는 분단체제극복 문제에 대해 김종철의 녹색담론이 얼마나 진지한 고려를 보여주었는지도 생

건 설혹 그것이 제국주의적 지배의 논리라고 하더라도 현재의 세계화의 지배체제 속에서 활로를 모색하지 않을 수 없다는 주장은 아마도 논박하기 어려운 논리일 것이다./그러나, 정말 그럴까? 과연 오늘날 우리가 보는 것과 같은 경제성장과 사회적 발전이 정말 발전이라고 할 수 있는 것인가?"(2005년 7-8월호 2~3면)

5 굳이 그런 토를 다는 데서 짐작되듯이, "우리는 모든 노력을 다하여 그러한 저항운동에 합류하는 데서 희망의 길을 발견해내는 수밖에 없다"(172면)는 김종철의 마지막 문장이 전적으로 미더운 것은 아니다. '비근대'를 선명하게 표방한 저항운동이기만 하면 그 적응력에 대한 점검을 소홀히 하고 선명성이 덜한 근대극복 운동은 너무 쉽게 배제해버리는 자세가 엿보이는가 하면, "희망의 길을 발견해내는 수밖에 없다"는 구절 또한 희망을 체득한 넉넉한 자신감과는 거리가 있어 보인다.

각해볼 일이다. 그의 이번 글에서 분단체제에 관해 일언반구가 없는 점도 심상치 않다. 물론 사람마다 주된 관심분야가 다르고 적절한 역할 분담이라는 것도 있는 법이니까 평소에 그가 분단체제 논의에 적극 참여하지 않은 것을 탓할 일은 아니다. 그러나 "'근대적응과 근대극복의 이중과제'라는 말이 추상적인 언술로는 그럴듯하게 들리는 개념이면서도 정작 구체적으로 무엇을 어떻게 한다는 것인지, 그 실천적인 상황을 생각하면, 지극히 모호한 것으로 되어버리는" 점을 논박하고 나선 마당에는 좀 달라야할 것 아닌가 싶다.

김종철이 통일문제에 비교적 냉담한 것은 기존의 통일담론이 자본주의 반대를 표방하는 경우에조차 자본주의적 근대의 기본논리에서 벗어나지 못하고 있기 때문일 것이다. 한마디로, '강성대국'을 지향하는 북한과 '선진화'에 몰두하는 남한이 합쳐서 무슨 급진적 방향전환이 일어나겠느냐고 반문함직하다. 그런 뜻이라면 백번 옳다. 하지만 아무렇게나 통일만 하자는 게 아니라 지금의 남북 어느 쪽보다 나은 더 민주적이고 환경친화적인 사회를 한반도에 건설하자는 분단**체제**극복 운동은 전혀 다른 성격이다. 물론 이런 한반도사회가 건설되더라도 그것이 생태적 전환을 온전히 이룩한 사회가 되기는 힘들다는 점에서 김종철이 보기에 너무나 미적지근한 ─ 아니, 자칫 생태전환을 먼 장래의 목표로 설정한 채 근대주의에 실질적으로 투항해버리는 위험한 ─ 노선으로 비칠 수 있다. 그러나 근대극복이라는 장기적 과제와 지금 당장 남한사회의 곳곳에서 가능한 수준의 민주주의 및 생태전환 작업이라는 단기적 과제를 연결해줄 '분단체제극복'이라는 중기적 과제는 필수적인 매개항이다. 그런 의미에서 나는 『녹색평론』 70호(2003년 5-6월호)에 기고한 「새만금 생태보존과 바다도시 논의」에서도 단·중·장기 목표의 동시적 추구에 대해 다음과 같이 정리했다.

나는 자본축적의 논리에 얽매이지 않는 인간사회의 진정한 발전이 가능하다는 뜻에서 '개발' 대신 '발전'이라는 표현을 일부러 썼지만 이는 어디까지나 장기적인 목표다. 그리로 가기 위해서는 합리적 개발론자들과도 연대해서 새만금 갯벌을 최대한으로 지켜내는 단기적 작업도 수행해야 하며, 좀더 길게 '중기적' 차원에서는, 비록 한반도 분단체제의 극복이 곧바로 자본주의 세계시장으로부터의 이탈을 가져오지는 못할지라도 이 과정에서 좀더 친환경적인 개발패러다임을 찾아야 한다고 믿는다. 그렇게 함으로써만 통일을 해도 분단체제 아래서보다 나은 사회를 이룩하는 통일이 될 것이며, 세계체제의 변혁에도 획기적인 이바지가 될 수 있을 것이다. (『한반도식 통일, 현재진행형』 216~17면)

그리고 바로 이런 중간매개항이 누락될 때 녹색담론의 추상화·관념화와 녹색운동의 파편화가 불가피해진다고 믿는 것이다.

예컨대 김종철의 이중과제론 비판에서는 자본주의 씨스템과 미래의 '농적 순환사회'에 대한 거대담론으로부터 갑작스레 당면한 남한 현실의 문제로 내려와 권력층 및 지식인들의 농업경시 사상과 이명박 인수위원회의 절대농지 폐지 구상을 언급하는데(169면), 이런 대목에서라면 오늘날 한국의 온갖 반생명적 작태와 광적인 개발주의가 분단체제와 어떻게 연결된 것인지를 당연히 검토했어야 하지 않을까. 이런 문제의식은 매사가 분단 때문이며 통일만 되면 환경문제도 저절로 해결된다는 식의 '분단환원론'이 아니고, 생태계가 악화되건 말건 통일만 하면 된다는 통일지상주의도 아니다. 그러나 한국의 산업화가 유달리 야만적으로 진행된 것은, 구한말과 일제시대의 근대화가 타율적으로 이루어진 탓 말고도, 박정희의 공업화전략이 분단체제의 고착화와 남북대결을 전제로 수립된 탓임을 부인할 수 없다. 이제 박정희시대의 노골적인 국가개입이 사라진 대신 신자유주의의 세계적 대세를 업은 '민주화 이후 정부'의 방조 아래 그 위세가 전혀 줄지 않은 개발 광풍을 제어하기 위해서라도, 분단체제극복 과정이 제공하는 새로운 변수들을 정확히 인지하고 최대한으로 활용하여 새로운 한반도 경제와 그에 걸맞은 국가기구, 사회제도, 문화양식 들을 설계하는 일을 게을리하지 말아야 할 것이다.

4. 순환사회와 농업문명

김종철이 제안한 "성장논리와는 무관한 질적으로 전혀 다른 삶"이야 말로 추상적인 언술로서나 그럴듯하게 들리는 개념이 아닐까라는 의문에 대한 답으로 그가 내놓는 것이 '농적(農的) 순환사회'다. 이때 그 개념의 실행설계까지 내놓으라는 것은 분명 무리다. 분단체제가 극복된 한반도라는 '중기적' 성과에 대해서조차 개략적인 구상 이상을 제시하지 못하는─미리 제시할 수 없다고 믿는─나로서는 더욱이나 그런 무리한 요구를 할 까닭이 없다.

반면에 전제를 이루는 명제들의 타당성이나 논리전개의 책임성은 당연히 요구해야 한다.

'농적 순환사회' 개념과 관련해서는, 근대 이전의 농촌사회들이 유지하던 순환구조가 자본주의의 발달로 파괴되었다는 점, 인류문명의 존속을 위해서도 새로운 순환구조가 만들어져야 한다는 점, 그러자면 인간활동과 자연환경의 긴밀한 상호의존을 요구하는 농업에 대한 인식을 새로이 할 필요가 있다는 점 등은 논박하기 힘들다. 하지만 김종철은 여기서 한 걸음 더 나아가, "소농과 그 공동체를 기반으로 한 생태적 순환사회"(171면)를 제창한다. 그런데 이것이 농업만의 사회는 아니고 그동안의 공업 및 과학기술 발전의 성과를 깡그리 되물리자는 주장도 아니지만, 정작 김종철 자신은 '고도자본주의 사회'로부터 '소농공동체 기반의 사회'로의 이행과정에 대해 아무런 설명을 내놓지 않는다. '그것이 구체적인 현실에서 무엇을 어떻게 하자는 전략인지' 도무지 막막하기만 한 것이다.

이렇게 되는 데에는 그가 동원하는 논거들이 부정확하거나 부실한 탓도 적지 않다. 가령 그는 "소농 혹은 소생산자 연합체를 떠나서 '합리적인 농업'이 불가능하다는 맑스의 통찰"을 "무엇보다도 귀중한 지침"(168면)으로 제시하는데, 맑스가 일부의 오해와 달리 생태계 문제에 깊은 관심을 가진 사상가였음을 짚어준 것은 환영할 일이다. 그러나 인용된 맑스의 구절들이 — 또는 부족한 대로 내가 맑스에 관해 알고 있는 바가 — 김종철의 소농공동체 구상을 밑받침해주는지는 의문이다. 김종철이 첫번째로 인용한 글(166면)은『자본론』제1권 제4편 제15장 중 대규모 공업이 농업에 미치는 영향을 논한 절의 마지막 부분인데,[6] 자본주의적 농업에서의 기술적·물량적 진보가 "노동자를 착취할 뿐 아니라, 토양까지도 약탈하는 방식으로 진행"됨을 신랄하게 비판하는 것은 사실이다. 그러나 인용문의 결론에 도달하는 과정에서 맑스는, "하지만 그러한 신진대사(즉 인간과 토지 사이의 신진대사〔Stoffwechsel, metabolism〕)의 단지 자연발생적으로 조성된 환경을 파괴함으로써 자본주의적 생산은 신진대사가 사회적 생산의 규제적인 법칙으로, 그리고 인류의 온전한 발전에 적합한 형태로 체계적으로 재건되지 않을 수 없게 만든다"(Werke 23권 528면)라고 하여, 자본주의 농업의 파괴적인 결과조차 인류의 더욱 원만한 발전을 향한 변증법적 과정 — 그렇다고 '필연적인 역사법칙'은 아닌 — 의 일부로 인식한

---

6 Karl Marx/Friedrich Engels, *Werke*, Dietz Verlag Berlin 1987, 제23권 529~30면. 인용문의 정확한 출처를 확인해준 유재건 교수에게 감사한다. (*Werke*에서는 이 대목을 제4편 제13장으로, 국내의 김수행 역본과 Penguin판 영역본에서는 제15장으로 정리했다.)

다는 점에서 김종철과는 다른 생각을 피력한 것이다.[7]

소농에 관한 직접적인 언급이 나오는 것은 두번째 인용문인데 이 대목에서는 원문의 왜곡된 사용마저 눈에 띈다. "합리적인 농업을 위해서 필요한 것은 자기 자신을 위해서 일하는 소농이나 혹은 연합된 생산자들에 의한 관리이다"라고 인용하면서, 이를 "소농(小農) 혹은 **소규모** 생산자 연합의 중요성"(166~67면, 강조는 인용자)에 대한 주장으로 해석하고 있는 것이다.[8] 여기서 맑스 원전에 대한 훈고학적 논의를 벌이자는 건 아니다. 다만 '농적 순환사회'의 논거로서 맑스가 남다른 매력을 갖는다면 무엇보다도 그가 '자유로운 생산자들의 연합'이 철저한 공업화를 거쳐나간 사회를 운영하는 날을 꿈꾸었기 때문일 터인데, 이를 '소농 혹은 소규모 생산자 연합'으로 이해하게 되면 정작 중요한 문제가 시야에서 사라지고 만다. 예컨대 미래의 순환사회에서 공업(소위 IT산업을 포함해서)의 합리적 운영을 어떻게 추구하며 이를 합리적 농업과 어떻게 배합할 것인가 하는 등의 난제가 맑스의 권위를 업으면서 슬그머니 소멸해버리는 것이다.

"우리는 하루빨리 산업문명이 농업문명에 대한 진보를 나타낸다고 생

---

7 막스 베버의 경우는 김종철과는 더욱 이질적인 사상가인데 '고도자본주의'의 폐해에 관한 베버의 발언 역시 편의적으로 원용되었다(153~54면). H. H. Gerth and C. Wright Mills, eds., *From Max Weber: Essays in Sociology* (Oxford University Press 1946)의 편자해설에서 길게 인용한 편지 내용만 보아도(71~72면), 베버는 초기 자본주의야말로 '자유와 민주주의'를 제대로 꽃피운 동력으로 인식했고 자본주의가 고도화하면서 이들 근대적 가치가 위협받는 데 대해 깊은 우려를 표명하고 있는 것이다.

8 실제로 원문(*Werke* 제25권 131면)에서는 "합리적 농업은 자작소농의 손길이나, 아니면 연합된 생산자들에 의한 관리를 요한다"(die rationale Agrikultur (…) entweder der Hand des selbst arbeitenden Kleinbauern oder der Kontrolle des assoziierten Produzenten bedarf)라고 하여, 미래사회의 생산자 연합과 지난날의 소농을 분리시키고 있다. 김수행본에서는 이 대목을 "자기 노동에 의존하는 소농(小農, small farmer)을 필요로 하거나 결합생산자(結合生産者: associated producers)들에 의한 통제를 필요로 한다"고 번역했다(『자본론』 III(상), 제1개역판, 비봉출판사 2004, 제1편 제6장, 139면). 역시 '생산자연합'과 '소농'의 분리를 명백히 하고 있는 것이다.

각하는 근대주의적 발전사관의 덫에서 해방될 필요가 있다"(171면)는 김종철의 주장은 경청해 마땅하다. 그러나 우리 스스로가 '산업문명 대 농업문명'이라는 구분법 자체를 넘어서야 한다. 근대 즉 자본주의 시대는 산업혁명 이전에 자본주의적 농업의 성립과 더불어 이미 시작되었다는 학설이 설득력이 크고, 산업혁명 이후의 근대만 하더라도 영국이 패권을 장악하던 시기의 '산업주의적 근대'(industrial modernity)가 미국의 패권 아래 '소비주의적 근대'(consumer modernity)로 이행했다는 주장이 나온 바 있다.[9]

산업주의 단계의 반체제운동을 대표하던 사회주의운동과 사회주의권 국가들이 실패한 것도 미국이 대표하는 새로운 단계에 와서도 이미 과거 지사가 된 유형의 근대를 겨냥하고 있었기 때문이다. 반면에 소비주의적 근대의 최대 위협이 바로 지구환경 자체의 돌이킬 수 없는 파괴이기 때문에 환경운동이 이 단계의 핵심적 저항운동이 된다는 것이 테일러의 주장이다(「세계 헤게모니에 대한 반체제적 대응들」 141~42면 등 참조). 하지만 환경운동이 이런 역사적 소임을 감당하려면 스스로도 '근대'와 '산업사회'를 동일시하는 습성에서 벗어나야 한다. "일상언어에서나 이론적 담론에서나, '근대적'과 '산업적'은 마치 샴쌍둥이처럼 붙어 다녔다. '산업사회'와 '근대사회'는 동의어로 간주되어온 것이다. (…) 그리하여 다양한 이론가 사이의 중요한 차이점에도 불구하고 한가지 유사성이 두드러졌다. 즉, 다양한 이론들이 모두 '산업적=근대적인 것'과 '농업적=전통적인 것'의 대

---

9 피터 테일러 「세계 헤게모니에 대한 반체제적 대응들」, 『창작과비평』 1998년 봄호 참조 (원문은 "Modernities and Movements: Antisystemic Reactions to World Hegemony," *Review* 1997년 겨울호). 이후 저자는 이 논문의 수정 보완된 내용이 포함된 저서를 출간했다(Peter J. Taylor, *Modernities: A Geohistorical Interpretation*, Polity Press 1999). 테일러 논문의 요지는 졸저 『흔들리는 분단체제』(창작과비평사 1998) 제1장 「분단체제극복운동의 일상화를 위해」 중 '생태계문제와 민족민주운동' 대목(41~44면)에서 소개한 바 있다.

립을 기초로 정립되었다."(*Modernities* 19면) 그리고 사회주의자와 환경주의자들이 모두 이런 틀에서 자유롭지 못한 채 '산업사회'를 근대사회 전체의 성격으로 간주해왔다는 것이다(같은 책 86면).

"체제 내에서 갈수록 심화되는 물질적 불평등 및 갈수록 가까워지는 체제의 물질적 한계점, 이 둘에 동시에 맞서는 일"(테일러, 앞의 글 151면)을 구체적으로 어떻게 수행할지는 김종철과 나 모두에게 절실한 관심사지만, 테일러의 견해를 여기서 자세히 검토할 겨를은 없다. 다만 그의 단행본 저서에 이르면 '환경론적 사회주의'에 대한 전망이 논문에서보다 한결 조심스러워지고 일상생활에서의 작은 친환경적 변화들의 누적에 더 큰 기대를 걸게 된다는 점에서(*Modernities* 131~32면 및 134면), 국가 단위의 해결을 불신하는 김종철의 입장에 가까워지는 면이 있다. 하지만 나는 이 문제에서도 오늘의 한국인은 기존 국가 차원의 '정치'냐 아니면 테일러가 울리히 벡(Ulrich Beck)을 원용하여 제시하는 '하위정치'(sub-politics)냐 하는 이분법의 덫에서 벗어나, 기존 국가 해체전략이자 한결 개방적이며 주민친화적인 국가기구의 창안 작업을 포함하는 분단체제극복 과정에서 전지구적 생태전환을 향한 중대한 진전과 뜻있는 학습체험을 얻어낼 수 있다고 믿는다.

5. '생명지속적 발전'에 관하여

분단체제극복이 중기적 목표라면 장기목표는 세계체제의 변혁, 곧 현존 자본주의체제와 달리 '생명지속적 발전'을 허용하는 체제로의 이행이다. 이에 대해 김종철은 "'생명지속'을 위한 발전이 실제 현실에서 어떻게 구체화될 수 있는 것인지는 여전히 의문"(163면)이라고 비판했는데, '생명

지속적 발전'이란 구상의 구체화 전략뿐 아니라 개념 자체가 충분히 밝혀지지 못한 상태인 것이 사실이다. "'생명지속적 발전'이라는 이념이 주류 환경론자들이 말하는 '지속가능한 발전'이라는 논리와 근본적으로 어떻게 다른지 모호하기는 마찬가지다"(같은 면의 직전 문장)라고 몰아친 것이 설혹 좀 야속하더라도, 개념을 제시만 해놓고 지속적으로 발전시키기를 게을리했으니 누구를 원망할 일은 아니다.

애초에 '생명지속적 발전'을 내세운 취지는 두가지라 할 수 있다. 한편으로 주류 환경론자들의 '지속가능한 발전'이 자연을 '인간을 위한 환경'으로 설정한 채 그 지속에 초점을 두거나 심지어는 '성장의 지속'을 지상목표로 삼는 데 반해, 우리가 유지하고 북돋아야 할 것은 '생명' 자체라는 일종의 생명사상을 표방한 것이었다. 동시에 많은 근본주의적 생태론자들이 '발전' 자체를 거부하는 데 대한 이의제기이기도 했다. 그 취지를 집약한 것이 김종철도 인용한 다음 문장이다. "생명의 발전에는 일정한 물질적 여건이 필수적이며, 어떤 영역에서는 물질생활의 지속적 향상이 요구될 수도 있고 이런 필요에 부응할 적극적인 개발도 있어야 하는 것이다."(『한반도식 통일, 현재진행형』 254면)

이 명제에 대해 정면으로 반발할 녹색운동가들이 많을 것은 짐작하기 어렵지 않다. 급진적 생태주의자들이 볼 때 '개발'은 물론 '발전'이나 '진보'만 해도 성장논리에 매몰된 발전주의, 근대화론의 '일직선적 진보' 이데올로기와 다를 바 없을 것이기 때문이다.[10] 김종철 자신은 나의 생각이

---

10 더구나 보수진영의 '대한민국 선진화' 구호를 받아서 '한반도 선진사회'를 제창하기까지 한다면(졸고 「남남갈등에서 한반도 선진사회로」, 『어디가 중도며 어째서 변혁인가』, 창비 2009) 혐의는 더욱 짙어질 법하다. 남과 북이 같이 선진화하기만 한다면 된다는 것인가라는 반문이 가능하다. 그러나 개인이든 사회든 국가든 좋은 쪽으로 계속 향상하려는 노력은 생명 자체의 욕구라 할 수 있으며, '국가' ─ 그것도 분단국가 ─ 위주가 아니라 사람들이 모여 사는 '사회' 위주로 생각하면서 분단체제극복을 통해 한반도에 더 나아진 사회를 건

"옳은 것일지 모른다"(163면)고 일단 인정해줄 태세를 보인다. 그럼에도 결국은 (앞서 인용한 대로) 주류 환경론자들의 '지속가능한 발전' 개념과 근본적으로 어떻게 다른지 되묻고 넘어가는 것을 볼 때, 서로간에 많은 대화가 필요함을 절실히 느끼게 된다. 오해를 제거할 것도 많고, 끝내 의견이 갈리는 지점을 정확히 짚을 필요도 있을 듯하다.

예컨대 내가 '새로운 안빈론(安貧論)'을 비판한 데 대해 그는 자신과 『녹색평론』이 강조해온 것은 '안빈'이 아닌 '공빈(共貧)' 즉 "단순히 개인적 차원에서 물질적 결핍 상태를 기꺼이 감내하는 생활이 아니라, 어디까지나 공생공락의 가난이었다"(159면)고 항변한다. 그러나 내가 '새로운' 안빈론이라고 했을 때는 '공생공락의 가난'도 염두에 둔 것이며, 비판의 취지도 그것 자체가 나쁘다는 것은 아니었다. 김종철과 마찬가지로 나도 미래의 바람직한 사회는 (비록 "어떤 영역에서는 물질생활의 지속적 향상이 요구될 수" 있을지라도) 자본주의 시대의 과소비에 비하면 사람들이 훨씬 '고르게 가난한' 생활에 자족하는 사회라고 믿는다. 그런 의미에서 '안빈' '공빈' 또는 '청빈(淸貧)'이 다 좋은 것이며 그 정의를 둘러싼 논란에 너무 몰입할 일은 아니다.

문제는 그런 의미의 '공빈'을 현실에서 어떻게 이룩하느냐는 것이다. 지난날 선비들의 '안빈낙도(安貧樂道)' 역시 단순히 개인적인 차원의 문제는 아니었고 일정한 사회적·경제적 기반과 이런 가난을 공유하며 공락하는 유형·무형의 공동체가 존재하기 때문에 가능했다. 오늘날 '공빈'의 사례로는 '무소유'를 표방하는 승가집단이나 '가난'을 서약한 천주교 수도자들이 그나마 방불할 터인데, 이들 또한 각자의 수행뿐 아니라 교단의 경제기반과 사회제도의 밑받침으로 '공생공락의 가난'을 누릴 수 있는 것

설하려는 기획은 '생명지속적 발전'을 현실에서 구체화하는 과정의 핵심적인 일부이다.

이다. 어느 토론마당에서 '새로운 안빈론'을 거론하면서 내가 주목한 것도 그런 현실적 기반의 확보 문제였다.

또 (최원식 교수의) 기조발제에서는 중세 안빈론을 언급했습니다만, 중세보다 더 올라가서 노자(老子)가 말하는 소국과민(小國寡民),[11] 즉 나라는 작고 인구는 적은 것이 좋다는 사상과 통한다고 보는데, 저는 여기에 우리가 궁극적으로 지향해볼 만한 바가 분명히 있다고 믿습니다. 다만 장래의 '작은 나라'는 어디까지나 전지구적 인류공동체의 일부이지 옛날식의 고립된 공동체와는 달라야 하고, '적은 수의 백성들' 역시 세계시민으로서의 식견과 저항력을 갖춘 사람들이어야 할 것입니다. 따라서 이것이 가능하려면 그 전제조건으로서 첫째 과학기술이 고도로 발달해야 하고, 둘째로는 과학기술과 인간의 관계가 지금과는 전혀 다른 것으로 변해야 한다고 봅니다. 그것은 단순히 과학기술과의 관계만이 아니라 사회체제의 변화 내지는 변혁을 의미하는 것이겠죠. (졸저『통일시대 한국문학의 보람』, 창비 2006, 446면)

따라서 '공빈'을 근대극복의 목표로 삼는 경우에도 그것이 고도의 과학기술 발달을 전제하는 것인지 아닌지, 과학기술과 인간의 관계를 지금과는 전혀 다르게 만들어줄 어떤 사회체제를 구상하는지, 그리고 그러한 체제로의 변혁을 이룩할 무슨 중·장기 전략을 가졌는지를 묻지 않을 수 없는 것이다.

---

11 『도덕경』의 이 유명한 문구는 小와 寡를 각기 동사로 읽어 '(될 수 있는 대로) 나라의 크기를 작게 하고 나라의 인구를 적게 하라'라고 읽는 게 문법에 맞을 것 같다(김용옥『노자가 옳았다』, 통나무 2020, 487면). 인용문에서는 형용사로 읽는 오류를 범했지만 "나라는 작고 인구는 적은 것이 좋다는 사상"에 대한 나의 논평은 그대로 견지하고 싶다.

동시에 비록 깨끗하고 따뜻한 가난일지라도 그것을 배타적인 목표로 설정하는 것은 하나의 편향임을 지적해야겠다. 다음 대목은 직접적으로는 대중의 개발욕구 속에도 존중할 만한 그 무엇이 있음을 변호하기 위해 쓴 것이지만, 생명의 욕구 일반에 대해 내가『녹색평론』과 의견을 달리함을 밝힌 대목이기도 하다.

깨끗하고 품위있는 가난이 인간의 어떤 깊은 욕구에 상응하듯이 장엄(莊嚴)과 영화(榮華)에 대한 욕망 또한 중요한 본능인 것이다. 생명의 욕구는 실로 다양한 것이며 이들을 포용하고 조화시키는 것이 참된 지혜이지 그중 어느 하나만을 절대시하는 것은 독단이며 자신의 이상을 남에게 강요하는 억압행위가 되기 십상이다. (『한반도식 통일, 현재진행형』 253~54면 각주 11)

미래의 '순환사회' 역시 한결같이 가난을 나누는 사회라기보다 각자가 넉넉하면서도 검약과 절제를 터득한 사회, 그리고 사회 차원에서는 인간의 다양한 욕구를 충족시킬 물질적 부(富)를 축적하되 그 처분이 민주적으로 이루어지는 사회여야 할 것이다. 이는 현존 세계체제와는 근본적으로 다른 제도들의 치밀한 마련을 뜻하는 동시에, 이에 수반하면서 그것을 가능케 해줄 개개인의 큰 공부를 전제하기도 한다. 민주주의=민중자치의 주체가 될 민중의 자기훈련이 필요한 것이다. 가난해서 마지못해 아끼는 것도 일종의 지혜임에 틀림없으나, 풍요가 가능해진 사회에서도 최대한으로 아끼되 쓸 곳에는 아낌없이 쓰는 것이야말로 정말 소중한 지혜일 터이기 때문이다.

여기에 합당한 이름은 '공빈'보다는 '중용(中庸)' 혹은 '중도(中道)'라는 친숙한 낱말이지 싶다. 이런 중용 내지 중도가 '공빈' 또는 '농적 순환사회'보다 덜 근본적이고 변혁적일까? 나는 그렇지 않다고 본다. 그리고 이것이 단지 현실주의적 고려 때문인 것도 아니다. 이와 관련해서, 맑스가 '유토피아주의자'들을 비판한 것은 그가 진정한 의미의 유토피아적 지향이 저들보다 부족해서라기보다 오히려 미래에 대한 고정된 철학적 구상을 실현하려는 시도가 "현존체제의 상태에 낯익은 발상과 사고에서 벗어나지 못해 새로운 발생에 대한 예감을 담지 못하기 때문"[12]이었다는 지적은 귀담아들을 만하다. 오늘의 한국에서 변혁적 중도주의를 실천하고 한반도의 분단체제를 극복하는 과정에서, 그리고 자본주의 근대에 대한 변혁세력으로서의 실력을 확보하고 구사하는 과정에서, '산업화 대 농업화' 또는 '자본주의적 과소비 대 공생공락의 가난'이라는 틀에 얽매이지 않는 새로운 것들이 발생할 가능성을 — 아니, 녹색이 덜 설명한 담론과 실행을 포함하여 이미 발생하고 있는 새로운 것들을 — 좀더 골똘히 읽어냈으면 한다.

덧글 (2009.3)

이중과제론에 대한 김종철의 비판에 답하는 「근대 한국의 이중과제와 녹색담론」이 『창작과비평』 2008년 여름호에 나간 뒤 그의 반응이 궁금하던 중 김종철은 『문학동네』 2008년 겨울호에 실린 이문재 시인과의 대담에서 반론을 안 쓴 이유를 밝혔다. 나의 글에 대해 재반론할 생각이 없느냐는 대담자의 질문에 그는 이렇게 답하고 있다. "그게 참 그래요. 사람들

---

12 유재건 「맑스의 과학적 사회주의와 현실적 과학」, 『창작과비평』 1994년 가을호 264면.
   "맑스가 유토피아주의라 비난할 때는 그것이 현존체제의 관념에 얽매어 이상형태나 체계를 설정해서 실현하려 한다는 것을 겨냥한 것이었다."(같은 글 265면)

은 내가 백선생님 글에 대해서 재반론을 안 쓰는 걸 사제지간이라서 거북해서 그럴 것이라고 생각할지 모르겠는데, 그 글에 대해서 내가 사실 반론을 쓸 게 없어요. 애초에 내가 질문했던 것에 대한 답변이 없으니까요."(「"이것은 문학이 아니다"」62면, 이하 이 대담을 인용할 때는 면수만 표시)

다행스럽게도 그가 나의 반론을 이 한마디로 일축한 것은 아니다. 실질적인 재반론에 해당하는 대목도 있고, 논의의 진전에 도움이 되는 추가설명도 없지 않았다.

사제지간에 논쟁이 부담스럽기는 배운 쪽만 아니라 가르친 쪽도 마찬가지고 어떤 면에서는 더하다. 그러나 애초에 김종철이 사적인 관계보다 공적인 대의를 중시해서 비판을 마다않았듯이 나 또한 공심으로 나의 입장을 밝혔던 것이며, 그의 '재반론 아닌 재반론'에 다시금 논평하려는 것도 같은 마음에서다. 다만 독자들의 오해를 막고 이중과제론에 대한 이해를 넓히려는 주된 취지와 별도로 사적인 동기도 작용했다면, 나로서는 김종철을 아끼고 때로는 (어쩌면 주제넘게) 걱정하는 마음이 여전하다는 점을 들 수 있겠다.

김종철의 질문에 대한 내 답변이 능력의 부족 탓에 미흡했을 가능성은 얼마든지 있다. 하지만 전혀 답이 없었다고 그가 느꼈다면 그것이야말로 내 글을 제대로 안 읽은 탓이 아닌가 한다.

예컨대 김종철은, "내가 창비 쪽에 근대적응과 근대극복의 동시적 수행이라는 게 구체적으로 어떤 실천으로 표현되느냐고 물었던 것에 대해서 그럼 『녹색평론』은 무슨 실천을 하느냐고 반문하는 것은 좀 이해가 안 돼요. 『녹색평론』을 제대로 안 보는 게 아닌가 싶어요"(62면)라고 말하는데, 이는 나의 논지를 전혀 못 읽은 반응이다. 김종철과 『녹색평론』의 실천활동에 대해서 나는 "어느덧 100호를 맞이하는 『녹색평론』의 편집·발행을 포함한 그의 실천활동에서도 생태계운동과 민주주의적 지향을 결합하려

130

는 그의 열정을 확인할 수 있다"(본서 111면)라고 간단히 언급하는 데 그치긴 했으나『녹색평론』이『창작과비평』보다 훨씬 실천성이 강하고 지방조직까지 갖춘 매체임을 전제하고 한 말이었고, "그럼『녹색평론』은 무슨 실천을 하느냐"고 반문한다는 것은 상상 밖의 일이었다.

내가 "녹색담론의 추상화·관념화와 녹색운동의 파편화"(본서 119면) 가능성을 우려한 것은 사실이다. 김종철의 녹색담론이 한편으로 전지구적 내지 우주적 차원을 지녔고 다른 한편 국지적 실천활동에 적극 개입하고 있지만, 양자를 매개할 '중간항'이 없다는 문제점을 지적했던 것이다. 바로 그런 중간항에 해당하는 나의 대안이 담론 차원에서는 분단체제론이요 실천으로서는 분단체제극복 운동인데, 분단체제론에 대한 이해가 없을 경우에 내가 아무런 답을 안 했다는 인상을 받을 수도 있는 일이다.

실제로 김종철은 분단체제론이 통일의 개념을 바꾸고 통일운동의 성격을 바꾸는 작업을 꾸준히 시도해온 점을 도외시한 채, 분단체제극복 운동을 단순한 통일운동과 동일시하는 고정관념을 드러내곤 한다. "백선생님이 보시기에는 내가 통일문제에 아무 관심이 없는 것처럼 보이는지 모르지만, 분단체제가 세계자본주의체제의 하위체제라는 논리에서 본다면『녹색평론』은 훌륭하다고 할 수 없지만 나름대로 통일운동을 하고 있다고 봐요. 나는 어떻든 자본주의와 싸우고 있다고 생각하고 있으니까요."(61면)

아니, 나는『녹색평론』이 그런 의미의 통일운동 즉 분단체제극복 운동의 한 몫을 훌륭하게 감당하고 있다고 생각한다. 다만 이론적으로나 실천적으로나 한층 위력있고 원만한 운동을 펼쳐주었으면 하는 뜻에서 '분단체제극복 운동이라는 매개항'(본서 117면)을 제안했던 것이다.

분단체제론 자체에 관해 말하건대, 나는 아무나 붙들고 왜 이런 훌륭한 담론을 몰라주느냐고 시비를 걸 만큼 철없는 인간은 아니다. 김종철 같은 지식인의 경우도, 그가 좀더 이해를 해주었으면 하는 마음이야 굴뚝같지만 김종철도 자기 하는 일이 중하고 바쁜 사람인데 "평소에 그가 분단체제 논의에 적극 참여하지 않은 것을 탓할 일은 아니"(본서 118면)라는 점을 미리 밝혔다. 다만 그쪽에서 먼저 이중과제론이 지극히 모호하다고 "논박하고 나선 마당에는 좀 달라야 할 것 아닌가 싶다"(같은 곳)는 것이었다.

우리 지식사회의 '지리멸렬함'에 대한 김종철의 비판에서도 분단체제론에 관한 그의 몰이해가 드러난다. "우리는 대체로 국가와 민족을 구별하지 못하는 것 같습니다. 심지어 국가와 사회도 구별 못 하잖아요. 그렇기 때문에 늘 생각이 지리멸렬해요. 예컨대 우리에게는 비판적인 국가론이 없잖아요. 늘 분단체제만 얘기되고, 열강에 둘러싸인 희생자의 이미지로만 자신을 보아왔잖아요."(59~60면)

사실 이 발언은 한국 지식사회의 현황에도 맞지 않는다. 우리 주위에서 국가(또는 민족)를 비판하는 논의는 실로 넘쳐 흐를 지경이다. 물론 김종철이 생각하는 '비판적인 국가론'은 단순한 이론적 비판이 아니고, "국가에 대한 비판적인 거리를 확보하는" 실천을 뜻하며 "그러한 거리의 확보는 우리가 다양한 형태의 소규모 공동체를 만들어, 그 틀 속에서 우애와 상호부조의 원리에 입각한 협동과 자치의 삶으로 전환하는 데서 실현될 수 있을 것"(「책을 내면서」, 『녹색평론』 2009년 1-2월호 13면)이라는 주장인 점에서 독특하다. 하지만 국가에 대한 '비판'을 넘어 국가의 '전면적 부정'을 겨냥하는 지식담론도 요즘은 결코 드물지 않다. 다만 『녹색평론』의 국가론도 (내가 보기에) 다분히 그렇듯이 궁극적인 지향과 세부적인 당면과제라는 양 극단으로 치달음으로써, 현존 국가기구의 혁파와 개편이라는 중간과정을 어떻게 감당해서 국가의 소멸을 달성할지에 대한 경륜이 없는 것 같다. 이런 상황에서 분단체제론은 미력한 대로 국가와 민족, 국가와 사회를 한반도의 실정에 입각하여 구별하면서, 남북의 기존 국가기구에 대한 일정한 해체작업과 새로운 국가기구의 창안을 포함하는 한반도 재통합이라는 '중기적 목표'를 제시해왔다고 자부한다. 물론 그 구상의 타당성은 더 검증되어야 할 일이지만, 이러한 시도의 존재 자체에 대한 무감각이 내 글에 대한 불만을 더욱 키웠으리라 짐작된다.

그러나 분단체제론을 이해했더라도 "창비 쪽에 근대적응과 근대극복의 동시적 수행이라는 게 구체적으로 어떤 실천으로 표현되느냐"(62면)고 물은 데 대한 답이 여전히 불만스러웠을 수는 있다. 나는 이중과제론이 세계체제 차원으로 적용되는 추상수준이 높은 담론이므로 그것이 한반도 차원에 적용될 때는 분단체제론으로, 당면한 남한사회에 적용될 때는 변혁적 중도주의 노선으로 구현된다는 점과 이런 '차원 문제'를 혼동하면 생산적인 논의에 방해가 됨을 지적했고(본서 113면), '구체적으로 어떤 실천으로 표현되느냐'는 문제는 이중과제론과 직접 연결시키기보다 각각의 차원에 걸맞은 실천을 점검하는 것이 적당함을 강조했다. 나의 개인적 활동을 구구하게 늘어놓지 않은 것은 그것이 얼마간 공지의 사실이라 믿었기 때문이기도 하며, 그래서 김종철과의 이견이 예상되는 대목에만 잠시 주목하고 넘어갔던 것이다.[13]

김종철의 물음에 대한 답변을 넘어 '반문'으로까지 나아간 대목이라면 '농적(農的) 순환사회'의 개념과 그 달성방안에 관한 문제제기였을 것이다. 그 과정에서 나는 김종철의 맑스 인용에 대해 한두가지 지적을 하기도 했는데, 이를 비본질적인 문제에 대한 지나친 꾀까다로움으로 간주할 일은 아니다. 맑스가 복잡한 사상가이고 "생태학적 형안의 소유자"(63면)

---

13 실은 김종철이 질문을 '창비 쪽에' 제기한 것이 적절한 방식인지도 생각해볼 문제다. '창비'의 편집진 중 상당수가 이중과제론을 내세우고 있지만 이에 냉담한 사람도 없지 않으며, 특히 개개인의 실천활동으로 가면 '녹평' 같은 결속력과 실천의지를 지닌 집단이 아니다. 따라서 질문은 백낙청이면 백낙청이 어떤 실천을 하고 있으며 그것이 방향을 제대로 잡고 있는가라는 식으로 제기되었어야 옳다.

였다는 점은 나 자신도 전제하고 있었다(본서 121면: "맑스가 일부의 오해와 달리 생태계 문제에 깊은 관심을 가진 사상가였음을 〔김종철이〕 짚어준 것은 환영할 일이다").
그러나 자본주의 농업 비판을 담은 『자본론』 1권에서의 인용문(같은 곳)이 앞뒤 문맥에 맞게 읽으면 자본주의적 근대에 대한 맑스의 변증법적이고 (내 식으로 표현하면) '이중과제론적' 인식을 예시한 대목인데도 이를 편의적으로 끌어대는 태도를 비판코자 했다. 내 말이 무겁고 높은 뜻을 담았을수록 남의 말도 귀담아듣고 조심히 다뤄야 한다고 믿기 때문이다.

그러나 논의의 핵심은 역시 "소농(小農) 혹은 소규모 생산자 연합의 중요성"(본서 122면) 문제다. 맑스의 원문이 지난날의 자작소농과 미래의 '연합된 생산자들'을 명백히 구분했다 할지라도 "여기서 생산자 연합이란 어디까지나 소생산자 연합을 뜻하는 것이 분명해요"(62면)라는 것이 김종철의 재반론이다. "〔맑스〕는 농촌의 자발적 생산 협동체를 생각했던 것이지요. 대규모 생산자라면 어차피 기계를 쓰고, 화학물질을 사용하는 공장식 체제로 갈 텐데, 그렇게 되면 토양생태계는 무너져요."(63면)

이는 확실히 일리가 있는 항변이다. 미래사회의 바람직한 농업은 자본주의 시대의 '공장식 체제'가 아니라는 점에서 상대적으로 소규모라야 하며 일부 '현실사회주의' 국가에서 시도했던 거대 집단농장이 답이 아님을 인정하는 것은 중요하다고 본다. 그러나 '소농'과 '연합된 생산자'의 차이를 얼버무리는 것은 여전히 문제다. 생산자 연합이 오늘날의 대형 농업자본(이른바 agribusiness)에 비해 상대적으로 소규모 영농이더라도 소농 규모 생산자들의 연합이 최적일지는 의문이며, 오히려 비교적 큰 규모의 협동적 소유와 생산을 요구하는 경우가 많을 것이다. (물론 획일화된 규격은 바람직하지 않다.) 기계와 화학물질 사용도 순환구조를 파괴하는 '공장식' 사용이 문제지, 처음부터 전면 배제할 일은 아닐 것이다.

이런 긴요한 문제들에 대해 내 글이 자상한 검토를 못 한 것이 사실인데 김종철의 재반론을 계기로 좀더 활발한 논의가 전개되기 바란다. 나 자신은 충분한 기여를 할 능력이 없지만, 어쨌든 "근대 이전의 농촌사회들이 유지하던 순환구조가 자본주의의 발달로 파괴되었다는 점, 인류문명의 존속을 위해서도 새로운 순환구조가 만들어져야 한다는 점, 그러자면 인간활동과 자연환경의 긴밀한 상호의존을 요구하는 농업에 대한 인식을 새로이 할 필요가 있다는 점 등"(본서 120면)에 전적으로 동의하면서, 다만 '소농' 위주의 단순논리로 흐르는 것을 여전히 경계할 필요를 느낀다. 물론 자본주의 공장식 농업의 파괴작용을 막기 위해 그나마 있는 소농의 보존이 일종의 후위작전(後衛作戰)으로서 의미가 크지만, '소농공동체 기반의 사회'가 전위적인 답은 못 된다고 보는 것이다. 적어도 그 사회가 과거의 소농사회와 같은 고립·분산된 공동체가 아니라 인터넷을 포함한 과학기술의 도움으로 "세계시민으로서의 식견과 저항력을 갖춘 사람들"(본서 127면)의 거처가 될 방안이 따르지 않는다면 말이다.

미래의 농촌사회와 관련해서 숙고해야 할 또 한가지는 도시문제다. '소농공동체 기반'의 미래 인류사회에는 어떤 도시가 존재할 것이며 이를 위해서는 현존하는 도시를 어찌해야 하나? 아이스킬로스와 희랍문명에 대한 김종철의 호의적인 언급에서도 확인되듯이(앞의 「책을 내면서」 2~4면) 그가 모든 도시를 배격하는 것은 아니다. 게다가 그가 ─ 나도 그랬지만 ─ 그토록 감동했던 작년(2008)의 촛불집회는 철저히 도시적인 현상이며 도회적 감수성의 산물이다. 물론 자본주의 시대가 진행될수록 대부분의 도시가 거대한 괴물로 바뀌고, 심지어는 최근 재개발사업 도중의 '용산참사'가 웅변해주듯이 전쟁터를 방불케 하는 경우도 많다. 하지만 이게 우리 모두가 귀농함으로써 해결될 문제도 아니지 않은가.

이런 고민과 관련해서도 나는 뾰족한 답이 없다. 그러나 데이비드 하비가 「도시에 대한 권리」(David Harvey, "The Right to the City," *New Left Review* 53호,

2008년 9-10월호)에서 강조한 대로 이 권리가 "가장 소중하면서도 가장 소홀히 되는 우리의 인권 중 하나"(같은 글 23면)라는 점에 좀더 유의할 필요가 있다는 생각이다. 곧 "전체 도시적 과정을 통어하는 권리"(28면)가 도시권(都市權)이며, 이는 바로 "잉여의 생산과 이용에 대한 더 큰 민주적 통제"(37면)를 뜻한다는 것이다. 결론에 이르러 하비는 프랑스의 철학자이자 사회학자 앙리 르페브르(Henri Lefèbvre)를 언급하면서, "혁명은 가장 넓은 뜻에서 '도시적'(urban)인 혁명이 아니고는 아무것도 못 된다는 르페브르의 단언은 옳았다"(40면)고 글을 끝맺는다.

하비의 결론에 얼마나 동조할지의 문제와 별도로, 오늘날 도시에 살며 또 적어도 한동안은 살 수밖에 없는 방대한 인구가 도시생활을 지속하면서 도시의 개발과 재개발 과정을 포함하는 "전체 도시적 과정을 통어하는 권리"를 어떻게 확보하고 행사할 것인가에 대한 고려 없이는 민주주의를 위한 싸움이건 녹색문명으로의 전환이건 다분히 관념적인 것이 됨을 실감하게 된다. 소농사회의 여러 값진 속성을 보존하고 재현하려는 노력이 '소농공동체 기반 사회'라는 개념에 너무 집착하지 말아야 할 또 하나의 이유라 믿는다.

'근대적응과 근대극복의 이중과제'가 높은 추상수준의 담론이라고 했지만 달리 생각하면 그것은 일종의 상식이다. 바로 그렇기 때문에 언제 어디서나 통용되는 그 실천방법을 고정하기는 어렵다. 주어진 현실에 굴복하지도 않고 그렇다고 최소한의 적응조차 못해서 그 현실의 극복에 실패하고 마는 결과를 어떻게 피할지 각자가 처한 위치에서 찾아내는 수밖에 없다. 이런 상식을 공유한 가운데, 세상을 어떻게 바꾸고 그러기 위해 어떤 수준의 적응이 필요하며 충분한지를, 또 어떤 식의 적응 시도는 아예 생각도 마는 것이 현명한지를 서로가 때로는 오손도손, 때로는 격렬하게 의논해간다면 그 또한 아름답고 보람찬 일이 아니겠는가.

5장
고(故) 김종철과 나

제목대로 극히 개인적인 회고담을 하고자 한다.

그와의 인연이 시작된 것은 서울대 영문과가 동숭동 문리대 캠퍼스에 있던 시절이었다. 나는 서른살의 전임강사였고 그는 입학 직후 휴학을 했다가 뒤늦게 전공수업을 시작한 학부생이었다. 그의 휴학은 나와의 만남을 늦춘 결과가 되기는 했지만 훗날 그의 배필이 된 1년 후배 김태언양(지금은 인제대 명예교수)과 함께 수업하며 가연을 맺는 계기도 되었던 모양이다.

교수건 교사건 자기가 가르치는 과목을 잘하는 학생을 애호하는 것은 공통된 속성인데, 내 강의에 들어온 김종철이 바로 그런 학생이었다. 강의 내용을 잘 따라오는 것만 해도 마음에 드는 일이려니와 이따금씩 내가 던지는 은근한 농담도 때로는 거의 혼자서 알아듣고 키득거리기까지 하니 훈장의 기쁨이 어떠했겠는가.

이 기쁨이 오래가지는 못했다. 그가 졸업하기 전에 나는 박사공부를 마저 하려고 미국에 다시 가서 3년 뒤에야 돌아왔다. 그리고 우리가 다시 만난 것은 그의 석사논문 구두발표장에서였다. 지도교수도 논문 심사위원도 아니지만 나는 그 자리에 나갔고 끝난 뒤에 '대학다방'에 가서 이야기를 나누었다. 나는 『창작과비평』에 그의 논문을 요약해서 발표하자는 제안을 했고, 그래서 나온 것이 1974년 봄호의 「예언자적 지성의 한계: 블레이크의 시적 노력」이다. 김종철은 1971년에 신춘문예로 평단에 데뷔했었지만, 이만큼 공들여 내놓은 글은 그때까지 없었지 싶고 당시 총 250면이 채 안되는 계간지(통권 31호)의 22면을 차지하는 역작이었다.

영국의 시인 윌리엄 블레이크(William Blake)는 김종철로 하여금 영문학 공부에 마음을 붙이게 해준 시인이었을 뿐 아니라, 블레이크를 비롯한 문학 읽기에서 길러진 사고습관이 아니었더라면 자신이 "에콜로지사상에 민감하게 반응하고, 그 결과 『녹색평론』의 발간작업에 열중하는 일도 없었을 것"(「책머리에」, 『大地의 상상력』, 녹색평론사 2019, 16면)이라고 훗날 술회한 바 있다. 이후 그는 새로운 자료를 섭렵해서 「블레이크와 민중문화」(백낙청 엮음 『리얼리즘과 모더니즘』, 창작과비평사 1983)라는 후속논의를 발표했고 이를 다시 수정 보완하며 제목을 바꾼 글이 『대지의 상상력』에 수록된 「블레이크의 급진적 상상력과 민중문화」이다.

이번에 내가 「예언자적 지성의 한계」를 다시 읽은 데는 감상적인 이유도 컸다. 그를 떠나보내고 회고담을 쓰려다보니 50년 안팎 저 너머의 기억이 아련히 다가왔기 때문인데, 정작 읽은 뒤 나는 그것이 오늘까지도 의미가 적지 않은 글이라는 결론을 얻었다. 첫째, 블레이크라는 위대한 시인 겸 급진사상가에 관해 아직도 이만큼 충실하고 적절한 소개문이 우리 주변에 드물지 싶다. 「블레이크의 급진적 상상력과 민중문화」를 함께 읽을 경우 더욱이나 풍성한 소개가 된다. 동시에, 도대체 이런 차원의 문제의식을 갖고 영문학의 고전에 접근하는 사례가 우리 학계에서는 지금도, 아니 어쩌면 학술논문들이 쏟아져나오는 요즘에야말로, 참으로 희귀하고 소중하다는 실감을 했다. 블레이크 후기 '예언서'들의 시적 성취에 대해서는「예언자적 지성의 한계」와「블레이크의 급진적 상상력과 민중문화」
가 다소 대조적인 평가를 보이는 것이 사실이다. 앞선 글이 후기 시들이
비록 의미심장한 실패지만 결국 실패작이라고 단정하는 데 비해, 10년 뒤
의 글은 그들 작품이 내장한 '급진적 상상력' 그리고 민중문화 전통과의
깊은 연관성을 소상히 밝혀내는 데 집중한다. 이렇게 '예언서' 시편들의
미덕은 미덕대로 사주는 방향으로 나가기는 했지만, "후기 블레이크의 마
음은 세상을 일거에 초탈하려는 은자(隱者)나 현자(賢者)의 그것에 가까
웠던 것이지 시인(詩人)의 그것은 아니었다고 할 수 있다"(「예언자적 지성의
한계」 122면)라는 1974년 평문의 판정은 김종철이 평생을 두고 고민한, 불의
한 세상과 맞선 '예언자적 지성'과 '시인의 마음' 사이의 결코 간단찮은
관계를 일찌감치 제기한 것이었다.

　재회를 계기로 나는 그를 '창비' 작업에 더 가까이 끌어들이고 싶었지
만 이때 그는 문리대 선배들이 주도하던 다른 계간지의 편집위원으로 이
미 합류한 상태였다. 따라서 필자로서나 적극 도와달라는 부탁만 했고 그
는 흔쾌히 응낙했다. 그리하여 블레이크 논문이 실린 같은 해 가을호로
시작하여 신간 시집들에 대한 훌륭한 서평들을 썼고, 특히『문학과지성』
과의 관계를 청산한 이후로 창비의 중심 필진의 한 사람이 되었다. 이때
써낸 것이「흑인혁명과 인간해방」(1978),「식민주의의 극복과 민중」(1979,
제목을「식민주의와 '대지의 저주받은 자들': 프란츠 파농에 대하여」로 바꾸어『대지의 상
상력』에 수록),「산업화와 문학」(1980) 같은 굵직한 글들이다. 창비는 1980년
여름호까지만 내고 신군부에 의해 폐간되었다가 1988년에야 복간되었는
데, 김종철은 잡지가 없던 기간에도 이런저런 글모음에 기고했고 복간 뒤
에는 이용악론(1988), 신동엽론(1989)을 잇달아 발표했다.

　그의 신동엽론과 관련해서는 내가 크게 미안한 일을 저질렀음을 고백
해야겠다. 글은 신동엽의 20주기를 기념하기 위해 특별히 청탁했던 것인

데 그가 보내온 글의 제목은 '신동엽의 도가적(道家的) 상상력'이었다. 이 것이 창비 내부에서 약간의 논란을 일으켰다. 6월항쟁으로 민주화가 진행되고 계간지도 복간되었지만 여전히 공안정국이고 민족민주운동의 위기의식이 드높던 시점에 너무 '한가한' 제목으로 느껴졌던 것이다. 솔직히 나 자신도 그런 느낌이었다. 그래서 「신동엽론: 민족·민중시와 도가적 상상력」으로 제목을 바꿔서 내보냈는데, 편집자가 저자와 협의해서 제목이나 일부 내용을 수정하는 일은 얼마든지 허용될 수 있지만 일방적으로 고쳐버린 것은 분명히 횡포이자 사제관계에 기댄 '갑질'이었다. 이에 대해 김종철은 아무런 내색을 하지 않았고 이듬해 「생태계의 위기와 민족민주운동의 사상」(1990년 겨울호)이라는 좌담에도 참여했다. 하지만 결코 유쾌한 일은 아니었을 테고 비평집 『시적 인간과 생태적 인간』(삼인 1999)에 재수록하면서는 원래 제목을 조용히 되살려놓았다. 나는 신동엽 연구의 한 획을 그은 이 기념비적 평론을 온전히 대접해주지 못한 부끄러움을 지금도 느낀다. 김종철로서는 개인적인 불쾌감보다 창비와 나에 대한 거리감을 확인하는 계기가 되지 않았을까 짐작한다.

그의 생태주의로의 전환이 시작된 것은 1980년대 전반 미국 체류 기간으로 알려져 있다. 동독의 반체제 저자 루돌프 바로(Rudolf Bahro)의 『적색에서 녹색으로』(*From Red To Green*, 1984)를 읽고 큰 충격을 받았다는 것이다. 그런데 당시 나는 김종철과 활발히 교신하는 사이였지만 내게는 아무런 귀띔이 없었다. 오히려 읽을 만한 잡지를 하나 소개해달라고 부탁했을 때 그는 계급·식민주의·제국주의 문제에 집중한 다분히 뜨로쯔끼주의 성향의 격월간지 *Journal of Contemporary Asia*(현대 아시아 저널)를 추천했다 (이후 나는 몇년간 열심히 정기구독을 하면서 많은 것을 배우기는 했으나 어느 시점엔가 흥미가 떨어져 중단했다).

김종철이 자신의 생태주의로의 전환을 내색하지 않은 것은 아마도 그의 새로운 사고가 무르익지 않아서였을 것이고, 어쩌면 내가 크게 공감하지 않을 거라고 예단했는지 모른다. 사실 나는 바로의『동유럽에서의 대안』(*The Alternative in Eastern Europe*, 영역판, 1978)을 읽고 큰 감명을 받았으나 후속 저서인『적색에서 녹색으로』는 현실성이 좀 떨어진다고 느끼고 있었다. 반면에 나는 로런스학도로서 일찍부터 로런스적 생태주의에 공감했고『탈학교 사회』(*Deschooling Society*, 1971) 등 이반 일리치(Ivan Illich)의 저서를 1970년대부터 읽어오던 참이라, 생태주의로의 전환을 고민하는 그와의 생산적 대화가 불가능했으리라고는 생각지 않는다.

　　알다시피 김종철이 생태주의 사상가 겸 운동가로 본격적인 활동을 시작한 것은 1991년『녹색평론』을 창간하면서다. 새 일에 골몰하다보니 창비에 글을 쓸 시간도 없었겠지만, 이 무렵부터 우리 문학이 문화산업의 일부가 되어버렸다는 비판의식이 강화된 듯하고 창비 역시 문단의 여타 잡지들과 대동소이하다는 인식마저 갖게 되었는지 모른다. 그러나 김종철이 '문학을 떠났다'는 일각의 인식은 잘못되었다고 본다. 이런 인식이 널리 퍼진 것은, 일본의 카라따니 코오진(柄谷行人)이 그에게서 들었다는 말을 인용하며 자신의 '근대문학의 종언'설을 뒷받침하는 결정적인 근거로 삼았기 때문인데, 이것이 국내의 생각 없는 상당수 논자들이 스스로 한국문학을 떠나지도 않은 채 한국의 진지한 문학을 폄하하는 구실이 되었다. 물론 카라따니가 없는 말을 꾸며냈다고는 생각지 않는다. 그러나 문학평론을 잠시 접었지만 '시인의 마음'을 지니고『녹색평론』에 끝까지 헌신한 김종철을 카라따니가 제대로 이해했을지는 의문이다. 그 나름으로 출중한 지식인이지만 카라따니는 애초 문학연구도 '시인의 마음'보다 '이론가의 마음'으로 했고 그렇기 때문에 이론가로서 국제적 명성을 얻었을지언정 일본사회에서 벌인 그때그때의 참여활동도 김종철의 끈질김과 대중적인 영향력에 미치지 못했다. 사실『녹색평론』은 그 생태담론만을 따로 본다면 세계적으로 첨단에 선 것이라고 말하기 힘들지만, 한국사회에 절실한 녹색담론과 현장의 실천운동, 인문적 상상력과 풀뿌리 민주주의에 대한 투철한 신념을 '마음속의 시인' 김종철이 주도해서 결합했기 때문에 이론이 아닌 '사상'의 경지에 도달했다고 믿는다.

어쨌든 나는 김종철이 지닌 '시인의 마음'과 그의 올곧은 성품을 신뢰했기에『녹색평론』작업을 처음부터 지지하고 응원했다. 물론 우리의 생각이 일치한 것은 아니다. 현대 한국문학의 활력에 대한 인식에도 차이가 났거니와, 녹색전환의 구체적 방안에 대해서도 생각이 다른 편이었다. 내가 자진해서『녹색평론』에 이견을 밝힌 것은 새만금의 생태보존 문제가 불거졌을 때다. 새만금 제방이 거의 완성되어가던 당시, 이미 만들어놓은 둑을 헐고 갯벌을 원상복구해야 한다는 것이 김종철과『녹색평론』의 입장인 데 반해, 나는 비록 무모하게 시작한 사업이지만 제방으로 막힌 안바다를 전부 매립한다는 계획만 포기하고 뜻밖에 조성된 방대한 내해에 '바다도시'를 건설할 수 있다면 도리어 전화위복이 되리라는 건축가 겸 도시설계가 김석철(金錫澈)의 제안에 동조했던 것이다.「새만금 생태보존과 바다도시 논의」라는 제목의 이 글은『녹색평론』70호(2003년 5-6월호)에 게재되었고 졸저『한반도식 통일, 현재진행형』(창비 2006)에도 실렸으니 관심 있는 독자가 찾아보시면 될 것이다.

나와 창비담론에 대한 김종철의 본격적 비판은『창작과비평』의 요청으로 이루어졌다. 2008년 봄호에 '근대와 탈근대'라는 특집을 꾸리면서 김종철의 참여를 청탁했고 그는「민주주의, 성장논리, 농적(農的) 순환사회」라는 긴 글을 써주었다. 여기서 그는 자본주의 문명이 진정한 민주주의나 지구 생태의 보존 그 어느 것과도 양립할 수 없음을 역설하면서, 자본주의 근대에 대한 적응과 극복 노력의 동시적 추진을 주장하는 나의 '근대의 이중과제'론, 그리고 이중과제론에 따라오는 '방어적·수세적 성장' 내지 '적당한 성장' 개념을 정면으로 비판했다. 이에 대해 나는 다음호 지면에 「근대 한국의 이중과제와 녹색담론」(『창작과비평』 2008년 여름호; 본서 2부 4장)이라는 반론을 제기했고, 『이중과제론: 근대적응과 근대극복의 이중과제』(창비담론총서 1, 이남주 엮음, 창비 2009)가 두 글을 함께 수록할 때 '덧글'을 달기도 했다.

김종철의 논지를 『녹색평론』의 독자라면 대개 아실 터이고, 내 반론의 취지에는 덜 익숙할지 모르지만 여기 다시 옮기는 것은 과잉친절을 넘어 고인을 추모하는 자리에 걸맞지도 않을 것이다. 공부심이 동하는 분들은 당시의 잡지나 가급적 '덧글'까지 포함된 『이중과제론』 제2부를 참고하시기 바란다(본서 4장). 다만 이중과제론은 논란의 핵심에 해당하고 이 문제에 관해 김종철과 대화를 이어가지 못한 것이 내게는 큰 아쉬움이기 때문에 — 뒤에 다시 언급하겠지만 이중과제론이 중요한 주제어의 하나인 나의 최근작 『서양의 개벽사상가 D. H. 로런스』(창비 2020)에 대해 그가 호의적 평가를 남겨주고 갔기 때문에 더욱이나 그러하기에 — 한두가지 상념을 덧붙이고 싶다.

대체로 그는 '적당한 성장'이란 없다는 입장을 이후에도 견지했던 것 같다. 그의 작고 직후에 나온 기사에 "경제성장은 하면 하고 말면 마는 것이지 적당한 게 있을 수가 없다"(「흙으로 간 사상가 김종철의 외침 "21세기는 환경과 평화의 세기 돼야"」, 『프레시안』 2020. 6. 25, 최종 수정 2020. 6. 26)는 생전 발언이 인용됐는데 정확히 언제 한 말인지는 모르지만 나도 전적으로 동감하는 명언이다. 다만 발언의 해당범위가 세계체제 전체일 때 그렇다. 차원을 개인의 삶으로 낮추면 돈벌이가 지상목표가 된 이 세상을 바꾸기 위해서라도 최소한의 돈벌이를 하고 때로는 꼭 필요한 만큼은 현재보다 더 많이 벌려는 생각이 결코 자가당착이 아닌데 — 「근대 한국의 이중과제와 녹색담론」에서 나는 "나 자신과 김종철을 이런 개인들 틈에 포함시켜도 되지 않을까"(『이중과제론』181면; 본서 115면)라고 물었다 ― 정작 문제는 개인도 전 세계도 아닌 국가경제가 분석단위가 되었을 때다. 오늘의 세계에서는 자본주의와 그 성장논리를 끝장내야겠다는 목적을 지닌 위정자가 애당초 극소수지만, 설혹 그런 의식을 가졌더라도 목적의 실현에 필수불가결한 만큼만의 성장을 한다는 것이 어떤 건지를 나라마다 상이한 실정에 맞춰 정확하게 파악하고 그런 '적당한 성장'을 실현하는 실력을 보여준다는 것은 난제 중의 난제가 아닐 수 없다. 하지만 이 난제를 감당하기 위해 지혜를 모으는 것 이외의 다른 길이 있을까.

'전환이냐 자멸이냐'라는 김종철의 질문 역시 우리의 안이함을 일깨우는 단호한 도전이다. 그리고 『녹색평론』30년의 활약을 통해 이런 위기의식을 공유하는 사람들이 옛날과는 비교가 안 될 만큼 많아졌다. 생태적 농업과 농촌의 중요성, 기본소득, 재생에너지 개발, 제비뽑기를 포함한 숙의민주주의 등 수많은 의제가 꽤나 익숙한 현안이 되었고 일부는 현실화되기 시작했다. 이 모든 것이 김종철 단독의 공헌은 아니지만 한 사람의 생애를 통해 그런 변화를 가져오는 데 김종철만큼 이바지한 경우도 드물다. 이제 그 공로를 딛고 자멸을 피할 전환을 **어떻게** 실현할지를 연마할 때가 왔다는 것이 내 생각이다.

국가경영을 맡은 이들의 대다수는 아직도 '전환이냐 자멸이냐'보다 '성장이냐 추락이냐'를 고민하고 있다. 이를 두고 그들이 모두 '성장이냐 낙선이냐'만 고민하는 한심한 정치꾼들이라고 질타하는 것은 '예언자적 지성'일지언정 구체적인 현실에 상응하는 구체적 작품을 생산하는 '시인'의 작업은 아닐 것이다. 세계체제 단위에서는 '전환이냐 자멸이냐'라는 어김없는 양자택일이 강요되는 상황이지만, 그날그날의 나라살림 또는 집안살림을 떠맡은 입장에서는 전환을 꿈꾸다가 일찌감치 자멸하고 마는 길도 얼마든지 있는 것이 엄연한 현실이다. 아니, 이대로 가다가는 모두가 자멸할 것이 뻔히 보이더라도 전환을 시도하지 못하게 만드는 것이 자본주의의 위력이다. 코로나19 바이러스도 무섭지만 "이 세상에서 가장 무서운 바이러스는 (…) 우리 모두의 면역력을 끊임없이 갉아먹는 '탐욕'이라는 바이러스다"(「책을 내면서」, 『녹색평론』 172호, 2020년 5-6월호 8면)라고 김종철은 설파했는데, 덧붙이자면 이 바이러스를 세계적 대유행의 수준으로 전파하고 그 힘으로 운전되는 사회체제 속에 우리가 살고 있다는 것이 진짜 무서운 현실이다. 이럴 때 자본주의가 말살하려는 감수성을 지키고 키워주는 시야말로 최선의 치유제요 예방 백신이지만, 팬데믹이 이미 벌어진 상황에서는 '적당한' 양의 바이러스를 지혜롭게 투여해서 면역을 도와주는 등의 온갖 방편을 총동원할 필요가 있지 않을까 한다.

아무튼 나는 이런 문제를 두고 김종철과 깊이있는 대화를 할 기회를 끝내 못 갖고 말았다. 다만 근년에 올수록 그가 더 부드러워지고 문학에 대한 애정도 더해지는 것을 이따금의 짧은 대면에서 감지할 수 있었다. 게다가 문인들이 다수 포함된 뜻있는 후학들과의 만남에서 그는 무척 자상한 선배이자 스승의 모습을 보여준 걸로 안다. 그래서 나의 은근한 소망을 버리지 않았는데, 개인적으로 특히 반가웠던 것은 작년(2019)에 그가 주로 1980년대에 발표했던 영미문학 관련 글들을 새로 손보아 (다른 외국문학 논의들과 함께) 『대지의 상상력』이라는 책으로 묶어낸 일이었다. '책머리에'에는 5·18 이후 엄혹했던 시절에 나를 포함한 몇 사람이 독서모임을 진행하던 이야기를 담았기에, 나로 하여금 잠시 즐거운 추억에 잠기게 했다.

끝으로 그가 내게 주고 간 마지막 선물에 관해 이야기하고자 한다. 올해(2020) 7월에 간행된 『서양의 개벽사상가 D. H. 로런스』는 내가 수십년을 별러오던 책인데, 드디어 완성하여 출간을 앞둔 무렵 편집진에서 뒤표지(출판계 언어로 표4)에 몇분의 추천사를 실어야겠는데 어떤 분이 좋을지 의논해왔다. 쉽게 떠오르는 인사도 있었지만 유독 영문학계에서는, 집필과정에 직접 도움을 준 후학들을 빼고는, 어느 원로급 인사가 이 책의 내용을 대강이라도 파악하고 공감어린 논평을 해줄지 생각이 나지 않았다. 고심 끝에 김종철 선생을 한번 접촉해보자고 했다. 담당 부장이 연락했더니 역시 고사했다. 자기가 어떻게 백선생님 책에 추천사를 쓰겠냐고 했다는 것이다. 나는 이 말이 제자로서 겸양의 뜻도 있지만, 자신이 영문학계를 떠난 지가 언젠데 이제 와서 영문학 서적에 대한 추천사를 쓰라고 하느냐는 뜻이 포함되었다고 느꼈다. 해서 한번 더 부탁드려보자고 했다. 애초에 현역 영문학자를 찾아봤으나 떠오르지 않았고 그와 내가 생각이 똑같은 건 아니지만 그래도 이 책과 상통하는 고민을 그가 해왔다고 판단해서 각별히 청탁하는 것이라고 말해보라고 했다. 반 응낙을 받고 교정지를 보내준 뒤 다시 통화를 했더니, 그는 제목을 보고 깜짝 놀랐다고 하며 글을 쓰겠노라고 흔쾌히 말했다고 한다. 그 말을 듣고 나는 혼자서 회심의 미소를 지었다. 이번에 쓴 책이 어떤 성격인지를 알고 나면 그가 한마디 안 써줄 리 없다는 믿음이 내게 있었던 것이다. 애당초 표4용 추천사는 원고지 2~3매가 적당한데 그는 5매가 넘는 글을 보내면서 적당히 발췌해서 사용하라고 했다. 비슷한 성의를 보인 분이 몇분 더 있어서 편집부에서는 아예 추천사 전문을 책에 모두 싣고 발췌한 일부만 뒤표지에 싣기로 했다.

김종철이 원고를 넘겨준 것이 6월 15일이니 한창 이명에 시달리던 시간이었을 테고 출간을 전제로 쓴 마지막 원고가 된 셈이다. 나는 그의 추천사를 읽고 감사하고 기뻤을 뿐 아니라 이제부터 그와 한층 속깊은 대화가 가능하리라는 기대에 부풀었다. 그러나 그는 원고를 넘기고 열흘 만에 갑자기 세상을 떠났다. 비록 선연으로 시작해 선연으로 끝났지만 금생의 우리 인연은 슬프게도 딱 거기까지였던 것이다.

6장

동아시아공동체 구상과 한반도

일본의 한국병탄 100주년을 맞아

글머리에

이 글은 애초에 일본의 월간지 『세까이(世界)』의 청탁을 받고 집필하여 아오야기 준이찌(青柳純一)의 번역으로 그 잡지 2010년 5월호에 실렸다. 이후 새로운 상황까지 감안하여 손질하고 각주를 달아 참고문헌을 좀더 충실히 소개한 원고가 『역사비평』 2010년 가을호에 수록되었다. 일본의 변화와 동아시아공동체 구상의 진전에 대해 본고가 피력한 희망은 2012년 자민당정권으로의 복귀와 더불어 무산되었고, 최근 수년간은 한일관계 자체가 최악의 상태에 이른 것으로 평가되고 있다. 다만 본고의 기본적 발상이나 분석에는 여전히 유효한 점이 많다는 생각이다. 또한 2012년부터 몇년간의 퇴보가 아베정권과 이명박정권의 동반퇴행이었던 데 비해, 최근 관계악화의 주원인은 한국의 촛불혁명에 적응하지 못한 일본 역사의 지체 현상이라는 차이가 있을 듯하다.

1. 일본의 정권교체에 따른 희망과 새로운 과제

2009년 일본의 정권교체는 한국과 한반도의 시각에서도 고무적인 대사건이었다. 시민의 힘으로 정치를 변화시키는 일이 일본에서도 가능함을 입증한데다, 실제로 한일관계와 한반도문제 그리고 동아시아의 지역 현안에 대해 한층 전향적인 정권이 탄생했기 때문이다. 한국의 가까운 이웃이면서 아시아 전체로 보더라도 여전히 중국과 선두를 다투는 경제대국이자 과학기술 등 근대지식 여러 분야의 선진국 일본에서 이런 변화가 발생한 것은 의미심장한 일이 아닐 수 없다. 이는 '한국병합' 100주년을 맞은 해에 남다른 희망을 품게 되는 이유이기도 하다.

물론 그 희망이 얼마만큼의 성과로 이어질지는 분명치 않다. 민주당정권의 첫 총리 하또야마 유끼오(鳩山由紀夫)는 8개월 만에 때이른 퇴장을 해야 했고, 뒤이어 취임한 칸 나오또(菅直人) 내각은 7월의 참의원 선거에서 패배하여 만만찮은 시련을 맞았다. 그러나 하또야마 총리의 '과거 직시' 표명 등 자민당 시대와 달라진 태도를 칸 총리도 계승하고 있는 것은 분명하며 그 구체적인 결실이 어떻게 드러날지는 미지수라 하더라도 집권자의 이런 태도 자체가 한국민의 반일정서를 크게 완화한 것은 사실이다. 경술국치 100주년이 되는 8월 29일 또는 그 전에 8월 15일을 기해 지난날의 '무라야마(村山) 담화'에서 한걸음 나아간 공식적 입장 표명이 나온다면 더욱 긍정적인 관계 개선이 이룩될 것이다.[1]

그런데 일본의 식민지 책임은 한반도 전체가 관련된 일인 만큼, 일본 민주당정권의 태도 변화가 북조선과의 관계 타개 없이 남한과의 관계 개

---

1 실제로 칸 총리가 2010년 8월 10일에 발표한 '일한병합 100주년에 즈음한 내각총리대신 담화'는 한국병탄의 강제성을 우회적으로 시인하는 등 한걸음 진전된 내용이었다.

선에 머무는 것으로는 불충분하다. 아니, 한일관계 개선 자체에도 일정한 한계가 그어질 수밖에 없다. 바로 이 대목에서 새 정권의 태도에 아직 구체적인 진전이 나타나지 않으며 심지어 '천안함사태' 이후로는 역행의 기미마저 보인다. 그러나 북조선에 의한 일본인 '납치 문제 해결'을 더는 교섭재개의 전제조건으로 삼지 않는다는 기본 방침을 세움으로써 납치 문제 자체의 해결 가능성도 높아지고, 6자회담에서 일본이 훼방꾼 역할을 하는 일도 줄어들 길이 열렸다. 오히려 한국정부가 훼방꾼 역을 승계하는 듯싶어 씁쓸하다.

새 내각이 한반도와의 관계를 '동아시아공동체'라는 큰 틀에서 보려는 자세도 고무적이다. 이 또한 하또야마에 이어 칸 총리도 표방하는 기본 노선인데, 비록 오끼나와 미군기지의 이전 문제를 타결해가는 과정에서 크게 손상된 노선이기는 하지만, 미국의 신자유주의 경제노선에 대한 비판과 좀더 대등한 대미관계를 향한 의지를 수반하고 있다는 점에서, 무엇보다도 관료정치 탈피 등 국내개혁 프로그램과 연계되어 있다는 점에서 동아시아용 외교수사를 넘어선 것으로 평가할 만하다. 한반도에서의 남북관계 발전이 그렇듯이 일본의 진정한 아시아 복귀도 국내정치의 변화와 함께 가지 않을 수 없기 때문이다.

아무튼 '동아시아공동체' 구상이 앞으로 내실을 다져갈 수 있다면 민주당정권의 출범은 메이지유신(明治維新) 이래 일본 근대화의 탈아입구(脫亞入歐) 노선의 근본적인 전환 ─ 후꾸자와 유끼찌(福澤諭吉)의 「탈아론(脫亞論)」(1885) 이후 실로 124년 만의 대전환 ─ 을 이룩할 것으로 보인다.

2. 동아시아공동체와 한반도문제

'동아시아공동체'는 한일관계 개선과 조일관계 타결의 차원을 훨씬 넘어서는 원대한 구상이지만 동시에 한반도문제와 떼어놓을 수 없는 사안이기도 하다. 큰 틀에서 보면 한반도의 분단이야말로 '탈아입구' 노선에서 비롯된 '일본 대 나머지 아시아' 분열의 단적인 표현이기도 하기 때문이다. 단순히 식민지시대가 분단시대의 전주곡이 되었다는 뜻이 아니다. 일본이 패전 후에도 대미종속의 형태로 '탈아' 노선을 견지하는 가운데, 미일동맹에 부속된 남한 그리고 소련·중국과 연대한 북조선이 대치하여 상당한 자생력을 지닌 '분단체제'를 형성한 것이 동아시아의 지역협력에 결정적인 장애물이 되었다는 의미다. 동아시아에서 '일본과 그 나머지'[2]의 분열체제와 한반도의 분단체제가 얼마나 밀접한 상보관계를 이루는지는 최근의 천안함사태에서 한국의 대북강경 및 대미종속 정책을 일본이 거들고 그 과정에서 일본 국내의 냉전적·미국의존적 세력이 크게 강화된 사실에서도 명백히 드러난다.

한반도문제를 제쳐두고 동아시아공동체를 논하는 일은 무의미하다. 동(북)아시아의 지역협력체제에서 차지하는 한반도의 관건적 위치에 대해서는 일본의 논자들도 주목해온 바 있다. 와다 하루끼(和田春樹), 강상중(姜尙中) 등이 '동북아시아 공동의 집'을 제의하기도 했고,[3] 특히 최근에는 조선문제 전문가도 재일조선인도 아닌 사까모또 요시까즈(坂本義和) 교수가 "북한을 포함하는 '동아시아공동체'"[4]의 추진을 역설한 점이 눈길

---

2 영어로 하면 'Japan and the rest'인데, 이는 '서구(또는 구미) 대 세계의 나머지'를 말하는 'the West and the rest'라는 표현을 차용한 것이다.

3 와다 하루키 『동북아시아 공동의 집』, 이원덕 옮김, 일조각 2004; 강상중 『동북아시아 공동의 집을 향하여』, 이경덕 옮김, 뿌리와이파리 2002.

4 사까모또 요시까즈 「21세기에 '동아시아 공동체'가 갖는 의미」, 『창작과비평』 2009년 겨울

을 끈다. 예컨대 "한·중·일을 주축으로 하는 '동북아시아'의 협조에 역점을 두는 생각은, 그 자체로는 매우 건설적인 구상이지만, 의식적으로 혹은 사실상 북한의 참가를 뒤로 미룸으로써 현실에서는 종종 북한을 포위하는 체제를 만드는 기능이나 목적을 갖기 십상"[5]이라는 것이다.

동아시아의 지역협력기구로는 사까모또가 언급한 ASEAN(동남아시아국가연합) 외에도 여러 종류가 있다. 그런데 미국 등 태평양 동안(東岸) 국가까지 망라하는 APEC(아시아·태평양경제협력체)뿐만 아니라 ASEAN+3(=한·중·일), 여기에 인도와 오스트레일리아, 뉴질랜드가 더해진 EAS(동아시아정상회의) 등이 엄연히 동아시아 국가인 조선민주주의인민공화국(북조선)을 하나같이 배제하고 있다. 북조선을 포함시킨 유일한 기구가 ARF 즉 아세안지역포럼인데, 아세안 10개국과 한국 등 다른 10개국이 동참하던 중 2000년에야 북조선이 (몽골 및 파푸아뉴기니와 더불어) 가입했다. 하지만 ARF 자체가 별다른 존재감을 보여주지 못하는 기구인데다, 거기서 북조선의 역할도 미미하다. 다만 금강산 관광객 피살사건이나 천안함사태 등 남북 간의 문제를 우리 정부가 굳이 ARF에까지 들고 나가 망신을 자초할 때 일시적으로 언론의 주목을 받는 정도다.

북조선 고립의 주된 책임이 누구에게 있는가를 여기서 따질 일은 아니다. 핵심은 이러한 고립의 결과가 사까모또도 지적하듯 북조선의 핵무장으로 이어졌으며, 이 문제의 해결 없이는 동북아 또는 동아시아 공동체 형성의 선결조건이 되는 "부전공동체"(security community)[6]도 불가능하다는 것이다. 그런데도 한반도문제 해결과 동북아 평화체제 구축에 대한

호 402면. 이 글은 2009년 9월 서울에서 열린 서남포럼 주최 국제심포지엄 기조 강연 내용을 가필하면서 한국 독자를 위해 '보론'을 덧붙인 것인데, 일본어 원문은 坂本義和「東アジアを超えた『東アジ共同體』の構想を」,『世界』2010년 1월호 참조.

5 같은 글 390면.
6 같은 글 392면.

경륜이 거의 안 보인다는 점이 하또야마 총리의 '동아시아공동체' 구상에서 — 천안함사태를 빌미로 오끼나와에서 미국 측 요구에 굴복하기 전에도 이미[7]—드러난 약점이다.

한반도 평화체제나 동아시아 '부전공동체'에 관한 경륜은 멀리서 찾을 것도 없다. 대체적인 기획은 일본을 포함한 이 지역 핵심 당사자들 사이에서 이미 합의된 바 있다. 2005년 베이징의 제4차 6자회담에서 나온 9·19 공동성명이 바로 그것이다. 하지만 이후 여러 곡절을 겪으면서 북조선이 두차례의 핵실험을 감행함으로써, 공동성명 이행의 환경이 크게 바뀐 것은 사실이다. 그럼에도 불구하고 여전히 6개 당사국 모두가 한반도 비핵화와 평화협정 체결, 동북아 평화체제 추진 등 9·19공동성명의 기본 내용에 원칙적인 동의를 표명하고 있는 만큼, 이제는 막연한 구상보다 기존의 합의를 살려가는 구체적인 방도를 찾을 단계에 이른 형국이다. 이러한 모색은 천안함사태를 둘러싼 남북 간(및 미·일 대 중·러)의 첨예한 쟁점이 7월 9일 유엔 안보리 의장성명으로 봉합됨에 따라 머잖아 다시 시작될 기미가 보인다.

구체적인 방도를 찾아내기 위해서는 9·19공동성명과 2007년의 비핵화 관련 합의(이른바 2·13합의 및 10·3합의)를 재가동시키는 것은 물론이고, 그보다 앞선 2000년 6월의 남북공동선언으로 되돌아갈 필요가 절실하다. 6·15공동선언은 미국 등 안보문제에 관련된 중요 당사자들이 빠진 남북만의 합의문이므로 평화문제를 정면으로 다루지는 못했다. 그러나 남북 간의 핵심 쟁점인 통일방안에 처음으로 합의함으로써 교류·협력과 평

---

7 오끼나와 후뗸마(普天間)의 미군기지 이전 문제를 둘러싼 하또야마정권과 미국정부 사이의 오랜 줄다리기에 긍정적으로 평가할 면이 아주 없는 것은 아니다. 자민당정권 시절이라면 군사·안보문제를 놓고 일본 총리가 오랫동안 '우유부단함'을 보이는 것 자체가 상상하기 힘든 일이었다. 이런 초유의 사태가 일어났다는 사실이 장기적으로 오히려 의미심장할지 모른다.

화를 지향한 구체적인 실천이 가능해졌다. 물론 "남측의 연합제 안과 북측의 낮은 단계의 연방제 안이 서로 공통성이 있다고 인정하고 앞으로 이 방향에서 통일을 지향시켜나가기로 하였다"라는 제2항은 다분히 추상적일뿐더러, 극히 애매모호하기도 하다. 그러나 중요한 것은, 첫째 남과 북이 이런 식의 절충에 도달함으로써 이제 '근본문제'를 가지고 다툴 필요가 일단 사라졌고, 둘째 모호한 가운데서도 북측이 비현실적인 연방제 주장을 완화함으로써 국가연합 구상으로 무게중심이 옮겨간 것이 확인되었으며, 셋째 통일이 점진적일 뿐 아니라 **중간단계를 거친다는 점**에 분명히 합의함으로써 일반시민들이 통일과정에 다양하게 참여할 수 있는 공간을 열어놓았다는 사실이다.

동아시아공동체와 관련해서 6·15남북공동선언 제2항을 새삼 들먹이는 것은 9·19공동성명 이후의 변화된 조건 속에서 북핵문제 해결을 위한 남북연합 건설과정이 오히려 더 중요해졌기 때문이다. 북조선 핵시설의 '불능화'를 넘어 이미 만들어진 핵무기의 폐기 또는 이양을 포함하는 '완전한 비핵화'에 평양 당국이 동의하려면 체제보장에 대한 그들의 요구가 상당정도 충족되어야 할 텐데 평화협정이나 경제지원의 확대 정도로는 그리 되기가 쉽지 않을 것이다. 아니, 봉쇄가 풀리고 경제개선이 진행될수록 중국 또는 베트남과 달리 더욱 심각한 체제위기에 처할 수도 있다. 남한이라는 강력한 상대의 존재가 있기 때문이다. 통일을 향한 '중간단계'이자 이 과도기를 안정적으로 관리할 장치로서의 국가연합이나마 마련되고 또 그것이 동북아시아의 지역안보 및 협력체제에 의해 뒷받침되리라는 전망이 보일 때야 비로소 북핵문제의 최종 해결을 위한 북측 당국자의 결심이 가능해지리라고 보는 것이 현실적이지 않을까 한다.[8] 비핵화에 대한

---

8 이에 대해서는 졸저 『어디가 중도며 어째서 변혁인가』(창비 2009)의 제8장 「2007 남북정상회담 이후의 시민참여형 통일」과 최근의 졸고 「'포용정책 2.0'을 향하여」, 『창작과비평』

현실주의자들의 비관론과 남북연합 건설을 위한 시민참여 주창자들의 낙천적 전망이 역설적이게도 일치하는 대목이다.

물론 아직은 현실주의자들이 시민참여론자들의 주장을 귀담아듣는 기색이 별로 없다. 그러나 최근 천안함사태에 대한 오바마 정부의 터무니없이 강경한 대응이 워싱턴의 세칭 한반도 전문가들의 '현실주의적' 비관론이 갈 데까지 간 결과일 수 있으며, 그러한 강경책이 — 부시 행정부 첫 6년의 강경책이 그랬듯이 — 아무런 소득 없이 끝나기 십상임을 현실주의자들이 알아차린다면 유일하게 현실성이 있는 해결책을 좀더 성의있게 고려하려는 움직임을 보일지 모른다. 그리된다면 『세까이』 2010년 신년호 좌담을 끝내며 강상중이 주문한 "차가운 이상주의와 뜨거운 리얼리즘"[9]이 한반도에서 한층 구체화되어갈 수 있을 것이다.

3. 지역연대의 동아시아적 길 찾기

6자회담을 비롯하여 ASEAN+3과 EAS, 그리고 ARF, APEC, ASEM(아시아·유럽회의) 등 동아시아 또는 동북아시아 국가들이 참여하는 다양한 지역기구의 존재가 암시하듯이, 이들 국가의 '지역적 아이덴티티'는 다원적이며 다분히 유동적이기도 하다. 이 사실 자체는 결코 나쁘지 않으며, 동아시아에 국한된 현상도 아니다. 예컨대 (최근 유로화의 위기가 거론되고 있기는 하지만) 지역통합의 모범적인 사례로 곧잘 꼽히는 유럽연합(EU)의 회원국들은 역외국가가 다수 포함되어 있는 OSCE(Organization of Security and Cooperation in Europe, 유럽안보협력기구)의 성원이면서

2010년 봄호(졸저 『2013년체제 만들기』, 창비 2012에 재수록) 참조.
9 「討議: 朝鮮植民地支配とはなにだったのか」, 『世界』 2010년 1월호 158면.

동시에 상당수가 미국을 포함하되 유럽연합의 회원국 일부가 제외된 NATO(북대서양조약기구)의 가맹국이다. 여기에는 동일한 화폐를 사용하는 지역에 속하는 나라가 있는가 하면 '유로존'(Euro-zone) 바깥에 남은 나라도 있다. 또한 유럽연합이라는 큰 틀 안에서 '베네룩스'(Benelux, 벨기에·네덜란드·룩셈부르크)처럼 소규모 국가연합을 유지하는 경우도 있다. 심지어 스칸디나비아 3국은 일찍부터 화폐연합을 형성해왔지만, 아직도 유럽연합에 가입하지 않은 노르웨이와 유럽연합 회원국인 덴마크, 스웨덴이 공존하고 있다.

이렇듯 개인이든 지역이든, 그 정체성이 다원적인 것은 불가피할 수 있으며, 외려 바람직한 것일 수도 있다. 다만 주어진 현실에 따라 그런 원칙이 실현되는 방식이 다양할 것이며, 다원적 정체성이 반드시 바람직하지 않은 경우도 배제할 수 없을 것이다. 어쨌든 동아시아의 구체적 현실로 돌아와서 볼 때, 무엇보다도 유럽연합의 선례를 적용하는 데에는 결정적인 한계가 있음을 직시할 필요가 있다. 유럽연합은 국민국가를 기본 단위로 뭉쳐서 회원국들의 통합을 궁극적인 목표로 삼고 있는 연합체. 그에 비하여 동(북)아시아에서는 어떤 종류의 '공동체'건 그것이 ── ASEAN 같은 Association이 아니라 ── 한층 긴밀한 국가연합에 해당하는 Union 또는 Confederation이 될 가능성은 매우 낮다.

이는 단순히 북핵문제와 한반도 분단이라는 장애물이 있다거나, '일본 대 아시아'의 분열이 상존하고 있기 때문만도 아니다. 무엇보다 유럽에서는 볼 수 없는 역내국가들 간의 불균형이 문제가 된다. 비록 일본경제가 지녔던 압도적인 우위가 중국의 경제성장으로 교정되었다 해도 일본과 중국 두 나라와 나머지 역내국가 사이의 격차는 유럽에서는 없는 규모다. 동시에 중국이 강력해지면서 상기하게 되는 또 하나의 현실은, 동아시아의 역사에서 '일본과 나머지'의 분열보다 더 오래전부터 존재해온 '중국과 나머지' 사이의 비대칭적 관계다. 이는 앞으로 더욱 심해질 공산이 크며 류준필(柳浚弼)의 지적대로 "동아시아가 유럽연합과 유사한 지역공동체를 이룰 가능성도 희박한"[10] 것이다.

류준필이 이 점을 강조한 취지는, 분단체제론이 동아시아적 시각을 제대로 갖추지 못했음을 비판하려는 데 있다. 본고는 그의 비판을 일정하게 수용하면서 동시에 분단체제론과 동아시아론의 상보관계가 그가 생각하는 만큼 미약한 것이 아님을 보여주려는 의도도 갖고 있는데, 독자의 이해를 돕기 위해 한두마디 부연하고자 한다. 먼저 위의 인용문이 포함된 단락 전체를 옮겨보면 이렇다.

단적으로 분단체제론의 복합국가론은 비교적 대등한 남북한의 연합 가능성을 전제로 하고 있는데, 복합국가의 실현이나 통일국가의 등장을 가정해보더라도 여전히 동아시아 내적 질서의 비대칭성은 잔존한다. 그것은 단순히 세계체제와 분단체제의 동시적 변혁이라는 구도만으로는 포착되기 어렵다. 남북의 통일 과정이 지혜롭고 창의적이어야 한다면, 남북이 동아시아 지역 속에서 그런 가능성을 실현해야 한다는 이유에서 그보다 더 창의적인 지혜가 필요하다. 동아시아가 유럽연합과 유사한 지역공동체를 이룰 가능성도 희박한데, 무엇보다 지역 내 정치체의 규모와 성격이 판이하기 때문이다. 그런 점에서 남북한 복합국가든 통일국가든, 그 기획에는 반드시 동아시아 지역질서의 특수성이 포함되어야 한다. 달리 말해, 통일의 과정이 창의적이기 위해서는 서로 규모와 위계를 달리하는 질서가 중첩되어 있는 동아시아 속에서 그 국가의 위상을 어떻게 설정할 것인가 하는 질문이 포함되어야 하는 것이

---

10 류준필「분단체제론과 동아시아론」,『아세아연구』138호, 2009 54면.

다.[11]

　그간 필자 자신의 분단체제론에서 동아시아에 대한 논의가 불충분했음은 사실이고, 앞으로 "더 창의적인 지혜가 필요"한 것은 두말할 나위 없다. 그러나 동아시아공동체의 건설을 위해 한반도 분단체제의 극복작업이 필수적임을 강조하는 것이 곧 "한국/한반도 중심성"[12]은 아니다. 더구나 "그 본래 의도가 어떻든 한반도적 층위에만 시선을 고정시킨다면, 결과적으로 대만·홍콩·오끼나와 등과 같은 규모의 정치체가 한반도 내부에 공존할 수 있는 가능성은 희박해진다. '6자회담'의 틀 속에 대만이나 홍콩 층위의 시선이 개입하기 어렵다는 데서 전형적으로 드러난다"[13]는 지적에 대해서는, 사실 "대만·홍콩·오끼나와 등과 같은 규모의 정치체가 한반도 내부에 공존"한다는 말이 정확히 무슨 뜻인지 불분명한데, 6자회담이 동아시아공동체 형성을 촉진할 수 있는 **여러가지 수단 중 하나이고, 하나일 뿐**임을 인정한다면 6·15남북공동선언이나 9·19공동성명이 대만·홍콩·오끼나와 문제를 포괄하지 않는다고 해서 그것의 동아시아적 의의가 줄어들 것이라고 생각되지 않는다.

　아무튼 동아시아에서 지역적 유대를 형성하는 작업은 기존의 어떤 구상보다 담대하고 창의적일 필요가 있다. 유럽의 선례를 참고하되, 우리도 언젠가는 유럽 같은 국가연합을 만들 수 있다는 허황된 기대를 접어야 하

---

11 같은 곳.
12 같은 글 69면. 엄격히 말해 류준필의 논문은 필자의 분단체제론에서 동아시아적 시각이 미흡하다는 점과 최원식(崔元植), 백영서(白永瑞) 등의 동아시아론이 분단체제론의 문제의식에 미달하고 있다는 점을 동시에 비판했는데, 본문에 인용한 대목은 후자의 일부로 제기한 것이다. 그러나 전자에 대한 비판도 '한국/한반도 중심성'에 혐의를 두고 있으므로, 나는 그와 생각을 달리한다는 것을 밝힐 필요를 느낀다.
13 같은 곳.

고, 유럽연합보다 저급한 공동체로 만족할 수밖에 없다는 체념도 벗어던져야 한다. 국가를 기본 단위로 통합하는 공동체가 불가능하다는 사실이야말로 도리어 주민 위주의 접근으로 전환할 수 있는 절호의 기회다. 정부를 제쳐두고 시민들만으로 문제를 해결할 수 있다는 말이 아니다. 정부가 자유무역협정 같은 다양한 쌍무적 또는 다자적 협약을 통해 지역공동체 형성을 촉진하는 일은 필수적이다. 그러나 국가 차원의 연합을 통해 안보, 경제, 문화 등 여러 분야의 유대를 일거에 강화하는 대신, 분야마다 지역의 현실에 가장 부합하고 주민들의 생활상 이익에 충실한 형태와 수준의 협력관계를 다양하게 구현해가자는 것이다.

사실 유럽연합의 경우도 그 통합의 수준은 분야마다 다르다. 예컨대 경제적으로는 '유럽석탄·철강공동체'(ECSC)에서 출발하여 '유럽공동시장'과 '유럽공동체'를 거쳐 지금은 국가연합과 단일화폐권을 조성해가는 단계이다. 정치적 통합성도 점차 높아가고 있는데, 최근의 경제위기를 통해 국가의 재정권이 분산된 채 화폐만 통합된 연합체의 문제점을 실감함으로써 정치적 통합의 추진에 오히려 힘이 더 실릴지도 모른다. 이에 비하여, 군사·안보 면에서는 아직도 유럽연합군이라는 것이 없고, 유럽방위기구(EDA, European Defence Agency)라는 느슨한 조정기구만 있을 뿐이다.

NATO도 없고 OSCE도 없으며 한반도의 남북대결과 '일본 대 나머지'의 분열이 여전히 심각한 동아시아에서의 지역안보는 당연히 동아시아의 독특한 현실에 맞춰져야 한다. 예컨대, 이 지역의 한가지 특징은 평화에 대한 위협이 동남아시아보다 동북아시아에 집중되어 있다는 사실이다. 더구나 동북아시아에는 중국, 러시아 그리고 역외국가지만 막강한 개입주체인 미국이라는 기존 핵보유국에다, 새로 핵무기를 개발하여 국제적 제재의 대상이 된 북조선이 자리잡고 있다. 따라서 우선은 동남아시아와 별도로 동북아시아의 평화체제 구축에 치중하는 것이 당연하며, 안

보문제라는 사안의 성격상 국가주도가 불가피하다. 곧 미·중·러·일과 남북한 6자가 주체가 되는 '회담' 또는 '협의'의 형태로 출발하는 것이 수순인 것이다. 그러나 이 회담이 성공하여 9·19공동성명에서 제시된 한반도 비핵화, 관련국들의 관계정상화, 동북아 평화체제 구축 등 소기의 목표를 달성한다 해도, 그것이 NATO와 같은 집단안보조직으로 이어지기는 어렵다고 봐야 한다. 반면, '헬싱키선언'(1975)에 준하는 문서가 나오고, 추후에 그 참여범위를 확대하여 OSCE에 상응하는 '동북아시아안보협력기구'(OSCNEA, Organization of Security and Cooperation in Northeast Asia)라고 일컬음직한 기구가 탄생하기만 해도 대성공일 것이다. 이 기구가 ASEAN과 연계하여 동아시아의 평화 유지에 획기적 진전을 이룩하고, 여기에 다른 분야에서의 협력관계가 가세하여 지역평화를 증진해가는 것이 동아시아 특유의 안보협력 방식이 되리라고 본다.

정치 분야에서는 중국의 존재가 거의 모든 국가연합 구상을 무색케한다. 적어도 인구비례의 원칙이 반영된 대의제도를 갖춘 동아시아 또는 동북아시아의 정치통합은 여타 국가들의 동의를 받기 어려운 것이다. ASEAN과 같은 매우 느슨한 연대협정을 넘어서기 어려운 이유 가운데 하나다.

경제 분야에서도 비록 한·중, 한·일 FTA(자유무역협정) 등 여러 협력조치가 추진되고 있지만, 유럽처럼 국가를 기본 단위로 하는 더 높은 수준의 연합은 힘들다고 보아야 한다. 한반도가 통일되어도 그 경제규모는 중국이나 일본과의 심각한 비대칭성을 면치 못할 텐데, 만약에 이런 비대칭성을 무릅쓰고 '동북아시아 경제연합'이 구성될 경우, 그것은 또 동남아시아로서 감내하기 힘든 위협이 되기 마련이다. 이처럼 동남아시아와 동북아시아의 비대칭성 때문에 '동아시아 경제연합'도 난망이다. 그럼에도 불구하고 그러한 것을 만들려고 한다면, 이번에는 미국을 포함한 세계의 여타 지역이 용인하지 않으려 할 것이다. 이런 기미는 벌써부터 감지되고 있다. '동아시아공동체'의 이름에 값하는 지역연대를 어떤 식으로든 달성하려면 현재로서는 ASEAN+3에서 출발하여 북조선을 포함하는 ASEAN+4(또는 몽골까지 참여하는 ASEAN+5)로 발전시키는 것이 우선과제인데도, 미국의 의중을 따른 일본은 ASEAN+3 정상들의 회의인 EAS에 대양주의 오스트레일리아와 뉴질랜드 그리고 남아시아의 인도를 끌어들임으로써 그 동아시아적 성격(및 중국의 영향력)을 희석시키고 있다.

그렇다고 무작정 '동아시아끼리'만을 부르짖을 수도 없다. 사안에 따라서는 범위와 수준을 달리해가며 미국 등 역외국가를 끌어넣기도 하고(6자회담, APEC 등) 제외하기도 하면서(ASEAN+3, 아시아통화기금 구상 등) 동아시아의 지역연대를 점차 강화해나가는 지혜가 요구된다. 당연히 국가 차원의 협력 수준을 높여가기는 해야겠지만, 동시에 국경선과 반드시 일치하지 않는 공간에서의 유대 형성을 적극적으로 추진할 필요성이 절실하다.

그중 하나가 공통의 문명유산을 향유하는 지역으로서의 '동아시아'다. 이때의 '동아시아'는 동북아시아와 동남아시아를 합친 지역보다는 협소한— 예컨대 아시아대륙에 방대한 영토를 가진 러시아가 제외되는— 지난날의 한자문화권 또는 유교문명권에 해당하는 지역으로서, 지리적으로 동남아시아에 속하는 베트남이 포함되는가 하면, 현대 중국의 영토 내에서도 티베트, 신장(新疆) 등은 그 바깥에 위치하는 셈이다. 아니, 이들 지역도 중화인민공화국의 영토이며 한자 사용이 빈번한 지역인 이상, 완전히 '권외(圈外)'는 아니고, 어중간하게 걸쳐 있는 형국이다.

'문명권'이란 원래 지도상의 어디까지라고 확정짓기 힘든 영역이요, 해당 문명의 전파와 변천 과정에 따라 유동적인 공간이다. 그러므로 중요한 점은 이런 사실을 상기하면서 문명권과 유사한 지역 개념을 21세기 '동아시아공동체' 형성에도 동원해보는 일이다. 물론 '천하질서', 유교와 한자,

북방불교 등의 유산이 오늘날 어떤 의미를 가질지에 대해서는 따로 검토할 문제다. 어쨌든 '아시아'가 주로 유럽에 대한 타자로 설정된 관념인 데 비해, '동아시아'는 제국주의 시대의 관념만이 아닌 내적 연관과 잠재적 결집력을 지닌 실체라 할 수 있는 근거의 일부가 바로 그러한 동아시아 문명의 공통된 경험일 것이다.

국경선과 일치하지 않으면서 유동적인 경계를 갖는 지역연대의 또다른 예로 한국의 건축가이자 도시설계가 김석철이 제안한 '황해연합' 또는 '황해도시공동체'를 들 수 있다.[14] 그 내용이 아직 시론(試論) 단계인데다 나로서는 이에 대해 제대로 검증할 능력도 없지만, 여기서 굳이 거론하는 것은 '지역공동체'와 관련해서 전혀 다른 발상이기 때문이다. '황해연합'은 황해가 중심에 있지만 중국 해안지대 및 일본의 많은 부분도 망라하는 개념이다. 그런데 그 범위가 고정되지 않고, 오늘날 세계에서 경제활동이 가장 활발한 지대이자 공동의 문명유산을 지닌 황해 일원에서 실질적인 인적·물적 교류가 긴밀해지는 정도에 따라 성립하는 유동적인 지역공동체로 이해된다. 거듭 말하지만 이러한 공동체는 지방정부(또는 자치단체)들의 협력은 물론이고, 중앙정부 간의 합의에 의해 용인되고 조장될 때에만 성립이 가능하다. 그러나 국가끼리의 결합체는 아니며, 중국 같은 거대 국가를 통째로 끌어들이지 않을 때 오히려 비교적 대등한 지역연합의 길이 열린다는 현실인식의 산물이다.

이런 공동체를 위해서도 한반도 국가연합은 필수적이다. 한·중·일의 동아시아 국가연합을 선도한다거나 오끼나와, 홍콩, 또는 대만을 남북한처럼 비교적 대등한 연합 속에 포용할 수 있다는 뜻이 아니라, 동아시아

---

14 김석철 『희망의 한반도 프로젝트』(창비 2005)의 제1부 「황해연합」. 이에 대해 나는 『세까이』와의 대담(2006년 1월호에 게재)에서 거론한 바 있다(『백낙청 회화록』 제5권, 창비 2007, 183~84면).

고유의 지역연대 형성을 위한 하나의 필요조건을 충족한다는 뜻에서다. 북핵문제 해결과 동북아시아 평화체제 구축을 위해 남북연합 건설이 매우 중요하다는 것은 앞서 말했지만, 남북연합의 지역적 의의는 거기에 그치지 않는다. 통일한반도가 중국이나 일본에 비해 여전히 작은 나라라 해도, 남북한이 강력한 민족주의를 내걸고 통일될 경우──아니 그러한 통일을 목표로 설정하기만 해도──중국과 일본은 각기 다른 이유로 경각심을 갖고 스스로 민족주의와 국가통제를 강화할 공산이 크다. 다양하고 유연한 지역공동체들의 성립 가능성이 그만큼 줄어드는 것이다. 반면 남북한이 느슨하고 개방적인 복합국가 형태를 선택하는 것이 곧 '동아시아연합'으로 이어지거나 중국 또는 일본의 연방국가화를 유도할 공산은 작더라도, 예컨대 티베트나 신장 또는 오끼나와가 훨씬 충실한 자치권을 갖는 지역으로 진화하는 해법을 촉발할 수 있다. 또한 중국 본토와 대만도 명목상 홍콩식 '일국양제'를 채택하면서 내용은 남북연합에 근접한 타결책을 찾아내는 데 일조할지도 모른다.

4. 한일연대에 대한 기대

동아시아연대의 길 찾기를 어느 한 나라, 한 지역에 맡길 일은 아니다. 하지만 현시점에서 한국과 일본의 협력이 유달리 중요한 것은 분명하다. 적어도 한반도문제 해결이 '동아시아공동체' 형성의 선결과제이고 일본 사회가 '탈아' 노선에서 전환해 아시아로 복귀하는 과정에서 한반도 주민들과의 화해가 핵심과제라고 믿는다면 그렇다.

일본에서 2009년에 정권교체가 이루어지고, 식민지 책임 인정과 동아시아 지역연대에 한층 적극적인 정부가 들어선 것이 고무적이라고 하는 이유가 거기에 있다. 물론 한반도문제의 해결에 일본이 미칠 영향은 제한되어 있으며, 한민족과의 화해는 조일관계 타결이라는 험로를 거쳐야 한다. 그러나 한국(=남한)과의 관계는 일본정부가 과거사 문제에 대해 약간의 추가적 성의 표시를 하는 것만으로도 크게 개선될 여지가 있다. 더욱 중요한 점은, 이러한 외교적 조치가 국민주권을 확인하는 국내개혁에 의해 뒷받침됨으로써 양국 시민들의 유대와 협력이 새로운 단계로 전진할 수 있다는 것이다.

그런데 이러한 한일연대는 동아시아연대의 촉진제로 작용해야지, 미국의 패권주의에 영합함으로써 북조선의 고립을 강화하고 중국의 민족주의와 대국주의를 자극하는 한일공조가 되어서는 곤란하다. 그 점에서 2010년 천안함사태에서 일본정부가 한국 당국의 부실하기 짝이 없는 조사발표[15]를 적극 지지하고 한반도의 긴장격화를 부추김으로써 오끼나와에서 미국의 요구에 굴복하는 구실을 찾아낸 것은 좋지 않은 한일공조의 본보기에 해당한다.

그러한 나쁜 공조는 하또야마정권의 생존조차 지켜주지 못했다. 이런 실패를 교훈 삼아 이제 동아시아공동체 구상의 본뜻을 살리는 방향으로 되돌아와야 한다. 미·일·한 3자가 중·러·북에 맞서는 낡은 구도를 복원하려는 부질없는 시도를 포기해야 하는 것은 물론이고, 북조선을 제외한 한·중·일의 협력만으로 지역 현안을 해결할 수 있다는 기대도 접어야 한다. 마침 한국에서도 천안함사태를 국내정치에 악용하려던 정권 측의 시도가 6·2지방선거에서 국민적 저항에 부딪히고, 국제무대에서 북조선의 고립을 심화시키려는 기도마저 실패함으로써 정부가 '출구전략'을 고민하게 된 상황이다. 이럴 때 어디까지나 남북의 화해와 협력을 조장하고 북조선

---

15 천안함사태에 대해 독자적인 성찰과 평가를 시도한 글을 모은 책으로는 강태호 엮음 『천안함을 묻는다』, 창비 2010 참조.

의 지역협력기구 참가를 유도하는 성격의 한일공조, 요컨대 동아시아적 자기인식을 공유하는 한일연대가 활성화되어야 한다.

이는 동아시아 전역에 해당되는 주문이지만, 특히 한국과 일본 양국 시민에 기대를 건다. 현실적으로 한국과 일본 두 나라 시민들만큼 정치, 경제, 문화 등 각 방면에서 — 게다가 언어와 체질인류학적 측면에서도 — 많은 것을 공유한 예도 드물다. 시민사회가 이 양국만큼 발달하기도 쉽지 않다. 물론 한국의 경우 중국과 공유하는 역사적 유산이 더 많고 무역의존도도 한결 높은 실정이며, 정서적으로도 중국과 더 가까울 때가 적지 않다. 그러나 예컨대 일본의 역사교과서 문제에서 두 나라의 시민사회가 벌인 공동캠페인이나 한국의 이른바 4대강사업에 대한 한·일 민간공동조사단의 지속적인 작업 같은 것은 아직 한·중 또는 일·중 사이에서 생각할 수 없는 일들이다.

동아시아공동체 담론의 개발도 당분간은 한·일 지식인들의 기여에 의존하는 바가 크지 않을까 싶다. 중국은 동부아시아뿐 아니라 중앙아시아, 남아시아, 북아시아 등과도 인접한 거대 영토를 갖고 있는 까닭도 있어서 정부는 물론 중국의 지식인층도 동아시아 주민들이 주도하는 지역연대에 특별한 의의를 두려는 의지가 (적어도 아직까지는) 약한 편이다.[16] 중국 측에 '동아시아적 자기인식'에 해당하는 것이 있다면, 전통적 중화주의와 무관하지 않은 유교부활운동, 그리고 유교자본주의가 가미된 '중국적 특

---

16 이와 관련해서 백영서는 「중국에 '아시아'가 있는가: 한국인의 시각」이라는 글에서 다음과 같이 지적한 바 있다. "중국 지식인들에게는 '아시아적 전망', 특히 동아시아 상황 속의 중국을 바라보는 시각이 결여되어 있다. 세계(사실은 구미)와 직접 대면하는 중국이란 관점은 강하지만 주변 이웃인 동아시아 여러 사회에 대한 수평적 관심이 희박한 것 같다는 뜻이다. 이 점은 지금 중국 안팎에서 주목받는 한 비판적인 지식인조차 '횡향사고(橫向思考)'가 부족하다고 비판받는 데서 단적으로 드러난다."(백영서 『동아시아의 귀환: 중국의 근대성을 묻는다』, 창작과비평사 2000, 49면)

성을 지닌 사회주의' 노선이 가장 두드러진다고 볼 수 있다. 하지만 유교사회주의 또는 유교자본주의 그 자체가 범지역적 호소력을 지닌 이념이 되기는 힘들며, 세계적인 설득력은 더욱이나 약하다.

그 점에서 사까모또가 "동아시아를 넘어서는 '동아시아'"를 강조한 것은 경청할 만하다. 그는 "모든 인간을 평등하고 존엄한 주체로서 서로 인정하는 '휴머니티'의 감성과 사상이 없어서는 안 된다"고 역설하면서, 이러한 '휴머니티'에 상당하는 것이 동아시아에 과연 존재했는가라는 물음을 던지기도 했다.[17] 그러나 유교의 '인(仁)'이나 불교의 '자비(慈悲)' 또는 흔히 쓰이는 '인도(人道)' '인륜(人倫)' 같은 개념이 계층사회질서 옹호의 뉘앙스가 강하여 근대적 인권·평등의 개념으로서 미흡하다는 지적은, 서구어의 '휴머니티' 역시 그 용어 자체가 제국주의라든가 생태파괴적인 인간중심주의에 연루된 혐의에서 자유롭지 못하다는 인식으로 보완될 필요가 있다. 요컨대 '동아시아공동체'가 동아시아 특유의 방식으로 추구할 지역연대이듯이, 동아시아적이면서 세계적 호소력을 행사할 사상과 감성역시 이제부터 탐구하고 개발할 일인 것이다.

이 문제는 별도의 논의가 요구되는 큰 주제로서 사까모또 자신도 "내가 더욱 연구해야 할 과제이므로 여기서는 더이상 서술하지 않겠다"[18]고 미뤄놓은 바 있다. 다만 동아시아 공동의 이념을 "세속화한 비종교적인 시민사상"[19]으로 못박는 것은 자칫 '탈아'를 극복하고 동아시아로 회귀하는 길을 차단할 우려가 있다. 유교나 대승불교, 또는 한반도의 자생종교인 동학이나 원불교의 인간존중 사상은 종교적 사상이되, 다분히 '세속화'된 종교사상이며, 서양의 기준으로는 '비종교적 시민사상'에 가까운 면마저

---

17 사까모또 요시까즈, 앞의 글 400면.
18 같은 곳.
19 같은 곳.

없지 않다. 실제로 천도교의 '인내천(人乃天)'이나 원불교 『대종경(大宗經)』 인도품(人道品)이 설파하는 '인도(人道)'는 사까모또가 열거하는 "신분차이와 성차(性差)를 근본적으로 부정하는 인권감각"과 "평등한 존엄의 주체로서 서로 인정하는 행위" 등의 요건을 충족하고 있다. 또한 오늘날 이런 흐름을 계승한 동아시아 특유의 '비종교적인 시민사상'이 없다고 쉽게 예단할 일도 아닐 것이다. 논의의 진전을 위해서는 동아시아의 사상사뿐 아니라, 사상의 전개를 수반하는 전체 역사에 대해서도 공동의 인식을 위한 토론과 지적 교류가 더 많아져야 할 것이다. 이와 관련해서 '일본사 인식의 패러다임 전환'을 촉구한 미야지마 히로시(宮嶋博史)의 문제제기도 시사하는 바가 크다. "21세기에 일본이 어떠한 관계를 구축할 것인가의 선택은 차치하고라도, 한국·북조선·중국, 더 나아가서는 베트남 등의 여러 나라들과 깊은 관계를 맺어야 할 것은 자명하다. 그때에 이들 국가들이 유교모델을 수용했던 역사적 경험을 가지고 있다는 것, 또한 현재에도 그 역사적인 경험이 의미를 가질 수 있음을 인식하는 것은 21세기 동아시아의 국제관계를 구상하는 데 매우 중요한 과제라고 생각한다"[20]는 그의 주장은 유교자본주의 또는 유교사회주의 옹호와는 다른 차원의 이야기다. 유교적 사상과 제도를 "동아시아적 후진성을 상징하는 것으로밖에 인식"하지 못하는 "탈아적 일본사 이해"[21]에 대한 발본적 도전인 것이다.

지난 5월 10일 한국과 일본의 지식인 214명은 "'한국병합' 100주년에 즈음한 한일 지식인 공동성명"을 발표하여 1910년을 전후한 역사를 (성명서로서는 이례적으로) 상세히 정리하면서 병합이 처음부터 "문자 그대

---

20 미야지마 히로시 「일본사 인식의 패러다임 전환을 위하여: '한일병합' 100주년에 즈음하여」, 『창작과비평』 2010년 여름호 462면.
21 같은 글 444면.

로 제국주의 행위이며, 불의부정(不義不正)한 행위였다"고 규정했다.[1] 비록 한정된 범위의 지식인 성명이지만, 이는 한국 역사뿐만 아니라 일본과 동아시아의 역사를 올바로 인식하고 그에 걸맞게 행동하는 데 중요한 디딤돌이 되리라 본다.

지역공동체 건설의 '동아시아적 길'을 찾기 위해서는 해당 정부들의 노력과 더불어 지식인사회에서도 한층 폭넓고 깊이있는 학문적·사상적 교류와 모색이 필요할 것이다. 올해를 기해 한국과 일본, 나아가 한반도 전체와 일본의 관계가 획기적으로 발전함으로써 양국 지식인들의 그러한 노력이 담론의 영역에 국한되지 않고 전반적인 동아시아연대 구축의 대세를 탈 수 있게 되기 바란다.

---

1 한국어 전문 및 참여자 명단은 『창작과비평』 2010년 여름호 463~69면에 실려 있다. 서명자를 한·일 각기 500인으로 확대하는 작업이 진행 중인 것으로 안다.(2010년 5월 10일 현재, 한국 109인, 일본 105인 참여)

7장

국가주의 극복과 한반도에서의 국가개조 작업
동아시아 담론의 현실성과 보편성을 높이기 위해

글머리에

이 글은 두 부분으로 되어 있다. 전반부는 '2050년의 동아시아: 국가주의를 넘어서'라는 주제로 서울에서 열린 제3회 동아시아평화포럼(2010. 11. 5~7)의 첫날 기조발제 원고를 약간 첨삭하면서 새 내용을 각주로 추가한 것이다. 후반부를 이루는 '덧글'은 그후의 사태진전을 감안하여 2011년 초의 시점에서 새로이 마무리한 것이다.

포럼 후 보름 남짓 지나 한반도에서는 연평도 포격사건이라는 한국전쟁 이후 최대의 남북 간 무력충돌이 벌어졌다. 이로써 한반도의 분단이 동아시아 평화에 얼마나 위협적인 요소인지를 거듭 실감함과 동시에, 자칫 '국가주의 극복' 논의가 한가롭게 들릴 수도 있다. 그러나 발제문에서 언급한 분단국가 특유의 악성 국가주의가 위기와 더불어 더욱 창궐하는 것이 눈앞의 현실이기도 하려니와, 이런 때일수록 국가 및 국가주의에 대한 장기적이고 전지구적인 성찰을 국지적 상황에 대한 점검과 결부시켜

진행하는 공부가 절실하다.

　나의 발표가 한반도문제를 중심에 둔 것도 한국 측 기조발제자로서 자신의 국지적 상황에 충실하고자 한 선택이었다. 그것은 '한반도중심주의'와는 전혀 다른 의미로, 한반도에서의 국가개조 작업이 '국가주의를 넘어선 동아시아'의 건설에 핵심적이라는 인식에 근거하고 있다. 한반도가 세계 전체에서도 똑같은 비중을 차지한다고 주장하는 것은 무리겠지만, 자본주의 근대에 대한 '적응과 극복의 이중과제'의 한 전범으로서 한반도에서의 작업이 지구적으로도 절실한 관심사가 될 수 있다는 인식은 유효하다고 믿는다. 이에 대해서는 '덧글'에서 다시 언급할 것이다.

1. 국가와 국가주의

　국가주의를 넘어서는 가장 확실한 방법은 국가를 없애는 길이다. 그러나 이것은 논리적으로 명징할 뿐 실제로 국가의 폐기가 가까운 장래에 이루어지기는 힘들다고 봐야 옳다.[2] 세계화와 더불어 국경의 장벽이 흔들리고 국민국가의 존재가 위태로워지는 면이 있으나, 이는 자본주의 세계체제의 새로운 국면에서 국가의 성격과 기능에 일정한 변화가 일어나는 현상으로 이해해야 옳다. 자본의 세계화가 결코 국가의 폐기 또는 소멸을

---

2 동아시아평화포럼 실행위원회가 내놓은 '취지문'이 국가 자체의 폐기를 겨냥하지 않고 "2050년 동아시아 공생사회가 가능하기 위하여 국가주의와 자본주의를 어떻게 극복할 수 있는가에 대한 문제제기로부터 지역현장(local)의 실험과 도전을 배우고 국가주의를 넘어설 수 있는 국가를 구상해보는 자리"(자료집 『2050년의 동아시아: 국가주의를 넘어서』, 동아시아포럼위원회 2010. 11. 5, 5면)를 제안한 것도 그 때문일 것이다. 그런데 국가의 소멸 이전이라도 국가주의가 완화된 국가를 구상하고 실현하는 작업이 중요하다는 입장은 본고의 논지와 일치하지만, 국가를 그대로 둔 채 "국가주의를 넘어설 수 있"다는 발상이라면 국가주의 문제에 대한 발본적인 성찰에는 못 미친다고 생각된다.

가져올 수 없음은 '국가간체제'(interstate system)를 자본주의 세계경제의 필수적인 조건의 하나로 보는 월러스틴(I. Wallerstein)이나 자본주의체제를 '자본=네이션=국가'의 결합체로 보는 카라따니 코오진(柄谷行人) 등이 거듭 강조하는 사실이다. 국가와 국가주의를 동시에 넘어서는 문제는 자본주의 세계체제의 근본적 변혁이라는 장기적 과제의 일환으로서만 설득력을 갖는다.[3]

카라따니가 칸트의 영구평화론에서 출발하여 구상한 '세계공화국'(가라타니 고진 『세계공화국으로』, 조영일 옮김, 도서출판b 2007)도 대동소이한 논지다. 저자 스스로 최근의 한 인터뷰에서, "칸트가 말하는 국가들의 연합〔諸國家連合〕은 본래 평화론이 아니라 시민혁명을 세계 동시적인 것으로 만들고자 구상된 것입니다. (⋯) 칸트의 '영구평화'라는 이념은 국가와 자본의 양기(揚棄)를 의미합니다"(「平和の實現こそが世界革命」, 『世界』 2010년 10월호, 124면)라고 밝힌 바 있다. '국가와 자본의 양기' 내지 지양이라는 장기적 과제가 여전히 문제가 되는 것이다.

그럴 경우 상당기간 존속할 국가들을 개조하는 작업은 어떤 의미를 지닐까? 개량과 혁명을 엄격히 구별하는 입장이라면 국가에 반대하거나 최소한 국가를 우회하는 방법을 고집할 테고 국가개조론을 국가주의에 대한 개량주의적 투항의 한 형태로 간주할 것이다. 하지만 일체의 개량론이 혁명의 성공에 위협이 되는 혁명 전야의 급박한 상황이 아닌 한, 이런 교조적 이분법이 개혁은 물론 혁명에도 도움이 되지 못한다. 국가와 관련해서도 당장에 국가를 소멸시킬 묘방이 있는 것이 아니라면, 국가의 성격에

---

3 물론 자본주의 세계체제의 변혁도 국가 폐기의 필요조건이지 충분조건은 아니다. 자본주의 이전에도 국가가 있었듯이 자본주의 이후에도 현존 국가와는 다른 형태의 국가 및 그에 따른 국가주의가 존재하지 말라는 법은 없다. 국가에 의한 통치가 아닌 민중의 자치가 보장되는 미래사회를 어떻게 건설할지가 최대의 시대적 과제 중 하나인데, 그 논의는 본고의 범위를 벗어난다.

어떠한 변화를 일으키는 것이 국가주의 극복에 유리할지를 구체적으로 검토하는 자세가 필요하다. 그렇기 때문에 협동조합과 지역통화라는 대안을 추구하는 카라따니(앞의 인터뷰 126면)도, 사회민주주의가 대안은 아니지만 사회민주주의자들이 그러한 대안의 실현에 유리한 입법을 해줄 것을 요망하고 있다.

2. 분단한반도의 국가와 국가주의

국가 및 국가주의 문제와 관련해서 한반도는 특별히 관심을 끌기에 맞춤한 사례다. 동족끼리 남북으로 갈라져 준전시상태로 대치하고 있는 한 쌍의 분단국가는 평화국가에 대한 거부가 체질화된 안보국가가 아닐 수 없다. 이들의 국가주의는 민족주의의 전폭적인 지지를 받지 못하기 때문에 오히려 더욱 악성이며 억압적이다. 민족의 통일을 겨냥하는 원래의 민족주의를 약화시키고 분단국가의 국가주의와 결합된 새로운 민족주의를 조성하기 위해 온갖 상징조작과 선동을 마다않게 마련인 것이다.

다른 한편 바로 그러한 이유로 분단국가의 국가주의는 남다른 취약성을 지니기도 한다. 분단국가의 자기부정에 해당하는 통일을 목표로 내겖으로써만 스스로 선포한 영토에 대한 국가주권을 주장할 수 있기 때문이다. 더구나 애초의 국토분단이 미·소 대립의 결과였고 세계적 냉전체제가 한국전쟁 이후 분단이 일종의 '체제'로 굳어지는 데 크게 작용한 만큼, 동서냉전이 종식된 오늘의 세계에서 분단체제의 자생력도 심각한 도전에 시달리지 않을 수 없다. 이른바 '흔들리는 분단체제'의 시기에 들어선 것이다.

그런데 국가주의에 관한 한, 통일국가의 수립도 온전한 해답이 되기 힘들다. 민족주의와 한결 자연스럽게 결합된 국가주의가 성립함으로써 분단국가 특유의 기형성을 제거하는 데 도움이 될 수는 있어도, 국가주의와 민족주의의 결합이라는 현대세계의 고질적 문제를 해결할 수 없음은 물론이다. 더구나 오늘의 지구적 현실에서 한반도가 단일형 국민국가로 통일된다는 것은 곧 자본주의 세계체제의 '국가간체제'에 지금의 한국보다 훨씬 강력해진 당사자가 출현함을 뜻할 터인데, 이는 일본이나 중국 그리고 다른 동아시아 나라에서 국가주의를 극복하려는 시민들의 노력에 심대한 타격을 줄 수밖에 없다.

행인지 불행인지 한반도에서 그런 통일이 이루어질 가능성은 극히 희박하다. 전쟁을 통한 통일국가의 수립은 더 말할 나위 없고, 북의 '급변사태'를 맞아 남한이 북한을 병합하는 통일이 이루어지기도 어렵게 되어 있다. 근래에 남한정부가 대북강경노선을 취하고 미국 또한 상당부분 이에 동조하면서 일각에서 그러한 씨나리오에 대한 기대가 높아진 것은 사실이다. 그러나 북측 정권 자체의 지구력이 어느 정도인가라는 문제를 차치하고도, 중국의 대대적인 지원이 계속되고 한·미·일 등 자본주의 국가들에서조차 북의 붕괴나 극단적인 혼란이 자신들의 이익에 부합되지 않는다는 판단이 무시 못할 힘을 지니는 이상, 한반도 단일국가의 조속한 성립은 기대하기 어려울 것이다.

이처럼 남북 모두가 각기 — 물론 그 정도와 구체적 내용을 달리하지만 — 악성 국가주의에 시달리면서도 분단국가를 통일국가로 대체하는 길이 봉쇄된 상황에서 국가주의 극복을 지향하는 시민들은 어떻게 해야 하는가?

당장에 앞길이 잘 안 보이기 때문에 평화국가, 녹색국가, 시민국가 같은 장기적 목표가 더 매력적으로 다가오기도 한다. 이런 장기적 목표의 추구 자체는 결코 나쁜 일이 아니다. 그러나 이들 목표를 분단현실에서 어떻게 추진하고 실현할지에 대한 구체적인 방안이 따르지 않는다면 분단체제가 탁월하게 산출하는 안보이념과 군사문화, 경쟁논리, 성장지상주의 등에 맞서서 힘을 발휘하기 어렵다. 이러한 곤경이야말로 분단국가라는 특수 상황의 산물임과 동시에 자본주의 세계경제의 '국가간체제' 속에 사는 모든 시민세력의 전형적 곤경이 아니겠는가.

3. 한반도에서의 국가개조 작업과 동아시아에서의 국가주의 극복

실제로 남북한 사이에는 항구적인 분단도 아니고 조속한 통일도 아닌 점진적 국가개조 방안에 대한 원칙적 합의가 이미 이루어져 있다. 2000년 6월 김대중 대통령과 김정일 국방위원장이 발표한 6·15공동선언 제2항의 남북연합 내지 '낮은 단계의 연방'에 대한 합의가 그것이다. 합의문 자체는 극히 모호하고 추상적이지만, 어쨌든 한반도의 통일은 점진적일뿐더러 중간단계를 거쳐서 한다는 원칙만은 분명하다. 그리고 '낮은 단계의 연방'이라는 북측의 표현이 들어감으로써 논란의 소지를 남겼으나 실제로 연방은커녕 연합에 대해서도 소극적인 북측 당국의 태도 ─ 및 객관적인 처지 ─ 로 볼 때 합의문의 무게는 연합제 쪽에 가 있고, 그나마 실현될 경우 그것은 국가연합 중에서도 '낮은 단계의 연합'으로 시작할 공산이 크다.

그럴 수밖에 없는 것이, 가령 유럽연합만 해도 아직 온전한 국가연합에 미달하는 면이 많지만 남북이 연합하면서 유럽연합 수준의 자유로운 주민이동이나 화폐의 통합을 시행하리라고 기대하기는 어렵다. 북측이 단호히 반대함은 물론 남측에서도 다수 국민의 지지를 얻어내기 힘들 것이기 때문이다. 결국 6·15공동선언 제2항은 2007년 10·4선언이 마련한 각종 교류·접촉·협의 작업이 점차 활성화되고 증대해가는 어느 시점에서 그 실현이 선포되는 매우 완만하고 독특한 과정을 밟게 되리라 본다.

완만한 것이 반드시 좋은 것은 아니다. 불리한 점 하나는, 너무 느리게 진행되다보면 통합의 추진동력을 잃어버릴 수 있다는 것일 테다. 그러나 한반도의 경우 그럴 위험은 별로 없다. 이미 확립된 국민국가들이 모여 통일을 할지 말지 고민하며 진행하는 유럽연합과 달리, 한반도에서는 장구한 세월을 단일국가로 살아온 민족이 타의로 분단되어 궁극적 재통일의 원칙에 주민들이 이미 합의하고 있기 때문에, 비록 느슨한 국가연합이나마 성립하는 순간부터 재통합의 과정은 불퇴전의 대세를 형성하게 마련인 것이다.

더욱 중요한 것은 완만하고 단계적인 통일이기 때문에 특별한 권한이 없는 일반시민들이 개입할 공간이 확보된다는 점이다. 그리고 이러한 공간은 남북연합이 선포되는 순간 더욱 확장되고 활발해질 것이 분명하다. 바로 그렇기 때문에 국가연합을 경유하는 한반도의 점진적·단계적 통일 과정은 국가가 자신의 권력을 유지하는 데 편리한 방향으로 자체개조를 주도하기보다, 민중이 참여해서 새로운 국가기구의 건설 및 진화의 시간표를 결정하고 내용도 결정해가는 '시민국가적' 지향성을 띠는 작업이 된다.

물론 민중이 어떤 참여를 하느냐가 관건이다. 통일과정에 민족주의적 동력이 적지 않게 투입될 것은 불가피하고 또 당연하다. 그러나 시민참여·민중참여가 실현되는 과정이라면 '1민족 1국가'의 이념보다 한반도 주민들의 생활상의 욕구가 우선시될 수밖에 없으며, 통일뿐 아니라 인권과 환경, 평화, 성차별 철폐와 경제적 격차 해소 등 다양한 '시민적' 의제들이 민족주의적 의제와 경합하게 될 것이다. 더구나 이 과정은 2005년 베이징 6자회담에서 합의한 한반도 비핵화, 관련국들 간의 관계정상화, 한반도 및 동북아의 평화체제 건설 등 다양한 국제적 의제의 진전과 맞물려 있다. 그만큼 더 험난한 과정인 동시에, 성과가 나오기만 한다면 한반도에 국한되지 않는 지역적·세계적 의의를 지니게 마련이다.

그렇다고 한반도 분단체제의 극복이 곧바로 세계체제의 변혁으로 이어질지는 의문이다. 다만 미국을 포함한 전세계의 국가주의 세력들로부터 한반도 긴장이라는 더없이 달콤한 품목을 앗아갈 것은 확실하다. 나아가, 동아시아 이웃들과 긴장관계를 새로 조성할 확률이 낮은 ── 아니, 어쩌면 시민중심적 국가개조의 한 모범을 제시할 수 있는 ── 한반도 국가기구의 출현으로 인해 동아시아에서 국가주의를 넘어서는 작업이 더욱 탄력을 받게 될 것이다.

예컨대 일본이 북조선(또는 통일한국)의 위협을 빌미로 평화헌법을 폐기한다거나, 헌법 9조를 유지하더라도 미일동맹과 주변의 병영국가에 기대어 자신의 군사적 부담을 줄이는 '대체군국주의'(사까모또 요시까즈坂本義和) 노선을 걷기가 어려워질 수밖에 없다. 아니, 단순히 평화국가를 표방하는 것이 아니라 '탈아입구(에 이은 탈아입미脫亞入美)'를 끝내고 동아시아로의 진정한 귀환을 수행함으로써 동아시아 지역의 평화체제와 지역연대 건설에 실질적으로 기여하는 평화국가가 되는 길도 그때 비로소 열릴지 모른다.

중국에 대한 영향도 적지 않을 것이다. 중국은 한반도의 안정을 일차적 정책목표로 삼아왔는데, 한반도 안정이 통일베트남과는 질적으로 다른 시민참여적 국가기구의 탄생을 통해 확보되었을 때 자신의 대국주의를 고집하기가 더 어려워질 것이며, 그러한 국가개조 작업이 순조롭게 진행되고만 있어도 가령 양안관계(兩岸關係)나 티베트 문제에서 훨씬 유연하고 창의적인 해법을 찾을 의지가 커지지 않을까 한다.

국가주의의 발본적 청산이 어느 한 국가나 지역에서만 이루어질 수 없고 그런 의미로 '세계동시혁명'을 요한다는 명제는 충분히 수긍함직하다. 하지만 카라따니가 말하는 칸트적 평화로서의 세계동시혁명은 더 말할 나위 없고, 뜨로쯔끼주의자들이 꿈꾸는 '동시혁명'이라 해도 그런 규모의 변혁이 문자 그대로 동시에 세계 도처에서 일어날 리는 없다. 일정한 시간대에 걸쳐 함께 일어나면 '동시적' 변화로 이해해야 하며, 이를 위해서는 장기간의 다양하고 처음에는 산발적인 준비과정이 필요할 게 분명하다. 그러한 준비에는 기존의 개별 국가들이 각기 주어진 현실에 맞춰 국가주의 극복에 최대한으로 유리한 국가개조를 진행하는 작업이 포함되어야 할 것이며, 또한 그 작업을 수반하며 촉진할 지역 차원의 평화지향적이고 시민참여적인 지역공동체 형성도 소홀히 해서는 안될 것이다.

4. 마무리를 대신하여

이명박시대의 한국에서는 6·15공동선언이 거의 무시되는 사태가 잇따라 벌어져왔다. 세계의 영구평화는 더 말할 것 없고 남북연합이나 동아시아 평화체제조차 꿈같은 이야기로 들릴 법한 현실이다. 하지만 이명박정부도 6·15선언을 공식적으로 폐기하지는 못했고, 특히 금년(2010) 상반기에 '북한 어뢰에 의한 천안함 폭침'설을 들고 나와 남북교류를 전면적으로 단절하려던 정부의 시도는 국내정치에서나 국제무대에서나 난관에 부딪히고 말았다.

더구나 한반도문제의 해결이 국가주의를 넘어선 동아시아를 건설하는 데 필수적일 수는 있어도 국가주의 극복의 동력이 한반도에서만 나오는 것은 아니다. 오늘날 세계 곳곳에서 사까모또씨가 늘상 강조하는 국경을 초월한 '연대'[4]가 다양한 시민운동의 형태로 점점 큰 세력으로 성장하고 있으며, 한반도가 그러한 연대의 흐름을 계속해서 가로막는다면 범세계적인 압력이 이곳으로 모이는 날이 오게 마련이다.

한국 안에서도 세계적, 지역적 그리고 범한반도적 시민연대를 가로막는 정권 및 분단체제 기득권세력에 대한 민중의 압력은 이미 거역하기 힘든 수준에 달한 것으로 보인다. 정부 스스로 물길을 열어주든 않든, 남북의 화해와 재통합의 큰 흐름은 머지않아 재개될 것이 확실하다. 그것이 단순한 정권교체나 남북관계 복원에 그치지 않고 동아시아 및 세계 차원에서의 국가주의 극복에 이바지하는 국가개조 작업으로 이어질 수 있도록 한반도 민중의 자기교육과 국경을 넘은 시민연대가 착실히 진행되기를 염원한다.

덧글: 2011년의 초입에서

글머리에 말했듯이 동아시아평화포럼 서울회의 이후 남북관계의 최대 악재는 연평도 포격사건이었다. 회의 당시에도 "세계의 영구평화는 더 말할 것 없고 남북연합이나 동아시아 평화체제조차 꿈같은 이야기로 들릴 법한 현실"이었다면 연평도사건 이후로 더욱이나 그렇다. 실제로 정전체제의 관리마저 위태로워진 상황인 것이다. 그런데도 "정부 스스로 물길을 열어주든 않든, 남북의 화해와 재통합의 큰 흐름은 머지않아 재개될 것이 확실하다"고 했던 당시의 결론을 지금도 고수할 수 있을까? 아무튼 관련된 온갖 이론적·실천적 문제들에 대해 또 한번의 철저한 점검을 해볼 계

---

4 사까모또 요시까즈 「21세기 동아시아 공생사회의 조건」, 자료집 『2050년의 동아시아: 국가주의를 넘어서』(2010. 11. 5), 14~15면(원문은 38~39면).

제다.

위기의 근원은 분단체제, 그 고착기로의 복귀는 없다

2010년의 위기가 새삼스럽게 일깨워준 초보적인 사실은 분단이야말로 한반도 평화에 대한 근원적 위협이라는 점이다. 또한 한국전쟁은 휴전으로 끝났을 뿐 아직껏 평화협정이 없다는 점, 더욱이나 현존 정전체제는 일방적으로 그어진 북방한계선(NLL)이라는 치명적인 허점을 안고 있다는 점[5] 등을 상기하게 되었다. 사실 한반도의 분단은 아무도 부인할 수 없는 사실임에도 그동안 많은 사람들이, 특히 진보적 지식인을 자처하는 상당수의 인사들이, 마치 한국이 분단국이 아닌 듯이 사고하며 살아왔다.[6] 이는 분단현실이 일종의 '체제'로 굳어진 결과의 일부인데, 어떤 의미로건 하나의 체제가 성립하면 그 속에 사는 사람이 역사적·사회적으로 조성된 그 체제의 특수한 현실을 마치 자연스러운 것처럼 생각하도록 길들여지기 일쑤인 것이다.

그런데 남북의 대결이 격화된다고 해서 분단체제가 다시 안정된 상태로 되돌아가는 것은 결코 아니다. 오히려 분단체제 고착기(固着期)에는 볼수 없던 충돌과 돌출행위가 잦아지는 말기국면이 더욱 실감될 뿐이다. 2차에 걸친 북의 핵실험이 그렇듯이 연평도 포격사건도 북으로서는 감내할 수 없는 기존상황(status quo)을 타파하려는 승부수에 해당하며, 그런

---

5 이 문제에 관한 고 리영희(李泳禧) 선생의 선구적 정리작업(「"북방한계선"은 합법적 군사분계선인가?: 1999년 6월 15일의 서해상 남북 해군 충돌 배경의 종합적 연구」,『통일시론』 1999년 여름호)은 연평도사건 직후 그가 타계함으로써 새롭게 각광을 받았다.

6 이를 나는 '후천성 분단인식결핍증후군'이라고 꼬집기도 했다(졸저『어디가 중도며 어째서 변혁인가』, 창비 2009, 19면 및 271~72면). '후천성 면역결핍증후군'(AIDS, Acquired Immune-Deficiency Syndrome)에 빗대어 영어 약자를 만든다면 ADADS(Acquired Division-Awareness Deficiency Syndrome) 쯤이 될 법하다.

의미의 '도발'은 현상극복의 다른 길이 열리지 않는 한 지속될 것이다.

바로 그 '다른 길'을 제시한 것이 2000년의 6·15남북공동선언(및 그 실천강령에 해당하는 2007년의 10·4정상선언)이요 2005년 베이징 6자회담에서의 9·19공동성명과 2007년의 후속 합의들이다. 이 길이 2008년 이래 도로 막히게 된 데는 여러가지 원인이 있겠지만, 새로 들어선 남한의 이명박정부가 내심 북한의 붕괴를 기다리면서 대북강경노선을 채택한 것이 큰 요인이었음을 부인할 수 없다. 그런데 이 또한 단순히 남한 내부의 문제가 아니라, 분단체제가 안겨준 특권을 지켜내려는 국내의 세력들의 몸부림에 해당한다는 인식이 긴요하다. 어쨌든 북이 핵실험과 군사도발로 분단체제를 다시 안정시키지 못하듯이, 남한사회에서의 이런 역주행도 국내의 혼란과 한반도 및 동아시아의 불안정을 가중시킬 따름이지 분단체제가 고착되어 있던 '좋았던 옛 시절'을 되돌려올 수는 없다.

전환점으로서의 천안함사건과 '제3당사자'의 책임

아무튼 지금은 남북 당국자의 접촉도 드물고 민간교류는 대부분 우리 정부 쪽에서 차단해버린 상태다. 이를 두고 남한의 민간사회가 남북문제 해결의 '제3당사자'로 자임해온 역할이 사라진 것이 아니냐는 우려도 나온다. 그러나 '제3당사자'의 역할이 단순히 민간인이 교류, 협력 또는 정치협상에 참여한다는 뜻이 아니라 ─ 이런 영역에 국한한다면 민간사회가 쌍방 당국자와 대등한 당사자가 된다는 것은 과욕이요 과대망상이기 쉽다 ─ 분단체제를 더 나은 체제로 바꾸기 위한 온갖 국내개혁과 국제연대 사업에 대한 시민참여를 포함한다고 할 때, 남북 간 민간교류의 일시적 단절이 치명적인 역할 상실이 될 수는 없다. 아니, 남북 당국 모두가 한반도문제에서 주도권을 상실하고 특히 남측 당국은 건설적 역할을 스스로 포기하며 문제해결의 훼방꾼 노릇이나 하는 상황이라면 헌법상 나라의 주인이요 현실적으로도 선거로 정권을 교체할 권한을 지닌 '제3당사자'의 중요성이 그 어느 때보다 커졌다고 할 수 있다.

2010년 남북관계의 악화 경위를 돌이켜보면 그 점이 더욱 분명해진다. 결정적인 계기는 3월의 천안함 침몰사건이었다. 그 전까지는 긴장은 있지만 전쟁이 걱정될 지경은 아니었고 도리어 남북정상회담 이야기가 나도는 분위기였다. 나 자신 2010년 초의 한반도 정세를 두고 "우여곡절 속에서나마 대화국면에 접어들었고 한반도는 포용정책이 다시 작동하는 시기를 맞이한 상황이다. 심지어 이명박 대통령 스스로 금년 내 남북정상회담의 실현을 공개적으로 예상하는 판국이다"[7]라고 다분히 낙관적인 전망을 내놓았다. 이는 집권층의 진정성 부족이나 무능을 충분히 감안하지 못한 경솔한 발언이었지만, 천안함사건이 아니었다면 '연내 정상회담' 운운이 또 하나의 돌출발언으로 끝났을지는 몰라도 공공연한 적대관계로의 전환은 없었기 쉽다. 아무튼 그러한 상대적 유화국면에서 북측이 천안함에 대한 어뢰공격을 감행했거나 반대로 남측이 처음부터 피격사건을 조작한 자작극을 벌인 것이라면, 그 어느 경우건 나 같은 사람은 자신의 안일한 현실인식에 대해 훨씬 비통한 자기반성을 해야 옳다. 하지만 1964년 베트남전쟁 확전의 계기가 된 통킹만사건 같은 치밀한 자작극이 아니고, 모종의 사건·사고를 수습하는 과정에 여러 요인이 복합적으로 작용하여 국방부의 조사가 진상과 다른 방향으로 치달은 것이라면,[8] 이는 분단체제에 내재하는 위험성을 되새길 이유는 될지언정 천안함 침몰이 없었더라

---

7 졸고「'포용정책 2.0'을 향하여」,『창작과비평』 2010년 봄호 75면; 졸저『2013년체제 만들기』, 창비 2012, 99~100면 .

8 이런 가능성을 고려하지 않을 수 없게 만드는 여러가지 논거는 강태호 엮음『천안함을 묻는다』(창비 2010)에 풍부하게 제시되어 있다. 그중 3월 26일의 사건발생으로부터 5월 20일의 중간발표에 이르는 사이의 진상조사의 흐름을 세부적 시기별로 분석한 글로 정현곤「천안함사건의 흐름과 반전」 참조.

도 2010년의 남북관계가 필연적으로 파탄날 운명이었다고 단정할 일은 아니다.

아무튼 천안함 문제가 어떻게 풀리느냐에 따라 국내정치와 남북관계, 나아가 동아시아 전체의 정세가 크게 달라질 것이다. 여기서도 '제3당사자'의 역할이 기대되며 사실상 그 역할을 빼고는 진상규명을 기대하기 힘든 실정이다.

천안함사건의 진상이 무엇이냐에 따라 연평도사건에 대한 이해 및 대응자세도 완연히 달라진다. 이와 관련해서 나는 지난 연말의 『창비주간논평』[9]에서 천안함사건이 '북한의 소행이다'(A)와 '아니다'(B)라는 두개의 가설을 놓고 어느 쪽이 맞느냐에 따라 북측 정권의 행태라든가 우리 군의 대응에 관해 각기 어떤 결론이 도출되는지를 검토한 바 있다. 물론 A와 B 중 어느 것이 진실에 부합하는지는 오로지 과학적으로 규명할 일이며 거기에 정치적 고려나 절충이 끼어들 여지가 없다. 하지만 아직껏 과학계가 합의한 결론이 없는 상태에서 두가지 가능성을 모두 검토해보는 것은 의미있는 작업이다. 요약하자면, 어느 가설이 맞느냐에 따라 북의 정권이 단순히 호전적인 데 그치지 않고 천안함을 공격해서 연평도보다 훨씬 큰 전과를 올렸을 때는 잡아떼기에 급급했던 이해 불능의 정권인지, 아니면 연평도에서 분명히 정전협정 위반을 저지른 위험한 정권이지만 그 나름의 예측 가능한 셈법을 지닌 집단인지가 달라지고, 한국 정부 및 군의 경우도 천안함 공격을 겪고도 연평도 포격을 무방비 상태로 또 당한 어이없는 집단인지 아니면 초기대응이 부실하긴 했지만 북의 포격계획에 대한 8월

---

9 「2010년의 시련을 딛고 상식과 교양의 회복을」, 『창비주간논평』(weekly.changbi.com) 2010. 12. 30; 본서 4부 4. 이 글의 영역본은 *The Asia-Pacific Journal: Japan Focus*에 2011년 1월 10일자로 게시되었고("Reflections on Korea in 2010: Trials and Prospects of Recovery of Common Sense in 2011," http://japanfocus.org/-Paik-Nak_chung/3466), 일역본은 『세까이』 2011년 3월호에 발표되었다.

의 감청(監聽) 보고[10]를 묵살한 일 자체는 그럴 수도 있는 수준의 실수였는지, 전혀 다른 판단이 나오는 것이다.

천안함사건 이후의 미국, 중국, 그리고 한국사회

이런 식의 추론을 한반도문제 해결의 여타 주체들에 대해서도 적용해봄직하다. 예컨대 미국정부의 경우 처음에는 천안함 침몰과 북측의 관련을 부인했다가 어느 시점부터 가설 A의 강력한 지지자로 바뀌었는데, 이것이 어떤 확고한 정보를 가졌기 때문이었는지, 아니면 중국을 견제하며 한국 및 일본으로부터 구체적인 실리를 얻기 위해 한국정부의 조사결과를 눈 딱 감고 밀어주기로 한 것인지, 또는 여기에 다른 동기조차 가세했는지를 가려낼 근거가 된다. 중국의 경우도, 천안함 침몰이 북의 소행임을 알면서도 무조건 동맹국을 감싼 것이라면 국제사회의 비난을 받아 마땅하지만, 북의 소행이 아니라면 그 사실 또한 중국이 모를 수 없을 텐데 한국정부가 그런 중국에다 대고 '책임있는 대국'답게 행동하라고 훈계조로 나갔을 때 중국정부로서는 얼마나 가소로웠을 것인가. 당장은 '냉정과 자제'를 권유하며 점잖게 대하더라도 다른 기회에(가령 그해 12월의 중국인 불법어로 단속사건이 벌어졌을 때) 훨씬 강력하게 반격해도 놀라울 바 없으며, 연평도 포격 같은 북측의 명백한 도발행위에 대한 한·미의 규탄 내지 우려표시 요구조차 귓등으로 듣게 마련이었을 것이다.[11] 이것이 당장

---

10 "국가정보원을 비롯한 정보당국이 북한의 연평도 무력도발 3개월 전인 지난 8월부터 감청을 통해 서해 5도에 대한 북한의 도발 징후를 파악하고 있었던 것으로 1일 알려졌다. 원세훈 국가정보원장은 이날 국회 정보위 전체회의에 출석해 '지난 8월 감청을 통해 서해 5도에 대한 대규모 공격계획을 확인하지 않았느냐'는 일부 의원의 질문에 '그런 분석을 했다'고 답했다고 정보위 간사인 민주당 최재성 의원이 전했다."(「北 도발 징후, 3개월 전부터 포착돼」, 『매일경제』 2010. 12. 2)

11 도리어 중국공산당 기관지 『인민일보』의 국제전문지 『환구시보(環球時報)』는 12월 23일의 사설을 통해 연평도사건 이후 남측의 거듭된 군사훈련을 비판하면서, "중국은 그동

의 한중관계 문제만도 아니다. 한반도의 비핵화가 진행되려면 어쨌든 중국의 적절한 대북압력을 포함한 '책임있는 강국'다운 역할이 필수적이다. 그런데 이는 9·19공동성명 당시에도 보았듯이 한국이 미국뿐 아니라 북한 및 중국과도 신뢰관계를 갖고 능동적인 기여를 할 때 중국이 더러 북측에 압력을 넣기도 하는 중재자 역할을 함으로써만 가능해진다. 한국이 미국을 등에 업고 중국더러 '북한을 강압해서 이리저리 하도록 만들어내라'고 다그친대서 중국이 순종하리라 믿는 것은 허망한 꿈일 뿐이다.

어쨌든 '천안함에 더해 연평도마저'라는 당국 측의 가설은 남북한 양쪽에서 국가주의의 위세를 더없이 높여놓았다. 북은 애당초 선군정치(先軍政治)를 표방해왔으니 그렇다 치더라도, 천안함사건 이후 남측 국방당국이나 주류사회의 행태는 국가주의와 군사문화의 대대적인 강화를 낳고 있다. 우리도 선군정치를 했으면 하는 욕망의 분출이 아닌지 의심스러울 지경이다. 아무튼 분단체제야말로 국가주의, 그것도 악성 분단국가주의의 마를 줄 모르는 원천이며 분단체제의 해소나 적어도 완화 없이는 한국사회가 후진성과 야만성을 탈피할 수 없음을 실감케 한다.

분단체제극복 작업의 보편적 차원

따라서 분단체제의 극복은 국가주의 극복으로 가는 길에서도 하나의 선결과제다. 동시에 한반도에 한층 평화적이고 시민참여적인 복합국가가 건설된다 하더라도 그것은 어디까지나 국가개조 작업이지 국가가 시들어 없어지고 '인간에 대한 통치가 아닌 물건에 대한 관리'에 몰두하는 정부가 들어서는 상태는 아니다. 따라서 개조된 국가라도 국가, 즉 인민에 대

안 좋은 말로 한국을 타일러왔는데 한국이 멋대로 행동해 한반도의 평화와 안정을 위협하면 중국은 상응하는 행동을 보여줘야 한다"고 주장했다(『뷰스앤뉴스』 2010. 12. 24, www.viewsnnews.com/article/view.jsp?seq=70477).

한 합법적 폭력의 독점권을 갖는 통치기구가 존재하는 한 인민보다 국가를 우선시하는 국가주의가 근절될 수 없으리라는 것도 사실이다. 그렇기 때문에 한반도에서의 국가개조 작업이 결국은 국가간체제를 골간으로 하는 근대 세계체제에 순응하고 궁극적으로 투항하는 노선에 다름아니라는 비판도 가능하다. 하지만 그런 위험을 충분히 의식하면서 근대에 적응하되 근대의 극복을 위한 적응, 극복 노력과 결합된 적응이라는 '이중과제'를 수행하는 길은 없는 것인가?

오늘날 한반도의 긴박한 상황에서 이런 질문은 한가롭게 들릴 수도 있다. 그러나 한국에 사는 우리가 당장의 전쟁위협에 시달리고 분단체제 말기국면의 온갖 참상을 목도하고 있기 때문에 분단체제극복을 선결과제로 삼을 수밖에 없다는 논리만으로는 '한반도중심주의'의 혐의를 온전히 벗기 어렵고 동아시아적, 나아가 지구적 연대에 호소하는 데도 한계가 있다. 우리 사정이 너무 바빠서 인류 차원의 발본적 문제는 일단 제쳐두고 한반도문제에 골몰할 수밖에 없다는 것이 아니라, 근대 세계체제에 더 효과적으로 적응하면서 근대 자체의 극복에 결정적인 기여를 하는 우리의 당면과제야말로 모든 근대인에게 요구되는 '이중과제'의 한 전형임을 주장할 수 있어야 하는 것이다.

우선 중국, 일본 같은 동아시아 이웃나라의 사례를 놓고 이중과제론의 적절성을 검증할 수 있어야 한다. 예컨대 '중국적 특성을 지닌 사회주의' 노선은 비록 표현이 다르지만 현대 중국 나름의 '이중과제' 노선일 수 있는데, 과연 그 근대적응이 적절하고 효과적인 것인지, 올바른 방향으로의 극복 노력과 제대로 결합된 것인지를 구체적 사안들을 놓고 점검해볼 일이다. 일본의 경우는 한때 파시즘을 통한 '근대의 초극' 시도를 빼고는 극복보다 적응에 치중해온 셈인데, 일본사회의 '근대 이후(=포스트모던)'에 대한 논의가 다시 빈번해진 현대에 와서도 여전히 '탈아론(脫亞論)'적

근대주의의 연장선상에서 서양 지식계의 시대구분법을 답습하고 있는 게 아닌지, 그러다보니 적응 자체에도 심각한 문제가 속출하고 있지 않은지, 역시 구체적으로 논의해볼 만하다.

끝으로 이중과제론이 근대성의 본거지로 일컬어지는 유럽과 미국에도 해당되느냐는 질문을 생략할 수 없다. 물론 본고에서 다루기에는 너무나 거대한 문제지만, 예컨대 저들이 근대성의 본거지로 자리잡은 것 자체가 근대적응뿐 아니라 근대극복을 위해서도 누구 못지않게 풍부한 정신적·운동적 자산을 창출해왔기 때문이 아닌지를 살펴볼 일이다. 동시에 유럽보다 더욱 거침없이 근대화의 길을 달려왔고 드디어 근대 세계체제의 패권국이 된 미국의 경우, 근대극복의 노력이 상대적으로 빈한했기에 다음 단계 인류문명으로의 전환과정에서 그 축적된 물질적·정신적 자원에 걸맞은 역할을 해낼 수 있을지가 불투명한 상태는 아닌지에 대해서도 성찰이 요구된다.

8장

2013년체제와 변혁적 중도주의

1. 『2013년체제 만들기』 출간 후

졸저 『2013년체제 만들기』(창비 2012, 이하 『만들기』)가 세상에 나온 지 반년이 넘었다. 역동성을 자랑하는 한국사회는 그간에도 많은 변화를 겪었고 특히 정치 분야에서 그랬다. 4·11총선에서는 필자를 포함한 여러 사람의 예상을 깨고 여당인 새누리당이 승리했다. 총선 직후 세인의 주목을 끌기 시작한 통합진보당 사태는 수많은 곡절을 거친 끝에, 현재 앞길이 잘 안 보이는 형국이 되었다. 대선국면도 이제 본격화되어 새누리, 민주 양당의 당내 경선이 한창이고 안철수(安哲秀) 교수의 출마가 거의 확실시됨에 따라 정국이 새롭게 요동치고 있다.

나로서는 먼저 총선 결과를 잘못 예측한 채 '2013년체제 만들기'를 논했던 자신에 대한 반성으로 출발하는 것이 순서일 듯하다. 미래 예측에 실패하는 것 자체는 얼마든지 있을 수 있다. 문제는 그 실패가 2013년체제론을 통해 경계했던 목전의 승리에 대한 지나친 집착과 그에 따른 안이

한 낙관에 연유했고, 그러다보니 나 스스로 반성했듯이 "총선에서 패배했을 경우에 2013년체제 건설이 어떻게 되느냐에 대한 그림이 없었다"[1]는 점이다. 다시 말해 2013년체제를 위해 총선승리가 필수적이라는 논의를 깊은 생각 없이 펼쳤던 것인데, 여기에는 19대 국회를 야권이 장악하지 않고서는 정권교체를 이루더라도 다음 대통령의 국정운영이 수월치 않으리라는 판단과 함께, 총선을 통해 박근혜 후보의 예봉이 꺾임으로써 대선승리가 확보되리라는 기대도 작용했다. 그중 입법부 장악의 중요성에 관한 대목은 지금도 유효한 판단인데, 우리 사회에 실재하는 세력균형에 비추어 다음 대통령과 그의 지지세력이 감당하고 어떤 의미로는 활용해야 할 현실이지 2013년체제 자체를 불가능하게 만들 요인은 아니다. 반면에 손쉬운 대선승리에 대한 기대는 실제로 정권교체를 이루려면 시급히 바로잡아야 할 안일한 자세였다.

그러한 안일함은 야권연대와 관련해서도 드러났다. 총선승리의 필요조건인 선거연대가 힘겹게 달성되었을 때, 그것이 충분조건과 얼마나 거리가 먼 것인지를 냉정하게 평가하지 못했던 것이다. 특히 야권의 두 정당이 모두 얼마나 부실하고 2013년체제 건설의 준비가 얼마나 안 되어 있는지를 선거패배를 겪고서야 실감하게 되었다. 그렇다고 그런 식의 선거연대라면 아예 안 하느니만 못했다는 판단에는 동의하지 않는다. 그것마저 없었다면 새누리당은 18대 총선 때의 한나라당에 버금가는 압승을 거뒀기 쉬우며, 그런 입법부는 2013년체제에 결정적인 장애가 되었을 것이다.

어쨌든 총선에서의 야권 패배에도 불구하고 2013년 이후 한바탕 크게

---

1 백낙청·윤여준·이해찬 대화 「4·11총선 이후의 한국정치」, 『창작과비평』 2012년 여름호 183면; 『백낙청 회화록』 제6권, 창비 2017, 616~17면. 비슷한 반성적 발언을 총선 직후 4월 19일에 이루어진 『프레시안』 인터뷰에서도 내놓은 바 있다(「2013년체제, 어떤 대통령 나오느냐가 관건」, 『프레시안』 2012. 4. 23; 『백낙청 회화록』 제6권).

바뀐 세상, '2013년체제'라고도 부름직한 새 시대를 열망하는 국민은 여전히 많다. 2013년체제론이라는 담론으로 말하더라도, 새 시대를 향한 원(願)을 크게 세우고 그 준비를 착실히 진행함으로써만 2012년의 선거승리도 내다볼 수 있다는 기본 논지를 총선패배 이후 더욱 확고히 견지할 필요가 실감된다.

그러므로 2013년체제론도 새로운 상황 전개와 그에 따른 성찰을 토대로 더 진전시켜볼 일이다. 본고에서는 『만들기』에서 처음부터 강조했던 '마음공부'(제1장 42면 참조)에서 출발하여, 『만들기』에서는 거의 잠복했던 '변혁적 중도주의'를 다시 주목해볼까 한다. 『만들기』를 쓰면서는 총선을 앞두고 되도록 많은 독자들께 접근하기 위해 어려운 개념용어를 최소한으로 줄이자는 생각이었지만, 이후의 교훈을 되새기고 새 출발을 다짐하는 마당에 한층 근본적인 성찰이 불가피해진다. 결국 '희망2013'을 실현하고 '승리2012'를 확보하려면 개념작업상의 수고가 좀 따르더라도 변혁적 중도주의의 본뜻과 현실적 용도를 짚어보는 일을 생략할 수 없을 것 같다.

2. 분단체제 속의 마음공부·중도공부[2]

마음공부 이야기를 다시 하는 것은 정치문제를 윤리문제로 환원하려는 것이 아니라, "개혁을 하려면 (…) 개혁되고 혁신된 사람이 있어야" 하

---

2 마음공부가 비록 중요하다 생각할지라도 일반 독자나 청중을 상대할 때 그 이야기를 길게 하기는 조심스럽다. 그러던 중 지난 5월 24일 조계종 선림원(禪林院)의 초청으로 강의할 기회를 얻은 김에 「2013년체제와 중도공부」라는 제목으로 불교적 중도공부에 대해 조금 자세히 언급했는데, 그중 상당부분을 여기 원용한다.

는데 "이런 준비가 되지 않고 개혁만 하려 하면 시끄럽고 무질서만 초래할 뿐"(大山 金大擧)[3]이라는 점이 새삼 실감되는 현실이기 때문이다. 이는 2013년체제를 만들고자 할 때 각자가 명심할 점이며, "분단체제가 괴물이라면 분단체제 속에서 오랫동안 살아온 우리 모두가 마음속에 괴물 하나씩을 갖고 있다는 점"[4] 또한 잊지 말아야 한다.

변혁적 중도주의에 나오는 '중도'는 원래 불교 용어다. 유교에서도 중용지도(中庸之道)의 줄임말로 쓰기는 하고, '중용'의 개념도 그와 상통하는 바 있다고 본다. 어쨌든 불교에서 말하는 중도는 유(有)와 무(無)의 두 극단을 아울러 넘어선 공(空)의 경지인데, 물론 공 자체에도 집착하지 말아야 참된 중도가 된다. 공을 깨쳤답시고 아무 데나 '공'을 들이대는 태도는 '공'에 대한 또 하나의 집착이며 진정한 중도가 못 되는 것이다. 이런 태도를 유식불교(唯識佛教)에서는 '악취공(惡取空)'이라 규정하고, 그런 부류를 '악취공자(惡取空者)'라 부른다고 한다.[5] 다시 말해 중도는 진리가 텅 비었음을 설파하면서도 자기에 대한 집착은 그대로 안고 있는 것(我有法空)이 아니라 나와 법이 다 빈(我法兩空) 자리로서, 일상생활에서 탐(貪)·진(瞋)·치(癡)를 여의는 수행 및 현실 속의 보살행을 떠난 '공 타령'과는 무관한 것이다.

'공'이 아닌 탐·진·치 여의기를 말하더라도 구체적인 정치·사회 현실과 동떨어진 초역사적 과제를 설정한다는 혐의는 여전하다. 사실 욕심내

---

3 졸고 「통일시대·마음공부·삼동윤리」, 『어디가 중도며 어째서 변혁인가』, 창비 2009, 292면 참조. 그간의 내 작업에 다소나마 친숙한 독자에게 '분단체제'의 개념을 새삼 설명할 필요는 없을 것이다. 그렇지 못한 독자를 위해서는 『만들기』 제7장 「한국 민주주의와 한반도의 분단체제」에 비교적 상세한 소개가 있음을 밝히는 것으로 설명을 대신한다.

4 졸고 「북의 핵실험 이후: 남북관계의 '제3당사자'로서 남쪽 민간사회의 역할」, 『어디가 중도며 어째서 변혁인가』 141면.

5 용수보살(龍樹菩薩) 『중론(中論)』, 김성철 역주, 3차개정판, 경서원 2001, 「역자후기」 참조.

는 마음과 성내고 미워하는 마음 그리고 어리석은 마음 등 삼독심(三毒心)은 모든 인간이 안고 있는 문제로서 이를 제거하는 공부는 어느 시대에나 어렵다. 그 점을 인정하면서도, 우리가 속한 자본주의 세계체제에서는 그것들이 **체제운영의 원리**가 되어 있다는 사실을 통찰하는 것이 중요하다. 이에 대해서는 「통일시대·마음공부·삼동윤리」에서도 언급한 바 있지만(『어디가 중도며 어째서 변혁인가』 294~96면), 여기서 잠시 부연하고자 한다.

탐심(貪心)으로 말하면, 자본주의가 인간의 탐욕을 긍정하고 이를 사회발전의 동력으로 삼고 있음은 누구나 인정한다. 이때 개인적 차원에서는 탐욕스럽다고 보기 힘든 기업가도 얼마든지 있으나 '이윤의 무한추구'라는 체제원리를 경시하고도 성공하는 경우는 소수의 예외에 머물기 마련이라는 점이 중요하다. 아니, 개인 차원의 금욕과 자기희생마저 '성공'의 도구, 곧 탐심에 의한 체제운영에 복무하는 방편이 되는 체제인 것이다.

진심(瞋心) 곧 성내고 미워하는 마음으로 말하더라도, 끊임없이 경쟁자들을 도태시켜야 자기가 살아남는 것이 자본주의의 작동원리다. 물론 살벌한 경쟁이 발전을 자극하기는 하고 실제로 자본주의의 엄청난 성취가 그에 기인하기도 한다. 그러나 이는 놀이나 운동경기 또는 학문과 예술에서와 같은 — 물론 이들 활동도 자본주의의 발달과 더불어 승자독식의 경향이 강화되게 마련이지만 — '선의의 경쟁'과는 본질적으로 다르다. 심지어 아무런 개인적 증오심 없이도 남을 꺾어야 하고 내게 돌아오는 이익이 없으면 꺾인 이들을 거들떠보지 말아야 하는 것이 체제의 원리인지라, 용서와 나눔, 보살핌 같은 마음작용은 그 자체가 경쟁에서 승리의 도구가 되지 않는 한 예외적으로만 살아남는다.

치심(癡心)과 관련해서는 자본주의 이외의 '대안이 없다'(TINA, There Is No Alternative)라는 명제야말로 어리석음의 극치에 해당한다고 같은 글에서 말했지만(같은 책 295~96면), 이데올로기의 지배가 이렇게 전면화되는 것이 자본주의 시대 어리석음의 핵심이다. 하기는 인류 역사의 사회치고 그 나름의 이데올로기에 지배되지 않은 예가 없었고, 적어도 과학의 발달과 지식의 보급 면에서 자본주의 근대가 역사상 가장 계몽된 시대라는 반론도 가능하다. 하지만 문제는 개개인이 얼마나 똑똑해졌느냐가 아니라, 바로 '계몽'과 '과학'의 이름으로 과학적 지식이 아닌 참 깨달음의 가능성 자체가 부인되는 것이 근대적 지식구조의 특징이라는 점이다. 불교에서는 지혜의 광명에서 소외된 중생의 경지를 '무명(無明)'이라고 하는데, 이런 '무명의 구조화'가 과학적 진실마저 이데올로기로 만드는 것이 자본주의 시대다.

자본주의 일반의 이런 현상은 분단체제의 매개를 거칠 때 더욱 심각하고 저열한 형태로 나타난다. 가장 눈에 띄는 것이 아마도 성냄과 미워함의 위력이지 싶다. 분단된 상대방에 대한 증오가 오히려 사상적 건전성의 담보가 되고, 사회적 약자와 소수자에 대한 배려마저 배척의 대상이 되기 일쑤다. 툭하면 나오는 '친북좌파' 타령이 그런 것이다. 게다가 불우한 이웃에게 남는 양식을 퍼담아주는 일은 우리 민족 전래의 아름다운 풍속이건만, 북녘의 굶주리는 어린이와 동포들에 대한 인도적 지원조차 '퍼주기'라는 딱지를 붙여 가차없는 공격의 대상으로 삼곤 한다.

이런 상황에서 탐심의 작동은 거칠 것이 없어진다. 자본주의의 구조화된 탐심에 대한 민주적 견제장치로서 선진국에서는 상식화된 것들조차 사회주의 또는 공산주의로 매도되기 일쑤고, 개인적 탐욕의 적나라한 발동은 '자유민주주의'와 '시장경제'의 이름으로 옹호된다. 오늘의 한국이 세계적인 경제대국의 반열에 오르고도 천민자본주의의 딱지를 떼지 못하는 이유이기도 하다.

동시에, 자본주의 세계체제보다 역사가 훨씬 짧고 성격이 특수한 분단체제마저 그것 외에는 대안이 없는, 마치 자연스럽게 주어진 생활환경인

듯 여기는 치심이 만연해 있다. 한편으로 분단체제가 그 나름의 지구력이 있고 자칫 폭발할 위험이 상존하는 현실인데도 남쪽 사회의 집단적 탐욕과 증오심을 발동하여 휴전선을 멋대로 폐기할 수 있는 것처럼 생각하는 것 또한 치심과 '무명'의 위력을 보여준다.

이러한 독심들의 위세는 북녘에서도 그곳 특유의 탐·진·치가 기승을 부리고 있기 때문에 더욱 이겨내기 힘들다. 분단된 쌍방의 상호의존적 적대관계와 이에 따른 분단체제의 자기재생산 능력이 바로 그런 데서 나오는 것이다. 예컨대 북측 당국의 적대적·호전적 발언과 때때로 이루어지는 도발적 행위는 남쪽 사회에서 증오심의 위세를 끊임없이 북돋는다. 심지어 이른바 도발행위의 증거가 박약한 경우에도 '북의 체제는 나쁘다, 따라서 모든 나쁜 행동은 북의 소행이다'라는 논리 아닌 논리의 도움으로 쉽게 넘어간다. 이것이 '미 제국주의와 남조선의 친미사대주의자들은 나쁘다, 따라서 우리의 모든 불행은 그들 탓이다'라는 북녘 특유의 치심과 상보관계에 있음은 더 말할 나위 없다.

그러므로 마음공부가 순조롭기 위해서도 탐·진·치의 위세를 보장하고 키워주는 분단체제부터 타파해야 한다. '변혁적 중도주의'의 변혁대상이 분단체제인 것도 그 때문이다.

여기서 불필요한 혼란을 막기 위해 '중도' '중도주의' '변혁적 중도주의' 등 개념들의 상호관계를 잠시 정리해보는 것이 좋겠다. 정치노선으로 흔히 표방되는 중도주의 내지 중도노선·중간노선은 불교적 중도와 전혀 다른 차원의 개념이고 내용상으로도 거리가 멀다. 다만 그것이 **변혁적 중도주의**가 될 때에는, 현실정치의 노선임에도 불구하고 원래의 중도에 다시 가까워지는 것이다. 중도의 '공'이 '악취공'이 되지 않으려면 지금 이곳에서의 탐·진·치 극복작업과 결합해야 하는데, 오늘날 한반도의 경우 그러한 마음공부는 분단체제의 변혁을 지향하는 정치적 실천을 수반할 수밖에 없기 때문이다.

3. 변혁적 중도주의 논의의 진전

그러면 변혁적 중도주의의 구체적 내용은 무엇인가? 이 질문에 대한 답을 찾는 방식도 『중론』에서 빌려옴직하다. 곧, 무엇이 '공'이며 '중도'인지 그 내용을 직접 일러주려 하기보다 무엇이 아닌지를 깨우쳐나감으로써 중도에 이르는 방법이다. 변혁적 중도주의 역시 우리 주변에서 흔히 만나는 이념과 어떻게 다른지를 밝혀가다보면 저절로 그 길이 보이지 않을까 한다.

1) '변혁적' 중도주의이기에 '변혁'이 빠진 개혁노선 내지 중도노선과 다르다. 물론 변혁이라도 그 대상은 분단체제이므로 국내정치에서의 개혁노선과 얼마든 양립 가능하다. 다만 분단체제의 근본적 변화에 무관심한 개혁주의로는 변혁적 중도주의라는 '중도'에 이르지 못한다.

2) 변혁이되 전쟁에 의존하는 변혁은 배제된다. '변혁'이라는 낱말 자체는 전쟁, 혁명 등 온갖 방식에 의한 근본적 변화를 포괄하지만, 오늘날 한반도의 현실에서 그런 극단적 방법은 불가능하다. 그래서 변혁적 '중도주의'인 것이다.

3) 변혁을 목표로 하되 북한만의 변혁을 요구하는 것도 변혁적 중도주의가 아니다. 남한도 변하고 한반도 전체가 같이 변하지 않으면서 북측만 변하기를 기대하는 것은 비현실적일뿐더러, 남한사회 소수층의 기득권 수호에 치우친 노선이지 중도주의가 아닌 것이다.

4) 북한은 어차피 기대할 게 없으니 남한만의 독자적 혁명이나 변혁에 치중하자는 노선도 변혁적 중도주의가 아니다. 이는 분단체제의 존재를

무시한 비현실적 급진노선이며, 때로는 수구·보수세력의 반북주의에 실질적으로 동조하는 결과가 되기도 한다.

5) 그렇다고 변혁을 '민족해방'으로 단순화하는 노선도 분단체제극복론과는 다르다. 이 또한 분단체제와 세계체제의 실상을 무시한 비현실적 급진노선으로서, 수구세력의 입지를 강화해주기 일쑤다.

6) 세계평화, 생태친화적 사회로의 전환 등 전지구적 의제를 추구하며 일상적인 실행 또한 게을리하지 않더라도, 전지구적 기획과 국지적 실천을 매개하는 분단체제극복 운동에 대한 인식이 결여되었다면 변혁적 중도주의와는 거리가 있으며,[6] 현실적으로도 소수파의 한계를 넘어서기 힘들다.

앞서 말했듯이 변혁적 중도주의 개념은 『만들기』에서 거의 모습을 감추었다. 하지만 나 자신의 담론에서는 오랫동안 중요한 위치를 차지하고 있었다. 우리 시대의 참 진보가 곧 변혁적 중도주의라고 못박기는 2006년이 처음이지만,[7] 기본적인 발상은 6월항쟁으로 '민족문학의 새 단계'가 열리는 상황에서 '6월 이후'를 보는 당시의 세가지 중요한 시각들을 비판할 필요성을 제기하는 형태로 발표되었다.[8] 곧, 앞에 열거한 '변혁적 중도주의가 **아닌 것**' 중 1)에 해당하는 중산층의 온건개혁노선과 4), 5)에 해당하는 급진운동권의 이른바 PD, NL 노선들을 넘어서면서 이들 모두를 슬기롭게 결합하자는 것이었다. 이는 물론 87년체제 내내 하나의 주장으로

---

6 이런 논지를 녹색담론과 관련해 펼친 것이 졸고 「근대 한국의 이중과제와 녹색담론」(이남주 엮음 『이중과제론』, 창비담론총서 1, 창비 2009)이다(본서 4장, 특히 3절 '분단체제극복 운동이라는 매개항', 117~20면 참조).

7 졸저 『한반도식 통일, 현재진행형』, 창비 2006, 제2장 「6·15시대의 대한민국」 중 '6·15시대의 참 진보는 "변혁적 중도주의"' 대목(30~31면) 참조. 이 논지는 같은 책 제4장 「분단체제와 '참여정부'」의 덧글 '변혁적 중도주의와 한국 민주주의'(58~61면)에서 부연된다.

8 졸고 「통일운동과 문학」, 『창작과비평』 1989년 봄호; 졸저 『민족문학의 새 단계』, 창작과비평사 1990, 124~29면 참조.

만 남았고, 이제 그 실현을 2013년체제에 걸게 된 형국이다.

물론 호응하는 논의도 적지 않았다. 『창작과비평』 2008년 봄호 지면에서는 이남주의 「전지구적 자본주의와 한반도 변혁」 등이 그 주제를 다루었고,[9] 김기원(金基元)의 최근 저서 『한국의 진보를 비판한다』(창비 2012)는 '변혁적 중도주의'라는 개념을 채용하지는 않았지만 "NL과 PD의 진보적 사상에는 발전적으로 계승할 부분도 있다. 민족문제와 계급·계층문제에 대한 비판의식이다. 그것을 현실에 맞게 응용하되 낡은 사고틀은 과감히 버려야 한다"(179면)라든가 분단국가인 한국사회에서는 '진보·개혁·평화'의 상호보완적인 삼중과제가 존재한다는 인식(214~22면) 같은 것들은 변혁적 중도주의에 친화적인 발상이다.[10]

『만들기』에서 '변혁적 중도주의'라는 표현을 일부러 자제했다면, 4·11 총선 이후의 상황은 논의를 기본부터 다시 시작할 필요성을 일깨워주었다. 통합진보당 사태만 하더라도 어떤 것이 참 진보인가를 철저하게 토론할 필요성을 상기시켰고, 나 자신 총선 직후 한국진보연대, 통합진보당, 민주노총, 범민련남측본부 및 한국여성연대 공동주최의 초청강연(2012. 4.

---

9 같은 호에 백낙청·조효제 대담 「87년체제의 극복과 변혁적 중도주의」도 실렸다(『백낙청 회화록』 제6권에도 수록). 나 자신이 그 주장을 계속해왔음은 물론이다. 『어디가 중도며 어째서 변혁인가』에 이르면 '변혁적 중도주의'는 책 전체를 관통하는 주제어에 가까워지며, 서장 「시민참여 통일과정은 안녕한가: 중도 공부, 변혁 공부를 위하여」, 7장 「변혁과 중도를 다시 생각할 때」, 13장 「2009년 분단현실의 한 성찰」, 15장 「변혁적 중도주의와 소태산의 개벽사상」 등에서 집중적으로 거론되었다.

10 다만 그가 설정한 X(진보↔보수), Y(개혁↔수구), Z(평화협력↔긴장대결)라는 3개 축이 '한국사회의 이념·정책지형'의 분석도구로서 얼마나 유용한지는 모르겠다. 이 그림의 큰 미덕은 한국 사회과학자들의 현실분석에서 곧잘 무시되는 '남북관계'를 추가함으로써 2차원적 평면도로는 파악하기 어려운 3차원의 입체적 인식을 요구한 점이고, 통상적인 '보수 대 진보'의 구도가 현실 속의 '수구 대 개혁' 전선과 일치하지 않는다는 것은 김기원의 오랜 지론이자 탁견이다. 그러나 객관적인 **분석도구**로 기능하려면 Y축과 Z축도 X축처럼 양극이 "선악이 아니라 조화로운 균형을 달성하는 관계"(210면)로 설정되어야 하지 않을까 싶다. 이에 대한 논의는 다른 기회로 미룬다.

25. 영등포역사 3층 강당)에서 진보당과 진보단체의 조직문화 쇄신을 주문하면서 변혁적 중도주의 주장을 다시 내놓았다.[11]

통합진보당의 운명이 어찌 될지는 현재로서 예측할 길이 없다. 그러나 다가오는 대선도 그렇지만 2013년체제 건설의 긴 과정에서 이른바 진보개혁세력의 폭넓은 연합정치는 여전히 필요할 터이며, 이는 지난 총선에서 민주통합당(현 더불어민주당의 전신)·통합진보당 양당이 이룩한 정책연대보다 훨씬 탄탄한 가치연합이면서 실천적으로는 훨씬 신축성 있는 역할 분담을 허용하는 성격이어야 한다. 아니, 기본적인 가치와 비전을 공유하는 연대만이 전략적 유연성을 지닐 수 있는 법이다. 그에 반해 4·11총선에서의 정책연대는 후보단일화라는 선거연대를 위한 한갓 구실에 머물기 일쑤였고, 아니면 선거연대의 댓가로 상대방이 수용하기 힘든 정책을 받아내어 '발목을 잡는' 수단으로 작용했다. 물론 '가치연대' 또는 '가치연합'이라는 표현이 등장하기는 했다. 그러나 그 말은 '정책연대'를 그냥 멋있게 포장하는 데 불과하거나 더러는 선거연대 자체를 거부하는 명분으로 이용되었다. 사실 'MB심판'이라는 낮은 수준의 목표 또는 추상적인 미사여구가 아닌 '공동의 가치'는 각 당 내부에서조차 공유되지 않았고 진지하게 논의된 바도 없었다.

다행히 총선 이후로 기존 정책연대의 부실함과 미흡함에 대한 반성과 더불어, 특히 통합진보당의 당내 갈등 과정에서 본격적인 노선논쟁이 벌어졌다. 현재의 정치지형을 일별한다면, 민주통합당은 위의 '아닌 것' 중 1)에 치우친 면이 있으나 전통적으로 남북관계 발전에 적극적이고 2)~5)에 대한 반대입장이 확고한 편이므로 한층 진보적인 세력과의 연합정치를 도모하는 과정에서 변혁적 중도주의에 접근할 가능성이 있다. 통합진

---

11 당일 배포된 강연 요지문 및 『통일뉴스』(www.tongilnews.com) 2012년 4월 26일 기사 「진보진영, 폐쇄적인 조직문화 쇄신해야」 참조.

보당의 경우는 말하자면 '변혁적 중도주의 좌파'로서 자리매김이 가능한 정파와 5)의 입장을 고수하는 정파 ── 물론 이때도 노선 자체의 문제와 온갖 비민주적 방식으로 조직을 장악해서 그 입장을 관철하려는 **작풍**의 문제는 구별해야 하지만 ── 의 대립으로 당장의 대선국면에서 의미있는 역할을 못할지도 모를 형국이다. 하지만 그러한 견해차이가 공론화된 것 자체는 하나의 진전이다. 다른 한편 박근혜 후보와 새누리당은 이명박정부 아래 기승을 부리던 2)와 3)의 전쟁불사론과 흡수통일론에 해당하는 세력을 견제하고 1)의 온건개혁주의에 가까운 노선을 표방하고 있는데, 그 집단의 체질화된 수구성과 지도자의 역시 체질화된 권위주의 및 퇴행적 역사인식을 탈피하고 변혁적 중도주의에 근접할 수 있으리라고는 기대하기 어렵다. 12월의 대통령선거가 변혁적 중도주의를 위해서도 관건적 승부가 될 수밖에 없는 까닭이기도 하다.

4. 대선국면에서 검증기준으로서의 변혁적 중도주의

그렇더라도 대선국면의 구호가 '변혁적 중도주의'일 수는 없다. 변혁주의와 중도주의라는 흔히 상반되는 두 낱말의 결합이 한반도 특유의 현실을 반영한 이 개념의 강점이고[12] 바로 그 애매함이 화두(話頭)다운 매력을

---

12 "끝으로 '변혁'과 '중도주의'라는 얼핏 상충되는 개념들의 결합이 가능한 것은 우리가 한반도식 통일이라는 특유의 역사 한복판에 자리하고 있기 때문임을 상기하고자 한다. 남북은 6·15공동선언을 통해 기왕의 어떤 분단국가도 못 가본 평화적일뿐더러 점진적이고 단계적인 통합의 길에 합의해놓은 상태니만큼, 이 합의의 실천에 양극단이 배제된 광범위한 세력이 동참할 때 전쟁이나 혁명이 아니면서도 점진적인 개혁의 누적이 참된 변혁으로 이어지는 일이 가능할 것이다."(졸고「변혁과 중도를 다시 생각할 때」, 『어디가 중도며 어째서 변혁인가』 178~79면)

지닌다고도 말할 수 있다. 그러나 난해한 개념은 선거전에서 무용지물이다. '승리2012'에 동원될 법한 구호는 역시 '희망2013'이요, 개념으로서는 '2013년체제'가 거의 상한선이 아닐까 한다. 그렇더라도 2013년체제의 내용을 변혁적 중도주의의 기준으로 검증하는 것은 가능하고 또 필요한 일이다.

예컨대 '경제민주화'의 경우를 보자. 이는 여야 모두 핵심 정책목표로 내세움으로써 2013년 이후 정부의 우선과제로 떠올랐다. 그런데 재벌규제, 불공정거래 근절, 중소기업 육성, 노동권 보호 등 경제적 민주주의를 실현하는 각 당과 후보들의 구체적 정책구상을 점검하기에는 변혁적 중도주의가 너무 추상수준이 높은 개념이다. 이런 점검은 전문성을 갖춘 별도의 작업에 당연히 맡겨야 한다. 그렇더라도 정책구상과 구상자의 기본자세에 대한 검증을 변혁적 중도주의의 관점에서 해보는 일은 그것대로 필요하다.

먼저, 변혁적 중도주의는 분단체제의 변혁을 목표로 삼기 때문에 분단체제가 제공하는 온갖 이권과 반칙면허권을 고수하는 세력, 또는 그런 세력이 유난히 많이 모인 정당이 경제민주화 실현의 적격자인지는 일단 의심해봐야 한다. 거듭 말하지만 분단체제극복이란 한반도 남북의 점진적·단계적 재통합과정인 동시에 남북 각기의 내부개혁을 통해 반민주적 기득권세력을 약화 또는 제압해가는 과정이다. 그러므로 경제민주화를 표방한 이런저런 정책들이 그러한 역사적 과업의 다른 의제들과 얼마나 긴밀히 결합되어 있는지가 경제민주화 자체의 성패를 가르게 되어 있다.

특히 정치적 민주주의와 경제적 민주주의는 서로 떼어놓을 수 없는 관계임을 숙지할 필요가 있다. 이는 소위 진보진영에서 흔히 듣는, 한국사회가 87년체제를 통해 정치적 민주주의는 달성했으나 경제적 민주주의는 이룩하지 못했다는 언설이 오히려 흐려놓기도 하는 진실이다. 6월항쟁 이후 민주정치에 필수적인 절차들을 상당부분 쟁취한 것은 사실이지만, 87년체제의 성취로 말하면 그에 더해 경제 면에서 노조활동의 자유를 확대하고 기업에 대한 국가의 자의적 통제를 약화하는 '경제적 민주주의'의 성과도 적지 않았다. 다만 이렇게 자율권이 증가한 대기업들이 사회통합을 파괴하고 국가권력마저 위협할 정도로 비대해진 것이 87년체제 말기의 현실인데, 이렇게 된 데에는 87년체제 아래 한국의 정치적 민주주의 또한 엄연한 한계 속에 머물렀다는 사실도 작용한 것이다.

물론 정치민주화의 험난한 도정 자체가 경제민주화가 안 된 탓이기도 하다. 여기서 우리는 닭이 먼저냐 달걀이 먼저냐를 따지기보다 각종 경제개혁 정책이 민주주의라는 변혁적 중도주의의 핵심과제에 얼마나 충실한 가운데 나오고 있는지를 물어야 한다. 어떤 의미로 시장경제 ── 시장 자체보다도 거대 기업법인들이 지배하는 오늘날의 자본주의 경제 ──는 민주주의와 본질적으로 상충하는 면이 있다. 이른바 '1인 1표' 대 '1원 1표'의 원리상 차이가 그것이다. 물론 경제를 1인 1표제로 운영할 수는 없다. 그러나 이른바 시장경제가 나라 전체를 민주주의가 아닌 '전주(錢主)주의' 사회로 만드는 것을 방지하기 위해 경제의 민주화, 곧 경제 영역에 대한 민주정치의 개입이 필요해지는 것이다. 따라서 공정언론, 검찰개혁, 반민주적 과거사와의 정직한 대면, 선거제도 개선 등 '정치민주화' 의제에 무관심한 채 경제민주화를 달성할 수는 없게 마련이다.

한반도 평화는 변혁적 중도주의에 의한 검증과정에서 또 하나의 핵심사안이다. 경제민주화와 달리 평화문제가 대선정국에서 큰 쟁점이 될 확률은 높지 않다. 그러나 정치민주화와 경제민주화가 긴밀히 맞물려 있듯이 국내의 민주주의 문제 전체가 남북관계와 맞물려 있는 것이 분단체제 특유의 현실이다. 따라서 2013년 이후의 한국을 이끌어나갈 대통령과 정당이 이러한 현실을 얼마나 투철하게 인식하고 있으며 그것을 타개하기 위한 어떤 복안을 가졌는지는 나라의 앞날을 좌우할 사항이다.

아니, 이는 남북관계에 한정된 문제도 아니다. 대한민국은 이미 세계 10
위권을 넘나드는 경제강국이요, 동북아 평화체제뿐 아니라 동아시아 또
는 아시아 전역에 걸친 지역유대를 강화해가는 과정에서도 미·중·일·러
와는 또다른 중추적 위치를 차지하고 있다. 세계를 위해서도 한국에 어떤
대통령이 나오느냐가 그만큼 중요한 것이다. 단순히 '누가 해도 남북관계
를 MB처럼 엉망으로 만들기야 하겠느냐'고 간단히 생각할 일이 아니다.
그렇기 때문에 남북관계와 국제관계에서 한국이 지닌 잠재력을 십분 발
휘할 담대한 비전을 제시하는 후보가 나타난다면 선거과정에서도 폭발적
지지를 얻을 가능성이 없지 않다.

많은 사람들이 2013년체제의 과제로 꼽는 또 한가지가 사회통합·국민
통합이다. 변혁적 중도주의의 관점에서는 남북관계 발전과 한반도의 점
진적 재통합과정을 도외시한 **남쪽 국민만의** 통합은 난망이고, 더구나 2012
년에 통합이 당장에라도 가능한 것처럼 생각하는 것은 착각이거나 기만
술이기 쉽다. 사회통합을 원천적으로 저해하는 수구세력과의 일전은 피
할 수 없는 상황인 것이다.[13] 그러나 이 분야에서도 2013년 이후에 대한 구
상과 준비는 지금부터 진행해야 한다.

이 문제 역시 변혁적 중도주의라는 검증 잣대에 국한해서 살펴보기로
한다. 앞서 변혁적 중도주의가 '아닌 것'을 열거했는데, 그것들이 '아닌'
이유 중에는 그 어느 것도 진정한 사회통합의 이념이 될 수 없다는 점이
포함된다. 현상적으로는 1)의 변혁 없는 개혁노선이 그나마 많은 대중을
확보한 편이지만, 분단시대에 분단체제에 관한 경륜이 결여된 산발적 개
혁은 큰 성공을 거두기 힘들고 온건한 개혁마저 거부하는 수구세력을 제

---

13 『만들기』 제4장 「다시 2013년체제를 생각한다」 중 73~75면 '본격적 사회통합은 2013년
  체제의 숙제로' 참조.

압하지 못한다. 다만 남한사회의 개혁작업에 진지하게 임하다보면 근시안적인 개혁주의를 넘어 변혁적 중도주의에 합류할 가능성이 열리기 쉽다.

앞의 2) 무력통일 또는 3) 전쟁 없는 흡수통일에서 보듯이 수구세력 나름의 변혁노선이 없는 것은 아니다. 그런데 실현가능성이 거의 전무한 이런 구상이 일정한 위세를 유지하는 것은 그런 식으로 남북대결을 부추기는 일이 남한 내에서의 기득권을 수호하는 데 도움이 되기 때문이다. 다시 말해 북한의 변혁은 명분일 뿐, 실질적으로는 분단체제의 변혁과 그에 필요한 남한 내의 개혁을 막는 데 이바지하고 있는 것이다.

다른 한편 4)나 5)에 해당하는 이들 ── 흔히 PD와 NL로 지칭되기도 하는 급진세력 ── 은 모두 소수집단에 머물러 있고, 기존 노선을 고집하는 한은 다수세력으로 자라기 힘들 것이다. 아니, 점점 더 세가 줄어들기 십상이다. 그에 비해 6)의 녹색주의, 평화주의 등은 세계적 시민운동의 뒷받침이 한층 든든한 편이지만, 국내정치의 현실 속에서는 역시 고립을 면하기 어렵다. 물론 녹색당 운동의 경우 독일에서처럼 현실정치에 뿌리내릴 가능성도 있다. 다만 그러기 위해서는 변혁적 중도주의로 합류 또는 적어도 그것과 제휴하는 일이 불가피할 것이다. 아무튼 4) 5) 6) 모두 중도 공부와 분단체제 공부를 통해 각자가 내장한 합리적 문제의식을 새롭게 정립함으로써 변혁적 중도주의를 더욱 풍성하게 만들었으면 한다.

이렇게 이루어지는 2013년체제의 통합된 사회가 획일화와는 무관한, 다양성과 창조적 갈등이 넘치는 사회가 될 것임을 강조하고 싶다. 정당정치의 영역에서도 변혁적 중도주의 노선에 입각한 거대정당 따위를 꿈꿀 필요가 없다. 변혁적 중도주의의 이념을 공유하면서도 변혁과 개혁에 상대적으로 소극적인 보수정당, 그보다는 조금 더 적극적인 중도개혁정당, 그리고 변혁적 중도주의 노선을 공유하지만 평등, 자주, 녹색 등의 가치에 남다른 열정을 지닌 한층 급진적인 정당(들)이 서로 경쟁하는 것이 바람직하며, 이들의 병존과 선택적 제휴를 수월케 하는 비례대표제의 대폭 확대 같은 선거제도의 개혁도 생각해볼 일이다. 다른 한편, 체질적으로 분단체제의 변혁을 수용할 수 없는 수구세력도 그들 나름의 극우정당을 가질 수 있을 것이며, 평등주의, 반제국주의 또는 녹색주의의 이념적 순결성을 고수하는 세력의 경우도 마찬가지다. 다만 지금처럼 강력한 수구세력이 상당수의 합리적 보수주의자들마저 포섭하여 최대 정당으로 군림하는 구도는 깨져야 한다는 것이다.

5. 『안철수의 생각』에 대한 몇가지 생각: 마무리를 대신하여

2012년 대선정국에서 당장의 가장 큰 변수는 안철수 서울대 융합과학기술대학원장이다. 이 글을 마무리하는 8월 초 현재 그는 아직 출마 여부를 밝히지 않았고, 출마했을 때 어찌 될지도 모를 일이다. 하지만 그의 거취가 정국의 양상을 크게 뒤흔드는 요소임은 분명하다. 이는 다른 후보들을 무시하는 이야기가 아니라, 한편으로 박근혜 후보는 일종의 상수로 자리잡은 지 오래고, 다른 한편 민주당 후보들은 아직 여럿이 후보지명을 놓고 다투는 중이라 당장 어느 한 사람의 위력을 지목하기 어렵다는 뜻이다.

안교수 자신은 최근 『안철수의 생각』(김영사 2012, 이하 『생각』)이라는 저서를 통해 '우리가 원하는 대한민국의 미래 지도'를 제시하면서 출마 여부는 여전히 미정으로 남겨놓았다. "저를 지지하시는 분들의 뜻을 정확히 파악해야 진로를 결정할 수 있을 거예요. 그리고 제가 감당할 능력이 있는지 냉정하게 판단하는 게 중요하고요. 일단은 이 책을 시작으로 제 생각을 구체적으로 알리는 일을 해나가야 하겠지요. 제가 생각을 밝혔는데 기대와는 다르다고 생각하는 분들이 많아진다면 저는 자격이 없는 것이

고, 제 생각에 동의하는 분들이 많아진다면 앞으로 나아갈 수밖에 없겠지요."(52면)

출간되자마자 책이 기록적인 판매고를 달성 중이고 텔레비전 예능프로그램 출연과도 겹쳐 그에 대한 여론조사 지지율이 크게 상승한 점으로 보면, 저자가 "앞으로 나아갈 수밖에 없"는 상황이 조성되고 있는 셈이다. 더구나 이제 와서 그가 '저는 도저히 감당할 능력이 없는 것 같아요'라고 갑자기 물러선다면, 민주당을 포함한 야권 전체에 일대 타격이 될 공산이 크다. 출마하자마자 검증을 못 이겨 추락할 게 아니라면, 민주당 공천후보를 누르고 야권 단일후보가 되든 단일화 경선에서 패한 뒤 이긴 후보를 밀어주든 지지자들의 정치참여를 적극화하는 데까지 가야 시대적 책임을 다하는 형국이 되어버린 것 같다.

물론 『생각』에 대해 모두가 동의와 지지를 보내고 있지는 않다. 한편에서는 '교과서적 모범답안의 짜깁기'라느니 '지루한 정답주의'라는 비판이 있는가 하면 다른 한편으로 북한 핵문제에 관한 안교수의 생각이 북한의 입장과 같다는, 다시 말해 정답은커녕 위험천만한 오답이라는 지적도 있다.[14] 또한 책 내용에 대한 한결 진지한 서평을 통해 '안철수는 부실한 건축물이다'라는 결론을 내린 경우도 있다.[15] 『생각』은 일종의 공약집 내지 예비공약집이므로 공약으로서의 적절성을 두고 시시비비를 가리는 일이 당연히 필요하다. 그런데 문학평론가로서 내가 지적하고 싶은 점은, 이

---

14 7월 25일 국회 외교통상통일위원회 전체회의에서 있었던 새누리당 김영우 의원의 질문에 대한 류우익 통일부 장관의 답변. 다만 류장관은 김의원이 안교수의 저서임을 밝히지 않은 채 읽어준 특정 대목을 두고 비핵화에 관한 정부의 기존 입장을 밝힌 것뿐이라는 통일부 대변인의 해명이 있었다(「류우익 장관, 안철수 북핵 견해에 "북한과 같다"」, 『한겨레』 2012. 7. 26).

15 김대호 「안철수는 부실한 건축물이다 … 〔기고〕〈안철수의 생각〉 읽고 세번 놀라다」, 『프레시안』 2012. 7. 28.

책이 여느 공약집이나 출마용 저서와 달리 하나의 '작품'에 해당하는 울림을 지녔다는 사실이다.[16] 미리 진로와 전략을 정해놓고 그에 맞춰 내용을 개진하는 대부분의 선거용 저서와 달리, 지은이 안철수 교수와 엮은이 제정임(諸貞任) 세명대 저널리즘스쿨대학원 교수가 다 같이 마음을 열고 대화하며 모색하는 과정의 진정성이 전달되기 때문일 것이다. 출마선언 전에 정책구상부터 내놓고 독자들에게 지지 여부를 묻는 것이야말로 고도로 노회한 전략이라고 보는 이도 없지 않겠으나, 적어도 독서의 실감은 능동적 독자의 몫을 남겨두는 '작품적' 성격에 가깝다.[17]

그러나 독자가 아무리 저자의 생각에 공감하더라도 "제가 감당할 능력이 있는지 냉정하게 판단하는" 대목에는 미리 동참해줄 길이 없다. 그것은 안교수만의 몫이고, 독자나 국민대중은 안교수가 일단 판단한 다음에 그것이 옳았는지 글렀는지 사후적으로 판정할 수 있을 따름이다. 말하자면 설령 『생각』이 매우 훌륭한 '문서파일'이라 해도 어떤 성능의 '실행파일'이 딸렸는지는 문서만으로 판단할 수 없고 실행파일을 돌려봐야 알 수 있다. 물론 처음부터 완벽한 exe 프로그램일 필요는 없고, 일단 돌려가면서 단기간에 업그레이드가 가능한지가 초점이다. 그럴 만한 수준이라면 일단 실행하면서 사용자의 피드백을 받아 '앞으로 나가는' 추가적인 협동작업도 가능할 테지만, 독자가 미리 도와줄 수 있는 대목은 아닌 것이다.

『생각』에 제시된 정책구상에 대해 여기서 자세히 논평할 생각은 없다.

---

16 그 점에서 문재인의 저서 『문재인의 운명』(가교 2011)도 비슷한데, 역시 선거용이기보다 자신을 성찰하고 정리하는 작업에 치중한 책이기 때문일 것이다.

17 이는 또한 기존의 정치인들이 비유컨대 자기가 만들어낸 '영화'를 보여주고 관객에겐 품평의 기회만 주는 데 비해, 안철수현상은 개개인이 직접 참여해서 내용을 만들어가는 '게임'의 성격을 띠기 때문에 젊은이들이 열광한다는 진중권 교수의 분석('이슈 털어주는 남자 김종배입니다' 107회 〔전방위토크〕안철수는 왜?', 2012. 6. 1)을 상기시키는 면이기도 하다.

두어가지만 언급할까 하는데, 먼저 복지와 경제민주화 분야에서는 (적어도 나 같은 비전문가가 볼 때) 그 어느 전문가 못지않은 구체적이고 포괄적인 구상을 준비한 것 같다. 특히 대다수 복지전문가나 야당 후보들에 견주어 돋보이는 점은 경제민주화가 혁신경제의 창달에 직결됨을 체득하고 있다는 느낌을 준다는 것이다. 이러한 경제민주화 구상이 변혁적 중도주의와 얼마나 합치하는지는 더 검토해볼 사안이지만, 저자가 '복지·정의·평화'라는 3대 의제를 제시하면서 그 상호의존성을 강조한 것은 고무적이다.[18]

평화 대목은 복지와 경제민주화 대목만큼 소상하지 않지만, 통일을 '사건'이 아닌 '과정'으로 파악한 점이나 평화체제 구축의 긴요성과 북한 인권문제의 중요성을 동시에 거론한 것 등(『생각』 151~59면)은 본인의 성찰이 담긴 발언으로 보인다. 다만 천안함사건에 대해서는, "저는 기본적으로 정부의 발표를 믿습니다. 다만, 국민에게 설명하는 과정이 제대로 관리되지 않아 문제가 커졌다고 생각합니다"(159면)라는 일종의 '수비형 정답'에 머물렀는데, 과학자이자 낡은 체제와의 과감한 결별을 주장하는 안교수가 이 문제에 관해서도 독자적인 학습과 성찰을 해주었으면 하는 바람이다.

아무튼 문제는 역시 '실행파일'이다. 그런 점에서 『생각』의 내용에 국

---

18 김대호 사회디자인연구소 소장은 안교수가 "정의에 대한 착각"을 범하고 있다고 혹평하지만 이는 지나친 단정이다. 김대호 자신은 출발선에서의 공평한 출발을 '공정', 결승선에서의 합리적 격차 내지 불평등을 '공평'으로 규정하면서 안철수 책에 후자에 대한 언급이 없음을 비판한다. 그러나 안교수가 공평한 출발과 공정한 경기운영을 요구하되 균일한 결과를 요구하지 않는 것은 결과의 일정한 격차 내지 불평등을 인정한 것이고, 다음에 벌어질 경주에서도 출발선이 공평하고 경주과정에 반칙이 없으며 패자에게 재기의 기회가 주어져야 한다는 말은 결과의 격차가 '합리적 격차'가 되어야 한다는 생각을 포함한다고 볼 수 있다. 이때 '합리적 격차'의 구체적 내용이 어떤 것이며 어떻게 실현되어야 하는지를 두고 비판하는 일은 얼마든지 가능하다. 그러나 그 점에 생각이 다른 것을 기본 개념에 대한 착각이라며 초보자 실수로 몰아서는 생산적인 토론에 도움이 되지 않는다.

회와 정당정치를 어떻게 바꿀지에 대한 논의가 없는 것은 '문서파일'로서도 부족한 점이며, 이에 관해서는 김대호(金大鎬)의 비판이 날카롭다. "이런 내용이 빠진 것은 책 지면이 좁아서 그런 것 같지가 않다. 정치인 중의 정치인인 대통령을 하겠다는 사람이 정치와 정당 씨스템에 대한 이해가 낮다는 것은 심각한 문제다."[19] 더구나 안교수는 '소통과 합의'를 무엇보다 중시하면서도, '상식과 비상식(또는 몰상식)'의 대립구도를 말하기도 한다. 이는 2013년체제가 사회통합의 시대가 되기 위해서도 수구세력과의 격돌이 일단 불가피하다는 나 자신의 생각과도 부합하는 것으로 보인다. 상식을 바탕으로 소통하고 합의하자고 해도 절대 안 받아들이는 것이 진보와 보수의 이념을 떠나 오로지 자기 이득만 지키려는 '수구'의 특성 아니겠는가. 저들을 선거승리와 의회관계 등 제도정치를 통해 제압하고 견제하는 방책은 '실행파일'의 필수장치 중 하나일 것이다.

이는 또한 12월 대선에서 어떤 연합정치가 승리를 위한 최선책일지에 대한 '정치공학적' 계산도 요구한다. 그러나 문제는 역시 '2013년체제'라 부름직한 획기적인 새 시대를 열고자 하는 많은 사람들의 열정이며, 국민의 불안감을 부추기면서 다시 한번 변화 아닌 변화로 세상을 흘리려는 세력을 단연코 용납지 않는 시민들의 결기다. 뜻이 확고하다면 그에 맞춘 계산을 할 사람들은 때가 되면 나오게 마련인 것이다.

---

19 김대호, 앞의 글. 다른 한편 총선 전에 제3당을 건설해서 한국정치를 쇄신하자는 주변 일부 인사들의 제안을 안교수가 거절한 것이 "몸을 던져 정치적 신기원을 열어제끼려는 책임의식과 결기가 부족한" 탓이라거나 그로써 "안철수가 역사적 기회를 놓치고, 역사적 소명을 저버린"(같은 글) 것이라는 주장은 일방적인 단정이다. 오히려 제3당 건설이 '정치적 신기원'은커녕 한나라당＝새누리당을 도와주기 십상임을 간파하는 정치감각을 보여준 것이 정치경험이 없는 안교수였을지도 모른다.

덧글 (2021)

2012년 4월 총선에서의 야권 패배에도 불구하고 12월 대선에서 승리를 건져볼까 하던 나의 기대는 박근혜 후보의 당선으로 처참하게 무너졌다. 나의 현실정치 개입 능력의 결핍에도 불구하고 변혁적 중도주의와 분단체제극복 등 한층 고차원의 담론의 유효성이 완전히 사라지지 않았기를 바랄 뿐이다.

안철수 교수(현 국민의당 대표)가 '실행파일'을 돌리기 시작한 이후의 모습, 특히 근년의 모습에 대해서는 긴 말을 하고 싶지 않다. 하지만 2012년 가을 그의 정계진출 자체는 일단 '박근혜 대세론'을 무너뜨리고 야당이 해볼 만한 선거국면을 만든 공로가 있으며, 2016년의 총선에서 제3당을 만들어 거대양당 독식체제를 흔들어놓은 것 또한 긍정적으로 평가해야 옳을 것 같다.

제3부

9장

큰 적공, 큰 전환을 위하여

2013년체제론 이후

1. 적공과 전환: 세월호 이후

'2013년체제 만들기' 기획이 실패로 끝난 이후, 나는 시국에 관한 발언을 되도록 자제해왔다.[1] 성찰할 것이 너무 많고 국민 앞에 나설 면목도 없었으며 '2013년체제' 대신에 무엇을 내놓을지도 막연했기 때문이다. 그러나 2014년 4월 16일의 세월호참사를 겪으면서 나도 가만있지 말아야 한다는 생각이 들었다. 거의 모든 국민이 '세월호 이전'처럼 살 수 없다는 공감에 찬 상황에서, 이전처럼 생각하고 발언하는 것도 문제지만 이전처럼

---

[1] 본고는 제96차 세교포럼(2014. 9. 19. 세교연구소)에서 발제한 내용을 대폭 수정 보완하여 『창작과비평』 2014년 겨울호에 발표하고 대담집 『백낙청이 대전환의 길을 묻다』(창비 2015)에 수록한 것이다. 포럼에는 강원택 서울대 정치학과 교수와 박성민 MIN컨설팅 대표가 약정토론자로 나왔고, 세교연구소 회원 외에도 김연철, 아오야기 준이찌(青柳純一), 이기정, 이태호, 정현백 등 여러분이 참석해서 토론에 동참했다. '2013년체제' 기획을 집중적으로 제시한 나의 저서로는 『2013년체제 만들기』(창비 2012, 이하 『만들기』)가 있지만 그밖에도 여러 발언을 통해 주장했고, '희망2013·승리2012 원탁회의'(2011. 7~2012. 12)라는 시민사회 각계인사모임의 명칭에도 일부 반영되었다.

침묵하기도 힘들어진 것이다.

'2013년체제 만들기'를 대체할 구호를 내놓아야 한다는 강박관념 자체가 낡은 사고라는 생각도 들었다. 필요한 구호는 때가 되면 나올 터이고 그것을 반드시 내가 내놓아야 할 까닭도 없다. 우선은 세월호사건이 촉발한 우리 사회와 나 자신에 대한 성찰을 수행하고 이를 바탕으로 '세월호 이후'로의 전환을 이룩하려는 노력을 기울이면 되지 싶다.

실제로 사건 이후 우리는 전처럼 살지 않겠다는 공감과 결의만으로 현실이 바뀌지 않는다는 사실을 뼈저리게 느끼고 있다. 말로는 다 바꾸겠다면서도 종전처럼 누리고 사는 삶을 바꿀 뜻이 전혀 없는 이들이 사회의 온갖 요처에 버티고 있는데다가, 그들을 비판하고 심판하자는 야권의 정치인과 지식인도 여전히 '세월호 이전처럼' 생각하고 행동하기 일쑤다. 그러한 양쪽에 다 실망한 국민도 대책없이 분노하거나 쉽사리 체념하면서 더러는 세월호 이전의 '일상'으로 돌아가자는 주장에 솔깃해지기조차 한다.

이런 상황에서 우리는 2012년에 그러했듯이 한국사회에 아직도 시대가 요구하는 큰 전환을 이룩할 적공(積功)이 부족함을 뼈저리게 느낀다. 물론 나름의 공덕과 공력이 그나마 쌓였기에 대한민국이 이만큼이라도 민주화되고 자력(自力)을 갖춘 사회가 되었겠지만, 또 한차례 큰 전환을 이룩해야 할 판국을 맞아 더 크게 적공할 필요가 절실하다. 아니, 적공과 전환이 결코 둘이 아니다. 적공하는 만큼 전환이 이뤄지는 것이며 전환해가는 과정 자체가 적공이기도 한 것이다.

어쩌면 세월호사건의 최대 교훈은 제때에 전환을 이루지 못할 경우 나라가 어떤 혼란과 난경에 빠지는지를 극명하게 보여준 것일지 모른다. 세월호특별법 제정을 둘러싸고 오랫동안 지속된 교착상태가 그 단적인 예다. 천신만고 끝에 법제정을 해놓은 뒤에 그 미흡한 법률마저 무의미하게 만들려는 시행령(안)과 다시 맞서 싸워야 하는 작금의 현실은 그 점을 더욱 실감케 한다. 철저한 진실규명은 성찰의 기본이고 새 출발의 전제인데, 이 첫걸음을 앞두고 정부와 여당은 염치없는 버티기를 일삼았고 야당은 '세월호 이후'의 변화를 읽지 못한 채 '전에 하던 방식대로' 밀고 당기는 수준을 크게 벗어나지 못함으로써 국민의 신뢰를 잃고 혼란을 가중시켰다. 그런 가운데 사회는 '대통합'과 더욱더 멀어지고 공론장의 질은 전에 없이 저열해졌다. 식민지와 독재 시대를 거치며 권력에 굴종하고 피해자를 오히려 멸시하는 습성이 많은 사람들에게 내면화된 점을 부인할 수 없는데 요즘처럼 그 점이 실감되는 때도 드문 것 같다.

하지만 '국민이 문제다' '우리 모두의 책임이다'라고 쉽게 말하는 것 자체가 진실규명과 대책마련의 소임을 게을리하는 방식일 수 있다. 모두가 죄인인 면이 없지 않다 해도, 위정자로서의 잘잘못부터 밝힐 책임, 적어도 진실을 밝히려는 시민들의 노력을 방해는 하지 말아야 할 지도자와 정치권의 특별한 책임을 흘려버려서는 안 된다. 막강한 권한을 가진 저들이 그들 나름으로 쌓은 공력과 술수를 다해 훼방을 놓는다면 국민이 아무리 잘난들 힘들지 않겠는가!

동시에 다음 순간, '정녕 잘난 국민이라면 애당초 이런 정치가 가능했겠는가'라는 질문이 떠오르는 것도 외면할 수 없다. 이는 '그러니까 다음 선거에서는 지도자를 잘 뽑아야지' 하는 다짐만으로 해결될 문제도 아니다. 정치의 중요성을 인식하는 일은 선거로 뽑은 정치인의 책임을 제대로 묻되, 책임추궁을 해낼 넓은 의미의 정치활동에 각자가 일상적으로 정진하는 훨씬 어려운 적공을 요한다.

다음 선거를 도외시하지 않으면서도 지금 이곳에서의 적공을 어떻게 할지를 몇가지 주제를 중심으로 검토하려는 것이 본고의 목적이다. 그러나 구체적인 의제를 상세히 논하려는 것은 아니고, **과제들에 접근하는 자**

세를 주로 생각하고자 한다. 『만들기』에서도 강조했듯이 민주·평화·복지 같은 중요 의제들이 어떻게 유기적으로 결합된 하나의 큰 과제인지를 인식하는 일이 중요하다. 동시에 공간으로는 한국뿐 아니라 한반도와 동아시아, 나아가 전세계를 생각하면서, 시간상으로는 단기·중기·장기 차원의 과제를 식별하고 적절히 배합할 필요가 있다. 이때 '식별' 못지않게 '배합'이 중요하다. 단·중·장기 과제를 분류해서 단기과제부터 하나씩 수행해가자는 게 아니라 그 완성의 시점이 각기 다름을 인식하면서도 어떤 식으로 동시에 추진해야 최대한의 상승효과를 거둘지를 찾아내는, 그야말로 적공을 요하는 일이기 때문이다.[2]

아무튼 우리 사회의 혼란이 극에 달했으나 어디까지나 혼란이요 교착이지 '세월호 이전'으로의 복귀가 아니라는 점이 오히려 희망이다.[3] 교착과 혼란 자체를 환영할 일은 물론 아니지만, 체념을 거부하고 '일상'으로의 편안한 복귀를 거절하는 움직임이 곳곳에서 벌어지고 있다. "얼마나 쉬운지 모르겠다. / 희망이 없다고 말하는 것은. 어차피,라고 말하는 것은. 세상은 원래 이렇게 생겨먹었으니 더는 기대도 하지 않겠다고 말하는 것

---

2 시인 진은영은 세월호참사 이후 선거에서 '도와주세요' '살려주세요'라는 집권당의 호소가 상당정도 주효한 데 대해, "모든 힘의 관계를 시혜의 관계로 표상하도록 하는 언설들이 난무하는 순간, 우리는 베푸는 지배자, 약자들이 가여워 눈물 흘리는 인정 많은 권력자를 받드는 것이 최선의 선택이라고 생각하게 된다. (…) 물론 자리의 역전은 가능하다. 가령 우리는 유권자로서 선거기간 동안 우세할 수 있다. 그러나 모처럼 주어진 우세함은 합리적인 선택의 자리가 아니라 베품을 받았던 자의 반대 표상, 즉 베푸는 자의 자리가 된다"라고 하면서, "거룩한 선거에 정치적 의미를 돌려줄 수 있는 유일한 길은 선거로만 수렴되지 않는 정치적 활동을 활성화하는 것뿐이다. 우리는 선량함 밖으로 나아가 다른 활동의 기쁨을 느낄 수 있는 가능성을 사유해야 한다"라고 역설한다(진은영 「우리의 연민은 정오의 그림자처럼 짧고, 우리의 수치심은 자정의 그림자처럼 길다」, 『문학동네』 2014년 가을호 420면, 423면).
3 그 점에서 나는 "비극은 또다른 비극의 시작일 뿐"(이대근 칼럼 「우리는 어디까지 무너질 수 있나」, 『경향신문』 2014. 9. 4)이라는 단언이 적공과 전환의 가능성을 미리 차단하는 속단일 수 있다고 본다.

은. 내가 이미 이 세계를 향한 신뢰를 잃었다고 말하는 것은."[4] 그런 가운데 이렇게 토로하는 소설가 황정은(黃貞殷) 자신을 포함해서 수많은 시민들이 적공과 전환의 작업에 이미 나서고 있는 것이다.

나도 그 대열에 동참하려는데, 내 경우 2013년체제론에 대한 자기성찰에서 출발하는 것이 도리일 것 같다.

2. 2013년체제론에 대한 성찰

2013년체제 만들기의 취지

2013년 2월은 새 대통령이 새 정부를 출범시키는 때였다. 이 시기를 앞두고 단순한 정부교대 또는 정권교체에 만족하지 않고 6월항쟁이 일어난 1987년에 맞먹는 대전환을 소망한 것은 많은 국민이 공감한 바였다. 야당의 문재인(文在寅) 후보는 선거운동 기간에 '2013년체제'를 직접 거론했고, 박근혜(朴槿惠) 후보도 '단순한 정권교체를 넘어서는 시대교체'를 약속하면서 당선되었다. 물론 당선인의 체질로 보나 그 지지세력의 성격으로나 '시대교체' 약속을 이행할 가능성은 애초부터 적었다.[5] 그러나 의도적 기만책이든 자기최면이든 국민의 여망이 있기에 나온 약속이었고, 지금 우리는 시대교체가 이루어지지 못하면 국민이 불행해질 수밖에 없음

---

4 황정은 「가까스로, 인간」, 『문학동네』 2014년 가을호 447면.
5 박근혜 후보의 당선 직후만 해도 새 정부에 대한 기대는 적지 않았다. 『창작과비평』 2013년 봄호 좌담 「2012년과 2013년」(『백낙청 회화록』 제7권, 창비 2017에 수록)의 참석자들(김용구 백낙청 이상돈 이일영) 사이에도 기대하는 분위기가 역력했다. 나 자신은 박후보 반대에 나섰던 사람으로서 취임도 하기 전에 부정적 예단을 하는 게 도리가 아니라고 판단했기에 정권의 전망에 한두가지 토를 다는 데 그쳤지만(37~38면; 『백낙청 회화록』 제7권 107~109면), 돌이켜보면 당시의 우려가 대부분 현실화된 느낌이다.

을 체험학습 하는 중이다.

2013년체제론은 87년체제를 극복하려는 기획이지만 어디까지나 87년체제의 성과를 딛고 넘어서자는 것이었다.[6] 따라서 항쟁을 통해 한국사회가 확보한 선거공간을 활용하는 일이 당연했고, 6월항쟁 때처럼 길거리 싸움을 주요 수단으로 삼을 수는 없었다. '희망2013'이라는 구호에 선거를 의식한 '승리2012'라는 표어가 붙어 다닌 것도 그 때문인데, 동시에 '희망2013'을 향한 철저한 준비가 없으면 '승리2012' 자체를 기대하기 어렵다는 점을 강조했다. 나아가 4월 총선의 결정적 중요성에 주목하면서 나는 범야권의 총선승리가 대선승리의 전제조건임을 명시하기도 했다.

불행히도 그 진단은 적중했다. 총선에서 진 야권이 대선에서도 패한 것이다. 패인의 구체적인 분석은 전문가들에게 맡길 일이나, 한마디로 '희망2013'을 향한 적공이 부족했다고 할 수밖에 없다. 예컨대 2013년체제론에는 87년체제가 1961년 이래의 독재정권을 종식시킨 뒤에도 독재시대와 여전히 공유한 53년체제(정전협정체제이자 분단체제)라는 토대를 변화시켜야만 87년체제가 극복될 수 있다는 주장이 중요하게 포함되었지만, '2013년체제'를 구호로 채용한 인사들조차 그 점을 간과하기 일쑤였다. 그런데 이 주장은 분단시대의 역사에 대한 공부와 더불어 한국사회의 현실진단에서 남한사회를 기본 분석단위로 삼는 습성을 탈피할 것을 요구하는 것이었기에, 나아가 분단체제조차 최종적인 분석단위는 아니고 세계체제 위주로 사고하는 학문적 전환을 요구했기에, 단기간에 널리 공유되기 힘들었던 것이 사실이다.

---

6 87년체제에 관해서는 김종엽 엮음 『87년체제론: 민주화 이후 한국사회의 인식과 새 전망』, 창비담론총서 2, 창비 2009 참조.

『만들기』와 그 후속작업의 문제점들

2013년체제론이 너무 발본적인 성찰을 요구해서 공유되기 힘들었다고만 말한다면 남 탓이나 하는 꼴일 터이다. 실제로는 『만들기』뿐 아니라 이후의 자기교정 시도에서조차 논자 스스로 많은 문제점을 드러내면서 기획의 실패에 일조했음을 부인할 수 없다.

선거승리에 집착해서는 선거조차 이길 수 없다는 것이 『만들기』가 거듭 강조한 점이었다. 하지만 돌이켜보면 나 자신도 그런 집착이 없지 않았다. 예컨대 2013년체제론의 핵심개념에 해당하는 '변혁적 중도주의'는 『만들기』에서 거의 실종되다시피 했는데(81면에 딱 한번 언급됐음), 이는 선거의 해 2012년에 책을 내면서 일부러 선택한 방식이기도 했다. "'변혁'과 '중도주의'라는 얼핏 상충되는 개념들의 결합"[7]이 한반도 특유의 현실에 대한 공부심을 촉발하는 화두일지언정 선거구호로서는 무용지물이었기 때문이다.

바로 이런 집착의 다른 면일 테지만, 시대적 전환에 저항하는 기득권세력의 힘을 과소평가하는 어리석음도 보였다. 단적인 예로, 많은 사람들처럼 나도 서울시장 보궐선거에서 박원순(朴元淳) 후보가 당선된 데에 지나치게 고무되어 한나라당(후에 새누리당)의 박근혜 비상대책위원회가 발휘할 위력을 제대로 알아차리지 못했다. 정치의 문외한으로서 틀릴 수도 있지 않느냐고 위로해주는 분들도 없지 않다. 그러나 문외한이니까 입 다물고 '본전'을 챙길 권리는 있지만 공개적 발언이 틀렸을 때 책임이 따르는 점은 누구나 마찬가지이며, 더 중요한 것은 나를 포함한 많은 이들이 우리 사회의 막강한 수구·보수동맹에 대한 인식이 충분치 못했다는 점이다.

아무튼 '변혁적 중도주의'를 선거구호로 채택하지는 않더라도 되도록

---

7 졸저 『어디가 중도며 어째서 변혁인가』, 창비 2009, 제7장 「변혁과 중도를 다시 생각할 때」 178면.

많은 사람들이 그 화두를 들고 씨름하도록 하는 일은 중요했다. 변혁적 중도주의에 대해서는 뒤에 더 논하겠지만, 그것이 말하는 '변혁' 곧 한반도 분단체제의 극복과 이를 위한 '중도' 곧 폭넓은 개혁세력을 형성하는 일이 바로 '희망2013'의 요체였기 때문이다.

이는 또한 '승리2012'의 전제조건으로 떠오른 연합정치 문제를 올바로 풀어나가는 지침일 수도 있었다. 실제로 2012년 총선에서의 야권 선거연대는 이후 많은 비판의 대상이 되었다. 특히 선거 후 불거진 통합진보당 공천경선 시비와 분당 사태를 거치면서 '주사파와 손잡은 묻지 마 연대'로 도마에 올랐다. 그러나 총선 당시에는 통합진보당이 특정 정파 일변도의 당도 아니었거니와, 야권연대와 후보단일화는 2012년 총선에서도 2010년 지방선거 때처럼 다수 국민의 지상명령이나 다름없었다. 그렇다고는 해도 변혁적 중도주의 같은 연합정치의 철학이 확립되지 못했기 때문에, 그 철학을 공유할 수 있는 모든 정당·정파의 통합 또는 연합과 그에 미달하는 수준의 전술적 연대를 구별해줄 분명한 원칙이 없었고, 한결 당당하고 효율적인 연합정치를 실행하지 못했던 것이다.

어쨌든 나는 총선패배를 겪은 뒤에야 변혁적 중도주의 논의를 재개했다. 「2013년체제와 변혁적 중도주의」(본서 2부 8장)라는 글이 그것인데, 이는 총선에 지면 대선도 지리라는 자신의 예측을 어떻게든 뒤집어보려는 발버둥이기도 했다. 결과는 모두가 아는 대로지만, 글 자체의 문제점도 반추하지 않을 수 없다.

하나는 시의성 문제다. 2012년 초의 시점에서 변혁적 중도주의 논의가 선거에 부적합하다는 판단에 일리가 있었다면 대선을 코앞에 두고는 더욱이나 너무 늦은 시작이었다. 다른 하나는 마지막 절 '『안철수의 생각』에 대한 몇가지 생각: 마무리를 대신하여'의 경우다. 물론 안철수(安哲秀)씨가 아직 출마를 선언하지 않은 시점이고 더욱이나 출마 뒤 어떤 행보를 보일지 모르는 상황에서 확실한 전망이나 대안을 내놓는 일은 불가능했다. 그렇다고는 해도, "설령『생각』이 매우 훌륭한 '문서파일'이라 해도 어떤 성능의 '실행파일'이 딸렸는지는 문서만으로 판단할 수 없고 실행파일을 돌려봐야 알 수 있다"(본서 205면)라는 지적은 '평론가적' 발언으로 무난할지언정 실천 차원에서는 미흡하기 짝이 없었다. 하기는 그 시점에서 이미 안철수씨의 능력에 대해 엄혹한 평가를 내리면서 그의 출마 자체를 반대한 일각의 반응이 더 적절했는지는 의문이다. 이 또한 '평론가적' 발언으로서의 날카로움을 자랑할 수 있을지는 몰라도, 안철수의 출마를 통해 비로소 '박근혜 대세론'이 한풀 꺾이고 종국에 야당 단일후보가 48% 득표율이나마 올리는 길이 열린 점을 무시할 수 없기 때문이다.

3. 2014년의 대혼란에 이르기까지

'이것이 나라인가'

세월호참사를 겪으면서 여기저기서 들려온 것이 '이것이 나라인가'라는 물음이다. 세월호특별법 제정을 둘러싼 갈등에서 좁은 의미의 '나라', 곧 대통령과 정부가 보여준 행태에다가 세월호 이후에도 잇따라 터진 안전사고와 당국의 변함없는 무능·무책임으로 그 질문은 더욱 절실해졌다.

이를 계기로 국가가 도대체 무엇이며 국가주의의 폐단이 무엇인가 하는 근본적인 성찰을 수행하는 것도 필요한 적공의 일부다. 그러나 국가 또는 국가주의가 만악의 근원이라는 식의 단순논리로 치닫는다면 실다운 적공이 아닌 관념의 유희로 빠질 위험이 크다. 매사를 신자유주의 탓으로 돌리는 '신자유주의 타령'도 마찬가지다. 국가주의, 신자유주의 등이 구체적으로 어떤 작용을 하고 있으며 현시점에서 그러한 것들이 온전한 통일국가의 부재라든가 자유주의보다 더 낡은 '봉건적' 요소[8] 따위와 어떻게 결합해서 작용하고 있는가를 연마할 필요가 있다.

'대한민국이 곧 세월호'라는 등식도 안이한 단순화다. 물론 대한민국이 세월호를 얼마나 닮았는가에 대한 처절한 인식은 긴요하다. 예컨대 소설가 박민규(朴玟奎)가 우리의 처지를 '내릴 수 없는 배'를 탄 공동운명으로 규정하면서 세월호와의 닮은꼴들을 지적한 것은 곱씹어볼 만하다. "일본이 삼십육년간 운항하던 배였고 우리가 자력으로 구입한 선박이 아니었다. (⋯) 승전국이었던 미국은 군정을 통해 배의 평형수를 조절했고 배의 관리를 맡은 것은 예전부터 조타실과 기관실에서 일해온 선원들이었다. 그들은 자발적으로 밸로스터 밸브의 한쪽을 아예 비웠다. 평형수를 비우면 비우는 만큼, 배에 실을 수 있는 화물의 양은 증가했다. 적재와 적재와 적재와 적재⋯⋯ 우리는 그것을 기적이라 생각했다." 그리고 "기울어진 배에서 평생을 살아온 인간들에게//이 기울기는//안정적인 것이었다. 제대로 포박되지 않은 컨테이너처럼 쌓아올린 기득권과 기득권과 기득권과 기득권의 각도 역시 이 기울기와 각을 같이한 것이었다. (⋯) 당연히 문제가 많았으나 근본적인 수리를 한 적은 한번도 없었다. 땜빵과 땜빵과 땜빵과 땜빵⋯⋯ 그리고 어느 날//마치 이 배를 닮은 한척의 배가 침몰했다."[9]

작가의 이런 통찰에 공감할수록 우리는 두 선박의 닮음과 다름을 한층 정밀하게 분석할 필요가 있으며, 이 나라가 원래 어떤 나라이고 어떤 역사를 전개해왔는가, 그나마 좀 나아진 게 이런가, 아니면 이보다는 나았는데 어느 시기부터 더 나빠져서 이 지경이 되었는가 등을 따져야 한다. 그

---

8 예컨대 박창기 『혁신하라 한국경제: 이권공화국 대한민국의 경제개혁 플랜』, 창비 2012, 제12장 「재벌봉건체제론」 참조.
9 박민규 「눈먼 자들의 국가」, 『문학동네』 2014년 가을호 438~39면.

러한 인식을 위해 일단 87년 이후로 국한해서 종전의 대전환 시도로 어떤 것이 있었고 어떤 궤적을 보여주었는지를 검토해보자.

1987년 이후 전환의 시도들

박민규의 말대로 대한민국이라는 배가 "근본적인 수리를 한 적은 한 번도 없었"기는 하지만, 그나마 큰 폭의 수리를 하고 전환을 이룩한 것은 1987년 6월항쟁을 통해서였다. 앞선 4·19혁명이 미완으로 끝나고 5·18항쟁이 유혈진압을 당한 데 비해 이때의 전환은 '87년체제'라 불릴 정도로 지속성을 갖고 정착했다.

어쩌면 대전환의 가장 확실한 증거는, 대통령직선제가 부활한 뒤의 첫 선거에서 제5공화국의 핵심 인사였던 노태우(盧泰愚) 후보가 당선되었고 다음 대선에서는 3당합당을 통해 여권에 합류한 김영삼(金泳三) 후보가 선출되었음에도 87년체제가 출범하고 진행했다는 사실일 것이다. 이들 대통령의 개인적 체질이나 그 지지세력의 성향 차이에도 불구하고 두 정권 모두 87년이 이룩한 대전환의 물결을 타고 시대가 요구하는 변화를 상당부분 수행했던 것이다. 이 엄연한 사실을 외면하고 김대중(金大中)과 노무현(盧武鉉)의 '민주정부'만이 민주화를 수행한 것처럼 말하는 것은 나쁜 의미의 '진영논리'다. 나아가, 노태우·김영삼으로 대표되는 '보수의 시대'와 이명박(李明博) 이래로 민주당정권 10년을 부정하는 선을 넘어 87년 이전으로 돌아가려고 안간힘 쓰는 '반동(=역행)의 시대'를 식별할 기준을 스스로 내던져버리는 오류이기도 하다.

1998년 김대중정부 탄생에 이르러 87년의 민심이 요구했던 대전환에 한걸음 더 다가간 것은 사실이다. 물론 이 시기를 한국 신자유주의의 출범기로 보는 견해도 없지 않다. 당시로는 IMF관리를 벗어나는 일이 급선무였고 그 과정에서 IMF가 요구하는 각종 조치들을 수용했기 때문이다.

하지만 김대중정부가 수용한 IMF 측 요구에는 관치금융의 개혁처럼 실제로 필요한 구자유주의적 개혁도 포함되었음을 간과해서는 안 된다. 실은 그렇게 하고도 한국사회의 '봉건적' 이권경제를 청산하는 데 미흡했기 때문에 신자유주의의 횡포가 오히려 가중된 면도 있다. 게다가 세계적으로 신자유주의의 주된 타격목표인 사회복지가 한국에서는 그나마 확대된 것이 이때였다. 물론 최소한의 복지는 신자유주의의 원활한 작동을 위해서도 필요한 것이지만, 김대중정부의 복지 확대는 신자유주의에 맞춘 '최소한'이라기보다 박정희(朴正熙)시대에 시작한 몇가지 초보적 조치 외에 워낙 아무것도 없다시피 한 상태에서 출발한 한정된 결과라고 보는 게 맞지 싶다.

'진보적' 사회과학자들의 논의에서 곧잘 간과되는 또 한가지는 김대중정부가 경제위기 극복을 남북관계의 새로운 돌파와 연결시켰다는 사실이다. 이는 이명박정부가 2008년의 경제위기에 대응한 방식과 너무도 대조적인데, 김대중정부는 동독 멸망 이후 김영삼정부 아래서 부풀었던 흡수통일의 헛꿈을 접고 2000년 남북정상회담과 6·15공동선언을 통해 남북화해와 협력의 길을 엶으로써 스스로 공안통치의 명분을 줄이고 신자유주의의 압력을 더는 방식을 택했던 것이다.[10] 이로써 87년체제의 성립과 더불어 흔들리던 분단체제는 다음 단계로의 전환을 내다볼 수 있는 지점까지 왔다.

하지만 87년체제를 넘어서는 대전환으로 나아가지 못한 것 또한 분명하다. 원래 분단체제는 남북관계뿐 아니라 남북 각기의 내부조건 그리고 한반도를 둘러싼 국제관계 등이 맞물린 복합적인 구조이기 때문에 그 모

---

10 1997년과 2000년의 관계, 그리고 김대중과 이명박 정부의 경제위기 대응방식의 차이에 관해 『어디가 중도며 어째서 변혁인가』, 제13장 「2009년 분단현실의 한 성찰」 278~79면 참조.

든 방면에서 진전이 종합적으로 이루어지지 않고서는(문자 그대로 동시적일 필요는 없지만) 극복 단계로 들어설 수 없다. 그런데 6·15 이후 미국의 부시 행정부 등장으로 남북관계가 발목을 잡혔고 국내에서도 DJP연합의 붕괴 등 수구세력의 반발이 만만치 않았다. 하지만 남북관계는 우여곡절을 거치면서도 전진을 계속했고 이에 따라 수구·보수동맹의 응집력이 약화되는 면도 보였다. 그런 가운데 국내에서는 이른바 4대 부문 개혁이 추진되었는데 집권세력이 이들 개혁을 좀더 내실있게 마무리할 공력을 갖추었더라면 87년체제극복에 한결 근접했을 것이다.

이렇듯 고르지 못한 개혁성과와 구시대 정치의 폐습에 물든 집권세력의 부패사건 등으로 민주화세력의 재집권은 거의 불가능해 보였다. 그러나 87년체제의 동력을 그런대로 보존하고 확대한 실적이 있었고 시대전환에 대한 국민의 열망이 뜨거웠기에 '참여정부'의 탄생이 가능했다. (물론 노무현 후보의 담대한 개인기도 한 요인이었다.) 그리고 이른바 3김시대를 청산하고 반칙과 특권 없는 사회를 만든다는 새 정부의 의제들은 대부분 김대중정부에 비해 발본적인 성격이었다. 다만 적공이라는 면에서는 오히려 한참 부족함이 드러났고, 많은 업적에도 불구하고 2006년 지방선거 참패가 상징하듯 소기의 대전환에 실패하고 말았다.

87년체제의 말기국면은 이때 시작했던 것이다. 물론 선거참패의 뿌리는 대통령 자신에 의한 여당분열 등에서 이미 심어졌고, 2005년 남북관계의 획기적 진전과 9·19공동성명을 성사시킨 외교성과로 마련된 동력은 '대연정' 제의라는 엉뚱한 몸짓으로 크게 훼손되었다. 그 결과 2007년 대선에서는 1997년 금융위기 이래로 빈곤을 벗어나본 일이 없는 서민층과 그동안 정권밖에는 잃은 것이 없었던 기득권세력 간에 일종의 '국민연대'가 형성되었고 이명박 후보가 압승했다. 이로써 87년체제의 말기적 혼란이 더욱 가중되었지만, "이명박정부가 비판받아야 할 점은 이런 혼란을 처음으로 일으켰다는 것이 아니라, 2008년을 '선진화 원년'으로 삼겠다는 이명박씨의 약속이 애당초 실현성도 없고 시대정신에도 어긋나는 발상이 었던데다가, 실제로 87년체제의 말기국면을 더욱 연장하고 그 혼란상을 '재앙' 수준으로 확대했다는 점"(『만들기』51면)이다.

국민은 그런 양면을 직감하고 있었기에, 한편으로 MB정부 이후의 진정한 전환을 갈망하면서도 다른 한편으로 적공 부족의 야권을 신임하기보다 공력이 더 있어 보이고 실제로 선거운동 능력이 탁월한 여당 박근혜 후보의 '시대교체' 약속을 선호하는 '안전한 선택'을 했다. 결국 이것이 또 한차례 "87년체제의 말기국면을 더욱 연장하고 그 혼란상을 '재앙' 수준으로 확대"하는 오판이었고 '눈먼 자들의 국가'를 지속시킨 '눈먼' 선택이었음이 시간이 흐를수록 명백해지는 것 같다.

결손국가: 간추린 역사

이제 87년 이전으로 눈을 돌려보자. 이는 대한민국이 원래 어떤 나라였으며 지금은 어떤 나라인가라는 질문을 되새기는 방법이기도 하다.

분단체제론에 따르면 대한민국은(조선민주주의인민공화국도 그렇지만) 분단되지 않은 나라들과 달리 분단체제라는 중간항의 매개를 거쳐서야 근대세계의 '국가간체제'(interstate system)에 참여하는 변칙적인 단위다. 여기에 결손국가라는 용어를 쓰면 대한민국을 부정하는 비(非)애국 (내지 종북) 행위라고 분개하는 이들이 있지만, 결손국가는 1948년 대한민국 정부 출범 당시에 어느정도 보편화되어 있던 인식이다.[11] 아니, 지금

---

11 1948년 정부수립('건국'이라 하지 않았음!) 기념행사를 주관한 '국민축하준비위원회'의 현상모집에서 1등 없는 2등으로 선정된 표어가 "오늘은 정부수립 내일은 남북통일"이었다. 홍석률 「대한민국 60년의 안과 밖, 그리고 정체성」, 『창작과비평』 2008년 봄호 53면(국사편찬위원회 간행 『자료 대한민국사』 7권, 1974, 811~39면을 근거로 제시했음).

도 대한민국은 헌법 제3조의 영토조항이 지켜지지 않는(따라서 국제적으로 공인된 국경선에 중대한 공백이 있는) 결손상태를 겪고 있다.

결손국가와 **불량국가**는 별개의 개념이다. 결손가정이 반드시 불량가정은 아닌 것과 같은 이치다. 다만 내가 보건대 4·19혁명 이전의 대한민국은 **결손국가인 동시에 불량국가**였다. 이승만(李承晩) 대통령이 독재를 해서만이 아니라, 그 정권이 독재정권으로서도 무능하고 지리멸렬한 정권이었으며 이 시기의 대한민국 자체가 국가세입의 큰 부분을 미국 원조에 의존하면서 국가운영도 미국 고문관들의 현장개입에 좌우되기 일쑤였기 때문이다.

그 점에서 박정희시대에 대한 나의 평가는 좀 다르다.[12] 5·16은 민주헌정을 파괴한 군사정변임이 분명하고 박정희는 1972년의 두번째 쿠데타를 통해 이승만보다 훨씬 엄혹한 독재로 치달았지만, 5·16이 무능하고 부패한 자유당정권에 대한 4·19의 단죄를 계승한 면도 없지 않았다. 실제로 4·19 이전에 박정희 소장 스스로 반이승만 쿠데타를 계획했던 것으로 알려져 있기도 하다. 어쨌든 그는 군대복귀 약속을 뒤집기는 했지만, 1963년에 헌정이 복원된 상태에서 직접선거를 거쳐 대통령이 되었으며, 선거기간에 '색깔공세'를 편 것은 오히려 윤보선(尹潽善) 후보였다. 물론 제3공화국 아래서도 인권탄압과 용공조작 등 불량정치가 자행되었지만, 유신선포 이후와는 다른 수준이었고, 경제발전과 통치체계 정비 등으로 대한민국이 불량국가의 티를 어느정도 벗어난 것은 이 시기가 아니었나 생각된다. 박정희시대 및 박정희 나름의 이러한 업적을 오히려 흐려가면서 박정희와 이승만을 한 묶음으로 찬미하는 경향은 박정희시대의 이데올로기

---

12 이에 관해 졸고 「박정희시대를 어떻게 생각할까」, 『한반도식 통일, 현재진행형』, 창비 2006 및 백낙청·안병직 대담 「한반도의 미래에 대한 국민통합적 인식은 가능한가」, 『時代精神』 2010년 봄호 298~301면의 이승만과 박정희에 대한 비교 참조.

가 아니었고 이명박과 박근혜의 시대, 길게 잡아도 이른바 뉴라이트가 대두하던 시기의 특징적 현상이다.

대한민국의 획기적 개량은 물론 6월항쟁을 통해 이루어졌다. 그 결과로 87년체제라는 한결 나아진 사회가 출범했다. 그러나 이때도 결손국가의 결손상태에 대한 '근본적인 수리'는 행해지지 않았다. 이처럼 개량은 되었지만 여전히 위태로운 체제가 제때에 새로운 전환을 이룩하지 못하고 이명박과 박근혜 정권 아래 역주행을 거듭하면서 불량국가의 면모가 다시 두드러지게 된 것이 오늘의 현실이다. 세월호참사 이후 '도대체 이것이 나라냐'라는 물음이 퍼진 것은 국민이 이를 실감하고 있음을 말해준다.

이 물음에 대한 나의 답을 짧게 요약한다면 세마디가 될 것이다. 첫째, 원래 별로 나라답지 못하던 나라를 국민이 피 흘리고 땀 흘려 한결 살 만하게 만들어놨다. 둘째, 그것이 근년에 와서 도로 망가진 면이 많아졌다. 셋째, 그래도 아직 더 망가질 여지가 충분히 있는 나라다.

따라서 이제는 바닥을 쳤다고 안도할 일도 아니고 구제불능이라고 절망할 일도 아닌 것이다.

4. '3대 위기' 재론

이명박정부 첫해를 거치면서 김대중 전 대통령은 '민주주의의 위기, 중산층과 서민경제의 위기, 남북관계의 위기'라는 3대 위기를 경고했다. 이를 두고 '보수정권'에 대한 '진보' 쪽의 파당적 비판이었다는 시각도 있겠지만, 이명박정부가 노태우·김영삼 정부 같은 '보수정부'라기보다 87년체제의 큰 흐름을 되돌리는 '반동의 시대'로 들어서고 있음을 간파했다고 보는 게 옳을 듯하다. 불행히도 그의 경고는 적중했다. 게다가 이른바

'4대강살리기 사업'에 의한 전대미문의 국토파괴라는 제4의 위기도 겹쳤다. 박근혜정부에 들어와서 이들 위기가 얼마나 나아졌는지, 또는 도리어 가중되고 있는지를 냉정히 파악하는 일이야말로 시대가 요구하는 적공의 일부라 생각된다. 그러한 현실진단과 함께 우리의 대응책에서 단기·중기·장기 과제를 배합하는 일에 초점을 두고 살펴볼까 한다.

민주주의의 위기와 '진영논리'

한국 민주주의의 위기는 박근혜정부 2년차를 통과하면서 더욱 심화되었다는 것이 많은 사람의 진단이다. 공정한 법집행과 국민의 기본권 존중 등 민주주의의 초보적인 원칙마저 날로 훼손되고 있다. 박근혜 대통령과 이명박 대통령 중에 누가 더 잘못하고 있느냐를 따지려는 게 아니다. 박근혜정부는 이명박정부 5년을 통해 자유와 민주주의의 훼손이 한껏 진행된 결과를 딛고 출발했기에 앞선 정부보다 한결 수월하게 반민주적 행태를 자행하게 된 것이다.

그러한 행태를 하나하나 열거할 필요는 없으리라 본다. 그보다는 87년체제가 이룩한 불충분한 민주주의마저 이곳저곳에서 역전되는 현실인데도 어째서 '민주 대 반민주'의 구도가 한국정치에서 작동하지 못하는가를 살펴봄직하다. 이 구도가 힘을 잃은 지는 오래며, 오히려 야당에 '독약'이 되고 있다는 진단이 나온다. "민주당이 수십년째 신봉해오고 있는 '민주 대 반민주'라는 신념이자 구호는 민주당에 '독약'이 되고 있다. 설사 이런 이분법 구도에서 민주 쪽에 속한 사람일지라도, 민주당을 지지하면 '민주'요 반대편을 지지하면 '반민주'라는 도식은 시대착오적인 정도를 넘어 속된 말로 '찌질'하다고 생각한다."[13]

---

13 강준만 『싸가지 없는 진보: 진보의 최후 집권 전략』, 인물과사상사 2014, 200면.

강준만(康俊晚) 교수 자신도 예의 대립구도를 전면 부정하는 것은 아니다. 다만 이 구도가 통하는 경우에조차 민주당(새정치민주연합) 지지가 곧 '민주'라는 발상은 청산해야 한다는 것이며, 이 자기만족적 발상에서 온갖 '싸가지 없는' 행태가 나와서 선거에서의 잇따른 패배를 자초한다는 것이다. 이는 야당 집권전략의 치명적 약점을 찌른 말이다. 다만 예절과 '싸가지'의 문제로 접근해서 해결책이 나올지는 의문이다. 강교수도 지적하듯이 싸가지 없는 행태는 상당부분 잘못된 구도에서 파생하는데 그것이 어떻게 얼마나 잘못된 구도이며 어떤 대안이 가능한지를 더 정밀히 따져볼 필요가 있다.

'민주 대 반민주' 구도가 선거패배에 오히려 기여한다면 적어도 단기 전략으로 잘못 설정된 구도임이 분명하다. 그러나 이는 여당(새누리당)인사들이 곧잘 주장하듯이 우리가 민주화를 벌써 이루었으므로 이제는 오로지 '민생'을 챙길 일만 남았기 때문이 아니라, '민주 대 반민주'의 내용이 '독재타도 대 독재유지'에서 '민주화의 새로운 진전 대 민주주의 퇴보'로 바뀌었기 때문이다. 따라서 '민주'에 해당하는 세력도 과거의 반독재운동가들이나 반독재투쟁 전통의 계승자를 자처하는 오늘의 야당과 동일시할 수 없고, '민주'의 방법 또한 훨씬 다양하고 유연하며 '싸가지'가 있어야 하게 되었다. '민주'의 그러한 재정의와 재편(및 확장)이 없이는 '정쟁 대 민생'이라는 기만적 프레임 앞에서 번번이 패퇴하기 마련이다.

'민주 대 반민주' 구도가 호응을 못 받는 또 하나의 이유는 국민이 일체의 '편가르기' 또는 '진영논리'에 식상해 있기 때문이다. 바로 그 까닭에 반민주적 행태를 규탄하는 정치인보다 아무런 적공도 전환의지도 없이 '사회대통합' '100% 국민통합' 따위를 호언하는 정치인이 득세하기 일쑤다. 2007년의 이명박 후보가 그랬고 2012년의 박근혜 후보가 그랬으며, 민주세력이 '반민주'의 문제를 달리 제기하는 방안을 찾아내지 못하는 한 앞으로도 그런 거짓 공약으로 당선되어 사회분열을 더욱 심화시키는 현상이 지속될 것이다. 이런 경우야말로 단기·중기·장기 과제를 정확히 식별해서 슬기롭게 배합하는 일이 절실한 예다.

먼저, '100% 국민통합'은 허상일 뿐 아니라 위험한 발상이다. 아주 장기적인 비전으로는 (대한민국이나 한민족이 아닌) 인류사회의 조화로운 삶, 그런 의미로 100%는 아니지만 꽤 높은 수준의 통합을 꿈꿀 수 있다. 이는 여러가지 여건을 감안한 종합적이고 원대한 설계를 요하는바, 정치인도 자기 나름의 원대한 꿈을 갖고 한국사회의 일정한 사회통합을 제창할 수는 있다. 그러나 현존 87년체제, 특히 그 말기국면에서 그것을 당장 실행하는 길은 없다는 사실을 직시해야 한다. 한국사회의 통합은 새로운 대전환을 수반할 **중기적** 과제로 설정하는 것만이 정직하고 현실적이다. 『만들기』에서 사회통합을 우리 사회의 절실한 현안으로 제기하면서도 본격적 통합은 당장에 실현할 과제라기보다 '2013년체제의 숙제'로 남겨둘 수밖에 없다고 했던 것도 그런 뜻이다. 하지만 그러다보면 사회통합에 반대하고 권력쟁취에 급급한 싸움꾼으로 몰리는 난관에 부닥친다. 말하자면 일종의 진영대결에서 이겨야 비로소 통합의 숙제를 풀 수 있는데, 그 싸움이 '진영논리'에 빠진 싸움이 아니며 추진자들이 "싸우기만 하고 선거에서 이길 생각만 하는 집단이 아니라 통합을 능히 이룩할 세력임을 미리 보여줄 수 있어야 하는 것이다."[14]

실제로 우리 사회의 '진영' 문제는 정말 제대로 따져볼 사안이다. 오늘날 진영논리가 비판받아야 하는 이유가 우리 사회에 진영이랄 것이 없기 때문이라 믿는다면 그것이야말로 엄청난 착각이다. 결손국가이자 분단체제의 일환인 한국사회는 '정상적'인 사회들이 보여주는 '보수 대 진보'

---

14 졸고 「사회통합, 불가능한 일은 아니다」, 『창비주간논평』 2013. 12. 27(http://weekly. changbi.com/?p=1609&cat=5); 본서 406면.

의 대립구도가 성립되기 이전의 상태인 대신에, 분단체제의 수구적 기득권세력이 상당수의 진정한 보수주의자마저 포섭해서 막강한 성채를 구축하고 있는 특이한 현실이다. 그 정치적 집결체인 새누리당은 현직 대통령과 국회의원 과반수 등 선출직은 물론, 관료와 군부, 검찰과 사법부 등의 비선출 권력기구와 경제계, 언론계, 종교계, 법조계, 학계 등 사회의 유리한 고지를 대부분 선점하고 있다. 여기서 간과하지 말아야 할 점은 이들이 단순한 국내세력만이 아니라는 사실이다. 세계자본과 직접 연계된 대기업들은 더 말할 나위 없고, 심지어 학계처럼 객관적인 진리탐구를 표방하는 영역에서도 미국의 주류학계와 그들이 전파하는 각종 이데올로기의 영향력이 압도적이다. 이는 연구비나 출세기회에 매달려 학자의 양심을 파는 (결코 드물지 않은) 행태와도 또다른 문제로서, 이런 현실에 대한 분석과 대응 또한 시대가 요구하는 적공·전환의 일부다.

여기서 '극우세력' 문제를 잠시 들여다볼 필요가 있다. 수구·보수동맹이, 수구세력이 진성 보수주의자들마저 포섭한 거대카르텔이라고 할 때, '수구'는 이념상의 '극우'와 구별되어야 한다. 수구세력 대다수는 이념을 초월하여 자신의 기득권을 지키는 데 골몰한 인사들이지, 극우 이념의 진정한 신봉자는 소수라 봐야 하기 때문이다. 다만 분단이 고착화되는 과정에서는 극심한 이념대립이 극우분자에 대한 기득권층의 의존도를 높였고, 87년체제의 말기국면에 이르러 색깔공세 말고는 기득권 수호의 명분이 희박해졌다. 극우가 '장사가 되는' 세월이 다시 찾아온 것이다. 이에 이념적 극우 이외에 생계형 또는 출세지향형 극우마저 창궐하게 되었다.

그렇다면 이에 맞설 진영을 어디서 찾을까? 무엇보다 긴요한 것은 이 수구·극우·보수동맹의 거대진영에 맞서 일대일의 '진영대립'을 구성할 만한 다른 진영이 없다는 점을 인식하는 일이다. 저 막강한 성채에 균열이라도 일으키라고 국민이 차려준 진지 몇개가 여기저기 있는 정도다. 그런 지형에서 진지조차 없는 대중이 광장이나 SNS에 모여 이따금씩 함성을 지르고 때로는 개인이나 사회단체를 통해 목소리를 내고 있다. 그런데도 야당이 마치 자기네도 하나의 진영을 갖춘 듯이 편가르기로 나서다가는 국민의 빈축을 사기 십상이며, '진영논리를 벗어나 국민통합을 이룩하자'는 기득권진영의 그럴듯한 구호 앞에 깨지기 마련이다. 더 나쁘게 보면, 그나마 진지를 보유한 처지에 안주하여 싸움을 피하거나 건성으로 싸우는 국민배신 행위가 된다. '민주당도 기득권화되었다'는 말이 파다한 것도 그 때문인데, 새정치민주연합의 입장에서 이런 비판을 상쇄해줄 최대의 무기로 '민주 대 반민주' 구도가 동원되는 것이다. 그러나 야당의 '기득권화'를 두고 그들이 곧 성채 안으로 들어가 수구세력과 공동지배를 하고 있다고 보는 것 또한 착각이다. 어디까지나 성채 언저리의 부차적 기득권집단이요, 그런 집단으로서의 알량한 기득권을 대단한 것인 양 생각하는 딱한 인사들이 너무 흔할 따름이다.[15]

제1야당 말고도 싸움을 제대로 못해서 — 더러는 싸우지 말아야 할 때와 장소를 골라 싸움을 겪으로써 — 수구세력을 오히려 돕는 사례가 많다. 대기업이나 공기업 노조들이 영세 자영업자와 비정규직의 삶에 무관심한 채 자기네 기득권 지키기 싸움(및 담합)에 열중한다든가, 과격한 단순논리로 무장한 일부 '진보정당' 또는 '진보논객'들이 국민으로부터 외면당하면서 수구·보수진영의 지배를 오히려 거들어주는 경우가 그런 예일 것이다. 다만 이 경우에도 거대한 진영을 갖춘 정통 수구세력과 이들을 동일시할 일은 아니다. 그들이 어떻게 결과적으로 수구적인 작용을 하는지에 대한 정교한 분석과 적절한 대응이 요구되는데, 이때 수구·보수동맹 외에는 따로 진영이랄 것도 없게 된 분단한국 특유의 현실에 대한 과

---

15 물론 생계형, 출세지향형은 극좌에도 있다. 지금이 그들의 세상이 아닐 뿐이다.

학적 인식이 요구된다.

과격하고 편협한 진보가 도리어 보수의 헤게모니 연장에 일조하는 사태는 물론 어느 나라에나 있다. 그러나 한반도에서는 공산주의와 반공주의를 각기 표방하는 남북의 지배세력이 대결하는 가운데 내부 지배력을 서로 강화해주는 묘한 공생관계가 작용하는데다 남쪽에서는 진보주의가 북한에 대한 태도를 중심으로 분열하면서 제각각의 단순논리로 치닫는 현상이 발생했다. 곧, 한편으로 북측 정권도 분단체제의 일익이라는 인식이 결여된 채 그들이 표방하는 자주통일노선을 진보의 최고 척도로 보는 '민족해방'의 논리가 있는가 하면, 북측의 현실이 같은 분단체제 속에 사는 우리에게 남의 일이 아니라는 인식 없이 그 반민주·반민중적 면모를 강조하고 분단 안 된 선진국들의 '좌파적' 의제에 몰두하는 또다른 단순논리가 성행한다. 그리하여 둘다 '의도와 달리' 분단체제의 기득권세력을 굳혀주는 '수구적' 효력을 발휘한다. 그러나 이런 통찰이 거대야당과 군소야당, 진보운동 들의 다양한 자살골을 느긋하게 즐기며 그때그때 유도하기도 하는 진짜 수구진영의 존재에 대한 인식을 흐려놓아서는 안 될 것이다. 남한 현실의 파악에서 세계적인 시각과 더불어 한반도적 시각이 중요한 까닭이기도 하다.[16]

이 싸움에서 단기적 과제와 중기적 과제를 혼동하지 말아야 할 예로 최근 부쩍 눈길을 끄는 개헌문제를 들 수 있다. 87년 헌법을 시대의 요구에 맞게 개정하는 일이 87년체제극복의 중요한 일부임은 더 말할 나위 없다. 그러나 이는 최소한 2016년 총선을 통해 '87년체제 이후'로의 전환에 대한 국민적 의지가 확인되었을 때나 실현 가능한 과제로, 지금 상황에서

---

16 김대호 사회디자인연구소장 인터뷰 「진보, 의도와는 달리 수구반동, 이 사실 모르는 게 비극」, 『오마이뉴스』 2014. 10. 6(http://www.ohmynews.com/NWS_Web/View/at_pg.aspx?CNTN_CD=A0002039894) 참조.

'제왕적 대통령'을 견제한다는 명분으로 87년체제 최대의 기득권집단 가운데 하나인 국회의원들끼리 추진하는 개헌이라면 기득권자들의 담합 이상이 되기 어렵다. 현행 헌법 아래서도 가능하고, 헌법개정을 할 때 반드시 수반되어야 할 선거제도 개혁은 외면한 채 이원집정제 또는 내각제 개헌을 하자는 발상이 바로 그렇다. 그것보다는 승자독식제 완화와 대통령의 임의적 인사권 행사 견제, 국회 개혁, 지방분권 강화 등에서 당장에도 가능한 성과를 내도록 최선을 다해야 하고, 그러면서 한층 민주적인 권력구조를 향한 여러 방안을 공론화하여 2016년 총선 이후에 제대로 된 헌법개정을 한다는 중기적 목표를 세우는 것이 정도(正道)일 것이다.[17] 반면에 중기적 과제로서의 개헌을 지금 논의하는 것조차 대통령이 방해하는 것 또한 '제왕적'(또는 '제왕 지망적') 작태를 다시 한번 보여주는 것밖에 안 된다.

요약하자면 '더 좋은 대의정치'를 통해 민주주의를 증진하고 사회통합을 추구하는 작업이 중기적 목표가 되고, 그동안 진행된 민주주의의 역전을 저지하며 새로운 반전을 만들어낼 기회를 잡는 일이 단기적 목표가 되는 셈이다. 효율적인 싸움을 위해 단기·중기 목표의 식별과 적절한 배합이 필요함을 강조했는데, 덧붙일 점은 **장기적** 목표를 올바로 설정하고 이를 중·단기 과제와 결합하는 일도 못지않게 중요하다는 것이다. 예컨대 이상적인 대의민주주의가 최종적인 목표인지 아니면 그보다 더 발본적인 '민(民)의 자치', 곧 전지구적 차원의 전면적 주민자치를 지향할지를 숙고할 일이다.

이것이 절박한 싸움터에 공연히 원대한 이야기를 끌어들이는 한가한 짓거리로 비칠지 모른다. 그러나 무엇을 최고의 지향점으로 잡느냐에 따

---

17 이런 주장의 한 예로 김남국 「개헌은 언제 무엇을 위해 필요한가?」(『한겨레』 2014. 11. 3) 참조.

라 단기적으로 벌어지는 여러 노력에 대한 평가도 달라진다. 예컨대 지방자치의 실질화를 위한 각종 풀뿌리운동은 '민의 자치'가 이상적 대의민주주의의 보완재(補完財)라기보다 인류가 공유할 꿈이라고 할 때 더욱 힘을 얻게 마련이다. 밀양송전탑 반대운동이나 제주도 강정마을의 주민운동도 국가권력에 대한 일부 주민의 과도한 반발과는 전혀 다른 의미를 띠게 된다. 다만 '이상적인 대의정치'보다 '민의 자치'가 왜 더 바람직한지, 바람직하더라도 어떻게 가능할지, 그 가능성을 열어주는 세계체제 차원의 어떤 변화가 진행 중인지 등에 대한 독실한 연마가 뒷받침해줘야만 한다. 그럴 때 '주민참여의 상대적 확대'와 '더 나은 대의정치 구현'이라는 중기적 목표와의 한층 착실한 결합도 가능해질 것이다.[18]

민생의 위기와 '민생 프레임'

박근혜 후보가 애시당초 정치적 민주주의에 대해 별 관심이 없었던 데 비해 민생위기 해결과 '경제민주화'는 그의 핵심 선거공약이었다. 그만큼 김대중 전 대통령이 경고한 '중산층과 서민경제의 위기'가 이명박시대에 심각해졌다는 증거일 것이다. 그런데 취임 이후 그의 잇따른 공약파기 탓도 있지만, 어쨌든 서민경제가 나아진 조짐은 없고 이명박식 '대기업 프렌들리' 정책으로의 전환에도 불구하고 이제는 수출전망을 포함한 한국경제의 전체적 위기를 염려하는 목소리마저 들리게 되었다. 이 경우에도 딱히 박근혜 개인이 이명박보다 더 반민생적이어서라기보다 전환이 이루어질 시기에 그것을 이루지 못하면 현상유지가 아닌 사태악화가 도래한

---

18 굳이 부연한다면 '단기' '중기' '장기'는 상대적인 개념들이다. 예컨대 당장에 이룰 수도 있는 과제를 '단기'라 부르고 인류 차원의 궁극적 목표를 '장기'라 부르면 그 중간의 모든 것이 '중기'에 해당하지만, 당장은 아니고 수년의 적공을 통해 이룩할 만한 것들을 '중기'로 한정한다면 그 이상의 과제는 여러 다른 차원의 '장기' 과제가 된다.

다는 교훈에 해당할 것이다.

경제와 복지정책에 문외한인 나로서 그 문제들을 자세히 거론할 생각은 없다. 그보다는 본고의 논지대로 민생의 위기가 다른 위기들과 유기적으로 연관됨을 인식하며 장·중·단기 목표를 배합하고 한반도와 동아시아 지역 및 지구 전체를 동시에 생각하는 자세의 중요성을 강조하는 데 치중하고자 한다.

박근혜정부의 경제민주화 포기가 민주주의 전반에 대한 경시와 역행에 밀접히 연관됨은 새삼 설명할 필요가 없다. 민의와 민주적 절차를 존중하는 정부라면 이처럼 공공연하고 일방적으로 경제정책을 바꾸면서 '믿거나 말거나' 식의 둘러대기로 넘어가지 못했을 것이다.[19] 민생의 악화는 남북관계의 위기와도 직결된바, 남북경협과 유라시아대륙으로의 진출이라는 한국경제 고유의 가능성이 대북강경노선(내지 관리능력 부재)에 여전히 막혀 있고 천안함사건 이후 5·24조치의 자해(自害) 효과가 지속되고 있다.

동시에 한국경제의 현황은 한반도 차원뿐 아니라 동아시아 지역, 나아가 세계경제 차원과 직결되어 있다. 세계경제의 파급효과는 정부 당국에서도 서민경제 위기의 책임을 전가하거나 대기업 위주의 정책을 변호하는 논리로 곧잘 들먹이곤 한다. 물론 전혀 근거없는 이야기는 아니다. 그 점마저 무시한 채 매사를 정부 책임으로 돌린다든가 경제는 제쳐두고 민주주의만 외쳐대서는 '민생을 외면한 정쟁'이라는 역공에 걸려들게 마련이다. 따라서 단기적으로 서민생활의 어려움 가운데 어디까지가 세계적

---

19 87년체제가 '정치적 민주주의'를 이루었지만 '경제사회적 민주주의' 달성에 실패했다는 일부 진보파 논객의 주장은 그러한 유기적 연관성을 놓치고 '정쟁보다 민생'이라는 프레임을 도리어 강화하는 면이 있다. 87년체제는 정치적 기본권 신장에 크게 기여함으로써 — 87년 7, 8월 노동자대투쟁과 일련의 이후 상황 전개에서 보듯이 — 경제의 민주화와 지속적 발전에도 획기적인 전환점을 마련했다.

불황 탓이고 어디까지가 예컨대 중국의 성장둔화(또는 기술경쟁력 강화) 탓이며 어디서부터는 그런 세계적·지역적 여건 속에서도 정부와 기업 및 여타 경제주체들이 능히 타개할 수 있는 것조차 못하는 탓인지를 정밀하게 분석해야 한다. 나아가 타개를 위한 중기적 전략을 세우면서 장기적으로는 어떤 경제생활, 어떤 지구적 경제를 지향할지를 아울러 연마할 필요가 있다. 이와 관련해서 나는 한국인의 입장에서 경제성장 자체를 부정하기보다 "현존 세계체제에 대한 적응과 극복의 '이중과제' 수행이 요구하는 만큼의 적당한 성장, 그런 의미에서 공격적이라기보다 방어적인 성장으로 패러다임을 바꾸어나가야"[20] 한다고 주장한 바 있는데, 전문성을 갖춘 분들에 의한 진지한 토론이 있기 바란다. 다만 성장을 위해 전력투구를 해도 모자랄 판에 처음부터 '적당한 성장'을 겨냥해서 무엇이 되겠느냐는 반론이라면, 정신없이 전력투구만 해대는 것이 장기적으로 허망한 전략일 뿐 아니라 중·단기적으로 현명한 선택을 하는 데도 불리함을 상기시키고자 한다.

물질적 불평등 문제와 관련해서도 발본적이면서 복합적인 시각이 요구된다. 한국에서 빈부의 양극화는 단기적으로 높은 자살률과 실업률 등 심각한 민생문제를 낳을 뿐 아니라 내수경제의 둔화 등 경제성장에도 역효과를 내고 각종 사회비용을 키우고 있다. 그런데 이것이 한국뿐 아니라 일본이나 중국같이 비교적 성공적인 경제를 이룩한 지역국가들과 여전히 세계경제의 중심인 미국에서도 벌어지는 현상이라면, 중기적으로 한국이 국내정책뿐 아니라 국제무대에서 신자유주의의 대세에 순응하는 길을 택할지 말지를 심각하게 고민하지 않을 수 없다. 나아가 자본주의 세계체제가 도대체 양극화를 막을 수 있는 체제인지, 적어도 일정정도 이상의 빈

---

20 『만들기』 77면. '이중과제'에 관해서는 이남주 엮음 『이중과제론: 근대적응과 근대극복의 이중과제』, 창비담론총서 1, 창비 2009 참조.

부격차가 있어야 작동하는 그 체제가 자신의 붕괴를 피할 만한 수준에 빈부격차를 묶어둘 능력을 보유하고 있는지,[21] 만약에 아니라면 우리는 어떤 대안사회를 지향하고 설계할지 등 궁구하고 연마해야 할 장기적 과제에 마주치게 된다.

길게 봐서 균등사회가 이상(理想)이라고 말하는 것은 쉽다. 그러나 완전한 평등이 실현되는 사회가 과연 가능한가, 가능하더라도 만족스러운 문명사회가 될 것인가 등은 쉽게 답할 질문이 아니다. 나는 물질적 평등이야말로 온전한 민주주의와 인간 개개인의 자기발전에 필수적이지만 동시에 "민중이 스스로 다스리는 대안적 질서 내지 '체계'에 대한 경륜"[22]이 마련되지 않고는 평등을 위한 싸움이 성공하기 어려움을 역설한 바 있는데, 여기서는 이러한 장기 전망과 경륜을 갖는 것이 중·단기적 과제의 수행에도 도움이 됨을 강조하고자 한다. 원대한 장기적 과제로 가는 길의 멀고 복잡함을 인식할수록 중·단기 싸움에서 더 유연하고 슬기로워질 수 있다. 섣불리 '무조건 평등'을 외쳐대거나 일국 차원의 평등사회 실현을 내걸 때 당장에 먹고사는 일이 급한 대중의 외면을 받고 기득권진영의 '민생 프레임'을 오히려 강화해주기 때문이다.

남북관계와 자주, 평화, 통일

이명박정부가 조성한 위기를 박근혜정부가 개선할 수 있을지 조금 더 지켜볼 만한 대목이 남북관계다. 아직까지는 레토릭의 풍성함에 비해 이

---

21 이에 대한 찬반논의를 두루 담은 저서로 Immanuel Wallerstein et al., *Does Capitalism Have a Future?*, Oxford University Press 2013 (한국어판 『자본주의는 미래가 있는가』, 창비 2014) 및 부정적인 전망을 각도를 달리해 제시한 Wolfgang Streeck, "How Will Capitalism End?," *New Left Review* 87, May/June 2014 참조.

22 졸고 「D. H. 로런스의 민주주의론」, 『창작과비평』 2011년 겨울호 408면; 졸저 『서양의 개벽사상가 D. H. 로런스』, 창비 2020, 479면.

룬 것은 별로 없다. 그러나 김대중정부와 노무현정부가 상대적으로 잘하던 분야에서 거의 급전직하의 퇴행을 보이고 드디어 5·24조치라는 초헌법적 조치로 노태우정부 이래 20여년의 흐름을 뒤집은 채 나머지 임기 2년 반을 허송세월한 것이 이명박 대통령이다. 따라서 후임자가 전쟁을 시작하지 않는 한 더 악화시킬 여지도 많지 않고 더이상의 악화는 주변 강대국들도 심려하는 바가 되었다. 약간의 개선은 그리 어려운 일도 아닌 형국이다.

그런데도 아직껏 진전이 없는 것을 정부나 여당은 북측의 책임으로 돌리고 있고, 또 남북관계가 악화될수록 북측 책임론이 여론에 쉽게 먹히는 것이 현실이기도 하다. 남한에서 반민주적 정치가 위세를 떨치면서 유독 남북관계만 획기적 진전을 이룰 수 없다는 것은 분단체제론의 오랜 주장이다.[23] 따라서 박근혜정부가 남북관계를 획기적으로 진전시키거나 제대로 복원이라도 해주리라는 기대는 접는 것이 낫다. 다만 북한 때리기로 여론지지도를 높이는 방식도 다분히 심드렁해졌고 무엇보다 남북경협이 없이는 한국 자본주의의 미래가 암담하다는 인식이 기득권세력 내부에도 퍼진 만큼 다소간의 개선은 가능할지 모른다.

이때 국내 민주주의와 별도로 ── 민주주의와 결코 무관하진 않지만 ── 또하나의 문제가 있다. 남북문제를 국가 간의 관계로 다루건 통일을 전제한 특수관계로 접근하건 문제를 자주적으로 풀겠다는 의지와 능력이 필요한데, 이 대목에서 박근혜정부는 이명박정부보다 더욱 한심한 선택을 한 것이다. 노무현정부가 미국과 2012년으로 합의했던 전시작전권 환수를 이명박정부가 한차례 연기했는데 박근혜정부는 이를 거의 무기한으로

---

23 그런데도 이명박정부 초기에 나 자신 대북경협만은 '실용주의자답게' 잘해줄지 모른다는 기대를 일시 품었던 데 대해 자기비판을 한 적이 있다(「2009년 분단현실의 한 성찰」, 『어디가 중도며 어째서 변혁인가』 267~68면).

연기하는 새 결정을 내렸다. 이를 두고 공약파기라는 비난이 이는 건 당연하지만, 공약파기 차원에 국한할 문제가 결코 아니다. 좋건 싫건 국가가 있는 한은 주권이 있어야 하고 국가의 주권에는 유사시 자기 군대의 움직임을 통제할 수 있는 권한이 핵심적인데, 그러한 군사주권이 회복되기로 예정되었던 것을 국회 및 국민의 동의도 없이 일방적으로 번복한 것은 6·25전쟁의 와중에 이승만 대통령이 작전통제권을 통째로 미국에 넘겨준 것보다도 더욱 심각한 주권양도 행위라 하지 않을 수 없다.[24] 이제 한국은 남북 간 협상테이블이나 6자회담에 나가서도 온전한 당국자로 행위하기 어렵게 되었고, 더 큰 문제는 온전한 행위자가 될 의지조차 없는 군부에 대해 문민정치가 별다른 통제권을 발휘하지 못하는 현실이다.

우리 사회에서 자주성 문제가 이렇게 심각한데도 그에 대한 진지한 논의가 태부족인 실정 또한 분단체제와 무관하지 않다. 알려졌다시피 '자주'는 북측 체제의 최대 자랑거리이고 '우리민족끼리 자주통일'을 당장의 실행목표로 내거는 일부 통일운동세력의 주된 관심사이기도 하다. 그러나 한반도 분단이 외세에 의해 강요되었기에 분단체제가 본질상 비자주적인 체제인 이상, 한쪽은 민족해방을 기다리는 식민지인데 다른 쪽은 자주의 표상이라 보는 것은 분단체제의 복잡성을 간과한 논리다. 조선민주주의인민공화국의 경우 군통수권을 자국 지도자가 보유함은 물론 외국군의 주둔도 없고 외교·군사정책에 대한 타국의 간섭이 잘 안 먹힌다는 점에서 '자주노선'을 자랑할 만은 하다. 그러나 자주성의 개념을 넓게 잡아서, "개인이건 집단이건 진실로 자신에게 필요하고 자신이 소망하는

---

24 이 점에서도 박근혜정부는 박정희시대보다 차라리 이승만시대를 닮아가는 면모를 보여준다. 박정희 대통령은 비록 이승만이 양도한 군사주권을 되찾아오지는 못했으나 그럴 의지가 강했고 수시로 공언하기도 했다. 이런 대조에 대해 김종구 칼럼 「부끄러움을 모르는 '박정희 키즈' 군 수뇌부」(『한겨레』 2014. 11. 4)가 통렬하다.

바를 남들의 간섭 없이 성취할 수 있는 상태가 자주라고 한다면, 조선민주주의인민공화국과 그 주민들이야말로 오늘날 (누구의 잘못 때문이든) 매우 심각한 자주성의 제약을 겪고 있다고 보아야 한다."[25] 또한 '자주통일'은 7·4공동성명과 6·15공동선언 제1항에 거듭 천명된 원칙이지만 이는 어디까지나 외세에 의존한 통일을 하지 말자는 **원칙적 선언**이요 구체적인 통일방안 합의를 담은 것은 6·15선언 제2항이다. 그럼에도 선언적 조항을 구체적 방안인 듯 내두르는 것은 점진적·단계적인 '한반도식 통일'을 추진할 의지나 경륜의 부족 탓이 아닐 수 없다. 그러다보니 자주성 자체를 '친북적' 의제로 보는 정서마저 낳게 되었다. 하지만 남북관계 발전과 평화 및 통일을 논할 때 빼놓지 못할 주제로 되살려야 할 의제가 자주성이다.

실은 통일문제 자체가 근년의 선거에서 특별한 쟁점이 되지 못했다. 이는 평화통일을 염원하는 세력이 그것을 국민의 생활문제와 밀착된 현안으로 제시하지 못한 탓도 있지만,[26] 내가 강조하고 싶은 것은 선거에서 어떻게 유권자를 설득하느냐 하는 문제와 별도로 분단체제극복이라는 중기적 목표를 정확히 설정하는 일의 중요성이다. 그렇게 할 때 국민이 통일에 무관심하니 '통일'보다 '평화'로 승부를 걸자는, 선거전략으로도 '도망가는 피칭'에 해당하고 이론적으로도 허술한 주장의 유혹에서 벗어날 수 있을 것이다.[27]

---

25 졸고 「분단체제의 인식을 위하여」, 『분단체제 변혁의 공부길』, 창작과비평사 1994, 19면.

26 세교포럼에서 김연철 인제대 교수와 권태선 허핑턴포스트코리아 대표가 모두 이 점을 지적했다. 특히 김교수는 병역연령 인구가 급속히 줄어들고 이른바 '관심사병'이 병사의 대다수를 차지할 전망이 우세한 한국 현실에서 모병제로의 전환이 젊은이와 그 부모들을 동시에 움직일 수 있는 의제임을 설명했는데, 나도 대체로 공감했고 그런 식으로 개발할 수 있는 의제들이 얼마든지 더 있으리라고 생각한다.

27 물론 원론적으로는 평화가 통일보다 보편성이 높은 개념이다. 그러나 분단된 한반도에서 평화를 실제로 구현하고자 할 때, '통일'을 절대시해서 평화를 위험에 빠뜨려도 안 되지만 분단체제극복의 과제를 외면하고 평화에만 골몰해서도 평화가 실현되지 않는다. 이에 관

그러나 **장기적**으로는 역시 통일보다 평화다. 단순한 전쟁부재가 아니라 인류가 고르게 화합해서 잘 사는 상태로서의 평화이며, 그때는 국가도 지금 우리가 아는 형태는 사라질 터라 '국가의 자주성'도 중·단기적 목표 이상이 되기 어려울 것이다. 하지만 그리로 가기 전에 한반도 주민과 한민족은 분단체제극복이라는 중기과제를 먼저 수행해야 한다.[28] 이를 위해 당장에 가능한 남북관계 개선작업과 자주·평화 통일과정의 진전을 도모하고 장·중·단기 과제의 적절한 배합을 이루어내야 함은 물론이다. 『만들기』에서 '포용정책 2.0'을 제의하는 등 이 문제를 비교적 상세히 논했으므로 본고에서는 줄이기로 한다.

5. '더 기본적인 것들'

상식, 교양, 양심, 염치… 그리고 교육

「'2013년체제'를 준비하자」에서도 나는 정치나 경제 문제보다 '더 기본적인 것들'에 주목했다.

그런데 2013년체제의 설계에는 남북연합이니 복지국가니 동아시아

해서는 졸고 「한반도에 '일류사회'를 만들기 위해」, 『창작과비평』 2002년 겨울호(『한반도식 통일, 현재진행형』 제10장); 서동만 「6·15시대의 남북관계와 한반도 발전구상」, 『창작과비평』 2006년 봄호 219~22면; 유재건 「역사적 실험으로서의 6·15시대」, 같은 책 288면 및 같은 저자의 「남한의 '평화국가' 만들기는 가능한 의제인가」(『창비주간논평』 2006. 8. 22) 등 참조.

28 주 18에서 말했듯이 '중기'는 상대적 개념이다. 세계체제의 변혁보다 앞선다는 의미로 '중기'라고 했지만 87년체제로부터의 전환을 이루면서 국가연합 —— 그중에서도 현실성이 있는 '낮은 단계의 연합' —— 으로 나가는 작업을 '중기'로 설정한다면, 분단체제극복은 거기서 더 나아가야 한다는 의미로 한층 장기적인 목표가 될 수밖에 없다.

공동체니 하는 거창한 기획보다 훨씬 기본적이고 어쩌면 초보적이랄 수 있는 것이 포함되어야 한다. 인간의 사회생활에 기본이 되는 것들을 되살리는 시대가 되어야 한다는 것이다. 예컨대 대통령을 비롯한 고위 공직자와 지도적 정치인들이 너무 터무니없이 거짓말을 하지 말아야 한다는 것. 물론 정치인이 모두 성인군자가 되라거나 국정운영을 완벽하게 공개하라는 말은 아니다. 다만 너무 자주 너무 뻔한 거짓말을 한다거나 너무 쉽게 말을 바꿔서는 곤란하다는 것이다. 이래서는 사회가 제대로 돌아갈 수 없고 정상적인 언어생활마저 위협받게 된다.

크게 보면 이 모든 것이 상식과 교양 및 인간적 염치의 회복이라는 문제로 돌아온다.

박근혜 후보의 당선에는 그가 적어도 이런 기본, 곧 개인적 정직성과 교양을 어느정도 갖춘 후보라는 이미지가 크게 기여했다. 그런데 대통령이 된 후에는 국민과의 약속을 뒤집고 말바꾸기를 해대는 사태가 잇따랐고, '거짓말을 않는 정치인'이라는 이미지가 '거짓말을 일삼는 장사꾼'의 이미지보다 국민기만에 오히려 더욱 효과적으로 작용한 면마저 있다. 게다가 뻔히 거짓말을 하고 국민을 우롱하는 고위공직자들을 곁에 두고 감쌈으로써 힘있는 자는 그래도 된다는 분위기를 사회 전반에 확산시켰다. 이 문제가 정치권만으로 해결될 수 없는 성질임이 분명하지만,[29] 대통령이 어떤 행태를 보이고 그의 치하에서 어떤 사람들이 득세하느냐가 막대한 영향을 미친다는 점을 실감하지 않을 수 없다. 세월호 유가족을 무자

---

[29] "그리고 그것이 정권교체나 정치권 주도의 노력만으로 될 일이 아님은 명백하다. 몇몇 인사들의 무교양과 몰상식 그리고 부도덕에서만 문제가 비롯되었다기보다 국민들 다수의 생명경시 습성과 정의감 부족, 그리고 비뚤어진 욕망에 뿌리를 둔 것이기 때문이다. 하루이틀에 바로잡힐 일이 아니며, 세상과 자신을 동시에 바꿔나가는 노력을 각자의 삶에서 꾸준히 진행할 필요가 있는 것이다."(『만들기』 31~32면)

비하게 모욕하고 조롱하는 정치권 안팎의 수많은 행태가 실증하듯이, 요즘처럼 몰염치한 인간들이 자신의 몰염치를 뻔뻔하게 과시하는 시절은 없었던 것 같다. 독재시대에는 훨씬 강력한 물리적 타격과 강압이 자행되었지만 그래도 대다수 사람의 마음속에는 그것이 잘못되었다는 정서가 있었던 것으로 기억한다.

그렇다고 다음 대통령선거를 치르는 일에 지금부터 몰입하는 정치중독증, 선거중독증은 이런 사회풍조를 키우는 요인이 될 뿐이다. 진은영(陳恩英)이 말한 "선거로만 수렴되지 않는 정치적 활동"의 일상화를 포함해서 더 근본적이고 다각적인 대응을 연마해야 한다. 이때 직접적으로 큰 영향을 미치는 분야로 언론이나 시민운동을 생각할 수 있지만, 길게 보면 교육과 문화·예술을 통해 사회의 체질을 바꾸는 일이 중요하지 싶다.

그중에서도 학교교육은 국가의 막대한 재정투여가 이루어지는 분야고 중학교까지는 의무교육이기 때문에, 나라의 장래를 설계함에 있어 포괄적이면서도 정교한 교육구상이 필수적이다. 뛰어난 인재 배출을 최종적으로 좌우하기로는 훌륭한 대학의 존재가 결정적이지만, '기본적인 것'을 생각하는 마당인 만큼 초·중등교육을 중심으로 생각해볼까 한다.

그동안 여야가 모두 이렇다 할 비전을 내놓은 바 없는 것이 교육 분야이므로 학교교육 정상화의 획기적 방안이 나올 때 선거승리의 중대 변수가 될지 모른다는 기대감을 2013년체제론에서도 표명했었다. 물론 어느 후보도 2012년 선거에서 그런 방안을 내놓지 않았고 교육이 중요 쟁점이 되지도 못했다. 하지만 2014년 지방선거에서 이른바 진보교육감이 대거 당선됨으로써 새로운 국면이 펼쳐질 조짐이다. 교육 영역에서는 유권자가 정치권의 여야대립과는 다른 차원으로 접근한다는 사실이 확인되었고 교육이야말로 풀뿌리 민생문제에 해당한다는 인식이 공유되기에 이르렀다. 또한 앞으로 3년여에 걸친 교육감들의 실험과 행적이 교육의제의 정리와 구체화에 더없이 소중한 자료가 될 것이다. 예컨대 2008년 촛불시위를 촉발한 여중생들의 '밥 좀 먹자, 잠 좀 자자'는 절규가 일부 교육청에서 반향을 일으키기 시작했는데, 내 자식이 밥 좀 덜 먹고 잠 좀 덜 자더라도 경쟁에서 이기는 꼴을 봐야겠다는 학부모들을 얼마나 설득할 수 있을지 두고볼 일이다. (등교시간 늦추기에 대한 찬반을 이렇게만 정리할 수 있다는 건 아니고, 우리 교육현실에서 학생들의 복지와 다수 학부모들이 대표하는 현행 교육이데올로기 사이에 모순이 존재한다는 뜻이다.) 아무튼 교육감과 교육청 차원에서 할 수 있는 일, 좋은 중앙정부에 좋은 교육부 수장이 나서야 가능한 일, 그리고 온 사회가 힘을 모아서 장기적으로 추구할 일 들을 식별하고 한층 치밀하게 추구하는 작업이 가능해진 형국이다. 2017년 대선에서야말로 '교육을 잡는 자가 대권을 잡는다'는 명제가 성립할지 모른다.[30]

교육현실의 세부적 점검과 의제의 구체화 작업은 경험과 식견을 갖춘 이들에게 맡기고 나는 의제설정에서 단기·중기·장기 과제들의 정확한 식별과 적절한 배합이 필요함을 다시 한번 강조하고 싶다. 예컨대 전교조와 일부 진보적 교육운동단체가 제시하는 '평등교육'의 이념도 상이한 시간대별로 검증할 필요가 있다. 먼저 그 단기적 의의는 점점 더 기득권층 위주의 경쟁으로 일그러져가는 교육현실을 반대하는 명분일 텐데, 그 효과가 반드시 유리한 것만은 아니다. 이념편중의 떼쓰기라는 반박에 쉽게 노출되기 때문이다. (실제로 지난번 교육감선거에서 전교조 출신 후보들조차 '평등교육' 대신 '혁신교육'을 표방했다.) 중기적으로는 예컨대 핀란드처럼 한국보다 훨씬 평등하면서도 학습 성취도가 높은 교육체제를 도입하자는 주장이 될 수 있고 이는 충분히 설득력을 갖는 주장이다. 다만

---

30 이기정 『교육을 잡는 자가 대권을 잡는다』, 인물과사상사 2011. 같은 저자의 『교육대통령을 위한 직언직설』(창비 2012)도 일독에 값한다.

핀란드와 크게 다른 한국의 현실에 맞게 설계된 방안을 내놓는 숙제가 안겨진다.

'더 기본적인 것'과 교육의 긴밀한 연관은 인성교육의 중요성이 요즘 부쩍 다시 강조되는 데서도 엿보인다. 인성교육을 빌미로 민주시민교육을 약화시키려는 여당 일각의 움직임은 그들이 생각하는 인성의 수준을 짐작하게 할 뿐이려니와, 참된 인성의 문제가 도덕시간 수업이나 교사에 의한 훈화로 해결될 수 없음은 자명하다. 그렇다고 인문학자들이 곧잘 강조하는 인문학 독서도 온전한 답은 아닐 것 같다. 전통적으로 인격완성의 과정에서 인문학 고전의 독서를 가장 중시한 것이 유교지만, 유교에서도 예(禮)와 악(樂)을 더욱 기본으로 보았고 고전학습의 출발이 된『소학(小學)』을 통해 몸가짐을 바로 하는 데 초점을 두었다. 내 생각에 현대의 초·중등교육에서는 어린 시절 학교 와서 건강하고 즐겁게 뛰노는 경험이 기초를 이루며, 여기에 학생 각자의 소질과 취향에 맞는 예술교육, 실용적 신체활동 작업을 통해 일을 존중하는 정신과 일을 잘해내는 소양을 기르는 노작교육이 적당한 분량으로 가미되어야 할 것이다. 그리고 학년이 올라가면서 조금씩 늘려가는 지식교육이 합세하되, 현재처럼 시험점수를 높이는 고정된 지식의 습득보다 인문적 독서가 한층 큰 비중을 갖는 게 옳다.

이만큼만 돼도 우리 사회는 큰 전환을 이루고 '기본'을 갖춘 인간들의 삶터가 될 것이다. 하지만 단기적으로 가능한 일은 아니다. 특히 결손국가를 보정(補正)하는 분단체제극복 작업이 수반되지 않고 남한에서만 전환을 이룰 수 있다고 믿는다면 이 또한 '후천성 분단인식결핍증후군'[31]의

---

31 이는 '후천성 면역결핍증후군'(Acquired Immune-Deficiency Syndrome, 약칭 AIDS)에 빗대어 내가 지어낸 신조어다. 영어로 한다면 Acquired Division-Awareness Deficiency Syndrome, 약칭 ADADS가 되겠다. 졸고 「2009년 분단현실의 한 성찰」,『어디가 중도며 어

전형적인 예가 될 것이다. 또한 역으로 분단체제극복의 과정 자체가 이런 적공과 전환을 요구하기도 한다.

적어도 장기적으로는 완전한 평등사회 속의 평등교육을 목표로 삼는 것이 진보주의자의 당연한 자세라 생각할 수 있다. 물론 지금과 같은 불평등교육은 당연히 시정되어야 한다. 그러나 앞서 말한 대로 민중이 스스로 다스리는 온전한 민주사회에 과연 어떤 위계질서가 허용 또는 소요될지의 문제를 떠나서,[32] 적어도 교육의 경우에는 무엇이든 더 잘하는 사람에게서 배우고 덜 잘하는 사람을 가르치는 수직적 관계의 개입이 불가피하다. 그런데 이렇게 배우고 가르치는 내용에는, 일체의 물질적 또는 신분적 불평등이 배제된 사회를 건설하고 유지하기 위해 필요한 지혜의 편차를 인지하고 존중하는 습성이 포함되어야 하지 않을까. 따라서 교육기회의 불평등을 극복하는 작업이 평등 자체를 최선의 장기 목표로 삼을지는 숙고해볼 문제다. 아무튼 교육의제의 설정에서도 그런 여러 차원의 검토와 성찰을 거쳤으면 한다.

'돈보다 생명'

세월호사건을 겪으면서 큰 울림을 얻은 구호가 '돈보다 생명'이다. 여기에는 여러 종류의 욕구가 담겨 있는바, 그중 어느 하나만을 절대화해서는 구호의 호소력이 손상되기 쉽다.

일차적으로 그것은 신체적 생명의 안전이야말로 민주니 복지니 통일이니 하는 것에 앞선 '기본'에 해당한다는 깨달음이요 절규다. 이 기본조차 지켜주지 못하는 사회와 국가에 대한 분노의 표출이기도 하다. 이에 정부와 정치인들은 너도나도 '안전한 사회'를 약속하고 있지만 아직껏 별로

째서 변혁인가』 271~72면 참조.

32 주 22에 언급한 졸고 「D. H. 로런스의 민주주의론」 참조.

실효성이 감지되지 않는데, 실은 '안전'에만 몰두하는 것이 정답도 아니다. 안전사고는 줄일 수 있을지언정 근절되기 힘든 것이려니와, '생명' 또한 아무리 목숨의 보존이 기본이라 해도 모험을 감내함으로써 생명다워지는 면을 지녔고 때로는 더 큰 뜻이나 '영원한 생명'을 위해 목숨을 버릴 수도 있는 것이다.

바로 그렇기 때문에 '무조건 안전'이 아니라 **돈보다 생명**이다. 곧, 무의미한 생명손실을 초래하는 개인 및 기업의 탐욕에 대한 거부다. 그러나 돈에 대한 인간의 욕망을 무턱대고 죄악시할 일은 아니며, 세월호참사의 책임을 온통 '신자유주의'로 돌리는 것도 '돈보다 생명'의 공감대를 오히려 축소하는 길이다. 세월호참사의 경우 기업가의 탐욕과 신자유주의적 규제완화, 금전만능 풍조에 물든 사회의 타락과 책임회피가 원인이 된 것은 분명하다. 그러나 뒤이어 드러난 윤일병 사건 등 참혹한 병영사건들이 신자유주의보다 해묵은 군사주의 문화의 소산이며 세월호 문제를 외면하는 대통령의 태도가 차라리 전근대적 권위주의를 상기시키듯이, 신자유주의는 복잡한 현상을 분석할 때 동원할 여러 개념도구 중 하나에 불과하다.

신자유주의의 비중이 한층 확연한 안전문제로는 빈번한 노동현장에서의 안전사고와 파업노동자들을 이른바 손배소가압류 따위로 압박하여 자살사건을 야기하는 사태를 들 수 있겠다.[33] 또한 의료민영화에 따른 의료비 인상도 가난한 사람들의 생명과 안전에 대한 심각한 위협이다. 그러나 이들 경우에도 '신자유주의 반대'만으로 효과적 투쟁이 가능할지는 재고할 일이다. 생명의 손실은 정규직, 비정규직을 안 가리고 참담하지만 근로현실은 정규직 여부에 따라 엄청 다른데, 모든 노동문제를 기업의 탐욕으

---

[33] "노동자가 돈과 고립에 눌려 스스로 목숨을 끊는 사회에서는 누구도 안전하지 않다. 핵 사고의 전례 없는 죽음이 두렵긴 하지만 일상에서 서서히 죽어가는 것도 두렵다."(하승우 「세월호 참사 이후 한국의 안전 담론」, 『실천문학』 2014년 가을호 98면)

로 돌린다거나 비정규직의 근절을 외쳐대서는 다수 국민의 공감을 얻기 어렵다. 의료문제도 현재의 진료관행과 의료체계, 나아가 현대의학의 한계에 대한 성찰을 생략한 채 모든 국민이 현행 의료의 혜택을 누리게 해주는 것이 공공성이라고 주장해서는 현실적인 답이 나올 리 없다.

안전과 관련해서 특히 유념할 일은 당장에 눈에 들어오는 사건·사고들 외에, 서서히 임계점을 향해 가다가 한번 터지면 수습이 거의 불가능한 대형참사가 되는 원전사고에 대비하는 문제다. 그동안 원전 당국 및 관련 업계가 보여준 무책임과 부정직성, '생명보다 돈' 우선 사상 및 그로 인한 적폐는 사고의 개연성을 착실히 높여가고 있으며, 부산, 울산 등 대도시 인근의 원전 밀집구역에서 한번 사고가 터지면 일본의 후꾸시마 참사가 무색한 대참극이 벌어질 판이다. 이런 원전문제야말로 단·중·장기 대책의 배합을 자연스럽게 요구한다. 단기적인 일로 한국수력원자력, 원자력안전위원회 등의 투명성과 책임성 확보, 노후 원전의 연장가동 금지, 삼척시처럼 주민 반대가 뚜렷한 곳에서의 원전건설 저지 등이 있겠고, 조금 더 길게는 모든 원전의 신규건설을 포기하고 점차 원자력발전에서 탈피하는 일, 그리고 더욱 장기적으로는 인류사회가 생태친화적인 삶으로 전환하는 과제가 동시에 주어져 있는 것이다.

생태친화적인 삶으로의 대전환에 원칙적인 합의라도 해낼 필요가 절실한 것은, 예컨대 기후변화로 인한 지구적 재앙은 원전사고보다 더 먼 일처럼 느껴지기 쉽지만 한번 임계점을 넘으면 인간의 능력으로 도저히 어찌해볼 수 없는 것이기 때문에 당장의 행동이 시급하다. 하지만 그럴수록 기후변화의 실상에 대해 과학적으로 알아낼 수 있는 만큼 알아내면서 앎이 부족하면 부족한 대로 그때그때 필요한 행동을 하는 지혜의 연마가 요구된다. 아울러 생명의 개념 자체도 바뀌어야 한다. 비록 인간에게는 인간의 목숨이 우선이고 따라서 '인간중심적'인 각종 행위가 불가피할 수 있지만, 사람은 또한 지구상의 모든 생명체와 공동운명인 측면이 있으며 실제로 모든 생명체가 동포이고 인간이 무생물의 은덕마저 입고서 생존한다는 사상이 절실해진다. '돈보다 생명'이라는 구호는 필경 이런 차원의 생명사상, 생태운동으로까지 전환되어야 그 온전한 뜻이 살아날 것이다.

'돈'의 문제도 결코 단순치 않다. 돈에 대한 욕망이 어디까지가 재화에 대한 생활인의 정당한 욕구고 어디부터가 '탐욕'에 해당하는지 구별이 쉽지 않다. 물론 자본의 무한축적을 기본원리로 가동되는 사회체제는 '생명보다 돈'이라는 거꾸로 된 원리를 추구하는 체제임이 분명하지만,[34] 자본주의 세계체제 속에 기왕 던져진 사람들은 그 원리를 무시하고 살아가기가 어렵다. 그러기에 자본주의 근대세계에 적응하되 극복을 위해 적응하며 극복의 노력이 적응 노력과 합치하는 예의 '이중과제'가 긴요해지는 것이다.

성차별 철폐와 음양의 조화

앞서 노동현장에 만연한 사고위험을 언급했지만, 요즘 가장 절박한 신변안전 문제 중 하나는 여성들이 마음놓고 길거리를 걸어다니기조차 힘든 현실이다. 심지어 어린아이와 초등학생마저도 강간과 성적 폭력에 항시적으로 노출되어 있고 그 과정에서 살해되기도 한다. 이는 우리 사회에서 여성차별 문제가 심각함을 보여주는 동시에[35] 성평등 문제의 특이한

---

34 이러한 자본주의 자체의 문제를 '신자유주의'로 규정하는 것은 문제의 핵심을 비껴가는 일이기 쉽다. 물론 "자본주의의 인간화를 위한 노력이 결국은 단편적이고 한시적인 것일 수밖에 없음을 어쩌면 솔직하게 고백하고 나온 것이 신자유주의"라는 점에서 그것을 '인간의 가면을 벗어던진 자본주의'라고 말할 수는 있다(졸고 「다시 지혜의 시대를 위하여」, 『한반도식 통일, 현재진행형』 104면). 아무튼 주된 공부거리는 자본주의이고 신자유주의 연구는 그 일환으로 자리매겨져야 한다.

35 특히 국가의 경제력이나 국민의 교육수준에 비해 한국의 여성지위가 터무니없이 열악하다는 점은 세계경제포럼의 2014년도 세계남녀격차지수(Global Gender Gap Index)에서 ―

성격을 암시하는 사례다. 이럴 때의 안전문제는 기업의 탐욕이나 개인의 물욕과 직접 관련이 없는 경우가 많은 것이다.

성차별의 내용도 다양하다. 성범죄 피해자의 압도적 다수가 여성이라는 사실 이외에 노동자에 대한 억압도 여성근로자 차별이 가중되어 이루어진다. 게다가 성과 관련된 차별은 딱히 남녀 양성의 문제만이 아니다. 성적 정체성과 지향을 달리하는 여러 개인의 문제가 있고, 이성애자 간에도 미혼모나 혼외 동거자에 대한 차별 문제가 있다. 이러한 여러 문제 사이에 우선순위를 어떻게 정하며 어떤 방법으로 해결할지는 많은 연마와 적공을 요한다.

중단기적으로 상당정도의 개선이 이루어지더라도 성평등사회의 실현은 쉽지 않을 전망이다. 남녀평등은 서구 계몽주의의 중요한 유산이고 자유주의 정치사상의 일부를 이루지만, 빈부격차를 자신의 존재조건으로 삼는 자본주의체제는 그 본질상 성별과 인종, 지역 등 각종 차이를 차별의 근거로 전용함으로써 빈부격차를 유지하며 호도하는 체제이기에 자본주의 아래서 성차별주의의 폐기는 불가능하다는 시각이 있다.[36] 나아가 성차별은 자본주의 이전의 먼 옛날부터 존재했던 것이기에 계급철폐보다 훨씬 뒤에야 가능한 것이 성평등이라는 주장도 있다.

이것이 무슨 절대적인 척도일 수는 없지만 ─ 대한민국이 142개국 중 117위에 올랐다는 사실에서도 실감된다(http://reports.weforum.org/global-gender-gap-report-2014/rankings/). 유네스코 교육통계자료에서 한국의 '인간개발지수'가 32위인 반면 '성별권한척도'는 73위를 기록한 1997년의 시점에서 나는 이런 기형적 사태 역시 분단체제와 무관하지 않다고 주장한 바 있다(「분단체제극복운동의 일상화를 위해」, 『흔들리는 분단체제』, 창작과비평사 1998, 45~52면).

36 예컨대 이매뉴얼 월러스틴 『유토피스틱스: 또는 21세기의 역사적 선택들』, 백영경 옮김, 창작과비평사 1999, 37~42면 '민족주의·인종주의·성차별주의의 대두'(Immanuel Wallerstein, *Utopistics: Or, Historical Choices of the Twenty-first Century*, The New Press 1998, 20~25면) 참조. 여성해방도 이중과제론의 시각으로 접근할 필요성을 제기한 글로는 김영희 「페미니즘과 근대성」, 이남주 엮음, 앞의 책 118~37면 참조.

내가 특별한 연구도 없이 이 주제를 언급하는 것은 우리의 궁극적인 목표를 어디에 두느냐 하는 '더 기본적인' 물음을 던지는 것이 특히 중요해지는 대목이라 믿기 때문이다. 위에 열거한 각종 차별의 철폐는 당연히 추구해야 하지만, 계급 자체의 철폐를 최종 목표로 삼는 계급운동과 달리 성평등운동은 성별의 철폐를 목표로 삼을 수 없다. 또한 남녀의 결합 없이 따로 살자는 '분리주의'도 여성주의운동 일각을 넘어 보편화될 수가 없다. 고등동물의 종족보존 과정에서는 암수의 결합이 필요하며(물론 예외가 있지만), 인간세계에서의 행복한 삶에는 ─ 이 경우 더욱 많은 예외를 인정하고 충분히 배려해야겠지만 ─ 남녀의 조화로운 관계가 막중한 비중을 차지한다. 오늘날 한국을 포함한 세계 여러곳의 삶이 그러한 조화로운 관계와 거리가 먼 것이 남녀 간 권리의 차이, 또 이로 인한 힘의 차이, 다시 말해 대부분의 경우 여성에 대한 부당한 차별 탓임을 인정한다면, 성평등사회의 추구라는 과제가 단기적 현안을 넘어서는 큰 일임이 분명하다. 다만 궁극적인 목표를 '성평등'에 둘지 '남녀의 조화로운 관계'에 둘지는 논의의 여지가 있으며, 그 결과에 따라 단기 및 중기 과제의 설정과 추진방식에도 상당한 차이가 발생할 수 있다. 성평등을 지상목표로 삼을 때 무엇이 '차별'이고 무엇이 '차이'인가에 대한 논쟁이 끊이지 않기 십상이며, 자신의 성숙과 행복을 위해서도 여성해방에 기여해 마땅한 남자들을 설득하는 데도 불리할 수 있기 때문이다.

여기서 '남녀'보다 '음양(陰陽)'이라는 동아시아의 전통적 개념을 동원해보면 어떨까 한다. 현실적으로 존재해온 전통사회가 가부장적 질서였던 것과 별도로, 태극(太極)의 음과 양은 지배·피지배가 없는 상보관계이며, 대체로 양이 승한 것이 남자요 음이 승한 것이 여자이긴 하지만 양자 각기 음양 두면을 다 지녔고 음양의 조화를 통해서만 생명이 지속되는 것이라고 이해된다. 따라서 성평등 자체보다 음양의 조화가 구현되는 사회를 궁극적 지향점으로 삼을 때 음양의 조화를 저해하는 성차별에 대한 싸움은 그것대로 당연히 펼치면서 평등이 해당되지 않는 대목에조차 평등을 고집할 우려가 줄어듦에 따라 조화를 증진할 방안을 남녀가 함께 추진할 여지도 넓어질 것이다.

음양조화의 개념을 진지하게 도입하다보면 인간세계를 뛰어넘는 훨씬 큰 문제에 가닿는다. 알다시피 음양(또는 음양오행)은 인간관계뿐 아니라 우주 전체에 적용되는 개념이다. 따라서 질량과 운동 등 양적 특성 외에 다른 특성을 인정하지 않는 근대과학의 우주관과 모순된다. 이 모순을 우리는 어떻게 생각할 것인가? 근대교육을 받은 많은 지식인들이 여기서 벽에 부딪히곤 하는데, 정작 현대과학의 세계에서는 뉴턴에서 아인슈타인에 이르는 기계적 우주관이 심각한 도전에 직면했고 '세계에 다시 주술을 걸기'(reenchantment of the world)가 요청되고 있다.[37] 프리고진 등의 이 개념이 곧바로 동아시아의 음양론으로 통하는 것은 물론 아니다. 반면에 '복잡계 연구'(complexity studies)라는 그들의 새로운 과학 또한 '세계에 다시 주술을 걸기'의 첫걸음에 불과한 만큼 중성적이지만은 않은 시공간이 어떤 특성을 갖고 운행되는지에 대해 추후 많은 연구가 필요할 것이다. 어쨌든 우주관 자체가 변화하고 인간과 자연의 조화로운 삶이 모색되고 있는 오늘날, 인간사회에서의 음양조화에 해당하는 남녀관계의 추구가 동아시아적 우주관의 잠재력을 끌어내는 노력과 합쳐질 때 세계관의 전환이라는 인류사적 과제에 이바지함과 동시에 목전의 성차별 철폐 및

---

37 이 문구는 Ilya Prigogine and Isabelle Stengers, *Order Out of Chaos: Man's New Dialogue with Nature* (Flamingo 1985; 원저는 *La nouvelle alliance*, Gallimard 1979)에 나왔고, 근대 세계체제의 변혁을 이끌 새로운 학문의 정립을 강조하는 월러스틴이 곧잘 인용하는 표현이다(예컨대 이매뉴얼 월러스틴『지식의 불확실성: 새로운 지식 패러다임을 찾아서』, 유희석 옮김, 창비 2007, 154면; Immanuel Wallerstein, *The Uncertainties of Knowledge*, Temple University Press 2004, 125면).

성평등 구현에도 힘을 실어줄 수 있지 않을까 한다.

6. 무엇이 변혁이며 어째서 중도인가

결론을 대신하여 변혁적 중도주의에 관해 몇마디 덧붙이고자 한다. '변혁적 중도주의'는 2009년의 졸저『어디가 중도며 어째서 변혁인가』의 열쇠말이나 다름없었다. 그런데 앞서 말했듯이 선거의 해에 낸『2013년체제 만들기』에서는 잠복하다시피 했는데, '변혁'과 '중도'의 일견 모순된 결합이 당장에 다수 유권자를 설득할 수 없을 것이기 때문이었다. 그 점은 여전히 사실이고 현장의 선수들이 적절한 방도를 찾아야 할 테지만, 우리가 큰 적공, 큰 전환을 꿈꿀수록 전지구적인 원대한 비전과 한국 현장에서 당면한 과제들을 연결하는 실천노선으로서 변혁적 중도주의 말고 무엇이 있을지 짐작하기 힘들다.

'변혁'은 딱히 '중도'와 묶이지 않더라도 오늘의 한국에서 쉽게 받아들여질 말이 아니다. 전쟁발발 같은 급격한 변화가 경계의 대상임은 물론, 남북이 공존하는 가운데 남한만이 혁명 내지 변혁을 이룩한다는 주장도 공감하기 어렵기 때문이다. 실제로 그런 주장을 펼치는 소수세력이 없지 않지만 이는 공상에 가깝고 예의 '후천성 분단인식결핍증후군'의 혐의가 짙다.

이렇게 남북한 각기의 내부 문제가 한반도 전체를 아우르는 분단체제 속에서 작동하고 있고 이 매개항을 빼놓고는 전지구적 구상과 한국인의 현지 실천을 연결할 길이 없다는 것이야말로 분단체제론의 요체이다. 따라서 우리의 적공·전환 과정에서 이러한 한반도체제의 근본적 변화, 곧 남북의 단계적 재통합을 통해 분단체제보다 나은 사회를 건설하는 작업이 핵심적이기에 '변혁'을 표방하는 것이다.[38] 그리고 이를 위해 남한 단위의 섣부른 변혁이나 전지구적 차원의 막연한 변혁을 주장하는 단순논리를 벗어날 때 광범위한 중도세력을 확보하는 '중도주의'가 성립할 수 있다는 것이다.

실제로 그것이 가능할까? '다 좋은 말씀인데 그게 가능할까요?'라는 물음은 내가 토론모임 같은 데서 수없이 마주치는 질문이다. 그럴 때 나는 '물론 불가능하지요, 여러분이 그렇게 묻고만 있다면'이라고 답하곤 하지만, 살펴보면 변혁적 중도주의는 절실히 필요할뿐더러 유일하게 가능한 개혁과 통합의 노선이다.

졸고 「2013년체제와 변혁적 중도주의」(본서 8장)에서는 '변혁적 중도주의가 아닌 것'의 여섯가지 예를 번호까지 붙여가며 열거했는데, 그런 식으로 이것저것 다 빼고서 무슨 세력을 확보하겠느냐는 반박을 들었다. 있을 법한 오해이기에 해명하자면, 그것은 배제의 논리가 아니라, 광범위한 세력 확보를 불가능하게 만들거나 진지한 개혁을 이룰 수 없는 기존의 각종 배제의 논리들을 반대하되 각 입장의 합리적 핵심을 살림으로써 개혁세력을 묶어낸다는 **통합의 논리**였다. 다만 변혁적 중도주의가 이러저러한 것이라는 정의를 정면으로 내세우기보다 무엇이 변혁적 중도주의가 **아닌지**를 적시함으로써 각자가 스스로 깨닫도록 하는 불교 『중론(中論)』의 변증방식을 시도해본 것이다. 다만 『중론』의 방식에 진정 충실하려면 변혁적 중도주의자로 자처하는 사람도 자신의 생각을 끊임없이 성찰하면서 스스로 고정된 이데올로기에 빠지지 않도록 부정(否定) 작업을 계속하는

---

38 '변혁적 중도주의'나 '중도적 변혁주의'를 별 생각 없이 섞어 쓰기도 하는데, 이는 용어의 생소함 탓이겠지만 변혁적 중도주의가 그 나름의 엄밀성을 지닌 하나의 **개념**임을 놓치게 만드는 일이다. 남한 현실에서의 실천노선으로서 변혁적 중도주의는 변혁주의가 아닌 개혁주의인데, 다만 남한사회의 개혁이 분단체제극복 운동이라는 중기적 운동과 연계됨으로써만 실효를 거둘 수 있다는 입장인 것이다.

자세가 필요하겠다.

여기서는 먼젓글을 안 읽은 독자를 위해 예의 1~6번을 간략히 소개하면서 약간 부연하고자 한다.

1) 분단체제에 무관심한 개혁주의: 대체로 이런 성향을 지닌 국민이 비록 개혁의 내용이나 추진의지는 천차만별이더라도 전체의 대다수지 싶다. 여기에는 새누리당 지지자의 상당수도 포함될 테며, 이른바 진보적 시민단체도 다수가 이 범주에 속한다. (물론 특정한 개혁의제를 채택한 활동가가 편의상 거기 집중하는 것을 '후천성 분단인식결핍증후군' 환자로 몰아붙일 일은 아니다.) 어쨌든 1번은 사회의 다수를 차지한 만큼이나 자기성찰에 소극적일 수 있는데 변혁적 중도주의의 성공을 위해서는 이들을 최대한으로 설득하는 작업이 긴요하다.

2) 전쟁에 의존하는 변혁: 한반도의 현실에서 전쟁은 남북 주민의 공멸을 의미하기 때문에 당연히 배제되는 노선이다. 그런데 전쟁불사를 외치는 인사들도 대부분 전쟁이 안 일어나리라는 생각들이고 스스로 한국군의 작전권을 행사하여 전쟁을 치를 생각은 더욱이나 없음을 감안하면, 2번을 실제로 추구하는 사람은 극소수라고 봐야 한다.

3) 북한만의 변혁을 요구하는 노선: 이 부류도 '북한혁명' 또는 '북한인민 구출'을 적극 추진하는 강경세력으로부터 북한체제의 변화를 소극적으로 희망하는 사람들까지 스펙트럼이 넓다. 후자는 1번과의 경계선이 모호한 경우도 많다. 그런데 전자의 경우도 2번과 마찬가지로 현실성을 지니지 못하기 때문에 남한의 개혁을 막는 명분으로나 작용하기 십상이다.[39] 하지만 변혁적 중도주의는 2번 또는 3번의 **노선**에 반대할 뿐, 그 추

---

39 "실현가능성이 거의 전무한 이런 구상(2번 또는 3번)이 일정한 위세를 유지하는 것은 그런 식으로 남북대결을 부추기는 일이 남한 내에서의 기득권을 수호하는 데 도움이 되기 때문이다. 다시 말해 북한의 변혁은 명분일 뿐, 실질적으로는 분단체제의 변혁과 그에 필요

종 **인사**들이 노선의 편향성을 자각하고 '중도'를 잡게 될 수 있으리라는 기대를 처음부터 접을 일은 아니다.

4) 남한만의 독자적 변혁이나 혁명에 치중하는 노선: 1980년대 급진운동의 융성기 이후 계속 영향력이 감소해온 노선이지만, 아직도 추종하는 정파나 정당이 없지 않고 특히 지식인사회의 탁상 변혁주의자들 사이에 인기가 상당하다. 어쨌든 "이는 분단체제의 존재를 무시한 비현실적 급진 노선이며, 때로는 수구·보수세력의 반북주의에 실질적으로 동조하는 결과가 되기도 한다."(본서 194~95면) 반면에 세계체제와 한반도의 남북 모두를 변혁의 대상으로 삼고 계급문제의 중요성을 환기한다는 점에서, 이들이 분단체제의 변혁을 핵심현안으로 인식만 한다면 중도를 찾을 여지가 있다.

5) 변혁을 '민족해방'으로 단순화하는 노선: 이 또한 1980~90년대 운동권에서 성행했고 근년에 영향력이 대폭 줄어들었는데, 다만 일제 식민지에서는 민족해방이 당연한 시대적 요구였고 8·15 이후에도 '민족문제'가 엄연한 현안 중 하나였다는 점에서 그 뿌리가 한결 튼실하다. 다만 분단체제 아래 북녘사회가 겪어온 퇴행현상들에 눈을 감고 심지어 주체사상을 추종하는 일부 세력이[40] 진보세력의 연합정당이던 민주노동당과 통합진보당을 장악했다가 진보진영의 분열을 야기하면서 자주와 통일 담론 전체가 약화되는 상황을 초래했다. 그러나 '후천성 분단인식결핍증후군'과 줄기차게 싸워온 인사들이 온통 한묶음으로 매도당해서는 안 되며, 이들이 강조해온 자주성 담론을 분단체제에 대한 원만한 인식에 근거하여

한 남한 내의 개혁을 막는 데 이바지하고 있는 것이다."(「2013년체제와 변혁적 중도주의」 29~30면; 본서 202면)

40 이들에게 '종북'의 혐의가 씌워지는 것도 그 때문이지만, '종북'이라는 모호한 표현보다 '주체사상파'라는 정확한 개념을 사용하는 게 옳다는 주장이 설득력을 갖는다(이승환 「이석기사건과 '진보의 재구성' 논의에 부쳐」,『창작과비평』 2013년 겨울호 335면).

변혁적 중도주의로 수렴하는 노력이 진보정당 안팎에서 이루어지기 바란다.

6) 평화운동, 생태주의 등이 "전지구적 기획과 국지적 실천을 매개하는 분단체제극복 운동에 대한 인식"(본서 195면)을 결여한 경우: 이들도 각양각색이지만 전인류적 과제로서의 명분과 현지 실천에 대한 열의를 지녔다면 예의 '매개작용'에 대한 인식의 진전을 통해 변혁적 중도주의에 합류 또는 동조하는 일이 얼마든지 가능할 것이다.

이런 식의 논리전개를 『중론』에 빗대었지만, 더 속된 어법으로 바꾸면 선다형(選多型) 시험에서 틀린 답을 지워나감으로써 정답을 '찍는' 방식과 흡사하다. 실제로 현장에서 갖가지 극단주의와 분파주의에 시달리면서도 더 나은 사회를 만들려는 열정을 포기하지 않은 활동가일수록 변혁적 중도주의의 취지를 금세 알아차리기도 한다. 정작 어려운 문제는 정답을 맞히는 일보다 정답에 부응할 중도세력을 만들어내는 일이다. 이것이야말로 각 분야의 현장 일꾼과 전문가가 연마하고 적공할 문제인데, 여기서는 선거를 좌우하는 정당정치의 현실에 관해 한두가지 단상을 피력하고 넘어갈까 한다.

한국사회의 대전환을 위해서는 전환을 막으려는 세력의 힘을 일단 부분적으로나마 꺾어야 하는데, 87년체제 아래 국민의 최대 무기는 6월항쟁으로 쟁취한 선거권이 아닐 수 없다. '1원 1표'가 아닌 '1인 1표'가 작동하는 드문 기회이기 때문이다.[41] 그렇다면 기존의 야당, 특히 제1야당인 새정치민주연합을 어찌할 것인가. '웬만만 하면' 찍어줄 텐데도 지금으로서는 도저히 찍어줄 마음이 안 난다는 사람들이 대다수가 아닌가.

---

[41] 세교포럼 토론에서 박성민 대표는 수구·보수 카르텔의 "가장 약한 고리"가 선거임을 강조하면서, 현재 야당이 인기가 너무 없지만 국민은 "웬만만 하면" 야당을 찍어줄 준비가 되어 있다고 주장했다.

이에 대한 답이 내게 있을 리 없고, 변혁적 중도주의론이 그런 차원의 물음에 일일이 답을 주는 담론도 아니다. 다만 몇가지 오답을 적시하는 기준이 될 수는 있다. 예컨대 야당의 낮은 지지율을 요즘 젊은 세대의 '보수화' 탓으로 돌리는 경향이 있는데, 물론 사회풍토의 변화로 젊은 세대가 유달리 개인적 '성공'에 집착하고 가정교육에서도 사회적 연대의식이 경시된 면이 없지 않다. 여기다 87년체제의 말기국면이 지속되면서 냉소주의가 만연하고 사람들의 심성이 더욱 황폐해진 것도 사실이다. 하지만 소수의 예외를 빼고는 젊은이들이 기성현실에 대해 지금 이대로 살 만하다고 긍정하거나 정부·여당의 낡은 작태가 '웃기다'고 생각하지 않을 정도로 보수화된 건 아니다. 오히려 지금과는 다른 세상에 대한 목마름이 간절하다고 보며, 게다가 저들은 앞세대에 비해 훨씬 식견이 넓고 발랄한 기상을 지녔다. 그런 젊은이들에게 야당이 '민주 대 반민주' 구도를 들이대며 자기 편을 안 들어준다고 보수화 운운한다면 점점 더 외면받는 게 당연하다. 차라리 변화에 대한 저들 자신의 욕구에 맞추는 일을 '진보'의 척도로 삼고 그에 걸맞은 정책의제를 제시한다면 오히려 그들이 너무 과도한 반응을 보여서 나이든 세대의 적당한 견제가 필요해질지 모른다.

'변혁적 중도주의가 아닌 것'에 대한 설명을 원용한다면, 야당이 1번 노선에 안주하면서 '우클릭'을 통해 '보수화'된 젊은 유권자를 사로잡으려 해서는 여당과의 비교열세가 더욱 돋보이게 될 뿐이다. 그렇다고 혁신을 한답시고 4~6번 중 어느 쪽으로 '좌클릭'하는 것도 소수세력에나 매력을 지닐 따름이다. 다수 국민이 그렇겠지만 특히 젊은 세대로 갈수록 '변혁적 중도주의'라는 문자에는 무지하거나 냉담할지언정 1~6번이 모두 안 맞는다는 점만은 직감하고 있는 것이다.

이런 인식은 없이 새정치민주연합에 대해 과도한 혁신을 주문하거나 기대하는 것도 낡은 타성이다. 제1야당이 자체혁신만 해내면 수구·보수진영에 맞설 수 있는 독자적 진영을 이루고 있다는 환상이기 쉽고, 새정치민주연합이 곧 '민주'의 총본산이라는 고정관념에 사로잡힌 결과일 수도 있다. 제1야당의 혁신은 물론 필요하지만 혁신한다고 수구·보수 카르텔을 제압할 힘이 생기는 것은 아니며, 단기간에 변혁적 중도주의 정당으로 거듭날 처지도 못 된다. 카르텔의 거대한 성채에 약간의 균열부터 내는 일이 급선무인데, 이를 위해 나서야 할 광범위한 연대세력 중에서 가장 큰 현실정치 단위가 새정치민주연합이라는 인식을 갖고 그 몫을 수행할 만큼의 자체정비와 혁신을 해내겠다는 겸허한 자세가 필요한 것이다. 본격적인 변혁적 중도주의 정당(들)의 형성은 일단 선거승리라도 이룬 다음의 일이지만,[42] 선거승리를 위해서도 변혁적 중도주의에 대한 지향성을 어느정도 공유해야 하고, 이를 위해 자신보다 현실적 힘이 약한 정파나 집단일지라도 변혁적 중도주의에 대한 인식이 더 투철하다면 그들의 목소리를 경청하는 자세가 있어야 할 것이다.

끝으로 변혁적 중도주의라는 남한 단위의 실천노선이 불교적 '중도'—또는 유교의 '중용'—같은 한결 고차원의 개념과 연결되어 있음을 상기하고자 한다. 이로써 본고가 동원한 여러 개념 사이에 일종의 순환구조가 성립한다. 곧, 근대 세계체제의 변혁을 위한 적응과 극복의 이중과제를 한반도 차원에서 실현하는 일이 분단체제극복 작업이고, 한국사회에서의 실천노선이 변혁적 중도주의이며, 이를 위해서는 집단적 실천과 더불어 각 개인의 마음공부·중도공부가 필수적인데, 중도 자체는 근대의 이중과제보다도 한결 높은 차원의 범인류적 표준이기도 하여 다른 여러 차원의 작업을 관통하고 있는 것이다. 굳이 이 점을 지적하는 까닭은

---

42 2013년체제가 성립되더라도 변혁적 중도주의 세력을 총망라한 단일 거대정당이 아니라 기본적인 지향을 공유하는 다수 정당의 존재가 바람직하다는 점을 밝힌 바 있다(「2013년체제와 변혁적 중도주의」 30~31면; 본서 202~203면).

체계의 완결성을 기해서가 아니라, 지금 이곳의 우리에게 주어진 복잡다기한 적공·전환의 과제를 시간대와 공간규모에 따라 식별하면서도 결합하는 작업이 오히려 순리에 해당함을 강조하고 싶어서이다.

10장

'촛불'의 새세상 만들기와 남북관계

이 글은 원래 한반도평화포럼의 교육프로그램 한평아카데미 제3기의 마지막 날 '새세상 만들기와 남북관계'라는 제목으로 강의했던 내용을 수정 보완한 것이다.[1] 아카데미 강의는 주로 남북관계 전문가들이 진행했지만, 작년(2016) 12월 15일 내 차례가 다가왔을 무렵에는 수강생들도 남북관계에 대한 전문적 논의보다 남녘에서 한창 진행 중인 촛불시위로 더 관심이 쏠린 상태였다. 당시 요지문만 배포하고 발언했던 내용을 『창작과비평』 2017년 봄호에 게재하면서 글의 모양새를 갖추는 동시에 이후의 사태 진전과 나 자신의 추가적 연마를 반영해서 꽤 큰 폭으로 손질했다. 서술 순서를 일부 바꾸었고 제목도 약간 수정했으나 기본적인 논지는 변하지 않았다(본서에 수록하는 과정에서는 부분적인 손질만 했다).[2]

---

1 강의와 질의응답 및 토론은 마로니에방송(http://www.maroni.co)에서 녹화해 유튜브에 올렸다.
2 아울러 염무웅 교수의 세교연구소 연초 특강(2017. 1. 20)「촛불, 광장과 밀실, 그리고 상상력」과 회원들의 후속토론에서도 많이 배웠음을 밝힌다.

제목과 달리 강의와 글 모두 남북관계의 현황을 특별히 다루지 않았다. 시민들이 '새세상 만들기'를 주도하는 광장에서 그것이 큰 현안으로 떠오르지도 않았다. 하지만 그때그때 현상으로 드러나는 남북관계와 우리의 현실을 구조적으로 규정하는 남북관계는 다른 차원의 문제다. 후자에 대한 올바른 인식이 없이는 전자에 대한 대응이 일관되고 지혜로울 수 없으며, 얼핏 남북관계와 무관한 듯한 새세상 만들기의 과제들 또한 원만하게 수행할 수 없다는 것이 본고의 주장이다. '남북관계'를 군이 주제어의 하나로 택한 것도 그 때문이다.

1. '촛불'은 혁명인가

현재의 상황을 두고 많은 사람들이 '시민혁명'을 말하고 '촛불혁명'을 말하는데 나도 동의하는 입장이다. 작년 10월 말께 서울에서 시작되어 전국으로 퍼진 시민들의 촛불시위가 직접적인 동력이라는 점에서 '촛불'을 부각하는 것은 적절하다.[3] 다른 한편, 어떤 의미로 '혁명'이며 '시민혁명'인지는 약간의 정리가 필요할 듯하다.

혁명이라 하면 정권의 전복에 그치지 않는 사회 전체의 대대적인 전환을 뜻하는 게 상식인데, 국민의 직접행동에 의해 대통령의 중도퇴진이 이루어지더라도 그것이 자동적으로 혁명으로 인정될 수는 없다. 헌법재판소가 대통령 탄핵소추를 인용(認容)한다 하더라도 이후의 사태가 본질적

---

3 철저히 평화적이라는 점에서 '명예혁명'이라 불리기도 한다. 이는 영국의 입헌군주제를 확립한 1688년의 혁명을 영국인들이 the Glorious Revolution(영예로운 혁명)이라 부르고 이것이 '명예혁명'이라 번역되어온 것에 빗댄 호칭인데 영국의 당시 왕조교체 자체는 1640년대의 청교도혁명에 비해 유혈사태가 덜했을 뿐 완전한 무혈혁명은 아니었다.

인 변혁에 못 미치는 '미완의 혁명'으로 끝날 가능성이 있는데다가, '촛불'이 자랑하는 평화적 시위와 헌정질서에 대한 기본적인 존중이 혁명과는 거리가 먼 것 아니냐는 물음도 가능한 것이다.

두번째 문제부터 살펴보자.

'촛불'은 분명히 기존의 혁명 개념과 동떨어진 면이 많다. 하지만 바로 그 점에서 세계적으로도 새로운 성격의 혁명을 만들어내고 있는지 모른다. 시민들의 봉기로 정권을 바꾸고 사회적 전환을 이룩한 예로는 한국에서 1987년의 6월항쟁이 있었고, 공산당독재의 종말이라는 훨씬 발본적인 체제변화를 성취하면서도 그 두드러진 평화적 성격으로 '벨벳혁명'이라는 이름을 얻은 1989년 체코슬로바키아(당시)의 시민혁명도 있었다. 그런데 한국의 전두환정권이나 체코의 공산당정권은 모두 자유로운 선거공간을 박탈하여 시민봉기 외에 다른 길이 없었다는 공통점이 있다. 반면에 87년체제가 획득한 선거공간은 비록 2012년 이명박정부의 불법적 선거개입에 의해 크게 오염되었고 박근혜정부 내내 '점진 쿠데타' 시도에 위협받고 있었지만, 다음 대통령선거를 포기해야 할 만큼 철저히 폐쇄된 상태는 아니었다. 더구나 2016년 4월의 총선이 '점진 쿠데타' 시도에 일격을 가함으로써 정권교체의 가능성을 높여놓은 바도 있다. 그럼에도 불구하고 시민들이 대대적으로 출동하여 임기가 남은 정권을 퇴출시킨 것은 독재정권에 대한 봉기와는 다른 차원의 사건이다. 독재체제와 맞설 때보다 어떤 의미에선 대중봉기가 어려워진 면이 있기 때문이다. 나 자신도 그러한 어려움을 주목했기에, 일찍부터 '2013년체제' 건설을 주창하며 87년체제를 극복하는 '대전환'을 꿈꾸어왔지만 '촛불혁명'과 박근혜의 중도하차를 예견하지 못했다.

바로 그 일을 한국의 '촛불혁명'이 해낸 것이다. 대중참여의 규모도 '벨벳혁명'과 비교가 안 될 정도일 뿐 아니라 체코의 '시민포럼' 같은 지도부가 없는 상태에서 질서정연하고 철저히 평화적이며 전에 없이 다양하고 끈질기며 창의적인 거사가 이루어졌다. 이런 너무 '착한' 시위에 대한 불만이 일부 참여자나 논평자에 의해 표출되기도 했다.[4] 그러나 '촛불'의 평화시위는 원리적 평화주의라기보다 그 현실적 성공을 위해 '집단지성'이 선택한 탁월한 전략이라 보는 것이 옳을 듯하다.

물론 2016년의 촛불은 87년 항쟁의 재연은 아니고 전혀 다른 유형의 시민혁명이다. 그리고 그것이 가능해진 데는 객관적 조건의 변화도 가세했다. 그중 하나는 87년에 일단 성취한 민주화된 헌정질서이다. 이게 없었다면 평화적인 시위는 3·1운동 때도 그랬고 5·18 때 그랬으며 6월항쟁에서도 일부 그랬듯이 당국의 무자비한 탄압을 당했을 것이다. 87년체제 아래서도 평화시위에 대한 강제진압이 물론 있었지만, 박근혜·최순실 국정농단과 부정부패로 대다수 국민의 분노가 폭발했을 때마저 정부가 강권을 휘두를 수 있는 체제는 아니었던 것이다.

촛불혁명을 가능케 한 또다른 객관적 여건은 그사이 발달한 스마트폰 등 첨단 소통기기와 SNS(사회관계망서비스)의 대대적인 확산이다. 2008년 촛불시위 당시에도 뉴미디어가 큰 역할을 했지만 이후 8년이 더 지나면서 이룩된 기술발전과 생활상의 변화는 그때와 또 차원을 달리했다. 이러

---

4 2016년 11월 광장의 다양한 목소리를 담은 문집 『11월: 모든 권력은 국민으로부터 나온다』(삶창 2017)에서도 평화주의에 대한 비판을 더러 만난다. 예컨대 다음과 같은 비판이다. "촛불은 계속 타올라야 한다. 하지만 경찰들이 정해놓은 폴리스라인 안에서, 법원이 지정해주는 집회 공간 안에서, 보수 언론이 상찬하는 평화 프레임 안에서의 환호와 함성만으로는 부족하다. 싸움에서 이기려면, 혹은 상대를 놀라게 하고 싶으면 예측 가능한 시나리오로 가서는 곤란하다."(고동민 「노동자들, 촛불과 만나다」, 57면) 이는 원론상 옳은 말이다. 그러나 촛불시위의 평화적이고 다분히 축제적인 성격이야말로 가장 "상대를 놀라게" 만든 집단지성의 행위 아닐까. "박근혜 너머를 고민하는 기득권 세력에겐 촛불의 민심이 언제 평화집회 프레임에서 벗어날지가 진짜 공포니까 말이다"(같은 곳)라는 진단도 절반만 옳다. 한편으로 그들이 4·19와 같은 격렬한 대중행동을 염려하기도 하겠지만, '폭력시위 진압'이라는 익숙한 프레임이야말로 그들이 소망하는 바이기도 하다.

한 여러 조건들의 토대 위에 3·1운동 이래 백년 가까이 이어져온 평화적 저항운동의 전통과 학습이 드디어 빛을 발하게 된 셈이다.

여담이지만 나는 2013년체제 만들기의 실패로 크게 상심했으나 지금 생각하면 그게 꼭 불행만은 아니었던 것으로 보인다. 당시 야당 후보가 집권했을 경우 아무리 준비와 능력이 부족했다 해도 박근혜 대통령보다 더 못했으리라고는 상상하기 힘든데, 다만 그 사실을 아는 사람이 드물었을 것이다. '박근혜가 당선됐더라면 이렇게 못하진 않았을 텐데' 하는 이가 대다수였기 쉽고, 그리하여 2016년 총선에 새누리당이 승리하고 2017년 대선에 박근혜가 다시 나와 압승했을 가능성이 높다. 아울러, 박근혜 씨가 선거운동 기간이나 취임 당시의 화려한 공약들을 대부분 배반했으나 '100% 국민통합' 약속만은 역설적으로 95% 달성했다고 볼 수 있다. 탄핵소추에 따른 직무정지 직전 그에 대한 여론지지도는 4~5%에 불과했고 응답자 90~95%가 남녀노소와 지역 및 세대의 차이를 넘어 부정적인 평가로 '통합'되었던 것이다.[5] 그뿐 아니라 정권교체가 아니라 그것을 훨씬 뛰어넘는 '시대교체'를 하겠다던 공약도 50% 정도는 달성한 셈이다. 시대의 대대적 교체를 위해 광장의 촛불이 결집하게 만들었고, 초유의 시민행동을 불러일으켜서 세상과 참여자들의 삶을 이미 상당부분 바꾸었기 때문이다. 공약의 거창함에 비한다면 50%는 만만찮은 달성률이라 하겠다.

---

5 언론보도에서 회자된 개략적인 숫자인데, 대통령이 직무수행 중일 때 '잘못한다'는 평가와 탄핵심판을 앞둔 상태에서 탄핵을 찬성하느냐 여부는 구별해야 한다. 최근(2017년 초)의 여론조사 보도는 대략 15% 안팎이 탄핵을 반대한다고 전하고 있으며 박근혜 퇴진 이후 촛불혁명의 완수를 막으려는 세력은 그 이상이기 쉽다.

2. 촛불혁명의 전망과 과제

촛불혁명이 '미완의 혁명'으로 끝날 가능성은 물론 남아 있다. 그런데 우리는 실패한 혁명과 미완의 혁명, 한계를 지닌 채로나마 일단 성공한 혁명 등을 제대로 구별하는 성찰을 해봐야 한다.

촛불이 국회의 탄핵소추결의를 끌어내고도 만약에 헌법재판소에서 탄핵이 기각된다면 (그후의 사태가 또 어떤 식으로 진행될지언정) 촛불혁명으로서는 일단 실패라 해야 할 것이다. 이런 실패는 현재로서 상상하기 어렵다. 헌재 재판관들의 법률가적 상식과 자존심도 무시할 일이 아니려니와, 무엇보다 탄핵과정에서의 시민행동이 이미 '대못'을 박은 형국이다. 국회의 탄핵가결 후 추운 날씨에도 전국적으로 100만여명이 다시 거리로 나온 12월 10일의 7차 집회는, 232만명이라는 역사상 최대규모의 시위로 국회의 탄핵가결을 강제한 12월 3일의 6차 집회에 못지않은 의의를 지닌 것이었다. 새해 들어 헌재의 신속한 심의진행과 강추위의 내습으로 참가자 수가 다소 줄기는 했으나 박근혜 퇴진 이외의 그 어떤 결과도 용납하지 않을 기세는 설 지난 뒤에도 확고해 보인다.

'미완의 혁명'은 좀 다른 문제다. 대표적인 전례로 꼽히는 것이 1960년의 4월혁명인데, 시민들이 피를 흘리며 봉기하여 이승만 대통령을 하야시켰다는 점에서 아예 실패한 혁명은 분명 아니었다. 그러나 시위군중이 요구한 재선거 대신 기존 국회에 의한 개헌이 이루어지고 7월의 선거로 민주당이 집권했다가 이듬해 박정희의 5·16쿠데타로 군사정권이 들어섰다. 요즘 자주 쓰는 '죽 쒀서 개 준다'는 표현을 빌리면, 처음에는 비교적 주인 말을 잘 들을 법한 온순한 개한테 주었다가 결국 진짜 사나운 개가 들어서는 결과가 되었던 것이다.

촛불혁명이 미완으로 끝나는 씨나리오라면 탄핵 후 60일 이내 거행되는 대통령 보궐선거에서 촛불시민들이 요구한 새세상 만들기를 수행할 의지나 능력이 없는 인물이 당선되는 사태일 것이다. 4·19를 돌이켜볼 때 유의할 점은, 개헌이 된다거나 정권교체가 이루어진다고 해서 '미완'의 우려가 사라지는 것은 아니라는 사실이다. 개헌 문제는 뒤에 다시 언급하겠지만, 야당 대통령이 나오더라도 촛불 민심에 대한 공감과 인식이 부족하거나 그 과제를 실행할 능력이 없는 인물이 된다면 혼란만 더해질 우려가 있다. 군사쿠데타가 다시 일어날 시대는 아니라 해도, 사실상 군부보다 더 강력한 오늘의 기득권세력들이 그대로 남아 낡은 세상을 다른 방식으로 되살리면서 마침내 다음 대선에서 대통령직마저 되찾아갈 가능성이 농후한 것이다.

6월항쟁 이후의 사태를 두고도 '미완의 혁명'과 '죽 쒀서 개 주기'라고 말하는 논자가 적지 않다. 그러나 자칫 이는 사회변혁보다 정권의 향방에 더 집착하는 이야기일 수 있다. '양김'의 분열로 87년체제의 첫 대통령직을 노태우에게 넘겨준 것이 6월항쟁에 참여한 이들에게는 땅을 칠 일이었고 실제로 개혁작업에 많은 차질을 초래한 것이 사실이다. 그러나 87년 12월의 선거는 군부독재세력이 '호헌철폐'라는 국민요구를 수용한 결과였고 7~8월의 노동자 대투쟁을 통해 노동자의 시민권 획득이 시작되었으며 다분히 민주화된 헌법을 이미 제정하고 난 뒤에 열린 선거였다. 따라서 노태우정부도 87년체제의 큰 흐름을 거역하지 못했고 김영삼, 김대중, 노무현 정부로 이어지면서 민주화의 추가적 진전이 있었다. 이른바 민주개혁세력 진영의 인사들은 이명박·박근혜의 '보수정권'이 '민주정부 10년'의 성과를 역전시켰다고 말하기도 하지만, 굴곡진 형태로나마 초기의 20년간 진행된 민주화를 야당 집권 10년으로 한정하는 것도 일종의 진영 논리다. 이로써 이명박·박근혜가 노태우·김영삼의 '보수정부'와 구별해 마땅한 '반동'과 '역주행'의 시대를 열었던 점이 흐려지는 것이다. 87년체제가 1953년의 정전협정체제와 분단체제라는 과거 군사독재체제의 기반을 공유한 태생적인 한계를 지녔지만 남한사회로서는 대전환을 일단 이룩한 시민혁명의 성과라는 평가도 87년체제 초기 10년의 성과를 인정함으로써만 설득력을 지닌다.[6] 따라서 비록 야당이 정권획득에 실패한 선거였지만 87년 12월의 대선은 다가오는 19대 대통령선거만큼 결정적인 사건은 아니었다고 볼 수 있다. 지금은 새세상에 대한 광장의 요구가 어느 정도 의제화되긴 했어도 제도화는 거의 되지 못한 상태에서 그 작업의 대부분 — 일부는 2월 국회에서 이루어진다 치더라도 — 을 수행할 정부를 구성해야 하는 고비인 것이다.

촛불시민들의 요구가 단순한 정권교체를 넘어 그동안 '헬조선'을 만들어온 한국사회의 온갖 적폐를 청산하고 새로운 시대를 개막하라는 것임은 명백하다. 구체적인 의제로도 특검 수사 등을 통한 인적 청산, 재벌개혁, 검찰개혁, 선거제도 개혁, 교육개혁, 지방자치 강화 등 수많은 과제가 제기된 바 있다. 문제는 이들 대부분이 광장의 함성만이 아니라 숙의(熟議)와 입법의 과정을 요하는 작업이며 차기 정부의 성격에 결정적으로 좌우되는 작업이기도 하다는 것이다. 따라서 지금은 "끝이 아니라 시작"이고 "박근혜 이후 '누구'가 아니라, 박근혜 이후 '무엇'을 말해야 한다"[7]는 지적은 일단 경청할 만하지만, 조기 대선이 확실시되는 현시점에서 '누구가 아닌' 무엇이라는 표현은 재고할 필요가 있다.[8] '무엇'을 해내는 건 결국 사람인데다, '누구'를 말하기를 꺼리는 시민사회 활동가나 지식인의 태도에는 '잿밥에 눈독을 들인다'는 비난과 특정 후보를 거들거나 깎아내

6 예컨대 졸고 「큰 적공, 큰 전환을 위하여」, 백낙청 외 『백낙청이 대전환의 길을 묻다: 큰 적공을 위한 전문가 7인 인터뷰』, 창비 2015, 22~26면; 본서 221~24면 참조.

7 김연철 「아직 가야 할 길이 멀다」, 『한겨레』 2016. 12. 12, 27면.

8 김연철 교수 자신도 한평아카데미 강의 후 토론에서 '누구'를 생각하기 시작할 때라는 점에 동의했다.

린다는 인상을 피하려는 몸조심이 작용하는 것이 사실이다.

여기서 본격적인 인물론을 펼칠 생각은 없으나, 촛불혁명으로 '정권교체' 프레임 자체에 중대한 변화가 일어났음을 지적하고자 한다. 정권교체가 시대교체의 필요조건 가운데 하나임은 두말할 나위 없지만, 나는 '2013년체제 만들기'를 내세우던 시점에서도 오로지 선거승리에만 집착해서는 선거승리(=정권교체)마저 놓치기 쉽다는 점을 강조했었다. 그해 실제로 대선에 실패하고 박근혜정권에 혹독하게 시달리면서 정권교체에 대한 국민의 열망은 더욱 뜨거워졌고, 관심이 온통 누가 박근혜와 새누리당의 아성을 깨고 선거승리를 이뤄낼 수 있을지에 집중되었다. 대선패배 이후 문재인 민주당 전 대표에 대해 호남 민심이 등을 돌렸던 가장 큰 이유도 그가 정권교체를 해줄 인물이 못 된다는 판단이었고, 그럼에도 전국적으로 그의 지지율 1위가 유지된 것 또한 그나마 가장 알려졌고 지난 대선에서 48% 득표의 전력이 있는 문재인을 빼고는 마땅한 후보가 안 보인다는 이유였을 것이다.

촛불혁명으로 박근혜와 친박계가 몰락하고 새누리당이 분열됨으로써 상황은 크게 바뀌었다. 사실 나는 87년체제하에서 '국민통합'이 논의될 때마다 이는 분단한국의 현실을 경시한 이상론이고 현실적으로는 새누리당이 정권을 놓친 뒤에야 수구세력 주도의 수구·보수동맹에서 합리적 보수주의자들이 떨어져 나오고 의미있는 사회통합이 가능하리라고 주장해왔다.[9] 그런데 일러도 2018년에나 가능하다고 본 이 숙제를 촛불혁명이 단숨에 해낸 것이다. 다시 말해 아직 완수된 것은 아니지만 촛불혁명으로 현 정부와 여당에 궤멸적인 타격을 가함으로써 정권교체를 시민들이 벌써 절반은 해낸 셈이다.

---

9 예컨대 졸저 『2013년체제 만들기』, 창비 2012, 73~75면.

반기문(潘基文)씨의 어설픈 행보와 갑작스런 출마포기로 그 점이 더욱 뚜렷해졌다. 한편으로 문재인씨가 범여권 후보 누구를 상대해도 승리하리라는 전망이 커짐으로써 이른바 그의 대세론이 힘을 받고 있는가 하면, 다른 한편으로 정권교체를 지상목표로 삼는 프레임이 약화되는 기미도 보인다. 적어도 '반문재인연대 빅텐트' 구상이 치명상을 입음으로써 대세론이 87년체제 속의 정권교체를 향한 대세인지 새세상 만들기를 감당한 대세인지를 검토할 여유가 생긴 것이다. '과연 문재인이 이길 수 있을까'라고 묻던 상태에서 '그렇다, 이길 확률이 높다'는 전망이 커져서 선두주자의 입지가 강화되기도 하지만, '이쯤 되면 정권교체는 거의 누가 나가도 되는 것 아닌가'라는 생각과 더불어 '그러므로 이제야말로 누가 촛불 이후의 대한민국을 이끌기에 가장 적합한가', '단순히 한표라도 더 얻어 당선되는 게 아니라 누가 촛불공동정부의 구성과 운영에 가장 유능할까'[10]라는 데로 관심이 이동하는 조짐도 보인다.

특정 후보에 대한 유불리를 떠나 이는 바람직한 진전이다. 문제는 '누구'의 적합성을 어떻게 결정하느냐는 것이다. 물론 각 당에는 나름의 당헌과 경선규칙이 있고 연합후보를 위한 정치권의 이합집산도 가능하다. 하지만 시민들이 촛불혁명으로 세상을 바꿔놓았는데 다음 정권의 행방

---

10 '촛불공동정부'는 박원순 서울시장이 주창했던 구호지만, 차기 정권은 누가 당선되어도 여소야대가 불가피하므로 개혁과제 수행을 위해 여야를 뛰어넘는 폭넓은 연정(聯政)이 필요하다는 안희정 충남지사의 최근 발언도 그것과 맥이 닿는다. '촛불공동정부'가 딱히 기존 야3당의 공동정부로 국한돼야 할 이유는 없기 때문이다. 그러나 '대연정'은 이야기가 다르다. 통념상 대연정은 두 거대정당의 연립정부를 의미하는데, 안지사가 새누리당이 개혁과제에 동참하는 것을 전제했다고 하더라도 민주당이 새누리당과 대연정을 하는 것은 명분도 약하고 현실성도 떨어진다. 안정된 국정운영을 위해서라면 야3당의 '소연정'만으로도 국회 과반수가 확보되며, 바른정당마저 참여하는 '중(中)연정'이면 새누리당에 의한 국회선진화법 악용을 막아내고 개헌조차 할 수 있게 된다. 바른정당이 참여하는데 선거에 패배하고 개과천선한(?) 새누리당이 참여 못할 바 뭐 있느냐는 논리도 가능하지만, 그런 식으로 입법부 내 반대파의 씨를 말리는 게 건강한 사태인지도 의문이다.

은 낡은 시대와 크게 달라진 바 없는 방식으로 정당과 정치인들이 알아서 후보를 정해놓고 국민은 그중 한명을 선택만 하라고 들이미는 것은 어불성설이다. 촛불시민이 대선후보들의 선정과정에도 어떤 식으로든 개입하는 게 도리인데, 다만 대규모 촛불집회가 그 작업에 적합한 현장은 아니다. 집회를 주관해온 '박근혜정권퇴진비상국민행동'도 성격상 그런 작업을 주관하기 어렵다. 이에 한편에서는 "민주 정의 평화 평등의 촛불시민 명예혁명을 완수하기 위해, '광장 민주주의' 의지를 결집할 수 있는 '개혁주체'로서 '국민운동체'를 수립"하자는 '1천인 선언'(2017. 1. 18)이 나오고, '퇴진행동'에 참여하고 있는 몇몇 개별 단체들이 주최하여 중요 정치인들을 초빙해 시민토론을 벌이는 방안도 모색되고 있는 것으로 안다. 나 자신은 특별한 묘안을 갖고 있지 않지만, 지난 연말에 발표한 '신년칼럼'에서의 다음과 같은 원론적 주장을 되풀이하고 싶다.

어떤 특정 방식이 최선이라고 미리 정해놓는 대신, 이제까지의 촛불혁명이 그러했듯이 다양하고 개방적인 태도로 실험을 해간다면 시민들 스스로도 종래의 고정관념을 털어내는 자기교육의 과정이 되며 집단지성이 다시금 빛날 것입니다. 촛불집회나 '만민공동회'에 주요 후보들을 초빙해서 이야기를 들어볼 수도 있고 규모를 조금 줄여서 한층 차분한 토론과 평가를 해보는 방법도 있을 것입니다. 어느 경우에나 SNS 등을 통한 후속 토론과 검증이 당연히 따르겠지요. 시간이 많지는 않지만 지금 시작하면 민의가 한결 충실하게 투영되는 방안들이 나올 것이며 직접민주주의와 숙의민주주의를 동시에 강화하고 대의민주주의도 개선하는 선례를 만들어낼 것입니다.[11]

---

11 졸고 「새해에도 가만있지 맙시다」, 『창비주간논평』(weekly.changbi.com) 2016. 12. 28, 같은 날 『한겨레』에 동시 게재. 본서 438~39면.

3. '박정희 모델'넘어서기

그런데 '누구'에 대한 논의가 필요하듯이 '누구'를 점검할 때 '무엇'을 어떻게 해낼 인물인가가 중요한 기준이 된다. 그런 점에서 촛불혁명의 과제로 중요하게 제기된 이른바 박정희 모델의 극복에 대해 살펴보고자 한다.

일각에서는 박근혜 탄핵과 더불어 유신시대가 드디어 막을 내렸다고 진단하기도 하고 박근혜가 몰락하면서 드디어 '박정희 신화'도 끝장났다고 때 이르게 기뻐하는 목소리도 들린다. '때 이르다'고 하는 것은, 박근혜의 당선 이후 정부에 의해 인위적으로 확산되기도 하던 박정희 신화가 그 딸의 상상을 초월하는 국정실패와 이에 대한 국민적 단죄로 거의 치명적인 손상을 입은 것이 사실이지만, 동시에 '아비의 반의반만 됐어도……'라는 토가 달리는 경우도 드물지 않기 때문이다.[12] 더 중요한 것은 '반의반도 못 되었다'는 것은 엄연한 사실이며, 박근혜에 대한 단죄와 별도로 박정희 및 박정희시대에 관한 한층 과학적인 평가로 이어지지 않는다면 '신화'의 부활도 배제하기 힘들다고 본다.[13]

유신시대가 드디어 끝났다는 주장도 정확한 표현이 아니다. 유신정권

---

12 적어도 대구지역에서는 박정희 신화가 크게 흔들리지 않았음을 말해주는 현장보고로 『한겨레』 2017년 1월 12일치 10면 기사 「"박근혜 싫다고 좌로 안 가 … 박정희 얼굴에 먹칠한 게 속상"」 참조.

13 10여년 전의 글에서 나는 다음과 같이 주장했는데 지금도 기본적으로 같은 생각이다. "박정희에 대한 향수야말로 박정희시대 최악의 유산에 속한다. 기본적인 제반 권리에 대한 무관심, 인간의 고통과 고난에 대한 무감각, 대화와 타협을 통한 문제해결 방식에 대한 거부감, 그리고 '잘살아보세'라는 걸인의 철학 이상의 모든 개인적 또는 공동체적 철학에 대한 무지 등을 고스란히 내장하고 있는 것이 '박정희 향수'인 것이다. 이런 유산들은 박정희시대에 대한 적절한 판단이 이루어지고 박정희 또한 그의 정당한 몫을 인정받기까지는 그 병적인 작용을 멈추지 않으리라 본다."(졸저 『한반도식 통일, 현재진행형』, 창비 2006, 제14장 「박정희시대를 어떻게 생각할까」 275면)

의 망령을 되살리려는 박근혜의 시도에 사망선고가 내려진 것은 분명하지만 엄밀한 의미로 유신체제는 1979년 부마항쟁과 10·26사건으로 붕괴했다. 전두환정권이 아류 유신독재를 6월항쟁 때까지 이어가긴 했어도 87년체제의 정착으로 유신시대를 되살리는 일은 불가능해졌다. 부질없는 복원 시도가 혼란을 극대화했을 뿐이다.

다른 한편 박정희식 경제성장 모델로 말하면 지금도 위력을 지녔고 이를 제대로 넘어서지 못하면 박정희 신화의 부활에 일조하기 쉽다. 다만 이 경우에도 정확히 어떤 경제모델을 말하는지 따져볼 필요가 있다.

경제성장 추구 자체는 자본주의의 일반적 속성이므로 그것과 박정희 모델을 동일시하는 것은 자본주의적 성장의 다양한 경로를 단순화할 뿐 아니라, 도리어 '박정희 모델'을 쉽사리 극복할 수 없는 것으로 만든다. 일부에서는 '신자유주의'와 박정희 모델을 동일시하기도 하는데, 세계적으로는 신자유주의가 자본주의의 새로운 패러다임으로 등장한 것이 1970년대였다고 하겠으나 그것은 여러 면에서 박정희식 발전국가 모델과 상충하는 것이었다. 박정희시대의 경제성장은 비록 빈부격차를 확대했지만 기본적으로 '국민경제'를 단위로 삼은 데 비해, 신자유주의는 지구적 자본가계급의 이익을 절대시하고 개별 국민국가는 그런 범세계적 계급이익의 극대화에 복무하는 도구의 성격을 강화하게 된 것으로 보아야 한다(물론 그런 기능 수행에 필요한 만큼의 국민경제 챙기기가 허용되지만). 한국에 신자유주의가 본격적으로 들어온 것은 많은 논자들이 지적하듯이 1997년 국제통화기금(IMF)의 구제금융이 계기였고, 이른바 진보적 논자들이 잘 인정하지 않는 점이지만 그때도 김대중·노무현 정권들에 의한 대안모색 노력은 없이 일방적으로 도입된 것은 아니었다. 이명박·박근혜 정부에 와서야 그것이 한층 순풍을 타게 되었는데 그럼에도 박정희식 개발독재에 대한 정권 담당자들의 미련과 '봉건적' 이권세력의 온존으로 신자유주의와 전근대적 발전주의가 뒤섞인 기형적 경제가 형성되었다는 것이 사실에 가깝다.

그러므로 박정희 모델을 국가주도의 발전국가 또는 '개발독재'로 한정해서 이해하는 것이 한결 방불하고 생산적일 듯하다. 그것을 통해 한국은 괄목할 고도성장을 이룬 대신, 정경유착과 부정부패, 양극화와 사회갈등 심화 등 오늘날 한국경제의 발목을 잡고 있는 문제점을 안게 되었다. 그 정확한 양상은 전문가들의 분석에 맡길 일이나, 박정희 모델 성립조건으로 반드시 꼽아야 할 ─ 실제로 전문가들이 곧잘 간과하는 ─ 사항이 있다. 곧, 독재정치와 경제성장을 결합한 박정희식 개발은 한반도의 분단과 남북 대결상태 그리고 지구적 차원의 냉전체제라는 현실 속에서나 가능했다는 사실이다. 5·16 혁명공약 제1항은 "반공을 국시의 제일의"로 삼는다고 하여 도탄에 빠진 민생을 건진다는 쿠데타의 명분과 직접적인 연관이 없는 구호였고, 실제로 집권기간 동안 박정희는 이승만시대에 못지않은 대대적인 '빨갱이' 사냥을 했다. 7·4공동성명 등 남북화해를 지향하는 듯한 조치를 취했지만 모두 철저히 자신의 권력보전과 독재강화에 이용했다.

박정희 모델의 이런 성립조건은 87년 이후에도 제대로 청산되지 않았다. 87년체제가 1961년 이래의 군사독재를 종식시켰지만 독재의 든든한 기반을 제공했던 1953년 이래의 분단체제를 극복하지 못함으로써 결정적인 한계를 안고 출발했다는 진단도 그런 뜻이다. 독재청산에 상당한 성과가 이룩되는 가운데서도 경제와 국민의식의 많은 부분에서 박정희 모델이 여전히 위력을 지녔고 드디어는 '박정희 향수'에 젖은 세력들의 대대적인 반격을 허용한 것도 바로 '박정희 모델 성립조건'의 본질적 지속성 때문이었던 것이다. 그러므로 촛불이 요구하는 새세상에 걸맞은 경제·사회 패러다임을 만드는 작업은 87년체제의 그런 태생적 한계를 극복하는 것이라야 한다. 실제로 수구·보수세력은 87년 이후에도 엄존하는 분단현실을 철저히 의식하고 '종북몰이' 또는 '안보위기' 조성으로 자신의 기득권을 강화해왔다. 그런데도 대안적 비전을 표방하는 많은 지식인과 활동가들이 아직도 분단 안 된 어느 외국의 '선진적' 모델을 답습하려 한다든가 어쨌든 남한만의 온전한 자유민주주의, 사민주의, 사회주의, 또는 평화국가 같은 각종 선진사회 건설 노력에 몰두한다면 '후천성 분단인식결핍증후군'이라는 야유를 피할 수 없을 것이다. 지식인의 담론도 촛불혁명의 성과로 종북담론이 다분히 희화화되고 약효가 떨어지기 시작한 이번 기회를 제대로 살려야 할 것이다.

4. 개헌에 관하여 : 헌법과 이면헌법

촉박한 대선 일정에 비추어 그 전에 개헌을 한다는 것은 상식적으로 납득하기 어렵다. 그런데도 조기 개헌 주장이 계속 나오고 있다. 내가 보기에 이는 실제로 성사가 되든 안 되든 개헌추진을 고리로 '빅텐트' 또는 '스몰텐트'를 쳐보려는 정략적 속셈이거나, 설혹 정략을 떠난 충정이라 하더라도 김남국(金南局) 교수의 지적대로 시민보다 국가를 앞세우는 국가주의적 발상이다.[14] 어느 경우나 촛불민심과는 동떨어진 것으로, 이번 촛불은 1987년과 같은 개헌운동이 아닐뿐더러 굳이 말한다면 호헌운동에 가깝다. 헌법에 명시된 민주공화국의 골격을 지켜내고자 주권자들이 직접 나선 것이며, 무엇보다 "헌법이 안 지켜지던 나라를 헌법이 지켜지는 나라로 바꾸는 한층 본질적인 혁명"[15]이 일어난 것이다. 물론 촛불혁명으

---

14 김남국「개헌, 국가주의적 지름길의 유혹」,『한겨레』 2017. 1. 16, 27면.
15 앞의 졸고「새해에도 가만있지 맙시다」; 본서 436면.

로 세상이 바뀌고 있으므로 헌법도 그에 맞춰 개정되는 게 옳다. 개헌론자들이 고치려는 조항들이 촛불시민들이 지키고자 한 헌법 제1조가 아닌 것도 사실이다. 다만 어느 조항을 어떻게 고칠지에 대한 토론에 시민들이 충분한 시간을 갖고 폭넓게 참여해야 한다. 따라서 개헌논의 자체는 무작정 뒤로 미루는 것이 능사는 아니다. 오히려 후보와 정당마다 자신의 개헌구상과 예상 일정표를 제시하고 선거에 임하는 것이 도리일 것이다.

　헌법을 논의할 때 잊어서는 안 될 점은 대한민국에는 공포된 성문헌법 이외에 일종의 이면(裏面)헌법이 존재한다는 현실이다. 통합진보당 해산 결정 당시 헌법재판소 스스로 밝혔듯이 대한민국의 법질서는 "북한이라는 반국가단체와 대치하고 있는 대한민국의 특수한 상황을 고려"하여 운용되는 것으로서, 헌법 제1조나 10조, 11조 등이 보장하는 국민의 온갖 권리들도 '분단이라는 특수한 상황'에 따라 제약되어왔다. 그 명시적인 표현이 국가보안법이지만,[16] 더 넓게는 '빨갱이로 몰린 자에게는 권리가 인정되지 않는다'는 일종의 관습헌법이 작동해온 것이다. 정치권의 개헌론자들이 주로 겨냥하는 '제왕적 대통령제'의 진정한 뿌리도 실은 이 관습헌법, 이면헌법에 있다. 실제로 87년 헌법은 종전의 5공화국 헌법이나 유신헌법에 비할 때 대통령의 제왕적 권한을 획기적으로 제한했고 그 헌법이 제대로만 지켜져도 상당정도의 분권형 정부운영이 가능하도록 했다. 물론 더 손질을 가할 여지가 없다는 말은 아니다. 특히 중앙정부의 권한을 대통령과 총리 사이에 어떻게 나눌까 하는 문제 이전에 지방자치를 강화함으로써 중앙정부의 권한을 축소할 필요가 있고, 국민의 기본권을 신장함으로써 정부 전체의 권한을 상대적으로 줄여야 할 것이다. 그러나 87년 시민혁명으로도 온전히 없애지 못한 이면헌법을 남겨두고 성문헌법만

---

16 졸저 『2013년체제 만들기』 7장 「한국 민주주의와 한반도의 분단체제」 144~47면 참조.

고쳐서는 아무런 본질적인 변화가 없게 마련이다.

따라서 우리에게 가장 시급한 개헌이라면 이 이면헌법의 폐기다. 이면헌법은 성문화된 것이 아니므로 국회에서 개정할 성질이 아니다. 방법은 크게 두가지라 볼 수 있다. 첫째, 남북관계의 개선·발전을 통해 북한을 '반국가단체' 또는 '주적'으로서보다 교류·협력 및 궁극적 재통합의 대상으로 보는 국민의식의 변화다. 이는 실제로 87년체제 첫 20년간 상당한 진전을 보이다가 이명박 집권 이래 역진을 거듭한 결과 이번 촛불군중들 사이에도 '남북관계 개선'이 화급한 과제로 떠오르지 않을 정도가 되었다. 그간 남북관계의 악화가 분단체제의 다른 한 축인 북한의 행동에 기인한 면을 감안하더라도 남한 내에서 이면헌법의 작용이 남북관계 개선을 방해하고 노태우정부 이래의 성과를 역전시키는 결과를 가져온 것 또한 부인할 수 없는 사실이다. 따라서 둘째로, 국내에서 이면헌법을 믿고 온갖 부정·부패와 국정농단을 일삼는 무리들을 응징하며 "글자로 있던 헌법 제1조를 이젠 온 국민이 노래 부르며, 온몸으로 써내려가고 있는 시대"[17]를 열어감으로써 이면헌법을 무력화하는 길이다. 완전한 폐기까지는 아직 갈 길이 멀지만 촛불혁명으로 그 작업에 어느 때보다 큰 진전이 이룩되었다. 탄핵심판의 대통령 측 변호인이 촛불군중을 온통 '친북좌파'로 몬 발언도 이면헌법의 희화화·무력화를 거들어준 고마운 이바지였다.

5. 촛불과 한반도 그리고 세계체제

1987년 당시에는 '민주'와 더불어 '자주'와 '통일'이 운동권의 주요 구

---

17 한인섭 「'주권자 혁명' 시대로 행진하기」, 『한겨레』 2016. 12. 17, 14면.

호였다. 그때만 해도 '분단인식결핍증후군'이 한결 덜했던 것이다. 그러나 분단을 의식하되 남북을 아우르는 분단**체제**에 대한 인식은 미약한 편이어서, 87년체제가 민주화를 제대로 수행하여 다음 단계로 약진하는 과정이 뒤따르지 못했다. 촛불군중 또한 분단체제에 대한 인식으로 무장했다고는 보기 어렵고 남북관계에 대한 시민들의 문제의식도 광장에서 간헐적으로 표현되는 데 머물렀다. 하지만 앞서 지적했듯이 이면헌법을 폐기하고 온전한 민주공화국을 이룩하는 작업에 국내에서의 민주헌법 수호와 남북관계의 발전이라는 두가지 길이 있는데 그 둘이 긴밀하게 맞물려 있다는 인식이야말로 분단체제론의 핵심이다. 그동안 남북관계의 악화가 이면헌법 수혜자들의 창궐을 방조했던 만큼 이들에 대한 확고한 단죄는 남북관계 개선의 길을 다시 열어놓을 것이며, 이는 다시 한국사회의 민주화와 정의실현에 소중한 이바지가 될 수 있다. 이처럼 맞물려 전개되는 촛불 이후의 새로운 세상은 남한사람들의 생명과 안전을 수호하고 삶의 질을 높여가기 위해서도 남북의 느슨한 결합이나마 우선 도모할 것이며 궁극적으로 세계사에 없던 새로운 형태의 범한반도적 공동체를 건설하는 변혁을 성취할 수 있을 것이다.[18]

끝으로 앞서 거론한 촛불의 세계사적 의의에 한마디 덧붙인다. 2016~17년에 시작된 한국의 촛불혁명에서 또 하나 특이한 점은 세계적으로 민주주의가 후퇴하고 폭력이 난무하는 시기에 일어났다는 사실이다. 소련과 동유럽의 독재정권들이 무너지던 대세를 탄 '벨벳혁명'이나 6월항쟁 등 일련의 변화와는 대조적이다. 그때 이후 자본주의 세계체제는 기

---

18 본고에서는 별도의 논의를 자제했지만 한반도체제의 변혁을 지향하는 국내의 개혁적 통합노선을 나는 '변혁적 중도주의'라 불러왔다. 이에 대한 여러 사람의 논의를 모은 책으로 정현곤 엮음 『변혁적 중도론』, 창비담론총서 5, 창비 2016, 그리고 주 6에 나온 졸고 「큰 적공, 큰 전환을 위하여」의 제6절 '무엇이 변혁이며 어째서 중도인가'(56~63면; 본서 253~60면) 참조.

후변화를 비롯한 생태계의 위기가 더욱 심화된 한편, 세계적인 자본 과잉, 인공지능·자동기기 등의 획기적 발전에 의한 일자리의 경향적 축소, 국제질서를 관리하던 국가간체제의 쇠락에 따른 국지전의 증대와 난민의 대량 발생 등을 감당할 능력을 거의 상실한 상태다. 이로 인한 대중의 불만은 더러 '점령하라'(Occupy) 같은 민주적 개혁운동을 낳기도 하지만, 미국 트럼프(D. Trump) 대통령의 당선이나 유럽에서의 극우정당 득세에서 보듯 파시즘에 가까운 형태를 띠기 일쑤인데, 바로 그런 대세를 거스른 시민혁명이 한국에서 일어난 것이다.

이는 촛불혁명의 앞날이 그만큼 험난할 수 있다는 뜻도 된다. 국제관계나 세계경제의 현황이 모두 87년체제의 틀 속에서의 정권교체만으로 감당할 수 없는 수준임은 물론, 남한의 국한을 넘어 한반도와 동아시아에서 세계사의 틈새를 찾아내기 전에는 앞길이 안 보이게 되어 있다. 이를 위해 먼저 대한민국에 실력을 갖춘 민주정권을 수립해야 하고 남북관계의 획기적 개선을 통해 한국경제의 활로를 찾는 동시에 동아시아, 나아가 유라시아의 지역협력에서 한반도가 걸림돌이 되어온 현실을 혁파해야 한다. 그럴 때 이미 시작된 천하대란기(天下大亂期)에 그나마 덜 어지러운 삶의 터전을 확보할 수 있고, 세계가 대란의 시기를 넘어 새로운 문명건설로 나아가는 과정에서도 창조적이고 비교적 안전한 거점을 제공할 수 있을 것이다.

11장

시민참여형 통일운동과 한반도 평화*

여러분 반갑습니다. 저는 한반도평화포럼의 일을 맡긴 했었지만 남북 관계 전문가는 전혀 아니에요. 활동가로서 북한을 수십차례 다녀온 사람도 많은데 저는 그러지도 못했고요. 그동안 강의하신 분들이 다 전문가이고, 또 강의를 충실히 들으셨으면 지금쯤은 여러분 모두 나보다 더 전문가일 겁니다. 그래서 제 얘기에 무슨 의미가 있다면, 전문가들이 잘 안 하는 얘기를 할 수 있는 것 아닐까, 그런 생각으로 강의 요청에 응했습니다. 한가지 참고로 알고 싶은데, 여러분이 그동안 공부할 때 강사들이 대개 누구 글을 읽어 오라 이런 과제를 주셨겠죠? 거기 혹시 내 논저가 포함되어 있습니까. 없죠? 내가 누가 내 글을 포함시키고 누가 안 그랬느냐 이런 걸 캔다면 일종의 민간 사찰이 되겠지만,(웃음) 제가 학계의 전문가들이 안 하는 얘기를 주로 하겠다는 것을 말씀드리기 위해서 아무도 안 포함시

* 이 글은 2018년 7월 12일 한반도평화포럼의 제5기 한평아카데미 수강자와 포럼 회원을 대상으로 한 특별강연 및 질의응답의 녹취본을 『동향과전망』 2018년 가을·겨울호에 수록하기 위해 정리하고, 그후의 상황 변화를 반영하기 위해 '덧글'을 붙인 것이다.

키셨다는 사실을 한번 확인해봤습니다.

강의자료에도 나옵니다만, 최근 정세에 관한 몇가지 가설로 출발하겠습니다. 첫째는 4·27판문점선언과 6·12싱가포르선언으로 한반도 평화체제 건설은 거의 불가역적인 궤도에 올랐다는 가설입니다. 사실 나는 둘 중에도 판문점선언이 더 결정적이었다고 생각하는데, 그 점은 얘기하다 보면 차차 드러나리라고 봅니다. 남북관계, 한반도 평화체제 건설이 제대로 잘될 거냐에 대해서 전문가들 사이에 논란이 많지만, 내가 보기에 대다수 전문가들은 내가 말하는 한반도식 통일, 그리고 시민참여형 통일운동이라는 것은 논외로 하고 그런 논란을 벌이고 있는 것 같습니다. 이 점을 감안할 경우 거의 불가역적인 궤도에 올랐다는 나의 가설이 오히려 좀더 유력해지지 않을까 생각합니다. 둘째로는 시민참여형을 얘기하니까, 설혹 평화체제로의 전환이 이루어졌다 해도 이건 결국 해당국 정상들의 결단에 의한 것이고 시민의 기여는 크지 않았다는 견해도 있습니다. 그러나 나의 가설은 거의 불가역적인 진행의 시작이라는 것은 곧 그게 시민참여형 통일과정의 성과이기 때문이라는 것입니다. 셋째로는 평화체제의 전망이 열리니까 평화체제는 통일의 가능성을 제거해버리는 남북관계의 성립이라는 주장도 나옵니다만, 이것 또한 시민참여형 통일운동과 한반도 평화의 성격에 대한 인식부족의 결과라는 것이 나의 가설입니다.

낮은 단계의 남북연합: 시민참여형 통일의 제1단계

그럼 본론으로 들어가서, 시민참여형 통일의 제1단계로서의 남북연합에 관해 말씀드리겠습니다. 여러분들이 '포용정책 2.0'에 관한 제 글(「'포용정책 2.0'을 향하여」, 『2013년체제 만들기』, 창비 2012)을 읽으셨으리라 믿는데, 저는 사실 포용정책이라는 낱말이 딱 맞는 단어라고는 생각하지 않습니다. 하지만 그동안 많이 써왔기 때문에, 특히 제가 그 글을 처음 발표할 무렵에는 많이 쓰였기 때문에, 그때까지의 포용정책이 1.0대 버전이었다면 2.0대로 진화해야 한다, 업그레이드돼야 한다는 얘기를 했던 거지요. 거기서 포용정책 2.0의 두가지 특징이 하나는 시민참여형이라는 것이고, 다른 하나는 남북연합 건설이 의식적인 목표가 돼야 한다는 것이었습니다. 남북연합 건설과 시민참여형 통일은 같은 차원의 얘기는 아니죠. 시민참여형 통일운동은 남북연합 건설 이전에도 해당되고 남북연합 건설과정에도 해당되고 남북연합 이후의 어떤 단계가 있으면 그것 역시 시민참여형으로 진행되어야 옳고 또 한반도에서는 그럴 수밖에 없다는 주장이지요. 남북연합 건설은 그중 어느 한 대목에 해당할 뿐이지만 시민참여형 통일운동의 1단계 목표는 남북연합이라는 겁니다.

아시다시피 연방과 연합이 다르고 또 연합, 연방은 각기 여러 질입니다. 다양한 종류와 수준이 있는데, 미국 같은 연방국가도 있고 독일 같은 연방국가도 있습니다. 스위스 같은 연방국가는 어떤 사람들은 높은 단계의 연합국가라고 보기도 하지만 낮은 단계의 연방이라고 보는 게 타당할 것 같아요. 단일 헌법이 있고 단일 화폐가 있거든요. 다만 칸톤(Kanton)이라고 하는 각 주가 굉장히 큰 자치권을 가지고 있고 대통령을 순번제로 세우고 하는 점에서는 미국이나 독일보다 훨씬 낮은 단계의 연방제라고 할 수 있습니다. 그런데 6·15공동선언을 보면, 제2항에 "남측의 연합제 안과 북측의 낮은 단계의 연방제 안이 서로 공통성이 있다고 인정하고 앞으로 이 방향에서 통일을 지향시켜나가기로 하였다." 이렇게 되어 있습니다. 그러면 그때 김정일 위원장이 염두에 둔 낮은 단계의 연방제는 뭘까, 혹시 스위스 같은 수준의 연방제일까, 김정일 위원장한테 내가 물어보지 않았으니까 알 수는 없습니다. 그러나 김정일 위원장과 김대중 대통령의 회담에 직접 배석했던 임동원(林東源) 전 통일부 장관의 회고록 『피스메이커』(2006; 개정판 창비 2015)를 보면 김대중 대통령이 왜 연방제는 지금 곤란하고 연합이어야 하느냐 하는 설명을 길게 합니다. 연방이라는 건 어쨌든 아무리 느슨한 연방이라도 하나의 중앙정부가 있고 그 밑에 주(州)정부라든가 그 연방의 구성요인들이 있는 건데, 연합은 각자 국가의 형태를 유지하면서 그것이 연합하는 거니까 현재 우리 실정에서 연방은 안 된다고 김대중 대통령이 주장하면서 연합제에 대해 설명한 겁니다. 그러니까 김정일 위원장이 "내가 말하는 낮은 단계의 연방제가 바로 그런 겁니다" 그랬다는 거예요. 그리고 굉장히 모호한 표현을 사용했지만, 통일은 쌍방의 합의 아래 점진적·단계적으로 진행한다는 점만은 명시한 셈입니다. 낮은 단계의 연방제든 연합제든 그것이 최종 목표는 아니라도 일단 그런 단계를 거쳐서 다음 단계로 나간다 하는 점만은 6·15공동선언에 이미 명시된 거예요. 18년 전 남북 정상 간에 합의된 사항이에요.

당면 목표는 연합제 중에서도 '낮은 단계의 연합제'일 수밖에 없다는 게 저의 생각입니다. 연방이 높은 단계, 낮은 단계가 있듯이 연합도 얼마든지 여러 단계가 있을 수 있다는 말이지요. 가령 유럽연합이 국가연합이죠. 통일된 연방국가가 아닌 연합제인데, 그걸 정확히 어떤 수준이라고 수치로 표현할 수는 없지만, 유럽연합을 국가연합의 한 형태로 본다면 아세안(ASEAN, Association of Southeast Asian Nations) 같은 국가연합은 그보다 더 낮은 단계인 게 틀림없습니다. 유럽연합도 그렇게 높은 단계의 연합은 아니라 할 수 있지만, 상당수의 참가국들이 화폐를 공유하고 있고, 또 유럽연합 국가 간의 주민이동이 자유롭습니다. 그러면 남북연합을 한다고 할 때 그 정도의, 자유 왕래하고 화폐 통합하고 그런 연합이 가능할까? 언젠가 가능할지 모르지만 지금 그것을 목표로 움직인다는 건 대단히 비현실적이기 때문에, 제 생각에는 낮은 단계의 연합을, 연방이 아닌

건 물론이고 연합 중에서도 낮은 단계의 연합을 1차 목표로 삼고 진행하는 것이 맞는다는 것입니다.

사실은 이 낮은 단계의 연합 건설과정이 2007년 10·4선언 이후 이미 시작했다고 볼 수 있어요. 그러다가 몇달 못 가서 중단됐고, 역행 역진을 해서 남북대결이 더 강화되고 관계가 단절됐는데, 2018년 판문점선언을 계기로 대대적으로 복원됐습니다. 가령 10·4선언에서는 앞으로 정상회담을 수시로 하자고 말했지만 그 선언을 내놓은 노무현 대통령의 평양 방문 후에는 정상회담이 없었어요. 또 그때는 정상회담을 한다 하면 으레 평양에 가서 하는 걸로 생각했어요. 김정일 위원장이 서울에 안 온 건 물론이고 다른 데, 싱가포르나 어디에든 가려고 안 했지 싶습니다. 그런데 이번에는 첫번째 회담을 판문점에서 했고, 두번째 회담을 보면 이건 거의 국가연합이 돼 있는 상태에서 양쪽 정상이 전화해서 "만납시다" 하고 필요하면 만나는, 그런 선까지 와 있습니다. 앞으로 몇번이나 더 할지 모르지만 그런 것이 관례화되고 쌍방의 각종 군사회담, 경제회담 이런 게 벌어지고 또 스포츠를 비롯한 여러 교류가 활성화되고, 물론 아직 대북제재 때문에 활발하게 못하고 있습니다만, 국제제재에도 불구하고 이미 남북연합의 건설과정이 10·4 때 비해서도 어느 면에서는 더 활발하게 진행되고 있다고 볼 수 있습니다.

그럼 그동안에 무슨 변화가 있었냐. 가장 중요한 것은 우리 한국사회에서 촛불혁명이라는 커다란 역사적 전환이 있었다는 사실입니다. 이것이 바로 시민참여형 통일과정이지요. 시민참여형 통일이라고 하면 어떤 사람들은 남북교류에 민간이 얼마나 참여하느냐, 민간교류를 시민단체들이 얼마나 하느냐, 아니면 쌍방이 회담할 때 민간인 대표가 끼여 있느냐 없느냐, 이런 걸 따지는데 그런 게 결정적인 것이 아니고, 시민참여 중에서 최근 역사에서 가장 중요한 행위는 남북관계 발전을 저해하는 정권을 시민들이 들고일어나 쫓아낸 겁니다. 이거야말로 시민참여형 통일운동의 획기적인 사건이었죠.

시민참여 그러면, "다 좋은 얘긴데, 그게 뭐가 그렇게 중요하냐. 결국은 당국이 결정하는 거고, 촛불혁명을 거기까지 갖다 붙이는 것은 견강부회다." 이렇게 말하는 학자도 있습니다. 권위있다는 학자들도 그런 얘기를 곧잘 하고 최근에도 했어요. 그런데 한번 뒤집어서 생각해봅시다. 시민참여 없는 통일운동이 성공한 사례가 얼마나 있으며 그 결과가 어땠는가.

우리 역사에서 시민참여가 거의 제로였던 남북화해 조치는 1972년의 7·4공동성명이었어요. 남북의 밀사들이 오가면서 다 결정해놓고 어느날 갑자기 발표한 거죠. 물론 거기에도 간접적으로, 우리 남쪽 같으면 1971년 선거 때 김대중 후보가 평화통일을 위한 획기적인 주장을 하고 높은 득표율을 올리고 한 것이 간접적인 영향을 줬겠지만, 어쨌든 시민참여가 거의 없었기 때문에 7·4공동성명은 집권자가 마음대로 했다가 마음대로 뒤집을 수 있었던 거죠. 사실은 10·4선언도 그 성과가 오래 지속되지 못한 것은 꼭 이명박 대통령이나 박근혜 대통령만의 책임이랄 수는 없어요. 충분한 시민참여가 없는 가운데 정권 막바지에 대못질하는 식으로 합의해놓으니까 지속가능성이 약했던 겁니다. 하지 말았어야 된다는 얘기는 아니고 그때 그거나마 해놨기 때문에 오늘날 이런 발전이 이루어지고 있지만, 어쨌든 10·4선언도 시민참여가 부족해서 지속성이 떨어진 하나의 예라 볼 수 있습니다.

외국의 사례를 보면 예멘이라는 나라가 1990년에 처음 통일됐어요. 순전히 양측 정권 담당자 사이의 담합으로 통일이 된 겁니다. '나눠먹기' 식이었어요. 대통령을 이쪽에서 하면 저쪽이 부통령 하고, 국무총리를 한쪽에서 맡으면 국무위원은 다른 쪽에 더 많이 배분하고, 이런 식으로 했는데 거기에 시민참여는 없었습니다. 난 언젠가 그걸 '3당 합당식 통일'이라고 표현했는데, 그런 통일이었기 때문에 한 2~3년 지나면서 삐걱거리기 시작했고, 특히 선거를 치르면서 북예멘이, 거기서는 북이 자본주의였어요, 북예멘이 더 크고 경제력도 앞섰는데, "아, 이때까지 우리 사이좋게 나눠먹었지만 이제부터는 선거 결과에 따라서 하자"고 나왔어요. 하지만 남예멘이 왜 그러겠어요. 자기들 인구도 적고 선거결과대로 하면 불리할 게 뻔하니까요. 그래서 남·북예멘 사이에 다시 전투가 벌어졌습니다. 그랬다가 북예멘 군대가 남예멘 군대를 제압하고 1994년에 완전 통일이 됐는데, 시민참여 없는 1990년의 합의통일이 금방 와해됐고, 1994년에도 시민참여가 아니라 무력으로 통일됐는데, 그래서 오늘날 예멘이 어떻게 되어 있습니까. 모든 게 꼭 통일이 잘못돼서 그렇다고, 모든 책임을 시민참여 없는 통일에 돌릴 수는 없지만, 오늘날 예멘은 거의 국가붕괴 상태예요. 아무래도 시민참여 없는 통일이 가져올 수 있는 부작용 중 하나가 아닐까 생각합니다.

거기 비하면 독일 통일은 흡수통일이다 뭐다 하지만 동독 주민들의 봉기로 시작해서 상당한 정도의 시민참여가 있었고, 또 그 전 단계에서는 통일운동은 아니지만 시민참여형 동서교류가 많이 있었기 때문에 그나마 저만큼 됐지요. 어떻게 보면 정말 시민참여형 통일운동이 동·서독에서 활발히 벌어지면서 통일이 됐더라면 독일은 그후에 후유증도 적었으려니와 세계 역사에 어떤 모범을 보여줬을 것 같아요. 현실에서 독일 통일은 그냥 또 하나의 강국을 낳은 것이지 새로운 모범국가가 탄생한 건 아니거든요. 그래서 시민참여를 우습게 보지 말자는 거예요. 시민참여가 없으면 통일이 잘 되지도 않고, 돼도 결과가 매우 나쁠 수 있다는 것입니다.

국가연합 중에서도 낮은 단계 국가연합을 얘기했는데, 아까도 말했지만 국가연합은 연방과 달리 교과서상으론 통일이 아닙니다. 두 개의 국가가 그대로 있으면서 연합하고 연대하는 거니까요. 그런데 한반도의 특수한 역사적 맥락에서는 '1단계 통일'이라고 불러도 무방하다는 것이 저의 주장이고, 김대중 대통령도 재직 중에는 그런 말씀을 안 하셨지만 퇴임 후에는 국가연합이 곧 1단계 통일이라는 표현을 쓰셨어요. 그게 왜 그러냐면, 유럽연합이 우리가 당면 목표로 설정하는 남북연합보다 훨씬 높은 단계의 국가연합이긴 하지만 거기는 아직 통일한다는 데에 대한 합의가 없어요. 그냥 해가면서, 나중에 통일할 수도 있고 안 할 수도 있고 지금 보기에는 통일이 점점 어렵게 느껴집니다만, 그런 상황인 데 반해 한반도는 원래 오랫동안 같은 민족으로 같은 정치체제 아래 살고 있다가 타의에 의해 분단이 됐잖아요. 그렇기 때문에 당장에 통일하자고 하면 지지하는 사람이 많지 않지만 결국 우리가 다시 합쳐야 되는 거 아니냐는 데에는 폭넓은 국민적 합의가 있습니다. 어쨌든 남북의 역대 정권 모두 그걸 전제로 그동안 남북대화도 진행해왔고, 판문점회담에서도 물론 '평화와 번영, 통일을 위한 판문점선언' 이런 제목으로 합의문이 나왔어요. 그에 앞선 7·4공동성명 등의 통일 합의를 모두 재확인하기도 했고요. 그래서 우리 한반도의 맥락에서는 국가연합만 해도 1단계 통일에 해당할 수 있다는 거지요. 이와 관련해 제가 쓴 책, 『한반도식 통일, 현재진행형』에서 해당 대목을 복사해서 여러분들께 배포한 걸로 아는데, 참조해주시기 바랍니다.[2]

평화체제 건설의 필수조건

시민참여형 그러면 우습게 보는 사람들이 많듯이, 평화체제의 필수조

2 「6·15시대의 한반도와 동북아평화」,『한반도식 통일, 현재진행형』, 창비 2006, 20~21면. 강의자료로 배포하지는 않았지만 인터뷰 「우리는 지금 '통일시대'의 들머리에 있다」,『백낙청 회화록』제5권, 창비 2007, 186~88면도 참조를 요망했고, '1단계 통일' 논의는 「2013년체제와 포용정책 2.0」,『2013년체제 만들기』, 173~75면에 다시 나온다.

건으로서의 남북연합 그러면 우습게 받아들이는 사람들이 있습니다. 특히 이명박·박근혜 정권 아래서 남북이 완전히 단절돼 있는 상황에서 남북연합 이야기를 하면 진짜 우습게 보는 이가 많았지요. "아니 지금 대화도 못하고 있는데 무슨 연합이냐. 비핵화부터 하지 무슨 남북연합 이야기냐"는 식이었어요.[3] 내가 2010년에 이미 남북연합 건설이 되지 않으면 비핵화는 어렵다는 주장을 한 적이 있어요. 그런데 물론 그동안 비핵화가 안 된 데 대해서 그게 꼭 남북연합이 안 돼서 그렇다고 '인과관계'를 주장한다면 견강부회한다는 소리를 들을지 모르지만, 어쨌든 그동안 비핵화가 안 됐고 남북연합은커녕 남북회담도 잘 안 됐어요. 그리고 지금 비핵화가 되려 하는데 남북연합 건설 작업도 다시 시작됐습니다. '인과관계'까지는 몰라도 '상관관계'는 분명히 있지요. 그렇기 때문에 시민참여도 그렇고 남북연합도 그렇고 이게 굉장히 현실적인 이야기다, 가령 현실정치에서 가장 중시하는 비핵화 같은 문제와도 직결돼 있는 이야기라는 거예요.

지금 한반도의 비핵화가 평화체제 건설의 관건적 과제로 부각되어 있는데, 북에 대한 체제보장이 그 필수요건임은 미국도 드디어 인정했습니다. 그런데 CVID는 그게 좋으냐 나쁘냐를 떠나서 이론상 불가능하지는 않아요. 완전하고 검증 가능하며 불가역적인 비핵화. 쉬운 일은 아니지만 뭐, 이론상으로 가능한 일입니다.[4] 그에 대한 댓가로 흔히 CVIG라는 말을 씁니다, '완전하고 검증 가능하며 불가역적인 보장, 개런티'. 그런데 이

---

3 「'포용정책 2.0'을 향하여」에서 나는 "현단계 시민참여형 통일과정의 핵심현안인 국가연합 건설작업과 북핵문제 해결의 현실주의적 인식 사이에 뜻밖의 친화성이 존재함을 불원간 확인할 수밖에 없으리라"고 주장했다. 『창작과비평』 2010년 봄호 발표; 『2013년체제 만들기』 수록.

4 북은 처음부터 CVID라는 표현에 거부감을 보였고 미국도 그후 FFVG(Final, Fully Verified Denuclearization, 최종적이고 완전히 검증된 비핵화)로 목표를 수정했다.

건 아무도 해줄 수 없죠. 하느님만 하실 수 있을 텐데, 그동안의 인간 역사를 보면 하느님은 이런 일을 별로 안 하시는 것 같아요.(웃음) 망하는 사람들은 망하게 내버려두시지, 불가역적인 개런티라는 건 없습니다. 인간 역사에서 있을 수 없는 아이템이니까 완전한 비핵화와 완전한 체제보장을 교환한다는 건 그냥 말이 그렇다는 거고요. 현실적으로는 '완전한 보장'이라기보다는 '완전에 가까운 보장'을 달성하기 위한 온갖 방법을 동원할 수밖에 없습니다.

일차적인 보장 제공자는 물론 미국이어야죠. 미국은 군사력도 그렇고, 국제 외교무대와 금융계에서의 완력이 압도적이죠. 남을 해코지하는 능력이 탁월해요. 실제로 그동안 계속 그런 힘을 행사하면서 압력을 가해왔고요. 그래서 미국이 일단 보장을 제공해야 되는데, 보장을 약속하고 평화협정을 맺고 수교를 한다 하더라도 미국이 어느날 국가정책을 바꾸면 그만 아니에요? 그건 얼마든지 가능하단 말이에요. 그래서 리비아모델이라는 게 미리 다 비핵화를 하고 그다음에 보상을 받는 모델을 말하기도 하지만 트럼프 대통령의 머릿속에 있는 리비아모델은 "리비아가 비핵화하더니 몇년 후에 망했다"일 거고, 아마 이게 김정은 위원장 머릿속의 리비아모델이기도 할 거예요. 리비아의 예로 보듯이, 미국이 변심하면 그건 도리가 없는 거예요. 미국보다 강한 국가가 있나요? 그리고 딱히 변심해서 쳐들어가진 않더라도, 북조선이 미국의 속국이 되지 않는 한 미국이 계속 인권문제, 미국인 투자자의 '권익' 문제, 이런 걸 내세우는 압박을 아마 멈추진 않을 겁니다.

따라서 미국이 일단 보장을 하고, 중국과 러시아가 추가보장을 하는 것도 생각해봄직하고, 미국을 포함한 각국의 대북 경제관계 발전이 특히 중요할 것이라 생각합니다. 또 문재인 대통령이 6월 러시아 방문 때 제의한 '다자 평화안보협력체제'를 건설할 수 있으면 그것도 보장에 도움이 되겠죠. 그러나 내가 보기에 군사적으로 가장 확고한 보장은 남북연합입니다. 미국의 우방인 한국과, 그때쯤은 미국과 평화협정을 맺게 된 북한이 느슨하게라도 결합된 하나의 공동운명체가 돼 있으면, 미국이 기분 나쁘다고 쳐들어오고 이런 일을 못하게 되죠. 그리고 여기에 또 한가지 요인이 있는데 북측이 현재 그 얘기는 안합니다. 자존심 문제도 있을 거고, 미국하고의 관계가 우선이니까요. 그러나 상식적으로 판단하건대 북이 심각하게 의식하고 있을 수밖에 없는 것은 남한의 존재 자체가 주는 위협이라고 봐야죠. 이것을 관리하기 위해서도 그냥 경제교류 정도가 아니라, 뭔가 한반도 상황을 공동관리하는 정치적인 장치가 있어야 되는데 그것이 국가연합이지요.

이런 복잡한 현실을 간과한 채 최장집(崔章集) 교수 등 일각에서 제기하는 '통일 가능성을 제거해버리는 평화공존'은 탁상공론에 불과합니다. 물론 학자가 거론할 수 있는 문제라 하더라도, '민족주의적 통일이냐 평화공존이냐' 하는 이분법을 자의적으로 설정해놓고, 통일 얘기만 하면 그 이분법 중 전자를 선택하는 걸로 몰아세우는, 이런 논법을 취하는 건 문제지요. 뿐만 아니라 그런 이분법의 타파를 오래전부터 주장해온 분단체제 담론이 "1민족 1국가를 전제로 하는 민족주의 이념에 기초해 있다"고 하면서 그런 분단체제론의 목표는 "민족통일국가의 건설이자 분단 이전 상태의 복원이다"라는 식으로 말하는 것은 학문적 진지성을 의심케 합니다. 물론 신문기사에서 인용한 것이기 때문에 최교수의 워딩이 꼭 그랬다고 단정할 일은 아닙니다. 그러나 최교수가 대체로 그런 입장을 밝힌 지가 이미 오래됐고, 또 분단체제론이 그런 게 아니라는 얘기를 제가 누차 해주기도 했어요.[5] 그런데 7월 6일자 『경향신문』을 보면 이번 발언은 일본

---

5 한가지 예만 들더라도, 바로 최교수가 사회를 맡은 자리(네이버문화재단 강연 프로젝트 '열린 연단: 문화의 안과 밖' 제43강, 2014. 11. 22)에서 나는 '근대, 적응과 극복의 이중과

의 토오꾜오대학에 가서 강연한 내용인데, 그에 앞서 판문점선언 이후인 5월 28일자 『시사IN』 인터뷰에서도 비슷한 의견을 제시했습니다. 그러니까 『경향신문』 기사가 100% 정확한지 어떤지는 모르지만 오보는 아니라고 봐도 좋을 것 같아요.

『시사IN』 인터뷰에는 『경향신문』 기사에 없는 얘기도 나와요. 인터뷰어가 우리 '헌법' 제3조의 영토 조항, "대한민국의 영토는 한반도와 그 부속도서로 한다" 이것하고 선생님 말씀하시는 그런 평화공존, 남북통일의 가능성 없는 평화공존이 상치되는 것 아닌가, 이렇게 물어요. 그러자 최교수는 액면상으론 상치되는 게 분명한데 그 조항은 이번 판문점선언으로 효력정지가 되었다고 답변합니다. 저는 제3조가 효력정지가 되어 있다는 점은 동의하지만, 효력정지는 1991년에 남북한이 UN에 동시가입함으로써 이미 일어난 거예요. 판문점선언으로 새삼스럽게 그렇게 된 게 아니지요. 사실 인터뷰어가 더 물어봤어야 할 것은, 진즉에 효력정지 상태에 들어가 있는 3조의 영토 조항이 아니에요. 제4조에 보면 "대한민국은 통일을 지향하며 자유민주적 기본질서에 입각한 평화적 통일정책을 수립하고 이를 추진한다"고 돼 있어요, 또 뒤로 가면 대통령의 의무 중에 "대통령은 조국의 평화적 통일을 위한 성실한 의무를 진다"는 제66조 3항이 있고 '헌법' 전문에도 평화통일이 들어 있어요. 그런 것하고 상충하는 문제는 어떻게 됩니까, 이렇게 질문했어야 하는데 안 했더군요. 그런 것들도 판문점선언으로 효력이 정지됐거나 정지되어야 한다는 주장을 펼치는 건 자유지만, 그 조항들까지 정지시키는 건 그렇게 간단치 않을 것 같습니다.[6]

제'라는 제목의 발제를 통해 분단체제론을 상세히 소개했고, 이에 대한 사회자의 장시간의 논평과 논박에 소상한 답변을 내놓았다. 강연문은 송호근 외 『시민사회의 기획과 도전: 근대성의 검토』(민음사 2016)에 수록됐고(본서 1부 1장), 토론과 질의응답 내용은 『백낙청 회화록』 제7권, 창비 2017, 222~46면에 나와 있다.

6 실제로 유엔 동시가입 이후에 체결된 남북기본합의서는 남북관계가 "쌍방 사이의 관계가

제가 소위 민족주의적인 통일이냐 아니면 평화공존이냐 하는 자의적
이분법에서 벗어나려는 노력을 일찍부터 해왔다는 것을 구구하게 강의
요지문에 적어놓았는데, 사회과학의 대가라는 분들이 하도 취급을 안 해주
니까 여러분들한테나 하소연하려는 마음도 없지 않아요.(웃음) 그중에 자
료 하나는 1997년에 쓴 글 「분단체제극복운동의 일상화를 위해」(『흔들리는
분단체제』, 창비 1998)의 제2절 '분단체제의 개념과 분단체제론의 통일구상'
에서, 특히 여러분에게 배포한 26~28쪽입니다. 거기서 분단 이전 상태의
복원이 아닌, 국가연합 구상을 밝혔습니다. 다소 길게 이야기한 건 그때가
처음이고, 그에 앞서 「독일과 한반도 통일에 관한 하버마스의 견해」(1996)
라는 글에서도 "미국의 개입이 없었더라면 한민족이 1945년에 달성했을
법한 국민국가"에 초점을 맞추는 통일구상을 비판했었습니다. 그런데 하
버마스에 대한 논평은 국내에서도 발표됐지만 영국의 『뉴레프트리뷰』지
에도 실렸어요.[7] 우리 한국의 학자들이 국내 문헌보다 외국에서 나온 문
헌을 더 즐겨 보는데 이런 글도 한번 보셨더라면 하는 생각입니다.

점진적·단계적·창의적 통일과정과 시민참여

마지막으로 '점진적·단계적·창의적 통일과정과 시민참여'라는 내용
입니다. 제가 원래는 급격한 통일이 아니라 점진적 통일이라는 점을 주로
강조했었는데, 그러다보니까 그냥 속도만 느리다 뿐이지 결국은 흡수통

나라와 나라 사이의 관계가 아닌 통일을 지향하는 과정에서 잠정적으로 형성되는 특수관
계라는 것을 인정"함으로써 3조의 효력정지와 무관하게 나머지 평화통일 조항들이 그대로
살아 있음을 확인한 셈이다.

7 Paik Nak-chung, "Habermas on National Unification in Germany and Korea," *New Left Review*, 219, September/October 1996, 14~21면.

일로 가는 과정을 생각하는 사람들이 많더라고요. 그래서 6·15공동선언에 '단계적'이라는 단어는 안 나오지만, 거기 분명히 그 내용이 포함돼 있는 단계적 통일을 추가해서 점진적·단계적 통일이라고 말해왔는데, 오늘을 계기로 '창의적'이란 말 하나를 더 넣고자 합니다. 왜냐하면 지금 아무도 안 가본 길을 우리 남북이 가기 시작한 겁니다. 그러니까 여러가지 일을 그때그때 상황에 맞춰서 창안하고 실행해야 되는데, 저도 대학교수였지만 교수들이 창의적인 것을 싫어해요. 자기가 창의적인 건 싫어하지 않을지 몰라도 남이 창의적인 걸 별로 안 좋아합니다.(웃음) 새로 공부해야 되잖아요. 새로 공부 안 해도 월급 딱딱 나오는데 말이지요. 그래서 이제부터는 내가 '점진적·단계적·창의적' 이렇게 쓰기로 했습니다.

앞서 제가 최장집 교수의 입장을 비판했는데 이게 뭐 최장집 교수가 자꾸 같은 얘기를 한다고 굳이 힐난하려는 게 아니고, 최교수뿐 아니라 비슷한 얘기를 하는 사람들이 많기 때문입니다. 남북관계가 풀리기 전에는 통일운동 하던 사람들이 통일운동이 너무 장사가 안 되니까 평화운동으로 전업을 하려는 경향이 있었어요. 이젠 통일 빼고 평화운동 해야지 그나마 국민들이 귀를 좀 기울인다는 거예요. 그건 활동가들이 자기 장사를 위해서 새 상품을 한번 내놔보겠다는 심산이었던 것 같은데, 그 상품의 유효기간이 금세 끝나버렸어요, 남북관계가 풀리는 바람에. 그런데 판문점선언으로 한반도 평화의 가능성이 보이니까 애당초 통일에 관심이 적던 분들이 이젠 통일 같은 것 아예 잊어버리고 둘로 나뉜 채로 평화롭게 살자고 나오는 형세가 만만치 않습니다.

나는 그런 주장을 하는 분들의 주관적인 의도와 별도로, 분단체제의 성격과 관련해서 그 주장이 담당하는 실질적 기능을 고찰해볼 필요가 있지 않나 합니다. 임동원 한반도평화포럼 명예이사장께서 '과정으로서의 통일'을 이야기하고 '사실상의 통일'을 강조하면서 항상 주장하신 게 평화

프로세스는 통일지향적 평화 프로세스가 있고 분단지향적 프로세스가 있다, 우리는 통일지향적 프로세스로 가야 한다고 하셨어요. 저는 물론 동의하는데, 제가 군이 거기 토를 단다면 어차피 분단지향적 평화 프로세스는 평화를 달성할 가능성이 없기 때문에 안심하셔도 된다는 말씀을 하고 싶습니다.(웃음) 어쨌든 분단지향적 평화공존론, 어떤 분들은 양국체제론이라 부르기도 합니다. 남과 북이 사이좋게 남남으로 살자는 거지요. 그것은 그 주창자들의 의도와 별개로, 분단체제 기득권의 수호라는 기능을 수행하지 않는가 하는 물음을 던져봄직합니다. 다시 말해서, 분단체제 아래서도 이만큼 잘살고 있으니, 잘사는 사람들의 얘기죠, 이만큼 잘살고 있는데 이제 남북이 화해하고 북·미가 화해하면 분단은 잊어버리고 북한의 존재에 더는 신경 안 쓰면서 편하게 살아보자, 하는 논리가 아닌가 합니다. 비핵화만 하면 북에 '밝은 장래'를 선사하겠다는 트럼프의 약속과도 부합하는 논리입니다. 그런데 앞서 제가 강조했듯이 당장의 비핵화를 실현할 방책도 없는 논의입니다. 트럼프가 북의 비핵화를 자기가 이끌어내겠다고 하는데, 그렇게 바라고 있고 아마 그렇게 하려 할 텐데, 남에서 촛불혁명이 있었고 문재인정부가 들어섰고 남북연합 건설이 진행되고 있으니까 자기가 그걸 할 수 있는 거지, 그렇지 않고 그냥 북더러 너희 내 말 들으면 잘살게 해주겠다, 이래서 되는 일이 아닌 거죠. 그런데 평화운동에도 사실 그런 무책(無策)의 논리가 널리 퍼져 있다고 나는 생각합니다. 더 나아가, 그동안 전쟁의 위협에 시달리고 분단체제 아래 신음해온 민중더러 통일이고 뭐고 생각하지 말고 또다시 '가만있으라'며 달래는 논리일 수 있다고 봅니다.

북측은 표면상으로는 통일지상주의 노선이에요, 통일의 방식으로는 연합제보다도 훨씬 높은 수준의 결합에 해당하는 연방제를 주장하고 있습니다. 그런 주장들에도 불구하고 북의 기득권층도 내심으로는 국가연합에조차 미달하는 남북관계 개선을 선호할 가능성이 없지 않습니다. 그게 가능하다면 자신들의 기득권을 지키는 데 가장 편리한, 편안한 방법이니까요. 그러나 그런 방식으로 남북관계를 개선하는 것만으로 비핵화라는 어려운 과제를 실현할 수 있을까 하는 것도 의문이고, 또 그런 식으로 국가연합에 미달하는 남북관계 개선에 멈춘다고 할 경우에 북녘과 남녘 사회 내부의 빈부격차라든가 성차별이라든가 환경파괴, 인간성 붕괴……, 이런 온갖 문제들, 우리 남쪽에서는 대중이 절감하고 있어서 '헬조선'이란 말까지 나왔는데 북엔들 그런 게 없겠습니까. 그런 문제들, 물론 남북 각기 다른 형태 다른 방식이지만 남북이 다 겪고 있는 그런 문제들이 얼마나 해결될 수 있을지도 생각해볼 일입니다. 그러니까 평화공존 논리라는 것은 이런 데는 신경 안 쓰고 그냥 기성체제를 각자 유지하고, 개혁을 하더라도 한정된 개혁만 하면서 속 편하게 살아보자는 입장이라는 점에서 분단체제 기득권 수호의 논리일 수 있다는 것이죠.

최근의 남북관계 발전과 북미관계 전환의 물꼬를 튼 촛불혁명은 바로 그런 장래, 곧 헬조선의 존속과 확대를 거부한 혁명입니다. 낮은 단계의 연합을 포함하는 한반도의 점진적·단계적·창의적 재통합을 통해서만 완성될 수 있는 혁명입니다. 촛불혁명이 어떤 의미로 혁명인가? 혁명이라는 말은 많이 씁니다만 그냥 하나의 레토릭으로 혁명 혁명 해서는 곤란하고요. 정말 그게 혁명이 되려면, 여러모로 혁명 같지 않은데도, 기존의 개념으로 혁명이라 표현하면 어긋나는 면모가 많은데도 불구하고, 왜 이것이 혁명인가에 대한 각자의 검토와 소신이 있어야지 시민혁명이 전진할 수 있는 거지요. 거기에 대해서는 제가 지난 5월 24일 '촛불항쟁 국제토론회'가 열렸을 때 '촛불항쟁의 역사적 의미와 남겨진 과제'라는 제목으로 기조발제를 했는데, 이 자료도 여러분들한테 갔으리라고 믿습니다. 거기서 대충 말씀드렸습니다. 그에 대해서도 검토할 여지가 많겠습니다만, 제가 일방적으로 얘기하는 것은 여기서 끝내고, 잠시 쉬었다가 질의응답과 토론을 하면서 더 진전되기 바랍니다. 감사합니다.

[질의응답]

사회자 앞에 강의를 들으시니까, 불가역적인 한반도 평화시대가 도래한다, 이런 게 이해가 되시죠? 사실 요 며칠 사이에 북미관계가 좀 안 되는 쪽으로 다시 돌아가는 게 아닌가, 이런 우려들이 좀 있습니다. 북미회담이 잘 안 되고 그러면 무슨 일이 생기는 게 아닌가 그러는데, 오늘 백낙청 선생님께서 귀중한 강연을 통해 시민참여형 통일의 의미를 언급해주시면서, 왜 지금의 시대상황이 불가역적인가에 대한 얘기를 하셨어요. 그런 것에 대해서 많은 느낌이 있을 거라 생각하고요. 주저함 없이 질문해주시길 바랍니다.

질의자 안녕하세요. 『조세일보』의 이정현 기자라고 합니다. 오늘 시민참여형 통일에 대해서 되게 인상 깊게 들었는데, 제 질문은 예전에 박근혜정부 때 개성공단을 폐쇄하고 그럴 때 시민들이 가만있지 않았습니까? 그래서 시민들이 변하게 된 점이 어떤 것인가 궁금하고요. 그리고 저희들 수강자끼리 아까 좀 얘기했는데, 교수님은 영문학이 전공이던데 어떤 계기로 통일, 이런 데 관심을 가지셨는지, 그 점이 궁금합니다.

백낙청 개성공단 폐쇄할 때 시민들이 들고일어나거나 그러진 않았죠. 언론에서 비판하는 정도였는데, 시민들이 저항운동을 크게 안 벌인 것에는 두가지 이유가 있다고 봅니다. 하나는 박근혜정부가 어이없는 일을 하도 많이 하는데 그때마다 번번이 들고일어날 수 없잖아요? 그래서 다소 둔감해진 면이 있었고. 또 하나는, 남북관계는 묘해서 남북관계가 잘 안 되면 국민들이 일단은 우리 정부보다 북을 나무랍니다. 우리 정부가 분명 히 잘못했을 때도 북한사람이 나쁜 놈들이라서 그렇게 됐다, 이래요. 남북 관계가 어그러지는 걸 좋아하는 건 아닙니다. 싫어하지만 일단 일차적인 반응은 북측이 잘못했다는 것이고, 관계가 좋아지면 좀더 객관적인 평가 를 하지요. 최근에 평창올림픽과 남북정상회담 이후 국민 여론의 변화만 봐도 알지만, 좋아지기 시작하면 여론이 금방 확 달라져요. 그게 남북관계 의 묘한 측면입니다. 그러니까 수구정당, 저는 보수정당이란 말 안 써요, 그 당을 나는 보수로 안 보니까. 수구세력이 그래서 남북관계를 악화시켜 서 재미를 많이 봅니다. 그런데 그렇게 하다보면 결국은 자해행위가 되는 거고, 국민들도 그런 상황이 오래가는 걸 좋아하지는 않습니다. 그러니까 그때그때 일종의 단기수익을 노리고 계속하다보면 한편으론 자기 발등을 찍는 효과도 있고, 다른 한편으론 자기최면에 걸려서 우리 국민들은 마음 깊은 곳으로부터 북의 동포를 미워한다는 생각에 빠지기 쉬운데요. 상황 이 확 바뀌어 보면 그게 그렇게 깊은 증오감이나 혐오감이 아니었다는 게 드러납니다. 그래서 남북관계야말로 계속 좋은 일을 만들어나가는 것이 서로가 좋고 정권에도 유리하지요. 국민들을 위해서 좋은 건 물론이고요.

영문학 하는 인간이 왜 이런 걸 하게 됐냐. 글쎄 그 얘기를 길게 할 순 없는데, 한가지 말씀드릴 것은 나는 아직도 영문학을 포기하지 않고 있습 니다. 별로 내놓을 업적은 없을지 몰라도요. 그리고 내가 공부한 영문학이 나, 또 그 연장으로 우리 문학을 공부할 때, 처음부터 문학과 다른 문제를 격리하는 그런 문학관에 반대했어요. 그래서 『창작과비평』이라는 잡지를 창간할 때도 문학 중심 잡지지만 종전의 순문예지들하고는 다른 내용이 었습니다. 그러다보니까 또 이런저런 일들을 겪게 되고, 결국은 어쩌다가 남북문제에다 분단체제론 이런 걸 또 개진하게 됐는데, 분단체제론을 처음에 착상하고 계속 전개하게 된 경위는 어디 내가 글로 썼을 겁니다. 내 책을 다 읽을 필요는 없고, 어떤 글에 그 대목만 보시면 되고요. 내가 또 『백낙청 회화록』이라는 걸 냈잖아요, 일곱권을 냈는데 대담이니 인터뷰, 좌담 들을 많이 했거든요. 거기도 그런 이야기를 한 대목이 있습니다. 지금 어디라고 딱히 기억이 안 납니다만, 그런 걸 참고해주시면 좋겠어요.[8]

질의자 안녕하세요. 평화학 공부하고 활동하고 글 쓰고 있는 손서정입니다. 지금 말씀하셨던 시민참여형 통일운동, 많이 동의하고 꼭 해야 되는 거라고 생각하는데요. 조금 전에 '창의적'이란 말을 더 넣겠다고 하셨잖아요? 그래서 혹시 선생님께서 생각하시는, 아니면 격려하고 싶으신 시민참여형 통일운동이 어떤 게 있는지 궁금합니다. 그냥 일상적인 교류나 평화교류 그런 거 말고요. 두번째 질문은 자료로 주신 「'포용정책 2.0'을 향하여」를 재미있게 읽었거든요. 정책을 컴퓨터 프로그램 버전으로도 표현하신 것 재미있고, 그걸 보면서 그럼 지금의 버전을 어떻게 표현하실까 궁금했습니다. 마지막 질문은 한 자료에서 '이면헌법' 얘기를 하셨는데, 그 의미를 제가 정확히 이해하지 못해서 좀 듣고 싶습니다.

백낙청 시민참여형에 대해서는 앞으로 남북교류가 활발해지면 시민들이 여러가지 새로운 형태로, 창의적인 방법으로 참여하는 것, 이것도 중요하죠. 그러나 아까 내가 촛불혁명 이야기를 했듯이, 더 중요한 것은 정부

---

8 애초에 제기했던 민족문학론이 분단체제론으로 발전해간 경위에 대해서는 졸고 「민족문학론·분단체제론·근대극복론」 중 '민족문학론과 분단체제론'(『흔들리는 분단체제』 115~18면), 영문학도로서의 경력과 이후의 시민참여에 대해서는 백낙청·설준규·김명환 「영문학 연구에서 시민사회의 현안까지」(2003), 『백낙청 회화록』 제4권, 창비 2007 참조.

와 사회를 정의롭고 공평하고 평화로운 방향으로 끌고 가는 데 시민들이 적극 참여하고 기여하는 일이라고 생각합니다. 그 점에서 우리 한국 시민은 2016~17년에 걸쳐서 참 세계적으로 모범이 될 만한 시민참여 행동을 보여주었죠. 다만 촛불시위 과정에서 남북관계 발전이라든가 평화체제 건설, 이런 게 중요한 이슈로 떠오르진 않았죠. 그걸 두고서 촛불혁명하고 최근의 남북관계 발전을 갖다 붙이는 건 억지라고 하는 주장도 있습니다만, 그런 큰 역사적인 사건을 표피적으로 보면 안 될 것 같아요. 2008년 광우병 문제로 촛불시위 할 때 굉장했잖아요? 그걸 두고서 어떤 사람들은 미국 소들이 다 광우병에 걸린 것도 아닌데 괴담에 속아서 국민들이 놀아났다고 주장하는데, 광우병 문제를 표면에 내세우니까 그것만 딱 잡아가지고 해석하면 그런 말이 나올 수도 있어요. 그러나 사실 그게 아니었잖아요. 그때 제일 먼저 나온 건 여중생들이었지요. 그 학생들이 구호가 뭐였냐면 "잠 좀 자자, 밥 좀 먹자"였어요. 광우병 소 문제라면 앞으로 살아갈 날이 창창한 어린 학생들이 더 자기들 문제라고 느끼는 것도 물론 있었지만, 그들이 비판한 것은 지금으로 말하면 '헬조선'이나 마찬가지예요. 우리 사는 게 지옥 같다, 잠도 못 자고 밥 먹을 시간도 없고, 그래서 "잠 좀 자자, 밥 좀 먹자"였어요. 그리고 시민들도 그때 광우병 걸릴까 봐 공포감에서 시위를 했다기보다는 이명박 대통령이 광우병이 의심될 수 있는 소를 들여오려 하면서 검역주권을 포기하지 않습니까. 미국 캠프 데이비드에 가서 부시 대통령이랑 차 한번 같이 몰아보는 그 맛에 완전히 놀아난 거니까 이건 안 되겠다 싶었고, 그래서 결국 민주주의 문제가 나왔잖아요. 그때 「헌법 제1조」 노래가 나왔잖아요. 우리가 사태의 진실을 이렇게 넓고 깊게 봐야 되는 거고, 마찬가지로 2016~17년의 촛불시위도 1차적 목표는 박근혜 퇴진, 나중에 박근혜 구속, 그러다가 이재용 구속도 나왔습니다만, 어쨌든 그때는 정권퇴진이었죠. 그러나 그게 그냥 정권 퇴진하라는 거였나요? 우리는 지금처럼 이렇게는 살고 싶지 않다, 더 정의롭게, 그리고 세월호도 있었듯이 안전하게, 그리고 평화롭게 살겠다는 거였어요. 그러니까 그 힘을 받아서 당선된 정부가 남북관계 개선해나가는 건 너무나 당연한 일이고요. 또 그런 것이 있었기 때문에 문재인 대통령도 더 당당하게 나아갈 수 있는 거지요. 김정은 위원장 입장에서 볼 때도 그랬을 거예요. 문재인 대통령이 아무리 진실남이라 해도, 그 사람의 진정성만 믿고 남북관계 개선에 나설 수 있습니까? 그게 아니고, 남한사회가 바뀐 걸 본 거예요. 그리고 문재인 대통령이든 누구든 대통령 개인이 마음대로 진로를 바꿀 수 없다 하는, 그런 믿음이 있었기 때문에 남북화해가 가능해진 거고요. 문대통령이 지금 외국에 나가면 엄청 대접을 받습니다. 그게 촛불혁명 때문 아니에요? 트럼프도 문대통령 함부로 못합니다. 일본이 훨씬 더 큰 나라고 아베가 트럼프하고 훨씬 친한데, 트럼프가 아베한테 하는 거 보세요. 완전히 깔아뭉개는 식이죠. 정상회담 하면서 옆에 앉혀놓고 같이 기자들과 얘기할 때도, 일본하고 아무 상관없는 자기 얘기 늘어놓고 그래요. 우리 대통령 만날 때도 트럼프가 뭐 제 버릇 개 주진 못하니까 무례한 짓을 더러 합니다. 그러나 함부로는 못하죠. 이런 상황을 조성한 것이 촛불혁명이라는 거죠.

시민참여에 대해서 그 정도로 말씀드리고요. 포용정책 2.0 얘기한 게 벌써 10년 가까이 되니까, 또 상황도 많이 변했으니까, 이제 3.0 이런 걸 내놓을 때 되지 않았냐. 그런데 책을 읽으시면 어느 대목에 그 얘기 나올 텐데, 포용정책 2.0, 3.0, 4.0 이렇게 자꾸 새 버전이 나오는 게 능사가 아니라고 제가 쓴 적이 있어요. 포용정책이라는 게 원래는 미국이 소련하고 인게이지(engage)한다는 거였고, 그건 통일하고 관계없는 정책이었죠. 그게 한반도에 적용됐을 때는 통일을 전제한, 점진적·단계적·창의적 통일 과정을 전제한 상호관여 정책으로 됐기 때문에 한반도 특유의 포용정책이 나왔고, 나는 그 1.0버전의 정식 출시 시점은 2000년 6·15공동선언 때라고 보죠. 그전에 나온 건 예비 버전들이고요. 그 1.0으로 해서 한반도 평화 프로세스가 일단 출범했지만 이게 2.0버전에 가서 남북연합 건설하고 시민참여를 확대하고 이렇게 가야 한다고 했어요. 그러니까 세월이 지났다고 3.0이 또 나오는 거는 2.0이 미진하거나 실패해서 근본적으로 다른 정책이 나와야 한다는 뜻이 되겠죠. 원래 2.0이라는 건 2.0으로 성공함으로써 '포용정책'으로서는 끝장을 보고, 그다음에 '포용정책'이 아닌, 그 시점에서 일단 성취된 남북연합의 관리 방안이라든가 향상 방안, 그야말로 점진적이고 단계적이고 창의적인 재통합에 관한 새로운 방안이 나와야지, 포용정책 3.0, 4.0으로 가는 게 능사가 아니라는 겁니다.

이면헌법에 관해 말씀드리면, 이면계약이라는 말 쓰잖아요. 정식 계약서에는 안 썼는데, 거기 없는 별도의 합의사항을 (문자 그대로 '뒷장'에 쓰지는 않더라도) 달리 만들어놓는 게 이면계약이지요. 그런데 우리나라는 원래 제헌의회에서 민주적인 헌법을 제정했고, 그러다가 이승만이 몇 번 반민주적인 개헌을 했다가 4·19 겪고 제2공화국 헌법이 다시 민주적이 되었는데 5·16쿠데타로 군사정권이 들어섰고, 특히 유신헌법과 전두환의 제5공화국 헌법은, 이건 내놓고 반민주적인 헌법이었어요. 거기에는 사실 이면헌법이라는 말도 적용이 안 됩니다. 그러나 정부수립 당시 제헌의회에서 만든 헌법 때부터 성문헌법은 멀쩡하게 만들어놨는데 그게 시행 안 되는 관행이 있었어요. 그 직접적인 원인은 남북의 분단과 대결이었죠. 그러니까 이승만 대통령이 헌법 무시하고, 사사오입 개헌 이런 억지를 썼잖아요. 그러다가 박정희, 전두환으로 와서는 이면헌법이 필요 없을 정도로 완전히 반민주적인 헌법을 만들었는데, 1987년에 다시 민주적인 헌법이 만들어졌단 말입니다. 그런데도 민주주의가 부분적으로밖에 진행이 안 된 것을 두고 지금의 야당이나 일부 학자들은 1987년 헌법이 '제왕적 대통령제' 헌법이라서 그런 거라고 하는데 나는 그거 틀린 얘기라고 봐요. 제왕적 대통령 헌법은 유신헌법하고 제5공화국 헌법이었고, 제왕적 대통령제 헌법을 국민항쟁을 통해 철폐하고 새로운 민주헌법을 만든 것이 1987년 헌법이에요. 물론 결함은 많죠. 그러나 왜 민주주의가 제대로 실현이 안 되고 이명박, 박근혜 같은 제왕 중에서도 아주 저질의 제왕적 대통령이 나왔느냐, 저는 그것은 정부수립 때부터 우리가 민주주의를 표방하면서도 항상 "남북대결하에서는 민주주의를 제약해도 상관없다", 더 심하게 말하면 "빨갱이는 죽여도 좋다"라는 관행이 굳어져 있었기 때문이라고 보는 거죠. 그것을 이면계약서에 비유해서, 성문헌법은 멀쩡한데 숨겨놓은 그런, 막말로 빨갱이는 죽여도 좋다, 점잖게 표현하면 "분단이라는 특수한 상황에서 민주주의나 법치주의를 제한하는 것은 불가피하다" 하는 숨은 단서조항이 있다는 뜻으로 그 말을 썼습니다.

질의자 네, 회사원이고 흥사단 소속인 임지순이라고 합니다. '시민참여형 통일의 1단계로서의 남북연합'이라고 소제목을 적어주셨는데, 그렇다면 통일을 몇 단계까지로 보고 계시는지 궁금하고요. 1단계 통일에서의 교류범위는 어느 정도라고 보고 계시는지, 그리고 또 하나는 유럽연합의 사례를 드셨는데, 유럽연합은 교수님 생각하시는 수준에서 몇 단계 정도가 되는 건지요? 그리고 중간에 설명해주신 내용 중에 궁금한 게 생겼는데, 시민참여형 통일운동의 사례로 촛불시민혁명을 말씀하셨잖아요? 그렇다면 앞으로도 이런 유형의, 또다른 형태의 시민참여형 통일운동이 우리 사회에 있을 수 있을까요? 저는 잘 상상이 안 돼서요.

백낙청 6·15공동선언의 묘미 중 하나, 지혜로운 점 중에 하나는, 제1단계로 연합제든 낮은 단계의 연방제든 그 어름에서 뭔가 하나 한다는 것만

명시하고 그후에 뭘 할지는 말하지 않았어요. 첫째는 그후에 뭘 할지를 미리 얘기하려면 합의가 안 됐을 거고요. 또 하나는, 그분들은 어떻게 생각하셨는지 모르겠지만 참여시민의 입장에서 볼 때는 그거 그때 가서 우리가 정하면 됐지 왜 정상들이 다음에 뭐 하고 뭐 하고를 다 정해놓느냐, 이게 그야말로 민주시민, 주권시민의 태도 아니겠어요? 그렇기 때문에 정상들이 그걸 안 한 것이 대단히 지혜롭고 다행스럽듯이 저도 1단계 이후에 어떻게 한다는 거를 미리 말하지 않겠습니다. 다만 낮은 단계의 연합으로 시작했다고 하면 연합의 정도를 점차 높여나가게 될 것이고 남과 북의 시민참여 수준도 점점 확대된다, 이렇게 봐야 되겠죠. 흔히 북에 무슨 시민사회가 있느냐, 그런데도 시민참여를 얘기하는 게 무슨 의미가 있느냐는 반문들을 많이 해요. 첫째는 북에 있고 없고는 그다음 문제고 우리나 잘합시다가 중요한 거고요. 둘째는 우리가 남한에서 보는 것 같은 시민사회라든가 독립적인 시민단체라든가 그런 의미의 시민참여가 북에 없는 것은 사실이지만, 북의 민중이라고 군중대회 나와서 지지만 하고 집에 들어가면 그냥 가만있는 건 아니죠. 많은 경우 가만있으면 굶어죽게 돼 있기도 하고요. 그래서 그들 나름으로 온갖 방식으로 창의성을 발휘해서 역사의 변화를 만들어가고 있습니다. 김정은 위원장도 그런 인민생활의 변화를 어느정도 의식하고 비핵화 결단을 내렸을 가능성이 크다고 봅니다. 셋째로는 북의 시민참여도 우리가 현재 수준에 고정해서 볼 필요는 없다는 거죠. 만약에 낮은 단계의 연합이라도 구성되면, 북에서도 시민활동을 할 수 있는 여건이 확 달라지기 마련이에요. 그럼 그때는 또다른 양상이 벌어질 테니까, 미리 "거기 아무것도 없다" 이렇게 단언하지 말자는 것이고요. 일반적으로는 1단계 이후에 연합 또는 결합의 정도를 높여가면서 시민참여도 당연히 확대되어야 한다, 이렇게 말할 수 있을 것 같고요.

유럽연합의 경우를 물으셨는데, 역사적인 맥락이 워낙 다르기 때문에 그게 우리의 몇 단계에 해당하느냐 이런 질문은 성립하기 어렵다고 봐요. 아까도 말했듯이, 유럽은 현재는 물론이고 우리가 1단계 남북연합을 이루었다 하더라도 실현하기 힘든 수준의 여러가지 연대장치가 돼 있습니다. 우선 마음대로 왔다갔다하잖아요. 거주의 자유는 제한되지만 이동의 자유가 있어요. 그리고 화폐도 유럽연합 전체를 통해서 유로를 쓰는 건 아니지만 유로존이라는 게 있어서 그 안에서는 유로라는 공통화폐를 쓰지요. 나는 이런 것들은 우리가 국가연합을 하더라도 실현할 수 없다고 봅니다. 그런데 또 이런 말도 해요. 중국의 양안관계, 대만과 본토처럼, 그렇게 완전 자유는 아니지만 비교적 자유롭게 오가고 옛날의 동·서독처럼 왕래만 해도 좋지 않냐? 그건 우리 맥락을 모르는 그냥 공리공론이라고 봐요. 그렇게 되면 좋을 것 같지만 남북한 간에 그런 식의 자유왕래가 이루어지면, 아마도 북한의 체제가 무너지기 쉽고 남한체제도 어떻게 될지 모릅니다. 남쪽 주민이 대규모 탈남을 해서 우리 체제가 무너진다기보다 북에서 대규모의 이주민이 온다고 할 때 우리 경제나 사회가 어떡할지도 생각해봐야지요. 그래서 유럽연합과 우리는, 수학에서 인커멘슈러블(incommensurable)이라고 하나요, 도저히 약분이 안 되는 두 숫자 같은 것 말이지요. 어쨌든 우리의 몇 단계가 저쪽의 몇 단계에 해당하느냐 하는 질문 자체가 성립하기 어렵다고 봅니다. 물론 특정 분야의 특정 현상에 국한해서, 가령 한반도의 스포츠나 문화 교류 수준이 동·서독의 몇 년도 수준에 해당하느냐 하는 식의 점검은 가능하겠지요.

촛불혁명이 시민참여의 획기적인 성과라는 것을 인정하더라도 다음에도 우리가 또 그래야 되느냐고 질문하셨는데요. 우리가 그때 거의 반년에 걸쳐서 연인원 1700만이라 그랬나요? 매주 사람들 동원하고 그런 거, 리바이벌하기는 쉽지 않죠. 또 그래서야 되겠습니까? 박근혜와 그 못된 정권이 있으니까 우리가 할 수 없이 한 거지요. 거기다 무슨 재미를 붙여서 매번 그렇게 하겠다고 하면 그것도 곤란한 나라죠. 물론 그때만은 못한 대규모 집회들은 이따금씩 벌어져야겠지만요. 더 중요한 것은 촛불대항쟁으로 생긴 동력을, 시민참여의 동력을 우리가 이제 다른 방식으로 일상생활 속에서 계속 살려나가는 일입니다. 저는 그게 우리 사회 여러곳에서 벌어지고 있다고 봐요. 대한항공이나 아시아나항공 소유주의 갑질에 대한 규탄운동도 촛불혁명 이전이면 거기까지 안 갑니다. 조금 떠들다가 가라앉아요. 미투운동도 그렇고 혜화역 시위도 그렇고, 그런 것도 촛불혁명 이전엔 그렇게까지 큰 운동으로 번지기가 어려웠을 거예요. 앞으로 촛불혁명의 동력을 얼마나 이어가서 어떤 성과를 내느냐는 거는 더 두고 봐야 되는 문제지만, 우리 사회의 체질이 바뀌었어요, 촛불혁명에 의해서. 그 바뀐 체질에 맞게 우리가 일상생활을 하고, 또 각자 자기 분야에서 시민활동을 하고, 정치참여를 하는 거고요. 가령 이번 6·13지방선거 결과를 보면 일각에서는 그걸 '보수정당의 패배'라 그러는데, 보수의 패배가 아니죠. 보수도 아닌 수구정당이 촛불혁명 이전에 국회에서 3분의 1이 넘는 의석을 차지했는데, 그걸 붙들고서 촛불시민들이 원하는 일을 하는 데 사사건건 발목을 잡으니까, "얘들은 이번에 한번 혼내줘야겠다" 그렇게 된 거 아니에요? 그런데 우리 정당체제나 선거제도가 제대로 돼 있으면 민주당한테 저렇게까지 일방적으로 몰아주지 않으면서도 수구정당을 혼내주는 방법이 있었을 텐데, 현행 제도에서는 그게 잘 안 되는 거예요. 그래서 민주당이 좋아서가 아니고, 제1야당을 이번에 제대로 혼내줘야 되는데 제대로 혼내주려면 저들을 선거에서 꺾을 수 있는 가장 가능성 있는 민주당에 찍어줄 수밖에 없다, 그래서 이 결과가 나온 겁니다. 이것도 촛불혁명의 연속이라고 보면 될 것 같아요.

앞으로 개헌이라든가, 촛불혁명의 에너지를 제도화하는 문제가 남아 있습니다. 그리고 제도화하려면 입법부를 통과해야 되고 그러려면 저 자유한국당을 구워 먹든 삶아 먹든 해야 되는데, 그게 된다는 보장은 없지만 나는 이런 제안을 한 적은 있습니다. 개헌만 하더라도, "촛불혁명이 이러이러한 사회를 요구하기 때문에 거기에 맞는 이상적인 헌법을 만들자"하는 건 가망 없는 얘기예요. 괜히 자기 기분 내는 얘깁니다. 이참에 가장 중요한 것은 어떤 식의 개헌이라도, 부분적인 개헌이라도 해서 개헌의 동력을 이어나가되, 다만 시민들의 개헌발의권을 인정하는 게 중요하다고 봐요. 지금 청와대에 한달 내에 20만명 이상이 청원하면 답변하게 돼 있잖아요? 별별 이상한 청원이 다 들어가기도 하지만, 개헌발의도 그런 식으로 하는 게 좋다는 거예요. 별별 이상한 시민들이 개헌발의를 하더라도, 가령 100만명 이상이 개헌발의를 하면 국회는 이것을 반드시 상정해서 심의해야 되고, 그 심의과정에는 반드시 국회 안팎의 숙의과정이 들어가야 된다, 이 정도만 확보해놓으면 돼요. 그랬다가 이상한 개헌안 나와도 국회에서 부결시키면 그만이고, 아니면 어떤 좋은 안들은 지금 한꺼번에 묶어서 하기엔 힘들지만 따로따로 하나씩 제출해서 어떤 건 쉽게 되고 어떤 것은 한 열번 발의했다가 결국 되고, 이렇게 나아가는 것이 촛불시민, 촛불혁명의 동력을 이어가는 또 하나의 방법이 아닌가 생각합니다.

질의자 안녕하십니까. 한국학중앙연구원에서 북한정치로 박사를 하고 있는 김혁이라고 합니다. 선생님께서 시민참여형 통일이라는 측면에서 그 원동력을 주민들의 어떤 의식 변화, 그리고 현재 한국사회에서의 어떤 체질의 변화라는 걸 말씀해주셨는데, 이 시민참여형 원동력이라는 부분을 통일이라는 아이디어에 접목시키려면 그 안에서 가장 중요한 건 국민적인 것보다도 민족적인 동질성이라고 생각합니다. 그 측면에서 봤을 때 한국사회에서 민족적인 동질성이나 혹은 정서나 감정을 얼마만큼 공유하느냐는 게 가장 큰 관건인데, 제가 느끼는 건 그 감정이 굉장히 낮다는 거거든요. 그렇다면 시민참여형 통일의 원동력으로 활용하기 위해서는 결국은 통일의식을 다시 확보할 수 있는 방안이 있어야 되는데 그와 관련해서 어떤 방법들이 가장 적합하다고 생각하시는지 여쭙고 싶습니다.

백낙청 두가지 질문인데, 하나는 남북한 간의 민족적 동질성 문제고, 또 하나 통일의식이라는 건 주로 남한사회의 통일의식 이야기겠지요? 그걸 좀 분리해서 생각하는 게 좋을 것 같아요. 민족적 동질성이 뭐다라고 딱 정해놓고 수치화된 지표를 만들 순 없는 것 아니에요? 민족적 동질성이 원래 100 또는 99에서 지금 50 이하로 떨어졌으니까 이걸 60까지 높여야 된다, 이런 식으로 계산이 나오면 좋은데 그런 견적은 안 나오게 돼 있고요. 나는 민족적 동질성이라는 걸 과도하게 중시하는 것도 경계해야 되고, 민족적 동질성이 상실됐다고 너무 쉽게 생각하는 것도 문제라고 봐요. 북한사람들 만나보면 양면을 다 느낍니다. 한편으로는 참 생각하는 것도 다르고 뭐 여러가지 다르구나 하는 실감을 하게 되지만, 다른 한편으론 남한 인구의 대다수가 아직은 한민족에 속하는데 그런 사람들은 북한사람 만나면 역시 같은 민족이라는 실감이 참 많아요. 그리고 회담할 때 보면 같은 언어 쓴다는 게 얼마나 일을 쉽게 하고 신뢰를 빨리 구축하게 하고 있는지, 지난 판문점회담 때 문재인 대통령이 분계선 앞에 서서 김정은 위원장을 만났잖아요. 그런데 외국 정상과의 만남이라면 통역이 보통 둘이 붙어 있지요, 이쪽 저쪽 각기 하나씩. 통역이 붙었으면 그런 자연스러운 대화가 이뤄지지 않았을 거예요. "저는 언제 한번 북쪽으로 넘어갈까요." "지금 가보시죠." 통역 달고 못한다는 얘기는 아니지만, 순식간에 자연스럽게 그런 드라마를 연출하긴 어려웠을 거예요. '도보다리 밀담'도 그렇고요. 그러니까 민족적 동질성이라는 것을 너무 절대적인 것으로 생각할 필요도 없고, 다른 한편으로 이질화를 너무 과장할 필요도 없다고 봅니다. 그리고 이것은 교류가 차츰 증대하면 많이 달라지게 돼 있지요.

통일의식에 대해서는, 통일의식 조사나 이런 것이 대개 최장집 교수 같은 분이 상정하는 이분법에 따라서 설문이 시행되고 있는 것 같아요. 설문조사니까 너무 복잡하게 할 순 없지만 완전한 통일만을 통일이라 설정해놓고, 거기에 관심이 있으십니까, 그걸 옹호하십니까, 그렇게 물으면 젊은이들이 볼 때, 내가 젊은이라면, 첫째 "이게 뭐 가능성도 없는 걸 가지고서 묻나"라고 부정적으로 생각할 겁니다. 나아가 만약에 그런 게 되어도 나한테 돌아올 이익이 아무것도 없고 세금이나 더 내고 못사는 이북 사람이 몰려올 거고 하는 생각을 할 거 아닙니까. 그러니까 통일의식을 정확하게 파악하고 또 정당한 통일의식을 높여나가려고 하면 통일 개념부터 바꿔야 된다고 봅니다. 제가 그래서 어디서 "어깨에 힘 빼고 통일하자"라고 했는데,[9] 되지도 않을 옛날식의 단일한 민족국가를 갑자기 만들겠다는 이런 생각 깨버리고 점진적·단계적 재통합, 이런 걸 통일이라고 할 때에, 그런 것을 원하십니까, 아니면 계속 분단돼서 사시겠습니까, 이렇게 물어본다든가, 아니면 혹자는 낮은 단계의 국가연합만 돼도 1단계 통일이라고 주장하는데 여기에 동의하십니까라고 묻는다든가, 이런 식으로 좀 사회조사다운 사회조사를 해야지 정확한 여론이 나오고, 또 그런 식으로 통일 개념을 바꿔서 설명하면 우리 젊은 세대도 꽤 많이 호응할 거라 봐요.

질의자 『프레시안』의 박인규입니다. 사실은 제가 백낙청 선생님으로부터 남북연합, 국가연합이 중요하단 말씀을 들은 게 한 10년이 넘었는데, 오늘 말씀을 들으면서 좀 많이, 깊이 이해를 했고요. 1단계 이후론 말씀 안 하시겠다고 했는데, 제가 궁금한 것은 낮은 단계의 국가연합을 이

---

9 앞의 「6·15시대의 한반도와 동북아평화」, 24~25면; 백낙청·하승창 대담 「어깨에 힘 빼고 통일하자」, 『백낙청 회화록』 제5권.

제 만들어가는 단계라고 한다면, 언제쯤 되면 그게 완성된 것이라 할 수 있을까요. 사실 이게 우문일 수도 있는데, 왜냐하면 창의적으로 해야 한다고 그랬기 때문에 무슨 모델을 정해놓고 어디까지 가면 된다 하는 건 아닌 것 같아요. 그렇지만 우리가 1단계, 낮은 단계 국가연합이 완성됐을 때는 그래도 대충 이런 모양은 돼야 되는 거 아니냐, 그게 있어야 할 거 같은데, 예를 들면 '헌법'의 영토 조항은 어떻게 할 거냐, '국가보안법'은 어떻게 할 거냐, 아까 말씀하신 왕래의 자유는 어떻게 할 거냐, 군사적 긴장 문제라든가 언론 문제라든가…… 우리가 이만큼 했으면 낮은 단계의 연합이 완성됐다라고 했을 때의 모습이, 혹시 선생님이 생각하신 모습이 있다면 그걸 한번 듣고 싶습니다.

백낙청 다른 나라에 선례가 없지요. 왜냐하면 단계적 통일을 한 예가 적어도 최근의 역사에선 없는 걸로 압니다. 독일도 한번에 통일을 했고 베트남도 통일전쟁의 여러 국면이 있었지만 통일의 중간단계는 없었어요. 예멘은 일회성 통일을 한다고 했지만 결과적으로 두 단계에 걸쳐서 일종의 할부 통일을 했는데, 대단히 불행한 예였고요. 한반도처럼 쌍방의 정상들이 만나서 통일을 하긴 하는데 빨리 하지 말자, 천천히 하지만 하기는 한다, 그리고 중간단계를 거쳐서 한다, 이렇게 합의해놓고 추진한 사례가 없습니다. 더구나 전쟁을 한번 겪은 당사자들끼리 말이지요. 그래서 다른 나라 예를 들어서 그 나라의 이 정도면 1단계라 하겠다, 이렇게 말씀드릴 순 없어요. 지금 남북연합 건설과정이 진행되고 있다고 하는데 경제협력 같은 게 활성화되려면 제재가 풀려야죠. 제재도 100% 한꺼번에 다 풀 필요 없습니다. 안보리가 몇번에 걸쳐서 제재 결의를 했는데, 가장 최근의 결의가 제일 센 거 아니에요? 그것은 북이 장거리미사일, ICBM을 발사했기 때문에 한 거니까, ICBM기지를 폐기하고 핵실험 안 하고 비핵화 협상이 진행되면 그 제재부터는 풀어야 된다 이거예요.

어쨌든 제재가 일거에 풀리든 단계적으로 풀리든 제재가 풀려야 되고, 북·미 간에도 지금보다 훨씬 더 화해가 진전돼서 종전선언부터 나와야 되는데, 지금 제가 희망적으로 보는 게, 북·미가 저렇게 삐걱거린다느니 이러는 동안에도 남북은 계속 나아가고 있어요. 옛날 같으면 미국이 "야, 북한이 우리말을 안 듣고 있는데 왜 너희끼리 마음대로 나가냐" 그럴 텐데 지금 그러질 않습니다. 또 설령 그런다 하더라도, 문재인 대통령은 촛불대통령이니까, 남이 뭐라 그런다고 해서 멈출 필요는 없어요. 오히려 전에 어떤 칼럼에서 그런 말을 썼습니다만, 트럼프한테 대고 "당신 말을 들어주려 해도 나는 촛불대통령이라 그러다간 혹 가버릴 수도 있다",[10] 그런 식으로 계속 나아가야 하는데 지금 만족스러운 속도는 아닐지 몰라도 남북이 계속 나아가고 있습니다. 나아가다보면 일반적인 협정은 아니겠지만 여행을 포함한 여러 분야에서 규정이 생길 거고 경제협력의 규정도 생길 거고, 이런 것이 많이 누적되고, 만약에 제재가 풀리고 평화체제, 평화협정을 위한 프로세스가 시작되고, 또는 종전선언 이뤄지고 하면 더 가속화될 거란 말이에요.

그랬을 때 내가 그전에 어디서 쓴 표현이지만,[11] 이런 게 누적됐을 때 어느날 문득, "야, 통일 꽤 됐네. 이 정도면 우리 남북연합 됐다고 선포해버리자", 이렇게 합의하면 남북연합이 되는 거예요. 근데 그것도 얼마만큼 누적되면 남북연합이 된다고 미리 말할 수는 없는 게, 누적된 양도 중요하지만 일정하게 누적된 시점에서 남북연합을 선포할까 말까 하는 정무적인 판단도 중요하기 때문이지요. 미리 뭐라 말할 순 없지만 상당히 많이 축적됐을 때 그리고 축적의 과정은 계속되리라 봅니다. 어느 지점에

---

10 졸고 「촛불혁명과 촛불정부」, 『창비주간논평』 2017. 12. 28; 본서 451면.
11 앞의 「6·15시대의 한반도와 동북아평화」.

가서 "이 정도면 우리 남북연합이라 하고, 지금 벌써 상설연락사무소 두었으니 남북연합 사무국 같은 거 하나 설치하자", 그러면 되는 거고요. 유엔에서는 계속 두표를 행사하는 겁니다. 그것도 나쁘지 않죠. 한반도가 유엔에서 두표를 행사하는데, 그전처럼 서로 욕하는 데에 행사하지 않고 둘이 말하자면 짝짜꿍해서 다른 나라는 한표밖에 못 찍는데 우리는 두표씩 찍고, 그것도 좋은 일이니까, 북측이 그렇게 합시다 하고 합의하면 그게 1단계일 것 같고요. 2단계는 역시 조금 더 높은 단계의 연합이 되겠죠.

질의자 좋은 말씀 잘 들었습니다. 대우건설에서 일하는 문기욱이라고 합니다. 남북연합, 비핵화 관계에 대해서 말씀하셨는데, 남북연합이 되면 비핵화가 가능하다고 했을 때, 비핵화의 방법도 여러가지 있을 수 있고, 북·미 간의 문제와 비핵화에 남북연합이 그렇게 중요한 요소인가 그게 제 질문입니다. 그리고 앞서 말씀하신 시민참여형 통일과정의 환경적 요소는 굉장히 공감하는데요. 저는 학교 다닐 때 "그런다고 세상이 바뀌냐, 사소한 데 목숨 걸지 마라" 그리고 "주변국가 중국 러시아 일본 중에 어떤 국가도 성공하지 못했다"라는 말을 듣고 경험한 세대로서 굉장히 소명해야 할 요소가 있다, 그렇게 생각하는데 비핵화 문제에 있어서 해법은 여러가지가 있는 거 아니냐는 말씀을 여쭙고 싶습니다.

백낙청 남북연합 건설과정을 수반하지 않고는 비핵화가 안 된다는 게 내 주장인데 남북연합이 완성된 다음에야 비핵화가 된다는 얘기는 아니에요. 선결조건은 아닙니다. 지금처럼 남북연합 건설을 하는 과정이 진행되고 그 목표에 근접해가는 과정에서 비핵화가 이루어지지 그런 것이 없으면 비핵화가 안 된다는 뜻이었는데요. 글쎄요, 나중에 전문가가 좀 검증해야겠지만, 이번 학기 주임교수로 이 자리에 참석하신 김동엽(金東燁)

교수가 원래 저하고 비슷한 로드맵이랄까 이런 걸 설정하셨는데 시간은 무지 오래 걸리는 걸로 보셨어요. 그런데 남북연합이란 표현을 일부러 안 쓰셨는지 그건 모르겠지만, 결국은 남북이 운명공동체가 돼야지 비핵화가 완성된다, 이런 주장을 하셨거든요. 내 입장하고 똑같은데, 다만 진행 속도가 김교수가 예견했던 것보다 또 내가 예견했던 것보다 엄청 빠르다는 것입니다. 두번째 질문이 그러니까, 비핵화…… 뭐였죠? 다시 한번 말씀해주시겠어요?

질의자 질문은 한가지였고요. 비핵화는 북미관계의 문제라는 전제조건 하에서 정부가 왔다갔다 완성하고 있는데요. 제가 교수님께서 말씀하시는 평화체제, 남북연합은 동의하는데요. 그 남북연합이 되면 비핵화가 된다, 이것도 동의합니다. 근데 비핵화를 추구하는 현재 입장에서 남북연합은 대안의 하나지 절대적인 중요한 건 아니지 않느냐 이런 말씀을 드리는 겁니다.

백낙청 비핵화 문제는 기본적으로 북미관계 문제 맞아요. 물론 미국뿐 아니라 중국이나 러시아도 북의 핵무장을 지지하지 않습니다. 반대하죠. 그렇긴 하지만, 그것 때문에 제일 시끄럽게 굴고 강하게 압박하는 것이 미국이고, 북은 바로 그러니까 우리가 핵무장을 안 할 수 없다, 그렇게 말해왔는데 그것도 일리 있는 말 같기도 하고요. 북미관계의 역사 또는 북의 핵무장 역사를 보면 북은 지금 하고 있는 일과 기본적으로 같은 입장을 유지해왔어요. 체제 보장해주면 핵무장 안 하겠다는 얘길 미국에 여러번 했는데 미국이 보장을 안 해줬거든요. 핵 개발을 하는 도중에도 체제 보장하고 뭐 하면 중단하겠다 했지만 여전히 안 해줬고요. 그러다가 핵무력이 완성되니까, 어느 정도의 완성인지 모르겠습니다만, 일단 미국을 때릴 수 있는 능력이 생기니까 그때부터 트럼프가 급해지기 시작한 거고요.

북이 때릴까봐 겁내는 것도 있지만, 그보다는 북이 때릴 수 있는 핵무력을 자기가 제거했다 하는 데서 오는 정치적인 이득, 이런 계산까지 하게 된 거죠. 그래서 비핵화 협상이 지금 진행되고 있는데, 사실은 비핵화를 얼마나 빨리, 북이 일단 비핵화를 한다고 하면 얼마나 빨리 하느냐 하는 건 우리 남한에는 그렇게 중요한 문제가 아니에요. 북이 핵을 끝까지 가지고 있겠다면 문제지만요. 트럼프 같으면 자기 선거가 언제니까 그때까지는 뭔가 좀 해결돼야겠다 하는 거지만, 우리는 그거보다 몇년 더 걸려도 상관없습니다. 다만 그게 해결 안 되면 미국이 몽니를 부려서 우리끼리 하는 일도 잘 안 되니까, 빨리 하라 빨리 하라 그러는 거지요.

그다음에 이건 조금 다른 문제입니다만 김정은 위원장이 이번에 노동당대회 결정 사항으로 핵무장 병진노선을 폐기하고 사회주의 경제건설에 매진하기로 했잖아요. 헌법에는 핵무장을 한다는 게 아직 남아 있죠. 하지만 이북에서는 조선노동당이 국가보다 위에 있으니까 노동당이 그렇게 결정했으면 헌법이 그렇게 중요하진 않습니다. 그래서 그냥 옛날처럼 김일성 주석의 유훈이니까 비핵화하겠다 이렇게 말하는 거하고는 차원이 다른 사태가 지금 벌어지고 있다고 봐요.

또 하나 이건 제가 잘 모르니까 전문가의 점검을 받고 싶은 사항인데, 1990년에 소련이 무너지고 러시아가 자본주의로 바뀌면서 남한하고 수교했잖아요? 그랬을 때 내가 들은 바로는, 김일성 주석 살았을 때입니다만, 북에서 전략적인 결정을 내렸다는 거예요. 그동안에는 중·소 사이에서 줄다리기 하면서 자주성을 확보해왔는데 이제는 소련이 무너졌으니까 미국하고 관계를 터서 미·중 사이에서 균형을 잡아야겠다는 겁니다. 어느 한 강대국에도 전적으로 의존하지 않는다는 것은 북한의 그야말로 건국이념이나 다름없는 주체외교, 자주외교의 원칙이거든요. 그래서 그때 김용순

비서를 미국에 보냈을 거예요. 미 당국과 접촉했는데 국무부에서 거절했죠. 수교를 요청했지만 거절당했는데, 키신저는 그때 이미 야인이었지만 김용순이 키신저를 만나서 그런 입장을 설명했다고 그래요. 미국하고 친하고 싶다고. '중·미 간의 등거리외교' 이런 표현은 안 썼을 거지만요. 지금 아마 김정은도 트럼프 만나선 그렇게 말할 겁니다. "미국하고 친하고 싶다, 우리는 중국 완전히 못 믿는다." 내용상으로는 미국하고 그렇게 터 가지고 중국과 미국 사이에 균형을 잡으면서 자주성을 지키겠다는 결정을 1990년대 초에 했다는 겁니다. 그것이 지금 김정은 위원장 때 와서 변화된 여건에서 실현되고 있는 것이지, 북으로서는 본질적인 전략 선회는 아니다, 미국하고 전부터 하고 싶었는데 못하던 그런 것을 지금 하게 됐다는 거지요. 그 원인 중 하나는 북이 핵무력을 갖게 됐다는 거고, 또 하나는 남쪽의 중재자 역할이 생겼다는 거고, 여러가지 점들, 오바마나 힐러리 클린턴이 아닌 트럼프라는 사람이 대통령이 됐다는, 그런 여러가지가 작용했겠지만 미국과의 화해는 처음부터 북이 추구해온 목표이고 그것이 가능하다고 믿어질 때에 핵무력을 포기하는 건 상식적인 얘기다 하는 해석도 있는데, 맞습니까?

김동엽 그거는 김대중 대통령 자서전에 나온 이야기고요. 1992년에 김용순 비서가 만난 건 사실인데, 조금 오해하시는 부분이 미중관계 속에서의 틀이 아니고, 소련이 사라지고 난 다음에 북한은 미국한테 붙어야 했다는 점이에요. 아시다시피 1990년대에 남북관계가 또다시 맺어졌기 때문에 남북 간에도 사이가 좋아졌고, 그다음에 주한미군을 인정하겠으니까 이걸 통해서, 미국하고 남북관계를 통해서 동아시아를 좀 안정시키는…… 그게 일본을 견제하기 위한 베팅을 한 건데 성사가 안 된 걸로 알고 있거든요. 미국이 그 제안을 안 받았어요. 일본 때문에 안 받은 게 아니라 사회주의권이 다 무너졌으니까 북한도 당연히 망할 거라 생각하고 김용순이 던진 제안을 안 받아버렸습니다. 2000년에 정상회담 하러 갔을 때 김정일 위원장이 비밀이라면서 김대중 대통령께 한 말을 김대통령이 자서전에 쓰신 내용으로 알려져 있는데, 그건 사실이 아닌가 생각합니다. 약간 오해를 하셨던 거는 미중관계 속에서 균형을 잡겠다는 건 아니었고 미국이라는……

백낙청 미중관계의 균형을 잡는다기보다 소련이 망하고 중국밖에 없으니까 중국 하나에만은 의지하지 않겠다, 그런 의지의 표현이었다는 거지요.

김동엽 예. 그걸 가지고 제가 글을 쓴 적이 있는데, 1990대 초반에 북한이 미국에 대한 인식이 바뀌었다, 그렇게 글을 쓴 적이 있는데요. 이미 1992년에 미국이 적국으로서가 아니라 생존을 위해 의지할 대상으로 바뀌었다, 그런 인식의 전환이 이미 있었다는 주장을 저도 합니다.

백낙청 그렇습니다. 그런데 지금 트럼프와 김정은이 평화체제 만들겠다고 하는데 사실은 정전협정에 이미 들어 있던 내용 아니에요? 정전협정 맺고 나서 얼마 안에 평화회담을 열어서 평화조약을 맺기로 돼 있었는데 미국이 제네바회담에서 거절한 거죠. 미국이 줄곧 거절해오다가 지금 1953년부터 계산해서 65년 만에 드디어 평화협정을 할 것처럼 보이게 된 겁니다. 그런데 나는 미국사람들이, 이건 그냥 나의 해석입니다만, 북하고 정전협정을 맺은 걸 굉장한 치욕으로 본 걸로 아는데, 미국이 건국하고 곧 서진(西進)을 하잖아요. 서부 개척이라는 걸 하면서 인디언들 다 때려잡고, 멕시코와 싸워서 텍사스도 뺏고 캘리포니아와 이런 거 다 뺏고. 더 나아가서 스페인과 싸워서 필리핀 뺏고 필리핀의 독립운동을 진압했지요. 그러고는 일본하고 세계대전을 벌여서 일본을 굴복시킨 것 아닙니까. 미국 역사에서 서진을 시작한 이래로 미국이 전쟁에 못 이긴 적이 한번도 없습니다. 동쪽에서는 1812년인가 영국군이 워싱턴까지 쳐들어와서 불 지르고 한 적은 있지만, 그게 아니고 미국이 서쪽으로 가면서 유색인종들하고 싸워서 못 이긴 적이 한번도 없는데 한국전쟁에서 비겼단 말이에요.

질의자 베트남전은요?

백낙청 베트남전은 그 후죠. 그러니까 베트남전에 가서는 제대로 깨졌는데, 한국전쟁 이전에는 미국이 지지 않은 정도가 아니라 승리를 안 해본 적이 없어요. 그래서 휴전협정 맺을 때 이승만 대통령은 대놓고 반대했지만 그건 다른 이유로 반대한 거고, 미국의 그때 유엔군 사령관이 마크 클라크 대장이었는데, 그 사람이 나는 기쁘지 않다 그랬어요. 왜냐하면 자기가 미국이 이기지 못한 전쟁에 휴전 서명하는 역사상 최초의 장성이 된 거예요. 그래서 미국이 북한과는 어떻게든지 해서 이게 쓰러지는 꼴을 봐야겠다 하며 지내왔는데, 미국이 무력은 점점 커졌지만 다른 힘은 많이 빠졌고, 그러다가 한국에서 도저히 한반도 전쟁을 용납 안 하는 정부가 들어서고, 그래서 지금 이 상황이 벌어졌다고 생각합니다.

사회자 그럼 마지막으로 질문하세요. 손을 드신 두분이 한꺼번에 질문해주시죠. 똑같은 질문일 수도 있잖아요.

질의자 안녕하세요. 저는 조진희라고 하는데요. 대학 때 교수님의 『흔들리는 분단체제』를 읽으면서 분단의식과 통일문제에 대해 관심을 갖게 됐는데 지금 실제로 뵙고 얘기를 듣게 되니까 정말 감회가 깊습니다. 20년 전에 선생님이 보던 체제와 지금은 또다른 의미의 흔들리는 분단체제인 것 같은데 제일 큰 차이점이 무엇이라 생각하시는지 듣고 싶고요. 그다음에 지금 어쨌든 시민참여, 촛불혁명으로 인해서 정권교체를 이루었고 이러한 힘이 통일을 만들어나가는 데 좋은 쪽 힘으로 전환됐으면 하는게 개인적인 바람인데, 그렇게 만들어가기 위해서 필요한 조건이라든가 우리가 어떠한 것들을 해야 될지, 이런 것들에 대한 생각을 듣고 싶고요. 좀 어려운 부분일 수 있는데 북한의 인권 분야가 현재 분위기에서 거론하기가 사실 어려운 부분이긴 한데, 인권문제를 어떻게 풀어나가야 될지 듣고 싶습니다.

질의자 저는 우문입니다.(웃음) 제가 트럼프 대통령 재선을 바라는 게 바람직할지요?

질의자 저도 해도 될까요? 평통에서 일하는 정서윤이라고 합니다. 이상하게 들릴 수 있는데 현재 촛불혁명과 더불어 태극기시위가 여전히 지속되는 상황인데, 개인적으로 민주시민 교육이라든가 통일교육으로 같이 이어나가는 방안에 대해서 고민하고 있는 사람으로서, 태극기집회에 나가시는 분들과 어떻게 소통하고 그들과 통일에 대해서 합리적인 논의를 할 수 있을까에 대한 현명한 조언을 해주시면 감사하겠습니다.

백낙청 세분의 의문에 대해서 간단히 얘기하고 마치도록 하죠. 20년 전에 낸 책에 제가 '흔들리는 분단체제'라는 제목을 달았죠. 그 제목을 1998년에 달았는데, 실은 그후에 제가 분단시대 역사의 시대구분 같은 걸 하면서 분단체제가 흔들리기 시작한 것은 1987년부터라고 봤어요. 10년 이상 흔들리고 나서야 '흔들리는 분단체제'라는 저의 진단이 뒤늦게 나온 거죠. 1987년에 이미 흔들리기 시작했다고 보는 이유는 남북한의 독재체제가 분단체제를 굳건히 뒷받침하고 있었는데 한쪽에서 그게 무너졌단 말이에요. 기둥 하나가 무너진 거예요. 그리고 또 외부적으로는 동서냉전체제가 지탱해주고 있었는데, 그것도 그 무렵에, 1985년에 고르바초프의 개혁정책이 시작되고, 1987년은 소련이 무너지기 전이지만 이미 냉전 종식의 조짐이 보였고 1990년대 초에 동서냉전이 끝났어요. 그래서 그 무렵부터 흔들리기 시작했고, 2000년에 남북정상회담이 열리면서 이게 그냥 흔들리는 게 아니라 건설적으로 해체될 가능성이 보이기 시작했다고 판단했는데, 지금 생각해도 그건 기본적으로 맞는 얘기지만 빨리 뭐가 해결될 것같이 기대했던 건 지나친 낙관이었던 것 같고요. 지금은 판문점선언으로 인해 분단체제가 단순히 흔들리는 게 아니라 해체되면서 더 나은 체제로 바뀔 가능성이 목전에 다가온 시점이다, 이렇게 볼 수 있습니다. '흔들리는 분단체제'론과 관련해서 내가 한가지 자부하는 것은 김대중·노무현 정부 시절의 희망이 꺾이면서 남북대결이 심화되니까 사람들이 나보고 "아니 흔들린다더니 어떻게 됐어요?"라고, 어떤 분은 진심으로 궁금해서 물어보고 어떤 분은 기를 죽이려고 약간 비아냥조로 얘기하기도 했는데 제가 기가 안 죽었죠.(웃음) 내가 뭐라 그랬냐 하면, "남북대결이 강화되는 것, 한반도 긴장이 높아지는 것하고, 옛날에 분단체제가 안정돼 있을 때로 되돌아가는 것하고는 전혀 다르다. 안정기로 절대 다시 돌아가지 못한다." 흔들리기 시작했는데 거기다가 대결이 심화돼버리면 더 위험하게 더 불안정하게 흔들리는 거고 자칫하면 전쟁 날 수도 있는 상황이다, 그러니까 분단체제의 재안정화는 아니라고 주장했는데, 그게 제가 잘한 일이라고 생각합니다.

우리가 앞으로 할 일 중에 특히 인권운동을 얘기하셨는데, 인권운동을 제대로 하기 위해서도 나는 분단체제에 관한 인식이 있어야 된다고 봐요. 근년에 와서는 소위 진보진영에서도 북한 인권문제를 논의하긴 합니다만, 기본적인 패턴은 남한 인권에 관심 없는 사람들이 북한 인권을 떠들고 남한 인권에 관심이 있는 사람들은 남북화해를 위해서 북한 인권문제에 대한 발언을 자제한다, 이런 쪽이었습니다. 남한 인권문제에 관심 없었던, 북한 인권 떠들던 사람들은 계속 떠들겠지만 그건 뭐 내 영역 밖이니까 내버려두고, 남한 인권문제 관심이 많은 사람들이 북의 인권에 대해서 어떻게 할까 하는 것이 이제까지는 일종의 딜레마였죠. 아무 말도 안 하면 "당신은 왜 이중 잣대냐, 북에 대해선 왜 인권 기준을 적용 안하느냐" 그런 비난을 받고요. 그렇다고 대결국면에서 북의 인권상황을 비난하고 나오면 사실 인권개선에 도움이 안 되고 남북대결을 강화해서 북의 인권상황을 오히려 악화시킬 수도 있는 거니까요. 그래서 항상 얼마만큼 갈까 하고 간을 맞추는 문제로 고민을 하는데요. 구체적으로 어디까지 갈까 하는 고민은 앞으로도 있을 겁니다만, 나는 그 고민의 프레임을 바꿔야 한다고 봅니다. 분단체제라고 하면 남과 북이 각기 다른 사회이고 체제지만 하나의 분단체제 속에 공동으로 엮여 있는 공동운명체이기도 하기 때문에, 어느 한쪽에서 일어난 일이 완전히 남의 나라 일은 아니라는 거죠. 그렇기 때문에 분단체제라는 관점에서 보면 북의 인권문제가 심각하다 할 때 그 일차적인 책임은 북의 정권에 돌려야겠지만 분단체제에 관여하고 있는 모든 플레이어들이 조금씩 다 관계가 있는 거예요, 자기 일인 거예요. 사실 솔직히 생각해보면 남쪽에서 이명박·박근혜 정권을 탄생시켜서 북쪽 사람들 얼마나 힘들게 했습니까. 우리가 책임이 있죠. 북한 당국하고 우리하고 똑같은 책임이 있다는 건 아니지만 우리도 책임이 있는 거고요. 또 미국도 분단체제의 중요한 플레이어입니다. 미국이 제재하고 압박하고 북을 적대시하는 것이 북의 인권개선에 도움이 됐냐, 오히려 더 악화시킨 게 아니냐는 거죠. 만약에 악화시킨 거였으면 그만큼은 미국의 책임인 거예요. 그래서 분단체제라는 개념을 가지고 북의 인권문제를 접근하면 책임이 분산돼요. 균등하게 분산되는 건 아니지만 각자 자기 몫만큼 분산되는 겁니다. 그래서 남한의 인권문제에 관심 있는 사람이 북의 인권문제 발언할 때도, 이건 일차적으론 북측 당국의 책임이 제일 크지만 우리도 책임이 있다, 남한에 이런 정부밖에 못 만든 우리 책임이 있고, 미국이란 나라의 책임도 있고, 아직도 식민지시대 청산도 안 하고 배상이나 보상도 안 하면서 제재만 하는 일본에도 책임이 있는 거예요. 그렇기 때문에 그 책임을 정확히 어떻게 배분할까 하는 고민은 있지만, 단일한 스펙트럼에서 요만큼 갈까 저만큼 갈까, 어떻게 간을 맞출까 하는 고민하고는 좀 차원이 달라지는 거죠. 남들이 보기에도 그렇죠. 눈치 보면서 간 보고 있다, 이런 소리를 안 듣게 되는 거죠.

트럼프 재선 말씀하셨죠? 나는 우리가 뭐 트럼프 재선까지 시켜줘야 할 일은 없다고 봐요. 뭐 시키고 말고 할 힘이 우리에게 있는 것도 아니지만요. 트럼프가 한반도를 위해 좋은 일을 하고 있지만 좀 거창하게 말하면 그는 역사가 한번 쓰고 버리는 카드입니다. 그렇게 보면 돼요. 그러니까 그가 중간선거 전까지 종전선언을 한다든가 해서 상당부분 진행시켜놓고, 또 임기 말까지 북미관계를 더 진전시켜놓으면, 그다음엔 누가 들어와도 반전은 못 시킵니다. 왜냐면 중국도 있고 러시아도 있고 무엇보다도 대한민국이 있기 때문에, 다음 미국 대통령이 트럼프가 아닌 다른 사람이 들어왔다고 해서 번복을 못해요. 그러니까 재선에까지 신경을 안 쓰셔도 되지 않을까 싶고.

태극기집회 나온 분들도 가지가지겠지만 그분들은 그분들 나름대로 헬조선에 대해 원한에 찬 분들이거든요. 그런데 나이들도 있으시고 그래서 대화해서 해결한다는 건 괜히 근사하게 보이려고 하는 말이지, 저는 큰 기대를 걸기는 어렵다고 봅니다. 개인적인 친분이나 인연이 있는 사이라면 몰라도요. 다만 나는 저 높은 자리에 서서 "저 인간쓰레기들" 이런 식으로 나가는 건, 우선 나의 수양에 도움이 안 되고 또 사태를 악화시키면 악화시키지 개선하는 데는 도움이 안 된다고 봅니다.

민주시민 교육이라는 건 특히 평화통일 교육은 아마 앞으로 지금 교과서에서 가르치는 식하고는 굉장히 다르게 변할 것 같아요. 이 기회를 빌려서 한가지 홍보하자면, 우리 한반도평화포럼과 뜻있는 필자들, 그리고 창비가 합작해서 경기도 교육청에서 인정한 『평화시대를 여는 통일 시민』이라는 교과서를 만든 게 있습니다. 그러니까 국가에서 검정한 검정교과서 말고 각 교육청에서 인정교과서를 승인하면 그 교육청 산하의 학교들이 선택적으로 그걸 수업에 쓸 수 있어요. 그런 교과서를 만든 게 있는데 아마 앞으로 여러 교육청에서 그걸 교재로 쓰지 않을까 싶어요. 또 그걸 집필했던 우리 한반도평화포럼의 사람들이 너무 많이 정부에 들어가서 지금 인적 자원이 모자라긴 하지만, 교과서 내용을 더 업데이트해갈 겁니다. 시민교육은 굉장히 중요한 문제죠.

사회자 이제는 마쳐야겠습니다. 장시간 열정적으로 강의해주시고 질문에 자상하게 답변해주신 백낙청 명예이사장님께 감사드립니다.

덧글 (2018.9)

한평아카데미 강의 이후 두달이 지났다. 올해 한반도 정세의 변화 속도에 견주면 꽤나 긴 시간이다. 북미관계가 6·12싱가포르정상회담 이후 비핵화의 수순에 관한 입장 차이로 큰 진전을 안 보이고 있는 것은 사실이다. 그러나 폼페이오 미 국무장관의 4차 방북계획 발표 바로 이튿날 이루어진 트럼프 대통령에 의한 전격적인 계획 취소도 하루가 다르게 극적인 사건이 벌어지는 또 하나의 예였다. 아시안게임에서 남북 선수단이 공동입장을 한 것이나 몇몇 경기를 단일팀으로 치른 것 역시 국제적으로도 주목받은 사건이었으며, 단일팀 선수단이 헤어질 때의 모습은 남북 주민들의 정서상의 변화를 실감케 했다.

9월 5일 남측 특사단의 방북으로 남북관계는 물론이고 북미관계도 다시 탄력을 받는 모양새다. 물론 종전선언 및 비핵화를 둘러싼 미국과의 협상에서 어떤 구체적 결과가 나올지는 아직 지켜볼 일이다. 그러나 남북관계는 그동안 북미관계의 일정한 교착상태에도 불구하고 9월 18~20일 문재인 대통령의 평양 방문 일정이 확정되고 일시 연기되었던 개성 남북연락사무소의 개소에도 합의가 이루어지는 등 또 한번의 커다란 전진을 예고하고 있다. 북·미 간에도 김정은 위원장이 트럼프 대통령에게 네번째 친서를 보내 제2차 정상회담을 제안했고 미측이 긍정적 반응을 보인 것으로 알려졌다.

더 중요한 것은 이 모든 진행이 한반도문제에서는 우리가 주인이라는 확고한 원칙에 따라 추진되고 있다는 사실이다. "남북관계 발전은 북미관계 진전의 부수적 효과가 아닙니다. 오히려 남북관계의 발전이야말로 한반도 비핵화를 촉진시키는 동력입니다"(문재인 대통령 8·15경축사). 이는 촛불정부에 걸맞은 자세이며 현하 한반도 정세가 시민참여형 통일과정의 연장선에 있음을 상기시킨다.

본문에서 거듭 강조했듯이 남북교류에 민간인이 실제로 얼마나 참여하느냐가 '시민참여형 통일과정'의 핵심은 아니다. 오히려 남북관계 발전을 가로막는 정권을 촛불대항쟁을 통해 퇴출하고 한반도의 평화와 번영, 통일에 적극 공헌할 새 정부를 탄생시킨 것이야말로 시민참여 통일과정의 기념비적 성과라고 보아야 한다. 이를 바꿔 말하면, 국내정치에서도 촛불정부가 촛불정부로서의 초심을 견지할뿐더러 그 임무를 방해하는 세력들을 이겨내도록 하는 것 또한 시민참여 통일과정의 중요한 일부라는 뜻이 된다.

그렇다면 시민참여 통일운동의 그 방면 상황은 어떤가? 6·13지방선거로 반촛불 수구정당에 정치적 사망선고를 내린 이후로 운동이 오히려 소강상태로 접어든 느낌이 짙다. 그 원인은 크게 두가지라 생각된다.

하나는 문재인정부가 적폐청산과 남북관계 개선에서 이룬 성과에 비해 스스로 제1목표로 설정한 일자리 창출 등 민생경제 분야의 성적표가 실망스럽다는 점이다. 오늘날 한국경제의 어려움에는 사실 현 정부가 어찌 못하는 요인이 많다. 조선업 등 제조업의 쇠락은 어제오늘 시작된 일이 아니며 GM대우의 군산공장 폐쇄 같은 것도 이 정부 아래서 일어나긴 했지만 오래전부터 계획된 조치라 보아야 옳다. 게다가 미·중 무역분쟁이 한국의 수출에 악영향을 미치고 있고, 미국경제의 상대적 호황이라는 것도 예전과 달리 다른 나라로 혜택이 번지기보다 남의 나라 몫을 빼앗아와서 미국의 경기를 개선하는 방식으로 이루어지는 형국이다.

하지만 이 모든 요인을 감안하고도, 게다가 최근의 고용 통계가 어떤 중장기적 의미를 갖느냐는 논의를 차치하더라도, 촛불혁명에 가담했던 시민들의 생계가 악화된다면 혁명은 동력을 잃게 마련이다. 원래 혁명과업의 중대한 일부는 ─ 프랑스혁명이 그랬고 러시아혁명이 그랬으며 실은 종교개혁도 그랬듯이 ─ 옛 기득권층의 재산을 빼앗아 소외되었던 세력에게 나눠주는 일이었고, 바로 그렇기 때문에 축출된 기득권층의 집요한 반항에도 불구하고 새로 재산을 갖게 된 훨씬 많은 수의 사람들이 목숨을 걸고 혁명을 지켜내곤 했다. 그런데 촛불혁명은 헌법이 안 지켜지던 나라를 헌법을 지키는 나라로 바꾸는 혁명이었기 때문에 기존의 혁명들과 같은 강권을 발동할 수 없다. 따라서 종전의 '이면헌법'이 금하던 한반도경제의 건설을 통해 한국경제의 '블루오션'을 개척함과 동시에, 국내적으로는 국가의 조세권과 입법권을 강력하고 지혜롭게 행사하여 소수로부터 다수로의 소득 이전을 추진해야 하는 것이다.

남북경협은 비록 미국의 대북제재로 지체되고 있지만 그 전망은 여전히 밝아 보인다. 반면에 국가의 조세권과 입법권을 행사하는 문제에서는 집권세력의 지혜와 의지가 모두 불확실하다. 바로 이것이 시민참여 통일운동의 국내전선이 소강상태에 빠진 둘째 원인이다.

특히 입법권의 경우 지방선거에서 자유한국당이 궤멸적 타격을 입었다 해도 국회의석 3분의 1이 넘는 그들의 기득권에는 변함이 없으며 여소야대라는 의회 현실도 여전하다. 따라서 안정적인 개혁입법연대를 형성하는 일이 시급한데, 바로 그 관건에 해당하면서 입법부의 개혁이라는 독자적 명분을 지닌 현안이 선거제도의 개혁이다. 그런데 자유한국당이 이를 반기지 않는 건 그렇다 치더라도, 정작 민주당 지도부도 개헌과 선거제도 개혁을 함께 추진하겠다는 (자유한국당과 흡사한) 방침을 시사하는 등, 촛불혁명의 동력 살리기보다 혁명의 와중에 자신의 기득권 챙기기에 더 골몰하는 모습을 연출하고 있다. 그들에게 정권을 선사했고 지방선거 대승을 안겨준 촛불시민이 새롭게 전열을 정비하여 나설 대목이 여기가 아닌가 한다. 선거제도 개혁에 대한 적극적 지지를 밝힌 대통령도 지도력이 시험대에 올라 있다고 하겠다.

중요한 것은 이를 목전의 특정 개혁현안으로만 이해하는 관점을 넘어서 '촛불혁명에 부응하는 남북연합'의 건설이라는 큰 틀 안에서 이 과업을 인식하고 추진하는 일이다(졸고 「어떤 남북연합을 만들 것인가」, 『창작과비평』 2018년 가을호 참조: 본서 12장). 남북연합이라고 하면 뜬금없이 여기는 이들도 많으나 사실 그것은 노태우정부의 '한민족공동체통일방안' 이래 우리 정부의 일관된 노선이었고 남북 정상 간에도 합의된 지향점이었으며, 어떤 식으로든 그런 성격의 정치적 타결이 병행하지 않고서는 한반도의 비핵화도 순항하지 못한다는 현실이 날로 더 뚜렷해지고 있다. 다만 일부 학자들과 평화운동가들만이 남북연합 담론의 존재마저 외면한 채, 연합이니 통일이니 신경 쓰지 말고 평화공존에 안주할 것을 촉구하고 있다. '가만있기'를 거부해온 촛불시민들의 적공(積功)이 새삼 요구되는 지점이다.

12장
어떤 남북연합을 만들 것인가
촛불혁명 시대의 한반도

어떤 남북연합을 만들 것인가? 지금이 촛불혁명의 시대라면 '촛불혁명에 부응하는 남북연합'이 그 답이다. 이때 '촛불혁명'이 과연 혁명인가 하는 질문이 나올 수 있고, 남북연합이 도대체 가능한가를 물어볼 수도 있다.[1] 두번째 질문을 먼저 다루면서, 남북연합이 가능할 뿐 아니라 이미 그 건설작업이 진행 중임을 지적하려 한다.

---

[1] 4·27판문점선언 이후 나는 비슷한 주제로 세번의 발표를 했다. 2018년 5월 24일에 열린 '촛불항쟁 국제토론회'에서 「촛불항쟁의 역사적 의미와 남겨진 과제」라는 기조발제를 했고(자료집 『촛불항쟁 국제토론회: 광장민주주의와 사회변화 전망』, 퇴진행동기록기념위원회·민주화운동기념사업회, 2018. 5. 24), 6월 15일 제133차 세교포럼에서 '북미정상회담과 지방선거 이후 한반도, 그리고 시민의 역할'을 주제로 발제했으며, 7월 12일에는 한반도평화포럼의 제5기 한평아카데미에서 '시민참여형 통일운동과 한반도 평화'를 제목으로 강의했다(강연 내용을 다듬어 『동향과전망』 2018년 가을·겨울호에 게재하고, 본서 3부 11장에 수록). 본고는 이 발표들의 연장선에 있고 일부 내용이 중복되며 때로는 그대로 원용하는 대목도 있다.

1. 남북연합 건설은 진행 중

한반도의 당면 목표는 '낮은 단계의 남북연합'이다. 당면 목표라면 의당 '한반도 비핵화'가 아니냐는 반박이 나오기도 하지만, 이는 과제의 성격을 피상적으로 이해한 것이다. 뒤에 더 설명하듯이 '비핵화'만 강조해서는 비핵화가 이룩될 수 없고, 게다가 이는 남북연합이 건설 중이라는 최근 소식에 어두운 반응이다.

2000년 6·15공동선언 제2항의 "남측의 연합제 안과 북측의 낮은 단계의 연방제 안이 서로 공통성이 있다고 인정하고 앞으로 이 방향에서 통일을 지향시켜나가기로 하였다"는 합의를 따르더라도, 그 방향으로 가는 유일하게 현실적인 길은 연합 중에서도 결합의 수준이 꽤나 낮은 연합을 통과하는 일이라고 믿는다. 목표를 그렇게 잡으면 남북연합의 건설은 2007년 10·4정상선언으로 이미 시작되었고 10년 가까운 중단과 역행 끝에 2018년 4·27판문점선언으로 화려하게 재개되었다.[2] 6·15가 아닌 10·4를 통해서야 연합제 건설작업이 시작될 수 있었던 것은, 2005년 베이징 6자회담에서의 9·19공동성명과 이후의 후속합의들을 통해 미국을 포함한 주변국이 한반도 평화에 대해 원칙적 합의를 달성한 뒤에나 가능한 일이었기 때문이다. 그에 힘입어 남북의 정상들은 군사적 긴장완화와 관련국들의 종전선언, 평화회담 등 6·15공동선언에서 다루지 못했던 사안까지 합

---

2 '재개'는커녕 '시작'이라도 됐나 의아해할 사람도 있을 것이다. 이는 본고의 핵심 논지에 해당되는 사안인데, 남북관계의 긴장이 아직 한창이던 작년 12월 중순 제1기 창비담론아카데미 수업에서 내가 "남북이 국가연합 준비작업을 재개하기까지는 길이 먼데…" 운운했을 때 한 참여자가 '재개'라는 표현에 대해 물었다. 나는 2007년의 정상회담 후에 이미 "아주 느슨한 연합기구에 해당하는 조처들이 많이 마련"되었음을 지적하면서 그 작업의 '재개'를 기대하는 뜻이라고 답했다(백낙청 외 『변화의 시대를 공부하다: 분단체제론과 변혁적 중도주의』, 창비 2018, 130면).

의하면서 남북 교류와 협력의 세부적 실천방안을 마련했던 것이다.

'한반도의 평화와 번영, 통일을 위한 판문점선언' 이후의 진행은 괄목할 만하다. 4월 27일의 정상회담은 종전의 온갖 격식을 갖춘 평양 방문이 아니라 판문점에서의 당일치기 만남이라는 점을 비롯하여 형식과 내용 면에서 모두 획기적이었다.[3] 물론 아직 국제사회의 대북제재가 안 풀린 상태라 경제협력 등 많은 일을 본격적으로 추진하지 못하고 있고, 북미 간 협상의 진도 역시 기대에 못 미친다는 평가가 나온다. 그러나 주목할 점은 바로 그런 조건 속에서도 남북 사이에는 제2차 판문점 정상회담을 위시하여 수많은 회담과 교류가 뒤따르고 적대장치 해소와 소통수단 복원 조치들이 이뤄지고 있다는 점이다. 미국 측이 북미협상이 지체되는 동안 한국도 대북접촉을 자제해달라고 말할 수 있는 단계를 훌쩍 넘어서 있는 것이다.

한반도의 변화에 대해 미국이 여전히 막강한 영향력을 지닌 것은 분명하다. 그러나 평창올림픽 때 방한한 펜스(M. Pence) 부통령처럼 애초부터 몽니를 부려 남북정상회담 개최를 어렵게 만들었다면 몰라도 — 그렇더라도 지연은 시킬지언정 끝내 막을 수는 없었으리라 생각되지만 — 판문점회담이 일단 성사된 뒤에 미국 스스로 북측과의 만남을 무한정 뒤로 미룰 수 있었을지는 의문이다. 물론 트럼프 대통령이 곧바로 북미정상회담에 동의한 것은 많은 이들의 예상을 뛰어넘은 반응이었다. 그러나 일단 그가 남북회담을 지지하고 나선 이상 미국도 마음대로 못하는 흐름이 이미 형성되기 시작했고, 6월 12일 싱가포르 조미(북미)정상회담의 성사로 그 흐름은 더욱 강화되었다.

그 중요한 일부가 바로 '낮은 단계 남북연합'의 건설과정이다. 물론 이

---

3 판문점의 상징성, 그리고 선언의 내용과 그 '구성적 프레임'의 특성에 관해 이정철 「흔들리는 판문점 그리고 평화로의 병진」, 『창작과비평』 2018년 여름호 참조.

과정이 지속되어 다양한 성과가 누적된 어느 지점에 가서 남북연합을 공식적으로 선포할지 말지는 누적 성과의 절대량만 아니라 그 지점에서의 정무적(政務的) 판단을 요할 것이다. 아니, '남북연합'이라는 표현을 그 전에 굳이 쓸지도 상황을 봐가며 결정할 일이다(아마도 당장은 너무 자주 쓰지 않는 것이 현명한 처사이기 쉽다). '과정으로서의 통일'이라는 말이 있듯이 중요한 것은 '과정으로서의 남북연합 건설'이며, 이는 판문점선언과 싱가포르선언으로 거의 불가역적인 단계에 들어선 것으로 보인다.

2. 한반도 비핵화는 어떻게 가능할까

남북 정상과 북미 정상이 모두 합의한 '한반도의 완전한 비핵화'가 남북연합 건설의 성공과 직결되어 있음은 더 말할 나위 없다. 그런데 양자의 관계는 상호적인 것이다. 다시 말해, 연합의 과정이 비핵화를 요하듯이 비핵화 또한 남북연합 건설작업의 진전 없이는 달성되기 힘들다.[4]

알려졌듯이 싱가포르 정상회담은 북의 '완전한 비핵화' 이행과 북에 대한 미국의 '안전담보'(security guarantees) 제공을 맞바꾸기로 했다. 흔히 쓰이는 CVID(완전하고 검증 가능하며 불가역적인 비핵화)와 CVIG(완전하고 검증 가능하며 불가역적인 보장)라는 표현은 포함되지 않았는데, '완전한 비핵화'가 검증과정과 실질적인 불가역성을 내포한다는 해석은 가능하지만 CVIG

---

4 나는 이명박정부 들어 북핵문제가 심각해졌을 때부터 남북연합 건설작업이 비핵화를 위해 필수적임을 강조해왔다. 졸저 『어디가 중도며 어째서 변혁인가』, 창비 2009, 서장 「시민참여 통일과정은 안녕한가」 32~33면 및 『2013년체제 만들기』, 창비 2012, 제5장 「'포용정책 2.0'을 향하여」 121면 등. 남북연합의 필요성 자체는 6·15선언이 나오기 전부터 제기했었다(「한반도 평화통일을 위한 새 발상」(『통일시론』 1999년 겨울호), 『한반도식 통일, 현재진행형』, 창비 2006, 특히 제3절 '"과정으로서의 통일"과 국가연합 단계' 참조).

는 ─ 북이 안전담보를 그렇게 표현한 적도 없거니와 ─ 도대체 인류 역사에 없는 항목이랄 수 있다. 따라서 문자 그대로 '완전한' 체제보장이라기보다 '최대한으로 확실한' 보장을 얻어내야 하는데 여기에는 물론 관계국이 참여하는 평화협정, 미국과 조선민주주의인민공화국의 국교수립, 경제협력 등이 포함될 것이다.

주변국들이 제공하는 온갖 보장에 필수적으로 더해져야 할 추가적인 보장장치가 남북연합이다. 미국이 어느 시점에 변심하여 북을 다시 침공하거나 적대정책으로 되돌아갈 태세가 되었을 경우, 이것이 곧바로 대한민국이 가담한 국가연합에 대한 침공 내지 적대가 될 수밖에 없도록 제도화해놓는 일인 것이다. 뿐만 아니라, 뒤에 더 논하겠지만 분단상황에서는 남한의 존재 자체가 북에 위협이 될 수밖에 없는 현실이 있다. 이 현실을 공동으로 관리할 기구로서의 남북연합 또한 필수적인데, 6·15공동선언에서 두 정상이 통일을 하기는 하되 서둘러 하지는 않는다는 원칙적인 합의를 했듯이, 국가연합이 무한정 지속될 최종 목표는 아니되 서둘러 다음 단계로 넘어가지도 않는다는 약속을 제도화할 필요가 있는 것이다.

북·미 간의 비핵화 협상이 시간을 끄는 이유로는 비핵화라는 과제 자체의 복잡성을 빼놓을 수 없다. 이미 핵무력을 확보한 북이 핵과 관련된 온갖 장치와 물질을 어떻게 완전히 제거하느냐는 기술적 문제도 간단치 않지만, 이를 검증하는 과정과 절차는 더욱 복잡하기 마련이다. 나아가 남한에 대한 미국의 '핵우산'도 철회한다고 할 때는 그 범위를 정하고 검증에 합의하는 또다른 문제가 따른다. 그렇더라도 '완전한 비핵화'는 현실적으로 어렵지만 이론상 불가능한 작업은 아닌 반면에, '완전한 체제보장'은 애당초 불가능하며 미국이 얼마만큼의 보장을 제공할 의지와 능력이 있는지는 끊임없는 줄다리기의 대상이고 검증이 필요한 작업이다. 여기에 추가적 보장으로 남북연합 건설작업까지 필요한 형국이라면 단기적

인 '일괄타결'은 도저히 불가능함을 실감할 수 있다.[5]

그런데 '사실상의 연합'이 건설 중이지만 남측 당국이든 북측 당국이든 이를 뚜렷한 목적의식을 갖고 추진하고 있다고는 보기 힘들다. 문재인 대통령과 일부 주변 인사가 그런 개념을 가졌을 수는 있으나 대다수 공직자와 전문가들이 그렇다고는 보기 어려운데다, 북측 당국의 의중은 더욱 불분명하다. 적어도 이제까지 북측 선전매체들이 강조해온 '우리민족끼리 자주통일'과 '연방제 통일'은 연합제에 대한 무관심 내지 경계심의 표현이었기 쉽다. 어쨌든 '낮은 단계 연합'이 북의 공인된 국가목표가 아닌 것만은 분명하며, 북미관계 타결의 과정에서도 남측을 국가연합을 통한 담보제공자라기보다 주로 중개자 내지 보조역으로 간주하고 있지 않은가 생각된다.

두 당국은 그렇다 치고, 한반도식 시민참여형 통일을 주도할 '제3당사자' 곧 남한의 시민사회조차 아직껏 '1단계 통일'로서의 남북연합 그리고 그것이 한반도 비핵화를 위해 갖는 현실적인 중요성에 대한 인식이 한참 부족한 듯하다. 판문점선언과 싱가포르선언을 이행하기 위해서도 사실상의 연합이 이미 건설 중임을 인지하고, 어떤 남북연합을 어떻게 만들지 진지하게 연마할 시점이다.

---

5 트럼프 대통령 자신은 '일괄타결'의 불가능성을 뒤늦게나마 깨닫고 협상의 시간표를 조정한 것으로 보인다. 이를 두고 북의 '시간 벌기'에 놀아나고 있다는 해석이 미국과 한국의 언론에 파다한데 이는 조리가 안 닿는 이야기다. 이종석 전 통일부 장관이 강연 「변화하는 북한, 어떻게 볼 것인가」(창비서교빌딩 50주년홀, 2018. 7. 21)에서 지적했듯이, 북이 시간을 벌어서 도대체 무엇을 하겠다는 건가. 과거 같으면 핵무장을 위한 시간 벌기를 했을 법도 하지만, 경제발전에 매진한다는 당 노선을 결정하고 핵실험장을 폐기하고 장거리미사일 발사기지를 해체하는 마당에 시간을 벌어서 무슨 핵무력을 향상하려는지 상상하기 힘들다. 자신들이 원하는 보장을 받아내기 위한 협상전술이라면 물론 별개 문제다.

3. 북의 개혁·개방과 한반도 공동번영은 어떻게 가능할까

북은 원래 개혁·개방이라는 표현을 싫어했는데[6] 지금은 어떤지 모르겠다. 그러나 북이 일단 중국이나 베트남 같은 당 주도의 사회주의 경제를 건설하기로 작정한 이상 어떤 식으로든 대외개방과 그에 따른 개혁조치를 수행하지 않을 수 없을 것이다. 이는 또한 남북한 사이에 예전과 다른 차원의 경제협력을 수반하게 되어 있다. 6·15공동선언 제4항은 "남과 북은 경제협력을 통하여 민족경제를 균형적으로 발전"시키기로 합의했고, 4·27판문점선언은 다시 "민족경제의 균형적 발전과 공동번영"(제1항 6호)을 약속했다.

북측 당국이 이러한 목표들을 '우리식'으로 달성하겠다는 의지 외에 어떤 구체적 구상을 지녔는지는 분명치 않다. 반면에 미국은 '한국모델'에 따르는 번영을 약속하기도 하고 '베트남모델'을 추천하기도 하는 등, 어쨌든 북핵 폐기의 댓가로 개혁·개방을 전제한 번영을 도와주겠다는 입장이다. 남한의 다수 논객들도 '중국모델'이냐 '베트남모델'이냐의 논란은 있을지언정 크게 보아 소련·동구권처럼 개혁·개방과 더불어 자본주의로의 체제전환이 일어난 유형과는 다른 경제발전을 전망하는 것 같다. 아무튼 북의 경제가 외부와의 연결이 긴밀해지면서 번창한다면 이 또한 체제보장의 한 축이 될 것은 분명하다.

문제는 중국/베트남식이건 한국식이건 북이 처한 상황에 근본적으로 배치되는 면이 있다는 점이다. 전자에 관해 나는 2007년 정상회담 직후에 이렇게 진단했다.

---

6 2007년 정상회담 당시 나도 참석한 특별수행단 오찬에서 노무현 대통령이 김정일 위원장의 반응을 전해준 바 있다(졸고 「2007 남북정상회담 이후의 시민참여형 통일」, 『어디가 중도며 어째서 변혁인가』 199~200면).

남북의 화해·협력을 주장하는 많은 분들이 꼭 보수진영을 설득하기 위해서가 아니라, 실제로 경제협력을 계속하면 북이 베트남이나 중국처럼 개혁·개방을 하게 될 거라고 진심으로 믿고 있는 것 같아요. 그런데 저는 이 점에서만은 보수 측 논객들과 공감하는 면이 있습니다. 북이 중국이나 베트남처럼 되지는 않을 것 같거든요. 왜냐하면 우리는 분단상황 아닙니까? 베트남은 미국과 전쟁해서 승리하고 통일을 이룬 다음에 개혁·개방을 한 것이고, 중국도 대만이 있습니다만 (…) 국공내전(國共內戰)에 이기면서 1949년에 일찌감치 무력통일에 성공한 나라입니다. (…) 북의 경우는 북미수교가 이루어지고 남측하고 교류가 활발해진다 하더라도 남한이라는 상대가 없어지는 건 아니거든요. 남한의 존재 자체가 엄청난 위협인데 그 앞에서 중국식 내지 베트남식 개혁·개방을 할 수 있겠는가, 물론 개혁·개방에 해당하는 조치가 전혀 안 나온다는 건 아니고 그 과정에서 중국과 베트남에서 배울 것이 많겠지만, 중국이나 베트남식의 개혁·개방과는 매우 다른 길이 아니고는 불가능하다고 봅니다.[7]

---

7 같은 글 201면. 이러한 나의 지론을 직업외교관의 경험을 바탕으로 확인해준 최근의 예가 송민순 전 외교부 장관의 강연 「남·북·미 협상: 현장의 경험으로 전망한다」(창비서교빌딩 50주년홀, 2018. 7. 28)이다. 그는 남한을 '안전위협'으로 느낄 수밖에 없는 북한과 통일 후 개혁·개방의 길에 들어선 베트남은 전혀 다른 상황이므로 베트남식 개발은 불가능하고 "긴 시간에 걸쳐 가치체계의 접근을 통해 공존/통합하는 과정"이 필요하리라고 전망했는데, 그가 남북연합을 상정한 것은 아니지만 남북연합에 준하는 정치적 타결과 이를 통한 상당기간의 상호접근 과정을 내다본 것이라고 해석할 수 있다. 다만 남북연합이라는 변수를 대입하면, "가치체계의 접근"을 이루는 작업은 남북연합 형태로 공존/통합하는 '긴 시간'이 되긴 하지만, 그 작업은 시간의 흐름에 무작정 맡기는 것이 아니라 가급적 빨리 시작되는 낮은 단계 남북연합의 건설을 통해 뚜렷한 목적의식 아래 추진되는 시간이어야 할 것이다.

그렇다고 당장에 통일국가를 만들어 그 문제를 해결할 길도 없는 한반도에서 유일한 대안은 남북연합이라는 안전장치를 창안하고 실행하는 길이다.

트럼프가 생각하는 '한국식 번영'이 어떤 건지는 정확히 모르겠지만 신자유주의적 개방이 크게 진행되고 민주화가 상당부분 실현된 현재의 대한민국이 북의 경제에 모델이 될 수 없는 것만은 확실하다. 오히려 독재국가주도의 경제발전, 곧 '박정희 모델'이 그나마 방불하다. 후자가 분단상황에서의 개발독재였기에 더욱이나 그렇다. 하지만 이것도 북의 '모델'로서는 결정적인 문제점을 지닌다. 사회주의 또는 '민주주의인민공화국'의 이념과 상치하는 점은 차치하고도, "박정희식 개발은 한반도의 분단과 남북 대결상태 그리고 지구적 차원의 냉전체제라는 현실 속에서나 가능했다는 사실"(본서 10장 274면)을 간과해서는 안 된다. 남북의 화해와 협력을 전제로 하는데다 세계적으로도 비록 미·중 대립이 있지만 왕년의 미소관계와는 전혀 다른 성격의 경쟁관계가 진행되는 시대에, 북은 박정희식과 본질적으로 구별되는 '우리식'을 창안해야 할 처지이며 여기에는 남북연합 또는 그에 준하는 정치적 장치가 수반되지 않을 수 없을 것이다.

4. 한국사회는?

이제까지 살펴본 대로 북의 비핵화와 개혁·개방 그 어느 하나도 쉬운 일이 아니다. 더구나 여기서 빼놓지 말아야 할 더 중요한 문제가 있다. 북만 변하고 남은 그대로 있어도 된단 말인가?

한국사회라고 아무것도 변하지 않고 그대로 있자는 사람은 없을 것이다. 분단체제 아래서의 특권과 이득을 움켜쥐고 조금도 안 내놓겠다는 사람들조차 우리 사회에서 바꾸고 싶은 것이 많다. 정권을 잃은 뒤로는 더욱이나 그렇다. 하지만 첫머리에 지적한 대로, 요는 '촛불혁명에 부응하는 변화'이냐는 것이다.

세월호 때나 탄핵행동 때 무작정 '가만있으라'던 권력자들은 몰락했고 그들의 노골적인 '종북·좌파' 몰이는 자유한국당 내에서조차 신용을 잃었다. 그러나 분단체제는 반공 수구세력보다 훨씬 뿌리가 깊고 신축자재한 것이어서 일반민중더러 '가만있으라'는 기득권층의 논리는 얼마든지 다른 형태로 재생될 수 있다.

판문점선언과 싱가포르선언으로 한반도 평화체제 건설의 전망이 열리면서 부쩍 잦아진 '통일을 배제한 평화공존' 주장도 그런 논리가 아닌지 살펴볼 필요가 있다. 민족주의 이념에 입각한 일회성 통일론이야 분단체제론이 일찍부터 배제해왔고, 한반도 평화과정의 궁극적 목표로 단일형 국민국가가 바람직한지에 대한 의문도 제기했었다.[8] 그럼에도 불구하고 '통일이냐 평화냐'라는 자의적 이분법을 설정해놓고 '통일 없는 평화'를 주창하는 것은 평화협정 달성이 얼마나 복잡하고 힘든 과제인지를 외면한 탁상공론에 불과할뿐더러 학문적으로도 문제가 많은 자세다. 나는 그 대표적 논자 중 한분에 대해 이미 실명으로 비판한 바 있으므로 여기서 그 비판을 되풀이할 필요는 없다. 하지만 다른 논자들까지 나서서 진지한 비판을 10여년간 지속해왔는데도 그에 대한 정면대응 없이 똑같은 이분법을 되뇌고 있다는 점에서 학문적 진지성마저 의심케 한다는 것이다.[9]

---

8 앞의 졸고 「한반도 평화통일을 위한 새 발상」 82~83면 및 「6·15시대의 한반도와 동북아평화」, 『한반도식 통일, 현재진행형』 20~21면 등 참조.

9 최근 나의 실명비판으로는 본서 11장 참조. 양분법의 자의성·부적절성에 대해서는 일찍이 서동만과 유재건이 비판한 바 있고(서동만 「6·15시대의 남북관계와 한반도 발전구상」, 『창작과비평』 2006년 봄호 219~22면 및 유재건 「역사적 실험으로서의 6·15시대」, 같은 책 288면: 후자는 『변혁적 중도론』(정현곤 엮음, 창비 2016)에 수록하면서 '한반도 분단체제

물론 비판이 주로 '창비' 주변의 논자들에 의한 것이라는 점은 주류학계로의 확장성에 한계가 있었음을 말해주지만, 6·15공동선언, 10·4선언, 4·27판문점선언에서 남북의 정상이 일관되게 견지한 입장이 바로 그런 양분법을 넘어선 것임을 간과하는 주류학계야말로 현실의 주된 흐름으로부터의 소외를 자초하고 있다고 말할 수 있다.

그런데도 판문점선언 이후 한국 주류사회의 많은 인사들이 갑자기 '통일에서 평화로'를 외쳐대는 현상을 어떻게 볼까?[10] 본인들의 의도와 무관

의 독특성과 6·15시대'로 개제했는데 최장집 비판은 130면), 나 자신도 같은 의견을 「한반도에 '일류사회'를 만들기 위해」와 「분단체제와 '참여정부'」(『한반도식 통일, 현재진행형』 180~83면 및 62~63면) 등에서 발표한 일이 있다. 그후 이승환도 비슷한 비판을 제기했으며(「분단체제 변혁의 전략적 설계를 위하여」, 제5절 '안보국가 규율의 상호협약으로서의 남북연합', 『변혁적 중도론』 215면), 최근의 예로는 이일영의 「양국 체제인가, 한반도 체제인가」(『동향과전망』 2018년 봄호)를 들 수 있다. 현재의 휴전선을 안정된 국경선으로 바꿔야 평화가 온다는 주장 역시 어떻게 바꿀지에 대한 아무런 방책이 없는 소망사항일 뿐인데, 휴전선을 국가연합의 북측 가맹국과 남측 가맹국 사이의 안정된 경계선으로 만드는 제3의 방안은 어째서 검토조차 안 하는지 모를 일이다.

10 한국사회의 여러 면으로 합리적인 인사들이 다수 집결한 (재)한반도평화만들기는 그 첫 학술행사(2018. 7. 13)의 표어를 '한반도 패러다임의 대전환: 통일에서 평화로'라고 했고 (물론 참석자 전원이 동의한 건 아니겠지만) 그중 한 참석자는 이후 중앙일간지에 시평을 발표하여, "평화는 통일을 위한 수단이 결코 아니다. 거꾸로 통일을 내려놓는 데서부터 참된 평화가 솟아난다. 평화가 목표다"(박명림 「패러다임 대전환: 통일에서 평화로(I)」, 『중앙일보』 2018. 7. 18)라고 역설했다. 이런 대목은 '통일에서 평화로'라는 논조의 허점을 단적으로 보여준다. 통일도 통일 나름인 점은 차치하더라도, 두 국가 사이의 전쟁 없는 공존이라는 의미의 (소극적) 평화는 한층 차원 높은 평화를 위한 수단일 수도 있고 새로운 전쟁을 준비하는 수단일 수도 있으며 김대중·노무현·문재인 대통령이 일관되게 추구해온 점진적·단계적 한반도 재통합을 위한 수단일 수도 있다. 그런데도 "거꾸로 통일을 내려놓는 데서부터 참된 평화가 솟아난다"고 하는 것은 논리의 비약일뿐더러, 마치 그동안 한반도의 전쟁위험이 오로지 남북 '민족주의자' 탓인 듯이 몰아세우고, 통일을 내세웠다고 보기 힘든 미국이나 통일을 위해 진지한 노력을 기울인 바 없는 이명박·박근혜 정부의 책임을 희석시키는 결과가 된다. 나 자신도 **장기적**으로는 역시 통일보다 평화다"라고 잘라 말한 적이 있지만, 이때 '장기적'에 강조 표시를 했고 "단순한 전쟁부재가 아니라 인류가 고르게 화합해서 잘사는 상태로서의 평화이며, 그때는 국가도 지금 우리가 아는 형태는 사라질 터라 '국가의 자주성'도 중·단기적 목표 이상이 되기 어려울 것이다. 하지만 그리로 가기 전에 한반

336

하게 어떤 사회적 기능을 수행하고 있을 가능성을 생각게 되는 것은 바로 그 담론의 공허함 때문이다. 남북연합 추진이 비핵화와 평화체제의 필수적 요건이고 시민참여를 통한 추진력과 창의성 발휘가 그 어느 때보다 절실하며 그러자면 남쪽 사회도 대대적인 변화가 불가피해지는 상황에 이르러, 비핵화는 미국의 압박전략과 협상에 맡기고 정치는 정당과 정치인에게 맡기며 장래의 남북관계는 외교부에 맡긴 채 시민들은 좀 가만있으라고 달래는 기능을 수행하는 논리가 아닌지 성찰해볼 문제인 것이다.

통일을 원천적으로 배제하려면 남북 사이의 모든 기존 합의는 물론 대한민국 헌법의 평화통일 조항들과 북측의 노동당규약 및 건국이념을 깡그리 부정하는 대역사(大役事)가 필요하기에 북에서나 남에서나 가망이 없는 이야기다. 그래도 억지로 상상력을 동원하여 남북이 항구적 분단에 동의한 두개의 독립국가가 되었다 가정해보자. 조선민주주의인민공화국은 개혁·개방을 하더라도 중·일·러·한 등 자신보다 훨씬 부강한 국가에 둘러싸인 채 자본주의 세계체제 속에서 숨 막히는 경쟁을 감내해야 할 것이다. 수년 내로 물러날 트럼프 대통령의 호의가 큰 버팀목이 될 리도 없으며 한국 또한 다음 정부가 어떻게 나올지 모를 일이다. 최고지도자와 당이 알아서 해줄 테니 인민들은 따르기만 하고 '가만있으라'고 권유하는 일은 북측 체제의 한 속성이기도 하다고 생각되지만, 쳐들어가지는 않을 테니 통일 같은 건 생각도 말고 핵무기도 없이 인권탄압 시비에 계속 시달리는 동북아의 약소국으로 '가만있으라'는 주변국의 권유를 평양 당국이 순순히 받아들일지도 의문이다.

그건 '남의 나라' 사정이라 치자. 대한민국은 어찌 되는가?

도 주민과 한민족은 분단체제극복이라는 중기과제를 먼저 수행해야 한다"(「큰 적공, 큰 전환을 위하여」, 백낙청 외 『백낙청이 대전환의 길을 묻다』, 창비 2015, 43면; 본서 241면)라고 부연했다.

적대적인 분단국가가 경쟁대상인 이웃나라로 바뀌는 것만으로도 그동안의 '종북'몰이가 크게 약화되어 민주주의와 인권의 상당한 개선을 가져오리라는 주장은 충분히 가능하다. 그러나 식민지시대와 분단시대를 거치며 입지를 굳혀온 세력들의 특권수호 의지는 여전할 것이며 '빨갱이' 운운하는 색깔론이 사라지지도 않을 것이다. 분단체제의 고질병 중 하나가 상대방을 욕하며 자기개혁을 회피하는 습성인데, 영구분단에 동의한 두 나라로 바뀐다고 해서 그런 습성이 사라질 확률은 낮다.

남과 북이 통일을 지향하는 경제공동체가 아니더라도 자본의 대북진출이 지금보다는 원활해지리라는 예상 역시 그 자체로는 그럴 법한 이야기다. 다만 북한 당국이 온갖 이권을 선점하고 경험을 축적한 중국은 더 말할 나위 없고 어려울 때 도와준 러시아나 심지어 뒤늦게라도 식민지 배상금을 지급하는 일본에 비해서도 경쟁국 한국에 얼마만큼 호의적일지 의문이다. 더 중요한 것은 자본의 북한진출로 남한 대중의 생활이 얼마나 향상될 것이냐는 것이다. 예컨대 노동자들의 교섭력은 지금도 한국기업의 동남아 및 남아시아 진출로 심각하게 제약된 상태인데(일부 대기업 노조들은 예외일 수 있지만), 아무런 범한반도적 조절장치 없이 여타 외국에나 마찬가지로 대북 자본진출이 이뤄진다면 국내의 노동조건은 더욱 악화될 것이 분명하다.

환경문제도 그렇다. 한편으로 남한 땅을 황폐화하던 개발세력이 활동무대를 북녘 땅으로 옮김으로써 우리가 한숨 돌리는 면이 없지 않겠지만, 더욱 막강해진 저들을 제어하기는 훨씬 힘들어질 것이다. 그렇다고 북한에서 사업하면서 환경파괴를 자제하라고 한국의 환경운동이 남한기업에 요구한들 그게 먹히겠는가? 국가연합의 틀이 있어도 쉬운 일이 아니고 동아시아 및 지구적 연대의 도움이 있어야 다소나마 효력이 있을 터인데, 완전히 남의 나라라면 일종의 내정간섭이 되고 심지어 북의 경제발전을 방해하려는 남한 부르주아들의 책동이라는 비난마저 사기 십상이다.

성차별 문제는 어떤가? 전쟁위협이 제거되고 군비축소마저 이뤄진다면 우리 사회의 군사문화가 약화되고 남성우월주의도 줄어들리라는 주장 또한 형식논리상 가능하다. 그러나 여성차별은 인류 역사의 거의 모든 사회에서 다양한 형태로 면면히 이어져온데다 말로는 만인평등을 표방하는 근대에 이르러 그것은 왕년의 공공연한 가부장주의보다 한층 음험하고 비열한 성차별주의로 진화한 면이 있다. 게다가 분단체제 아래 더욱 폭력적이며 대대적인 여성혐오로 번지고 있기조차 하다. 이 문제를 공존하는 두 성차별적 국민국가의 '쎌프개혁'에 맡겨서 얼마나 해결할 수 있을까? 물론 남북연합으로 그 문제가 해결된다는 건 아니다. 그야말로 문명의 대전환을 수반하는 과제라 보아야 옳다. 하지만 점진적이고 단계적이며 창의적인 통일과정이라는 한반도체제의 변혁과 이에 수반되는 획기적인 시민참여를 외면해서는 해결은커녕 완화도 힘든 문제가 아닌가. 실행은 '이소성대(以小成大)'로 차근차근 해나가더라도 원(願)은 크게 세우고 출발해야 할 것이다.

그밖에 남녀를 불문하고 곳곳에 횡행하는 '갑질문화'라든가 신자유주의와 분단체제로 인해 일그러진 인간심성 등 평화공존 속 보통국가가 치유 못할 병폐가 너무나 많다. 다만 (거듭 말하지만) '평화공존 속 보통국가'라는 것 자체가 탁상공론이요 상상해본 가정일 뿐이므로 그걸 전제로 고민할 필요는 없다. 어떤 남북연합을 만들 것이며 어떻게 촛불혁명에 부응하는 남북연합을 만들까 하는 한층 실질적인 고민으로 돌아오는 것이 우리가 할 일이다.

5. 촛불혁명과 흔들리는 세계체제

촛불혁명이 과연 혁명인가 하는 첫머리의 질문을 아직 정면으로 다루지 못했다. 사실 이 물음을 나는 촛불시위가 한창이던 2017년 초에 제기했었다. "'촛불'은 분명히 기존의 혁명 개념과 동떨어진 면이 많다"고 인정하면서도 "바로 그 점에서 세계적으로도 새로운 성격의 혁명을 만들어내고 있는지 모른다"[11]는 취지로 '촛불혁명' 개념을 지지하는 입장이었다. 같은 논지를 그해 연말의 신년칼럼 「촛불혁명과 촛불정부」(『창비주간논평』 2017. 12. 28; 본서 4부 14)에서 조금 더 진전시켰고, 지난 5월의 국제토론회 기조발제 「촛불항쟁의 역사적 의미와 남겨진 과제」에서 한층 본격적으로 다뤄보았다.

나의 지론인즉, 촛불대항쟁을 통한 대통령 탄핵과 정권교체가 모두 기존 헌법의 테두리 안에서 평화적으로 이루어졌기에 기존의 혁명 개념에 미달함은 분명하지만 우리는 교과서와 역사책에 없는 '분단한국의 특수성'이라는 맥락에서 판단해야 한다는 것이다.

〔분단체제〕에 따른 질곡 가운데 하나가 민주적 법치의 본질적 제약인바, 남한에서 1987년의 6월항쟁으로 군사독재가 종식된 뒤에도 한반도의 분단체제는 흔들렸을 뿐이지 극복되지는 못했다. 따라서 박정희·전두환 시대의 공공연한 반민주적 헌법 대신에 민주주의와 시민의 권리를 크게 향상시킨 헌법이 만들어졌지만, 남북분단 상황에서는 반공·반북을 위해 헌법이나 법률을 안 지켜도 된다는 오래된 관행이 계속 작동해왔다. 성문헌법에는 안 보이는 일종의 이면헌법(裏面憲法)인 것이

---

11 「'촛불'의 새세상 만들기와 남북관계」, 『창작과비평』 2017년 봄호 19면; 본서 263면.

다. 그 폐해가 극대화된 것이 이명박·박근혜 시대의 민주주의 역행이요 국정농단이었다.

촛불대항쟁은 그러한 이면헌법의 작동을 일단 정지시키고 민주적인 성문헌법을 가동하여 박근혜정권을 끝장냈다. 다시 말해 "헌법이 안 지켜지던 나라를 헌법이 지켜지는 나라로 바꾸는 한층 본질적인 혁명"(졸고 「새해에도 가만있지 맙시다」, 『창비주간논평』 2016. 12. 28; 본서 436면)을 일으킨 것이다.[12]

이러한 혁명은 한국과 세계에서 모두 오랜 학습과정이 선행한 결과였다.[13] 특히 1919년의 3·1운동이 주목할 만한데 비록 일제 당국의 무력진압으로 막대한 사상자를 냈지만 처음부터 비폭력시위를 수단으로 삼았던 운동이다. 동시에 3·1운동과 달리 대대적인 무력이 동원되었던 동학농민전쟁 역시 평화사상에 근거했다는 사실도 상기함직하다.[14] 아니, 일견 '테러리스트'로 분류 가능한 안중근(安重根)도 동양평화를 깊이 사색한 평화사상가였다.

그 전통은 분단 이후에 일어난 4·19혁명, 5·18민주항쟁, 6월항쟁 등에서도 지속되었다. 물론 이들 또한 당국의 폭력적 탄압으로 온전한 평화혁명에는 미달했다. 4·19는 경찰의 발포로 대대적인 유혈사태를 낳았고, 5·18은 계엄군의 무차별적 폭력에 맞선 시민들의 무력항쟁으로 일

---

12 각주 1의 자료집 12~13면.

13 이 단락 및 다음 단락 역시 같은 기조발제의 제5절 '세계사적 맥락'(자료집 16~17면)의 논의를 상당부분 원용했다.

14 동학연구자 박맹수 교수는 농민군 지도부의 '무장포고문(茂長布告文)', 농민군의 행동규범에 해당하는 '사대명의(四大名義)'와 '십이개조기율(十二個條紀律)', 그리고 '폐정개혁 이십칠개조(弊政改革二十七個條)'를 근거로 '전봉준의 평화사상'을 설파하고 있다(박맹수 「전봉준의 평화사상」, 『통일과 평화』 9집 1호, 2017, 72~98면).

시적인 평화세상을 만들었다가 처참하게 진압당했으며, 6월항쟁도 박종철, 이한열 등의 죽음과 수많은 부상자를 내고서야 6·29선언을 끌어냈다. 2016~17년의 촛불대항쟁이 드디어 철저히 평화적인 혁명으로 성공할 수 있었던 것은 그러한 선행학습에 더해 87년체제라는 전보다 한결 민주화된 정치지형과 SNS(사회관계망서비스) 등 시민의 상호소통과 수평적 연대의 기술적 토대가 마련된 상황이었기 때문이며, 이는 세계적인 대세와도 부합한다. 통신기술이 발달하고 인권의식이 퍼지면서 독재국가도 비무장 시민에 대한 폭력진압이 점점 더 부담스러워지고 있는데다가, 폭력진압을 일삼는 독재자가 여전히 많지만 그들이 느끼는 부담감이 옛날과 달라진 것은 분명하다. 프랑스혁명이나 러시아혁명을 모범으로 삼는 종래의 혁명 개념에 대한 수정을 초래한 역사적 경험이 축적되었다. 1917년의 볼셰비끼혁명 이후로는 (민족해방전쟁의 성격을 겸했던 중국과 베트남, 꾸바, 니까라과를 빼고는) 폭력에 의한 고전적인 사회혁명이 성공한 사례를 보기 힘들어졌고, 러시아혁명 자체가 쏘비에뜨연방의 해체와 러시아의 체제전환으로 모델로서의 설득력을 잃은 것이다.

이런 세계적인 대세를 타고 첨단의 성과를 거둔 것이 한국의 촛불혁명이다. 그럴 수 있었던 것은 '분단한국의 특수성'이 곧 현존 세계체제의 모순이 집약된 현장이자 '약한 고리'에 해당하기 때문이다. 이 약한 고리를 깨는 공력을 쌓기 위해 한민족은 조선시대 말기 이래 말할 수 없는 고난을 겪었고 혹독하면서도 창의적인 학습과정을 거쳤다. 분단 이후에도 민주화와 경제발전을 위해 피와 땀을 흘린 끝에 1987년의 시민혁명을 수행했으며 분단체제극복을 위한 이론적·실천적 적공이 이어져온 것이다.

싱가포르회담이 북·미 화해의 첫 발걸음을 뗀 것은 의문의 여지가 없다. 한국전쟁 발발부터는 68년, 정전체제 성립 이후로는 65년 만에 양측 정상이 처음으로 만나 새로운 양국 관계를 만들자고 합의한 것이다. 비핵화의 수순에 대한 구체적 내용이 포함되지 않았다는 점을 비판하기도 하나, 세밀한 약정보다 상호신뢰를 바탕으로 새로운 관계를 수립하고 발전시키겠다고 합의한 점 자체가 오히려 더 획기적이랄 수 있다. 그런데 이것이 정녕 세계체제 자체에 균열을 일으키는 변화인가? 오히려 미국의 영향력을 확대하는 일이 아닌가?

아마도 이 질문에 어느 한쪽에만 치우친 답을 내놓을 수는 없을 것이다. 전문적 식견을 가진 분들의 도움을 빌려 신중히 검토할 문제들인데, 다만 미국의 주류언론과 여야를 막론한 의회세력이 대북화해정책을 열심히 헐뜯고 있는 것만 봐도 그것이 오로지 트럼프 개인에 대한 반감의 표출만이 아닐 가능성을 시사한다. 북대서양조약기구(NATO)와 세계무역기구(WTO), 북미자유무역협정(NAFTA), 환태평양경제동반자협정(TPP) 등 미국이 세계지배를 위해 그동안 공들여 만들어놓은 각종 기구와 장치를 거침없이 허물어온 트럼프가 대북봉쇄를 해제하는 한반도에서 또 한건의 사고를 치고 있다는 그들 나름의 진지한 우려를 담은 비판이 아닐까 싶다. 미국주도 세계체제를 위해서는 베트남전쟁보다 한국전쟁이 더 중요한 사건이었다는 커밍스(B. Cumings)의 지론을 기억한다면 더욱이나 그렇다.[15]

동아시아만 보더라도 메이지 일본의 '탈아입구(脫亞入歐)'노선 이래 아시아의 분열이 수많은 역내 전쟁과 분쟁을 야기하며 세계체제의 패권

---

15 "한국전쟁의 발발이 미국 안보기구를 강화하는 데 대단히 중요했던 것과 마찬가지로 한국전쟁의 최종적인 마무리는 과대성장한 미국 안보기구를 해체하는 데 커다란 압력을 줄 것이다. 이것이 한국전쟁이 베트남전쟁보다 역사적으로 더욱 중요한 또 하나의 이유이다." (브루스 커밍스 「70년간의 위기와 오늘의 세계정치」, 『창작과비평』 1995년 봄호 80면) 유재건은 각주 9에 소개한 글에서 이 대목을 인용하면서 "한반도 분단체제는 냉전의 낡은 유물이 아니라 그 본질적 면모를 고스란히 구현하고 있는 체제인 셈"(『창작과비평』 2006년 봄호 280면; 『변혁적 중도론』 115~16면)이라고 덧붙였다.

구조를 지탱해왔는데, 지난 60여년 동안은 바로 한반도의 휴전선이 '일본과 나머지'의 단층선을 대표해왔고 그간 일본의 우경화와 무장력 강화도 그에 힘입어 가능했다고 말할 수 있다. 그런데 촛불혁명이라는 세계적인 사건이 남북화해를 이끌어내고 남북화해가 다시 미국에 한반도의 대변화에 동참하느냐 아니면 이를 거부함으로써 한반도는 물론 동아시아 전역에서 주도권을 상실하느냐 하는 위기를 불러옴에 따라, 일본의 아베(安倍)정권도 뒤늦게나마 북과의 관계개선을 모색하는 형국이다. 세계적으로 얼마나 획기적인 변화가 일어나고 있는지 실감할 수 있다.

자본주의 세계체제가 흔들린 지는 꽤 오래되었다. 딱히 언제부터라고 못박는 게 능사는 아니다. 약탈적 자본축적의 전면화와 이에 따른 빈부격차의 확대,[16] 기후변화에서 실감되는 지구환경의 파멸적 변동, 탐(貪)·진(瞋)·치(癡)를 운행원리로 삼은 사회체제[17] 속에서 일어나는 인간성의 황폐화, 전대미문의 기술발전에 대해 이를 맹종하든 '제어'하든 똑같이 기술주의적인 대응을 넘어서지 못하는 인간의 지혜와 사유능력의 고갈 등을 보면서 바야흐로 문명의 대전환을 절실히 요망하지 않을 수 없다. 이런 거대한 인류 역사의 과제 앞에서는 촛불혁명조차 상대적으로 작은 사건이고 '낮은 단계의 남북연합' 건설은 더욱이나 그 일부에 불과하다. 그러나 원이 클수록 실행은 '이소성대'로 우리가 사는 지금 이곳에서 차근차근 해나가는 것이 옳지 않겠나.

---

16 신자유주의 시대 자본주의의 약탈형 자본축적에 관해 데이비드 하비·백낙청 대담 「자본은 어떻게 작동하며 세계와 중국은 어디로 가는가」, 『창작과비평』 2016년 가을호 39~44면의 '새로운 제국주의와 "약탈에 의한 축적"'; 『백낙청 회화록』 제7권 444~49면 참조.

17 자본주의가 불교식 어법을 빌리면 탐·진·치로 운전되는 사회체제라는 주장은 졸고 「통일시대·마음공부·삼동윤리」, 『어디가 중도며 어째서 변혁인가』, 294~96면 및 「2013년체제와 변혁적 중도주의」, 『창작과비평』 2012년 가을호 18~20면(본서 190~92면) 참조.

13장

기후위기와 근대의 이중과제
대화 「기후위기와 체제전환」을 읽고

창비 기후위기 담론의 중간결산

기후위기를 주제로 강경석·김선철·정건화·채효정이 참여한 『창작과
비평』 2020년 겨울호(190호)의 대화(「기후위기와 체제전환」)는 이 분야에 과문
한 나 같은 독자에게는 참으로 유익한 내용이었다. 나아가 '창비'로서도
작년 내내 제법 집중적으로 벌여온 논의에 일종의 중간결산을 제시한 꼴
이다.

계간 『창작과비평』은 2020년 봄호 '생태정치 확장과 체제전환' 특집에
백영경 「기후위기 해결, 어디에서 시작할까」와 김상현 「그린뉴딜 다시 쓰
기: 녹색성장을 넘어」를 선보인 데 이어, 여름호에는 피터 베이커 「"우리
는 정상으로 돌아갈 수 없다": 코로나바이러스가 세상을 어떻게 바꿀 것
인가?」를 번역해서 실었고 가을호에 다시 백영경 「탈성장 전환의 요구와
돌봄이라는 화두」가 게재되었다. 그사이 세교연구소에서는 '한국의 기후
위기 대응'을 주제로 김선철 발제, 조효제 토론의 제155차 세교포럼(2020.

9. 18)이 있었다. 이들 일련의 논의를 거치면서 기후위기가 결국 기후정의의 문제며 체제전환을 요하는 문제라는 의식이 점차 강화되었다. 물론 내부적인 합의가 완성된 것은 아니다. 오히려 체제전환론이 대세를 이루어가자 기후위기를 논하면서 '체제전환'이라는 표현을 큰 저항 없이 넘기던 상태에서 다른 의견도 더러 나오는 상태로 바뀐 듯하다. 바야흐로 본격적인 토론이 시작되었다고 할 수 있다.

좌담의 사회자 강경석(姜敬錫) 문학평론가가 자평했듯이 아직 "전환의 '청사진' 같은 것은 충분히 논하지 못한"(「기후위기와 체제전환」 247면, 이하 이 대화에서의 인용은 발언자와 면수만 밝힘) 듯하다. 하지만 자세한 청사진이 지금 나올 수도 없고 애써 내놓으려고 할 일도 아니려니와, 현 단계에서 나옴직한 청사진 논의조차 미흡했다 할지라도 그것이 좌담에 — 그리고 이전의 여러 논의에 — 담긴 값진 지적과 통찰을 외면할 이유는 못 된다. 예컨대 "로컬이 대안"(225면)이라는 정건화(鄭建和) 교수의 주장과 여러 사례 소개(231, 246면 등), 미국에서 사회운동을 가르치다가 "데모를 하자"는 생각으로 귀국했다는(226면) 김선철(金善哲) 기후위기비상행동 집행위원의 현장 경험들, 농촌과 노동현장의 중요성을 강조하면서(228면 등) 최근 한 노조에서 "공장의 전기 낭비를 줄이고 어떻게 에너지를 절약할지 논의하더니 탄소 배출을 줄이는 협약안으로 노동시간 단축과 야간노동 금지를 제안"(244면)한 인상적인 장면을 소개한 채효정(蔡孝婈) 정치학자의 발언들이 모두 경청할 만하다.

참여자 간에 흥미로운 견해차이가 드러나기도 한다. 예컨대 정건화의 '로컬' 중시에 대해 중앙정부 차원에서 아무것도 이뤄지지 않고 있음을 간과하게 만드는 '착시효과'를 경계해야 한다든가(김 231~32면), "결국 노동자 민중이 주도하지 못하는 그린뉴딜이라면 지역에서 시작하든 중앙에서 시작하든 시장에 종속된다는 문제가 비슷하게 나타날 거라고 봐요. 오히려 불투명성과 비계획성은 지역이 더 높다고도 할 수 있죠"(채 232~33면)라는 반론이 제기되기도 한다. 또한 채효정이 농업과 농촌의 중요성을 내세우는 데(238면) 대해, 강경석은 마이크 데이비스(Mike Davis)를 인용하여 '도시 생활의 평등주의적 측면'과 '도시의 잠재적 효율성 제고'를 상기시키며 (반박이라기보다) 보완을 시도한다(247면).

여러 다른 견해와 관점에 관한 나의 원론적 입장은, 현 지점에서는 가능하고 다소나마 효과가 있는 그 어느 것도 배제할 필요가 없다는 것이다. 어차피 지금은 어떤 큰 그림 내지 '청사진'이 공유되지 않은 상태이고, 다양한 실험과 성과를 최대한으로 수용하고 참고해야 할 단계며, 설혹 어떤 '청사진'이 나오더라도 기후위기 극복은 수많은 작은 행동들을 빼놓고 성립할 수 없을 것이기 때문이다. 예컨대 케인즈주의적 그린뉴딜이 궁극적인 해답이 되지 못한다 해도 정부나 기업들 또는 사회운동이 그거나마 해보겠다는 것을 처음부터 말릴 이유는 없다. 다만 어째서 그것이 근본적 해결책이 못 되는지를 집요하게 검토하고 마치 근본적인 해결책이 나온 것 같은 '착시효과'를 경계하면서, 한층 설득력 있는 장기대책의 맥락에서 케인즈주의 전략이 어떤 중·단기적 기여를 할 수 있을지도 계속 연마해야 할 것이다.

성장주의 극복의 걸림돌들

우리 사회에서 생태전환이 안 되는 큰 원인이 "경제적 성장주의라는 담론이 압도적"(정 230면)인 데 있음은 부인하기 어렵다. 따라서 당연히 그런 담론의 극복이 시급한데, 다른 모든 문제와 마찬가지로 어쩌다가 이렇게 되었고 어째서 그것이 쉽게 바뀌지 않는지에 대한 정확한 진단이 요긴

하다.

좌담에서 사회자는 사람들이 쉽게 간과하는 사안으로 두가지를 제기한다. 하나가 "분단체제라는 걸림돌"(234면)이고 다른 하나는 "적정성장이라는 개념"(239면)에 대한 대다수 논자들의 무관심이다.

그중 분단체제 개념은 동석자들이 쉽게 받아들여서 화기애애한 논의가 이어지는데 다만 이때 분단체제는 주로 생태문제와 북한문제에 대한 자유로운 토론을 억압하는 정치적 요인 정도로만 이해되는 것 같다. 이는 사회자의 문제제기 방식과도 무관하지 않다.

> 우리나라에서 기후위기를 논의할 때 가장 자주 누락되는 지역은 아마도 휴전선 북쪽일 겁니다. 한국형 그린뉴딜도 남한에 한정되는 경향이 있죠. 체제전환을 이야기하는 마당에서는 결국 성장주의나 자본주의 문제를 건드려야 하는데, 그 순간 분단체제가 그러한 토론의 진전을 정치적으로 가로막습니다. 남한의 기후위기 대응은 궁극적으로 체제전환을 요청하는 대다수 사회적·담론적 실천들이 그렇듯 분단체제라는 걸림돌에 언젠가는 직면할 수밖에 없을 겁니다. (강 234면)

지역문제와 연계시킨 이런 제기방식이 참석자들의 호응을 쉽게 얻어내는 효과가 있지만, 결과적으로 단순한 '분단문제'와 '분단체제'의 차이가 흐려지기 십상이다. 분단체제는 한국전쟁 이후 복구된 남북의 분단이 전쟁도 평화도 아닌 상태로 장기화하면서 일종의 체제를 형성하여 한반도 주민의 삶을 속속들이 규정하는 현실인데 ── 물론 궁극적인 규정요인이라기보다 자본주의 세계체제가 한반도를 중심으로 작동하는 하나의 국지적 현실 내지 그 '하위체제'다 ── 체제전환의 담론과 실천뿐 아니라 온갖 종류의 개혁적 변화에도 걸림돌로 작용해왔다. 그동안 한국 민중의 피어린 투쟁을 통해 그나마 상당부분 완화되어 오늘에 이르렀지만 여전히 우리의 사고와 실천 그리고 상상력의 활발한 전개를 가로막고 있다. 분단체제에 대한 이런 총체적 인식이 결여되다보면 북한에 대한 논의도 '언젠가 북한이 열릴 때' 남한의 악성 자본이 진출할 것을 염려한다거나 북한 지역의 낙후성에서 오히려 새로운 가능성을 찾아보고자 하는, 결코 무의미하진 않지만 현실적인 '청사진'과 거리가 먼 담론에 그치기 쉽다. 핵문제를 포함한 한반도의 당면 현실이 그런 '언젠가'와는 판이한 실정인데다가 이는 결코 해당 분야의 전문가나 전문적 활동가에게, 또는 외국의 힘있는 세력에 맡겨둬도 될 일이 아니며 기후위기 대응에서도 절박한 문제라는 점이 간과될 수 있는 것이다. 물론 각자가 자신의 특별한 관심과 전문성을 살리며 행동할 일이지만, 남북 간의 결합을 어떻게 점진적·단계적으로 높여가며 그러는 동안 남한 자체의 '악성' 요소를 어떻게 줄여나가고 분단체제를 해소 또는 완화하는 남북의 경제·사회·문화적 협력을 어떤 정치적·군사적 합의로 뒷받침할지에 대한 고민은 누구나 안고 살아야 하는 것 아닌가. 어찌 보면 분단체제의 전방위적 영향과 그 심각성을 제쳐두고 사고하며 생활하게 만드는 것, 한마디로 분단체제의 존재마저 망각하게 만드는 것이 분단체제의 위력이라 할 수 있다.

강경석의 또다른 문제제기는 탈성장을 실현하는 한 방법으로서의 '적정성장'론이다. "생산력의 증대를 당장에 전면적으로 포기할 경우 탈성장은 고사하고 오히려 '약탈적 축적'의 표적이 되는 사태가 벌어질지도 모르기 때문이지요. 각국의 현실에서 탈성장의 목표를 어떻게 설계하느냐에 따라 그때그때 적정성장의 단계를 배치하는 양상도 달라질 테지요."(239면)

이에 대한 동석자들의 반응은 한결같이 부정적이다. 김선철은 "'탈성장'을 생산력의 양적인 증감 관리 문제로 볼지 아니면 질적인 전환의 문제로 볼지에 따라 몇가지 구분이 가능할 것 같습니다. 가령 '적정성장' '적정발전'이라는 용어는 전자에 해당하겠죠"(240면)라며 "철학적인 차원에서 지금의 과잉생산 과잉소비에 기초한 경제체제를 벗어나자는"(같은 곳) 좌담의 주제와는 무관한 개념으로 치부한다. 채효정도 "적정성장이나 적정발전은 '지속가능한 발전' 같은 일종의 타협적 용어"(241면)라고 규정한다. 정건화 역시, "새로운 지표"의 개발 필요성과 더불어 "더 어렵고 중요한 일은 경제에 대한 관념을 전환하는 것"(243면)이라며 강경석의 문제제기가 당면과제인 사고방식의 전환에 큰 의미가 없는 것으로 본다.

사회자가 이런 괄시에 직면한 데에는 '적정성장'이라는 단어 선택도 일조한 것 같다. 나 자신이 사용해온 표현은 '적당한 성장'인데, '적당'이라는 말이 무슨 일을 적당적당히 또는 대충대충 해낸다는 느낌을 주어 피했는지 모르겠다. 그러나 '적당'이라고 하면 '무엇을 위해 적당한가'라는 질문이 뒤따르게 마련이라는 점에서 쉽게 일축하기 힘든 이점이 있다. 실제로 '적정성장'은 경제학에서 이른바 optimal growth 곧 잠재성장능력을 감안했을 때 가장 적절한 성장률을 달리 표현하는 단어이기도 하기에, "'지속가능한 발전' 같은 일종의 타협적 용어"(채 241면)로 취급되기 십상인 것이다.

그러나 강경석의 '적정성장'이나 나의 '적당한 성장' 내지 '방어적·수세적 성장'은 모두 탈성장으로의 전환을 목표로 하는 전략이다. 이는 "생산력의 양적인 증감 관리 문제"(김 240면)를 당연히 포함하지만, 그것은 이 문제를 외면한 탈성장론은 탁상공론에 그치기 쉽기 때문이다. 한국만 하더라도 ─ 한국보다도 가난한 나라와 지역은 더 말할 나위 없으려니와 ─ 전체 세계가 탈성장에 합의하지 않은 상황에서 양적 성장을 아예 멈추면 "탈성장은 고사하고 오히려 '약탈적 축적'의 표적이 되는 사태"(강 239면)가 예견되며 더구나 가장 취약한 계층이 가장 혹독하게 당하게 마련인 것이다. 가난한 나라들의 발전은 잠정적으로라도 허용되어야 한다는 주장이 좌담에서도 나왔지만——"'탈성장'한다며 '가난한 나라도 발전하지 마'라는 일이 있어선 안 된다는 거죠"(김 240면)——더 중요한 점은 이것이 가난한 나라에 대한 '배려'의 차원이 아니라, 가난한 나라와 한국처럼 이미 빈국으로 안 꼽히는 나라 또는 한국보다도 더 잘사는 나라를 막론하고 체제전환을 꿈꾸는 사람들이 탈성장의 세계를 실현하기 위해서 시기와 지역에 따라 얼마만큼의 성장을 어떻게 하는 것이 가장 적당한지를 연마하자는, 경제성장 문제를 반체제운동 전략 차원으로 바꾸는 '경제에 대한 관념의 전환'을 이룩하려는 일에 다름아닌 것이다.

그렇기 때문에 자본주의 세계경제의 정치적 구성물에 해당하는 열국체제(또는 국가간체제interstate system)에 연루되어 있는 국가와 정부가 주동하기는 힘들고 "아래에서 올라온 담론"(김 245면)으로 출발하여 점차 그 영향력을 넓혀나갈 수밖에 없다. 이때 "좋은 담론도 정부가 그걸 흡수해서 뭔가 다른 것으로 바꿔온"(같은 곳) 것이 문제인데, 탈성장을 부르짖는 논자와 활동가마저 '적당한 성장' 담론을 체제수호 담론으로 오해하여 외면한다면, 탈성장운동 자체의 대중적 소구력을 제약하기 마련이다. 탈성장이 인류 생존에 아무리 필요한 것이라도 그것이 대중의 먹고사는 문제를 도외시한 당위론에 머문다면 대중은 탈성장론을 일부 '잘난 사람들의 거룩한 말씀' 정도로 들을 뿐 적극적으로 함께할 마음이 안 생길 것이 분명하다.

솔직히 말하건대 탈성장을 주장하는 많은 분들이 자본주의가 나쁜 건 알지만 자본주의 무서운 건 덜 실감하는 경우도 흔한 것 같다. 자본주의라는 사회체제는 어느 시인의 표현처럼 "내리고 싶어도 내릴 수도 없는 기차"와 같아서, 이대로 가다가는 다 죽는다는 걸 알아도 대부분의 사람들로 하여금 내릴 수 없게 만드는 위력을 가진 것이다.

달리는 기차를 본다 멈추지 않는 기차를
멈추지 않아 아무나 탈 수 없는 기차를
내릴 수도 없다 그만 내리고 싶어도 내릴 수도 없는 기차
기차의 속도로 달려야만 탈 수 있는 기차
내리고 싶을 때 내리는 자는 치명상을 입는다

세워주지 않는 저 기차에 우리 모두가 이미 타고 있다
악몽 때문이다 탈 수 없는 기차를
이미 타고 있는 것은 악몽에서나 허용된다
기차가 멈추지 않고 달릴 수 있도록 우리는
몸을 던져 연료가 되는 자들이다

기차를 세울 수 없는 것은
기차의 목적지는 기차 안에 있기 때문이다

목적지가 있는 사람은 기차를 탈 권리가 없다
기차의 목적지는 달리는 속도에 있다
저 기차가 왜 우리에게 있을까 아무도 묻지 않을 만큼
우리는 내릴 수 없는 기차를 타고 있다

―백무산 「기차에 대해서」 전문(『신생』 2020년 가을호)

물론 시인이 이 기차를 멈추고 악몽에서 깨어나는 일이 영원히 불가능하다는 절망을 노래하고 있는 것은 아니다. 하지만 우리가 이미 그 기차를 타고 있다는 사실을 가볍게 봐서도 안 될 것이다.

고 김종철과의 미완의 토론

사실 '적당한 성장' 이야기는 2008년 김종철 당시 『녹색평론』 발행인과 나 사이의 논쟁에서 거의 다 나온 내용이다. 그의 『창작과비평』 2008년 봄호 기고문 「민주주의, 성장논리, 농적(農的) 순환사회」는 아직껏 나의 '적당한 성장'론에 대한 유일한 본격적 비판이지 싶은데, 나는 이어진 여름호에 「근대 한국의 이중과제와 녹색담론」이라는 제목의 답변을 발표했고 두 글과 나의 '덧글'(2009. 3)이 이듬해 나온 이남주 엮음 『이중과제론』(창비 2009, 이하 이남주 외 2009)에 수록되었다. 직접적인 논쟁은 더 이어지지 않았다. 그러나 김종철 생태사상론집 『근대문명에서 생태문명으로: 에콜로지와 민주주의에 관한 에세이』(녹색평론사 2019, 이하 김종철 2019) 첫머리에 같은 제목으로 재수록된 글을 보더라도, 대선 직후인 2008년의 시점에서 시국에 관해 피력했던 이런저런 감상을 삭제하여 한층 밀도 높은 글이 되었지만 기본적인 논지에는 변화가 없음이 확인된다.

내가 김종철의 비판을 귀하게 여기는 것은 정면으로 진지하게 대응해준 드문 사례일 뿐 아니라, 내 답변의 서두에 밝혔듯이 그의 생태주의가 자본주의 근대문명에 대한 본질적 문제제기와 민중자치로서의 민주주의에 대한 투철한 신념에 근거한 담론이며 더구나 헌신적 실천활동으로 뒷받침된 것이기 때문이다. '적당한 성장'론에 대해서도 그는 기존의 성장주의와 결별하려는 나의 취지 자체를 무시하지는 않는다. 다만 "과연 그것이 구체적인 현실에서 무엇을 어떻게 하자는 전략인지 분명치 않다"(『창작과비평』 2008년 봄호 82면; 이남주 외 2009, 161면; 김종철 2019, 25면)라고 비판한다. 또한 '적당한 성장' 논의가 이른바 '이중과제론'과 직결됨을 정확하게 포착한다. "이것은 마치 '근대적응과 근대극복의 이중과제'라는 말이 추상적인 언술로는 그럴듯하게 들리는 개념이면서도 정작 구체적으로 무엇을 어떻게 한다는 것인지, 그 실천적인 상황을 생각하면, 지극히 모호한 것으로 되어버리는 것과 같다고 할 수 있다."(같은 곳들) 이는 이중과제론에 동조하다가도 정작 성장문제에 가면 원론적 탈성장 논의에 멈추고 마는 논자들의 자기모순적 태도와 대조된다. 무작정 근대극복을 외친다고 극복이 이뤄지는 게 아니고 극복 노력을 지속하고 성과를 내기 위해서라도 그에 꼭 필요한 만큼의 적응이 필요하다는 것이 이중과제론이라면, 그러한 적응 겸 극복의 노력에서 경제성장 문제를 완전히 배제할 수 없다는 주장이 논리적으로 따라오지 않을 수 없는 것이다.

김종철의 비판에 대한 나의 반론을 여기서 길게 되풀이할 생각은 없다. 나 역시 그때의 논지를 바꾸지 않았는데, 요점만 말한다면 이중과제론이 일상생활의 차원에서는 일종의 상식임을 상기시키면서 다른 한편 그의 입장에는 지구생태계 차원의 담론과 한반도에서의 현장 실천을 효율적으로 연결해줄 매개항으로서 분단체제 개념이 결여되었다는 점을 지적했다(『창작과비평』 2008년 여름호 450~51면 및 452~54면; 이남주 외 181면 및 182~86면). 특히 비판의 초점이 된 '적당한 성장'과 관련해서는 약간의 개인적 술회를 담기도 했다.

그러나 정작 삶의 현장에서는 수많은 사람들이 자기 나름으로 이런 개념에 따라 살고 있는 것 아닐까. 물론 개인이건 국가건 자본주의의 무한축적 원리에 충실하여 최대한의 돈벌이에 목을 매고 사는 경우가 대다수지만, 적어도 개인이나 한정된 집단 차원에서는 그런 세태에 맞서 자신을 지켜내고 나아가 이런 기막힌 세상을 바꾸기 위해서라도 꼭 필요한 돈벌이를 하고 경쟁에서 탈락하지 말아야겠다는 마음가짐으로 살아가는 사람들이 결코 적지 않을 것이다. (당장에 나 자신과 김종철을

이런 개인들 틈에 포함시켜도 되지 않을까.) (이남주 외 181면; 본서 115면)

이어서 나는, "아무튼 '적당' 여부는 무엇을 위한 적당이냐에 따라 판별하는 것이지 만사에 두루 해당되는 '적당'이란 없다. 특정 상황에서 특정 주체가 '극복을 위한 생존 내지 적응'을 위해 도모하는 '방어적인 경쟁력 노선'이 과연 그 목적에 비추어 적당한지, 아니면 말로만 '방어'지 공세적인 추수주의(追隨主義)와 하등 다를 바 없는지, 또는 '방어'를 꾀하다가 방어마저 제대로 못하고 오히려 낙오하게 마련인 전략인지, 이런 문제는 구체적인 사안을 놓고 판단할 일인 것이다"(같은 곳; 본서 115~16면)라고 했다. 아쉽게도 그런 구체적인 토의는 이루어지지 않았다. 그 시점에서 김종철 나름으로 이미 판단을 마쳤기 때문일지 모른다. 만약 그랬다면 스스로 돌이켜보건대 내 논의 자체의 미흡한 점도 작용했을 것이다.

'적당한 성장'과 함께 내가 제기한 '생명지속적 발전'이라는 개념이 모호하다는 점은 답변 당시에도 인정했다(같은 책 191면). 나의 발상이 생태주의·생명사상과 일치함을 그런 식으로 부각시키려 하기보다 차라리 '적당한 성장'이라는 개념만으로 정면돌파하는 것이 나았겠다는 것이 지금 생각이다. '발전'이라는 단어를 내놓은 것도 무의미한 일은 아니었지만 이것도 정면돌파를 회피한 면이 있다. 물론 발전이 (경제)성장과 동일시되어서는 안 되며 탈성장이 성취된 뒤에도 가능하고 필요한 인간생활의 발전 내지 향상과 이를 가능할, GDP와는 다른 지표들의 개발(정 242~43면) 노력은 지금부터라도 진행되어야 한다. 그러나 탈성장을 이룩하기 위해 눈앞의 성장문제, "생산력의 양적인 증감"(김 240면) 문제를 외면하지 말아야 하며, '성장'을 언급하기만 해도 생태전환에 미온적이라는 혐의에 몰릴까봐 움츠러드는 지식인의 소심증을 벗어나야 한다.

내 답변의 더 중요한 문제점은, 김종철의 소농중심 사회와 '농적 순환사회' 주장을 논평하면서 그의 맑스 인용이 부정확하다거나 '고도자본주의 사회'로부터 '소농공동체 기반 사회'로의 이행과정에 대한 현실적 구상이 결여되었음을 지적하는 데 치중함으로써 농업과 소농공동체의 세계사적 중요성에 대한 충분한 인식을 보여주지 못했다는 사실이다. 물론 "소농 혹은 소생산자 연합"(김종철 2019, 31면; 이남주 외 2009, 168면)이라는 표현의 모호성이나 ─ 전통적 소농사회와 맑스적 소생산자 연합을 구별할 필요는 엄연하니까 ─ 미래의 소농공동체 기반 사회로 이행할 때 과학과 기술공학이 어떤 위상을 가질 것인가 등은 지금도 논의해야 할 중요한 문제들이다. 나 자신은 (뒤에 다시 논할) 하이데거적 의미의 '기술시대'를 거쳐서야 오히려 노자(老子)가 말한 '소국과민(小國寡民)'을 제대로 실현할 가능성이 열린다는 점을 언급한 바 있다.

다만 장래의 '작은 나라'는 어디까지나 전지구적 인류공동체의 일부이지 옛날식의 고립된 공동체와는 달라야 하고, '적은 수의 백성들' 역시 세계시민으로서의 식견과 저항력을 갖춘 사람들이어야 할 것입니다. 따라서 이것이 가능하려면 그 전제조건으로서 첫째 과학기술이 고도로 발달해야 하고, 둘째로는 과학기술과 인간의 관계가 지금과는 전혀 다른 것으로 변해야 한다고 봅니다. 그것은 단순히 과학기술과의 관계만이 아니라 사회체제의 변화 내지는 변혁을 의미하는 것이겠죠. (「논평: 민족문학, 문명전환, IMF사태」, 졸저 『통일시대 한국문학의 보람』, 창비 2006, 446면; 이남주 외 2009, 193~94면에 인용)

이런저런 쟁점들과 관련해서 이후에라도 김종철의 동의를 얻어낼 수 있었을지는 장담하지 못한다. 그러나 예컨대 동학농민군의 '보국안민(輔國安民)' 구호가 제국주의 침탈에 맞선 무장봉기의 명분이면서도 근대와는 다른 세상을 지향한 것이었고 조선의 유교정치 역시 무한경쟁과 근대적 부국강병주의를 피하는 선에서 경제력을 향상해가는, 말하자면 '적당히' 성장하는 소국주의를 지향했다는 김종철의 인식(「소국주의 사상의 흐름」(2014), 김종철 2019, 142~43면)은 이중과제론과 상통할 여지를 보여준다. 더구나 '이중과제'가 제1장(『무지개』와 근대의 이중과제)의 열쇠말이고 제2장(『연애하는 여인들』과 기술시대)에서는 '기술시대'를 주제로 삼은 나의 최근 저서 『서양의 개벽사상가 D. H. 로런스』(창비 2020)를 두고 그가 마지막 선물처럼 써준 추천의 글(같은 책 622~23면; 글을 받게 된 경위에 대해서는 나의 회고담 「고 김종철과 나」, 『녹색평론』 2020년 9-10월호 107~108면 참조. 본서 2부 5장에 수록)을 보면 견해의 접근 가능성을 상상하기에 충분하다. 비록 논쟁 자체는 평행선을 달렸지만 그것을 '미완의 토론'이라 규정하며 안타까움을 표하는 이유가 거기에 있다.

상식에서 한걸음 더

일상의 삶에서 이중과제론이 일종의 상식에 해당하며 그렇기 때문에 굳이 현학적으로 그런 표현을 쓸 필요조차 없지만, '근대문명'이라든가 '기후위기' 같은 큰 이야기가 끼어드는 순간 상식만으로는 감당 못할 문제들이 대두한다. 알다시피 기후위기 논의가 어려운 것은 위기가 너무도 절박하고 그 규모가 엄청나서 해법을 찾기가 그만큼 난감하기 때문이다.

물론 "속도를 줄이고, 규모를 줄이고, 욕망의 크기를 지구가 수용 가능한 용량 안으로 줄이는 것 말고 대안은 없습니다"(정 248면)라는 지적은 누구나 수긍함직한 상식이다. 이 작업이 개개인의 작은 실천을 포함해야 한다는 것 또한 상식이다. 그러나 각자가 줄이고 아끼는 일에 몰두하다보면 또다른 문제들이 발생할 수도 있다. '데모를 하자'고 귀국했다는 김선철의 발언이 시사하듯이, 탄소 배출을 줄이려는 개인의 친환경적 실천이 아무리 성실하더라도 가령 데모를 해서 석탄발전소 하나를 폐쇄하거나 새로 못 짓게 만드는 데 비하면 그 성과가 미미한 게 엄연한 사실이다. 나아가 한국인으로서는 직접적인 참여가 불가능한 미국의 대통령선거에서 트럼프의 재선을 막아낸 일이 석탄발전소 몇기를 줄이는 행동보다 훨씬 큰 영향을 미칠 것 또한 분명하다.

미국이 빠리기후협정에 복귀하고 반환경정책을 대폭 줄이더라도 인류가 기후위기를 극복할 수 있을지는 미지수다. 그런 판국에 효과가 미미한 개인적 실천에 몰두하다보면 허탈감에 빠져 중도에 포기하거나, 사람에 따라서는 자기만큼 열심히 안 하는 사람들에 대해 성내고 미워하는 마음—불교 용어로 진심(瞋心)—에 차서 설득해야 할 이웃들로부터 오히려 멀어질 수 있다. 아니면 자신이 굉장한 일을 하고 있다는 착각—불교의 치심(癡心)—에 빠져 정작 중요한 공부와 사업을 게을리하게 되기도 한다. 그렇더라도 큰 일을 도모하는 사람일수록 작은 실행을 외면하지 말아야 할 것이, 개인적 실천이 부실한 사람이 큰 이야기를 해보았자 대중의 비웃음을 사기 십상이기 때문이다.

그러므로 기후위기라는 전지구적 문제 앞에서 이소성대(以小成大)의 자세를 견지하는 것은 지극한 마음공부를 요한다. 아니, 그것 자체가 큰 마음공부인 것이다. 이를 미국의 불교학자 데이비드 로이(David Loy)는 다음과 같이 표현한다.

'에코 보살행'을 통한 통찰과 평정심은 불교적 행동주의의 가장 훌륭한 면을 강화해준다. 즉, 행동의 결과에 매달림이 없이 행동한다는 것은 즉흥적인 행동으로 오해될 수 있지만, 실은 그런 행동이야말로 가장 불교도다운 행동이라고 할 수 있다. 우리의 임무는 우리의 행동의 결과가 어떻게 될지 몰라도 최선을 다하는 것이다. 아니, 실은 우리의 노력으로 변화가 초래될 수 있을지조차 모르는 상황에서도 최선을 다해야 한다. 우리는 우리가 하는 일이 중요한지 아닌지는 모른다. 그러나 그것을 실천하는 것이 우리 자신에게 중요하다는 것은 알고 있다. (데이비드 로이 「불교는 기후위기에 맞설 수 있을까」, 『녹색평론』 2020년 3-4월호 152면)

그런데 "우리의 노력으로 변화가 초래될 수 있을지조차 모르는 상황에서도 최선을 다"한다는 것은 혹시 지금 내가 하고 있는 것보다 더 중요한 일이 있는지, 있다면 어떻게 그걸 해낼지를 끊임없이 연마하는 공부를 포함한다. '더 중요한 일' 가운데 데모나 투표가 있다면 어떻게 참여할지도 그런 사례에 속할 것이다. 나아가 창비 지면이나 세교포럼 발제에서 김상현, 백영경, 김선철, 그리고 이번 좌담의 참석자들이 일관되게 강조했고 김종철이 선구적으로 주장했던 자본주의로부터의 체제전환도 당연히 탐구해야 한다.

어떤 면에서 기후변화는 자본주의보다 훨씬 규모가 크고 보편적인 위협이기에 자본주의 문제를 제기하는 것이 초점을 흐리는 일로 비칠 수 있다. 기후변화가 더 심각해지면 자본가와 노동자, 남녀노소의 구별 없이, 심지어 수많은 동·식물까지 결국 멸종하는 재앙이 닥칠 것이기 때문이다. 그러나 재앙의 규모나 무차별성에 대한 인식과 재앙의 원인 규명은 차원이 다른 문제다. 고 김용균 씨 등 산업현장 노동자의 사망 중 많은 부분은 불평등의 결과일지언정 기후위기와 직접 연관짓기 힘든 데 반해, 기후위기의 진행이 불평등을 먹고 사는 사회체제와 무관하다고는 말할 수 없는 것이다. 그래서 '기후변화 말고 체제변화'(System Change, Not Climate Change)라는 구호가 세계의 활동가 사이에 보편화하다시피 되었고, 스웨덴의 그레타 툰베리를 비롯한 학생 활동가들이 2020년 7월 유럽연합(EU) 및 전세계 지도자들에게 보낸 공개서한에서도 "우리의 현 체제는 망가진 것이 아니라 이 체제가 디자인되었던 대로 정확히 작동되고 있습니다. 이건 고쳐질 수 있는 문제가 아닙니다. 우리에게는 새로운 시스템이 필요합니다"라고 못박았던 것이다(김선철, 앞의 세교포럼 발제에서 재인용).

자본주의체제가 어째서 기후위기를 해결할 수 없는가에 대해서는 수많은 연구가 나와 있어 편견 없이 현실을 분석하려는 사람이라면 숙고할 자료는 넘쳐난다. 다만 자본주의를 곧 18세기 산업혁명 이후의 산업사회와 동일시하는 시각은, 이윤의 극대화를 작동원리로 삼는 사회체제가 16세기의 자본주의적 농업을 통해 이미 자리잡고 세계제패를 향한 진군을 시작했다는 핵심적인 사실을 은폐할 수 있다. 산업사회비판론은, 구소련의 이른바 현실사회주의도 자본주의 못지않게 환경파괴를 자행했다는 (한때 유행하던) 담론에 대해 양자가 모두 '산업사회'라서 그랬다고 해명하는 데 동원되기도 했지만, 현실사회주의라는 변종마저 포섭했던 자본주의 세계체제의 잠식성을 간과하며 체제전환을 위한 다양한 사회주의적 대안을 상상하기 힘들게 만든다.

사실 오늘날에는 기후위기가 곧 자본주의체제의 문제라는 점이 어느정도 상식이 되었다. 그런데 이 대목에서도 상식을 넘어 한걸음 더 나갈 필요가 있는 것은 아닌가?

한반도는 자본주의 열강의 침탈이 본격화되기 전 '서세동점(西勢東漸)'이라는 한층 완곡한 표현으로 그 위력이 회자되던 무렵 '후천개벽(後天開闢)'이라는 새로운 사상과 운동을 탄생시켰다. 동학의 창시자 수운(水雲) 최제우(崔濟愚) 자신은 '다시개벽'이라는 표현을 썼으나 후속사상가들은 '후천개벽'이라는 표현을 공유하기에 이르렀고, 천도교의 이돈화(李敦化)는 정신개벽·민족개벽·사회개벽의 3대 개벽을 주창하기도 했다(허남진 「강증산의 신인조화사상과 상생문명」, 원광대원불교사상연구원 엮음 『근대한국 개벽운동을 다시 읽다』, 모시는사람들 2020, 70면). 이는 후천개벽이 단순한 개인적 수양이나 깨달음의 문제가 아니라 민족자주, 계급타파 등의 시대적 현안을 감당해야 함을 뜻하는 것이었다. 원불교의 개교표어에서는 '물질이 개벽되니 정신을 개벽하자'라고 인류의 과제를 '정신개벽' 한 단어로 집약했는데, 여기서 물질개벽이라는 시대적 현실에 대한 진단을 기반으로 그에 상응하는 정신개벽을 뜻한다는 점이 결정적으로 중요함을 나는 일찍부터 강조해왔다.[1] 물질개벽이라는 화두를 생략하고 정신개벽만을 이야기하면 이돈화의 3대 개벽 중 하나에 불과한 것으로 왜소화할 우려가 있는 것이다.

원불교의 소태산(少太山) 박중빈(朴重彬)이 물질개벽시대로 진단하고 이돈화 같은 천도교 인사가 '민족개벽' '사회개벽'을 내걸며 맞서고자 했던 세상이 자본주의와 제국주의의 세상이었음은 더 말할 나위 없다. 따라서 맑스 등이 수행한 자본주의 비판을 외면한 채 후천개벽을 실현하는 일은 불가능하며, 오늘의 기후위기를 물질개벽의 한 양상으로 보더라도 그점은 분명하다. 다만 위기의 해결을 정신개벽에서 찾는다는 것은, 아무리 엄격하고 정밀한 자본주의 분석도 그 자체로 충분하지는 못하고 맑스가 강조한 혁명적 실천 의지가 이에 더해지더라도 '개벽'에 값하는 개인들의 마음공부를 내포하지 않고서는 문명의 대전환을 이뤄내기 어려움을 뜻한다. 돌이켜볼 때 구소련 등의 사회주의 실험이 실패한 결정적인 이유 중하나도 비록 볼셰비끼혁명이 공산당원의 헌신, 사회주의자의 윤리 같은 '정신적 가치'를 강조하긴 했지만 결국 근대 특유의 세속주의에 따른 '영

---

1 물질개벽에 대한 나의 최초의 논의로는 졸고 「물질개벽 시대의 공부길」, 『분단체제 변혁의 공부길』, 창작과비평사 1994, 195~207면; 졸저 『문명의 대전환과 후천개벽』, 박윤철 엮음, 모시는사람들 2016, 31~68면에 재수록. 원불교의 개교표어에 대한 도올 김용옥과 나 사이의 토론으로는 김용옥·박맹수·백낙청 특별좌담 「다시 동학을 찾아 오늘의 길을 묻다」, 『창작과비평』 2021년 가을호 116~20면 참조.

성’ 개념의 배제로 인해 다시개벽·정신개벽을 향한 공부법을 발상하지 못했기 때문이었던 것 같다.

그에 비하면 하이데거의 ‘기술시대’ 개념은 후천개벽 사상과 소통할 여지가 훨씬 넓다. 그는 현대 과학기술의 파괴성을 누구보다 실감하고 비판했지만 ‘기술의 본질은 기술적인 것이 아니다’라는 일견 아리송한 명제를 내놓으면서 기술시대의 문제들을 기술적 또는 인간적 차원에서 ― 다시 말해 본질상 근대주의적인 방식으로 ― 해결하려는 온갖 시도가 문제를 악화시킬 뿐이라고 보았다(이에 대해 앞의 졸저 『서양의 개벽사상가 D. H. 로런스』 제2장 및 내 학위논문의 번역본 『D. H. 로런스의 현대문명관』, 설준규·김영희·정남영·강미숙 옮김, 창비 2020, 제3장 참조). 쉽게 말해 근대의 공학기술을 포함한 기술도 그 본질 내지 참뜻은 진리가 드러나는 한 형태인데 근대기술의 엄청난 위력과 좋든 싫든 눈부신 그 성과가 사람들이 진리를 사유하는 능력을 마비시키고 있다는 것이다. 표현을 바꾸면 물질개벽으로 인한 정신의 쇠약이 진짜 위기이고 물질개벽에 상응하는 정신개벽이 요구되는 형국이다.

연원이 판다르고 내용도 똑같지는 않은 하이데거 사상과 후천개벽론을 병치하는 것이 논의를 더 난해하게 만들 뿐인지 모르겠다. 어쨌든 자본주의로 인한 기술문명의 발달과 그 파괴성을 물질개벽으로 이해하는 일은 하이데거의 기술시대론과 마찬가지로 그러한 세계사적 전개도 진리가 드러나는 한 방식으로 보며, 다만 그 참뜻을 제대로 읽고 원만히 대응할 정신개벽을 달성한 인류만이 진리에 근거한 새 문명을 세울 수 있다는 것이다. 자연스레 이는 근대문명을 단지 규탄하고 대안적 체제를 주창하는 데 그치기보다 근대가 안겨준 시련을 감당하고 버텨내는 가운데 각성해가는 대중과 더불어 현 체제의 실질적인 극복을 이루어나가려는 ‘이중과제’로 이어진다. 그렇더라도 각자가 ‘기후변화 말고 체제변화’를 결연히 촉구하면서 당장에 가능한 개인의 실천과 공부에 성의를 다하는 일이 여전히 중요한 것은 분명하다.

제4부
단평 모둠

1. 온전한 나라 만드는 중

나라만들기는 진행중

대통령〔노무현〕 탄핵을 추진하는 사람들에게서 흔히 들어온 말이 '이게 나라냐'라는 개탄이었다. 나는 그 말이 절반의 진실은 된다고 생각한다.

60년 전만 해도 우리는 나라 잃은 민족이었다. 그러다가 일제가 물러가면서 세운 것은 반쪽 나라였다. 한반도 주민 절대다수의 반대 속에 강요된 분단은 전쟁의 참화마저 불러왔고, 반조각 나라는 온갖 탄압과 부패로 얼룩졌다. 1987년 6월 이후에야 나라의 주인인 국민들의 목소리가 제대로 들리기 시작했다. 차츰 분단의 평화적 극복도 내다볼 수 있게 되었다. 하지만 분단체제가 흔들리는 만큼의 혼란이 뒤따랐으며, 남북으로 쪼개진 나라가 다시 영남, 호남, 충청 등으로 찢기는 현상도 벌어졌다.

이 판에 더 큰 변화를 요구하는 물결을 타고 '준비 안 된 대통령'이 들어서서 겁없이 떠들어댔으니 실제로 나라꼴이 어수선하기 짝이 없었다. '이게 나라냐'는 힐난이 나옴직도 했다.

대통령이 망쳐놨다는 나라는 어떤 나라였나

문제는 대통령이 망쳐놨다는 나라가 원래 어떤 나라였으며 거기서 각자 어떻게 살아왔느냐는 것이다. 나라를 잃었던 시절, 독재와 부정부패의 반쪽 나라가 기세등등하던 시절, 그 반쪽이 다시 지역구도로 사분오열되던 시절에 분연히 일어서서 '이게 나라냐'고 외쳐본 사람들이 대통령을 탄핵해서라도 대한민국과 민주주의를 살리겠다고 나선 것인가? 오히려 그때야말로 온전한 나라인 것처럼 고분고분하게 살거나 심지어 떵떵거리던 사람들이 지금 더 설치는 것은 아닌가?

국민한테서 진작에 외면당한 16대 국회가 대통령 탄핵을 가결한 것은 대한민국이 아직은 온전한 나라가 못 됨을 다시 한번 실감케 해주었다. 하지만 다수 국민들의 즉각적이고 열정적이면서도 질서정연한 반응은 나라만들기가 그간 제법 진행되었음을 말해준다. 대통령의 국정수행에 대한 여론의 지지도가 30% 또는 그 이하이던 상황에서 탄핵에 관해서는 70% 이상의 반대를 나타내게 된 것 또한 민주시민으로서의 성숙을 입증한다. 노무현 대통령 개인의 문제가 아니라 어떤 나라를 어떻게 만들 것이냐의 문제임을 국민은 알고 있는 것이다.

3야 '합법적'으로 해치울 수 있는 일 아직 많아

불안과 혼란의 위험은 다른 데 있다. 국회의 행위가 합헌적이고 합법적이었으니 국민은 헌법재판소의 결정이 날 때까지 조용히 기다리고 있으라고, 4월 15일이 되거든 표나 찍으라고 다그치는 야당 정치인들이야말로 국민을 분노케 할뿐더러 불안하게 만든다. '비록 합헌-합법이었지만 정말 잘못했습니다'라고 사죄한다면 모를까, 아직 남은 16대 국회 임기 중에 세 야당이 손잡고 '합법적으로' 해치울 수 있는 일이 너무도 많다. 선거법도 멋대로 뜯어고칠 수 있고, 고위공직자들의 탄핵이나 해임건의를 의결할 수 있고, 집시법을 또 한번 개악해서 대대적인 충돌을 유발할 수도 있다.

그러니 이런 혼란이 와서는 안 되겠다고 촛불을 들고 길거리에 나선 시민들은 얼마나 고마운 존재인가. 스스로 비폭력적일 뿐 아니라 함께 나선 사람들도 평화적일 거라는 확신이 있기에 유모차에 아기까지 태워 오는 젊은 부모들의 모습은 또 얼마나 아름다운가. 이런 일이 가능한, 오랜 피투성이 싸움 끝에 가능해진, 이 나라가 그런대로 자랑스럽지 아니한가.

오늘의 진통과 축제가 두루 온전한 나라 만들기의 큰 공부가 되기를 비는 마음이다.

― 한겨레 2004. 3. 18.

2. 거버넌스에 관하여

영어의 거버넌스(governance)와 거번먼트(government)는 원래 '다스림〔政〕'을 뜻하는 동의어다. 다만 후자가 공권력을 갖고 다스리는 '정부'라는 뜻으로 자주 쓰임에 따라 더 넓은 의미의 이런저런 다스림을 가리킬 때 '거버넌스'라는 낱말을 택하기도 한다. 그래서 국가가 아닌 기업(business corporation)이 다스려지는 방식을 corporate governance라 하며 우리말로는 '기업의 지배구조'라고 (약간 부정확하게) 번역한다. 또한, 정부가 일방적으로 통치하지 않고 시민사회의 여러 세력과 협동하고 합의해서 나라를 다스리는 정치행태를 거버넌스라 칭하면서 더러 '협치〔協治〕'로 옮기곤 한다.

그러나 완전한 전제정치가 아닌 한에는 정부 권력의 행사 자체가 여러 세력의 협동을 통해 이뤄지게 마련이다. 예컨대 입헌군주제만 해도 군주가 의회 등 헌법기관들과 '더불어 다스리는' 체제이며, 여기에 정당정치가 가세하면 민·관 사이에 '정치권'이라는 독특한 국정참여집단이 형성된다. 삼권분립은 국가의 입법·행정·사법부가 일정하게 분리돼서 협동하며 통치하는 체제요, 언론을 '제4부'라 일컬을 때는 언론도 국가 거버넌스의 한몫을 담당하고 있음을 인정하는 셈이다. 정경유착은 정치권과 재계가 서로 상대방의 다스림에 간여하는 나쁜 체제지만 그 또한 거버넌스의 한 형태다. 이 모든 것을 '협치'라는 새 낱말을 만들어 지칭하는 데에 굳이 반대할 이유는 없을지라도, 그것은 '거버넌스'의 특정 용법에 대한 해석이지 정확한 번역은 아닐 터이다.

나라 다스리기가 고장난 대한민국

2009년 새해를 맞으며 이런 낱말풀이를 해보는 것은 대한민국의 나라 다스리기(=거버넌스)에 심각한 고장이 난 징후가 뚜렷하기 때문이다. 이는 일차적으로 이명박 대통령이 이끄는 정부(=거번먼트)의 고장 사태이기도 하다. 정상적인 의회 기능이 실종되고 독립된 사법부 권력이 위축되는 등 삼권분립이 무너져가는 가운데, 정부 권한을 온통 틀어쥔 행정부는 행정부대로 스스로 내건 목표를 달성할 능력이 태무함을 드러내고 있다. 이에 더하여 언론이 자신의 탐욕 때문이건 정부의 탄압 때문이건 제 기능을 하지 못하고 시민사회의 운동들도 국정의 방향설정에 참여할 능력을 결한 상황이라면, 나라의 거버넌스가 총체적인 위기에 들어섰다 해도 과언이 아니다.

이명박정부의 난조는 다분히 예견 가능한 것이었다. 2007년 대선에서 후보의 도덕성 문제는 '경제 살리기' 구호 속에 묻혀버렸지만, 지도자의 도덕성을 개인윤리 차원에서보다 그의 통치능력과 연관시켜 판단할 것을 촉구하는 발언이 당시에도 없지 않았다. "국민 앞에서 거짓말을 너무 거침없이 한다는 것은 주권자인 국민을 무시하는 짓이요, 시민들의 신뢰를 바탕으로 부패를 척결하며 서민생활을 안정시킬 능력을 원천적으로 내팽개치는 길입니다."(각계 인사 33인 시국성명, 2007. 12. 17)

신뢰의 결여가 통치능력의 결함으로 작용한다는 사실은 경제위기 국면에서 거듭 확인되고 있다. 그런데 신뢰만 해주면 문제를 풀어갈 다른 능력은 있는 걸까? 함부로 단정할 일은 아니지만, 지금 세간의 불신이 '능력'에 대한 불신을 포함하게 된 것만은 분명하다. 'CEO 대통령'의 신화는 어느새 무너졌고, 정주영 회장 휘하에서 진짜 CEO(최고경영자)가 배출될 여지가 없었으리라는 깨달음이 뒤늦게 확산되고 있다. 더구나 지금은 정주영식 거버넌스가 통하는 시대도 아니지 않은가.

이명박정부의 신뢰성은 2008년 촛불시위 과정에서 일차적으로 심하게 손상되었다. 끝없이 꼬리를 문 촛불행렬을 청와대 뒷산에서 내려다보며 즐겨 부르던 「아침이슬」을 들었다던 눈물겨운(?) 발언 이후에 곧 대대적인 촛불탄압이 자행되었다. 그러다가 경제위기에 대응하는 모습에서 정부의 권위는 거의 완전한 파탄에 빠졌다. 정치지도자가 국민 앞에서의 말 바꾸기를 아무렇지 않게 여기는 바람에 설혹 좋은 정책을 내놓아도 실효를 보기 어렵게 되었거니와, 세계적인 경제위기를 빙자해서 미국을 포함한 세계의 흐름에 역행하는 규제완화와 부자들의 특권 강화에 몰두하는 행태는 도덕성의 문제를 넘어 초보적인 통치능력의 문제를 제기하고 있는 것이다.

이 글을 쓰는 현재 정부와 여당은 자신들의 입법현안을 국회의 정상적인 절차를 무시하고 달성할 것을 공언하며 '전쟁'을 선포하고 '속도전'을 다짐한 상태다. 비록 국회의장의 입장표명 이후 원내대표들의 회담이 열림으로써 한 박자 늦춰지기는 했으나 다수 국민의 반대와 야당의 저항을 물리력으로 진압하고 방송법 개악 등 세칭 'MB악법'을 통과시킬 가능성은 여전히 남아 있다. 다만 그럴 경우 대통령과 여당은 승리를 해도 이른바 '피루스의 승리'(Pyrrhic victory), 즉 전투에는 이겼으나 너무나 많은 사상자를 낸 끝에 결국 멸망하고 만 고대 그리스 피루스왕의 전례를 고스란히 재연하기 십상이다.

하지만 이명박정부가 스스로 운명을 재촉할 때 나라는 어찌 되는가? 경제위기의 한복판에 헌정위기마저 겹친다면 민생이 완전히 망가질 것은 물론, 극도로 심란해진 국민이 또 한번 불행한 선택을 할 가능성도 배제할 수 없다. 그렇다고 막연히 4년 뒤에 보자고 벼르는 것은 4년을 어찌 견딜 거냐고 한숨짓고 앉아 있는 것만큼이나 한가한 짓거리다.

그러니 어찌할 건가?

유일한 해답은 남은 4년 동안 대통령으로서 꼭 해야 하는 일과 잘할 수 있는 일을 대통령에게 남겨주면서 나머지는 내각과 입법부, 사법부, 언론, 시민사회 등의 몫으로 배분하는 정교한 사회적 장치를 만들어내는 것이다. 다시 말해 이 나라의 거버넌스 체계를 다시 짜는 일이다.

이것이 말처럼 쉬울 수는 없다. 대통령의 '대오각성'으로 될 일이라면 애초에 사태가 이 지경에 오지도 않았을 테지만, 실은 이명박 대통령 아닌 그 어느 대통령이라 해도 자기가 획득한 권력을 그런 식으로 선선히 나눠줄 사람은 없다. '참여정부'를 표방한 노무현 대통령의 경우도, 정부 내에서 책임있게 행사할 권력을 상당부분 자진해서 방기한 전례를 남기기는 했으나 정부와 비정부 분야의 진정한 파트너십을 설계할 의지도 경륜도 갖고 있지 않았다.

다른 한편 민주정부 아래서는 시민사회도 거버넌스 혁신을 위해 총력전을 펼칠 동기가 약하다. 죽기 살기로 달려들어도 될까 말까 한 일이건만 정부가 알아서 해주기를 촉구하거나 안 해줄 때 질책하는 역할에 안주하기 일쑤인 것이다.

그런 의미에서 이명박시대야말로 획기적인 시민참여 확대를 위한 절호의 기회다. 지금은 나라 다스리기의 새로운 체계를 만들지 못하면 국가 전체가 일대 혼란에 빠지고 민주화 20년의 성취, 아니 대한민국 60년의 성취마저 물거품이 될 위험에 처해 있기 때문이다. 시민사회가 다양한 분야에서 국가 거버넌스의 일부를 담당할 만한 책임성과 전문성을 함양하면서, 정당·사회단체·노동조합·종교계 들이 연대하여 입법부의 활성화, 사법부의 독립, 언론의 건전성 등을 확보할 범국민적 합의를 이끌어내야 한다. 이는 현재로서는 요원해 보이는 일이지만, 지금까지와는 다른 발상과 열성으로 연대를 추구해야 된다는 성찰이 여기저기서 이미 시작된 것 또한 사실이다.

시민참여를 획기적으로 늘리는 '거버넌스'의 개편까지 안 가고 '거번먼트' 차원에서 국정위기에 대처하는 전통적인 방법은 거국내각이다. 그러나 이따금 거론되는 박근혜 전 대표나 그 어떤 인물이 총리가 되더라도 대통령의 역할에 대한 일종의 범국민적 협약이 없는 상태라면 실제로 얼마나 힘을 쓸 것이며 도대체 그 자리를 맡으려고나 할 것인가? 이처럼 거국내각도 거당내각도 안 되다보면 한국의 이른바 보수세력에도 분화가 일어날 수밖에 없을 것 같다. 자신들의 단기적 잇속 챙기기에만 급급한 세력으로서의 정체가 만천하에 드러난 무리들과, 대한민국의 정당한 성취를 간직하고 지키려는 진정한 보수주의자들이 갈라설 때가 온다는 것이다. 당장에는 후자가 비록 소수일지라도 그들이 가세함으로써 대한민국 거버넌스의 쇄신은 큰 힘을 얻게 될 것이다.

어차피 선택은 파국 아니면 새로운 거버넌스다. 내년 봄에 대규모 군중시위가 벌어지는 일은 그 누구도 막기는 어려울 듯하며, 정권이 하기에 따라 겨울이 채 가기 전에 그런 사태가 도래할 수도 있다. 그 주력부대가 "대한민국은 민주공화국이다"를 노래하는 촛불군중일지 아니면 횃불 들기도 마다않는 배고프고 성난 군중일지는 예측하기 어렵다. 아마도 양자의 결합으로 시작되기 십상인데, 정부로서는 후자의 '불법 폭력시위'

를 오히려 선호할 가능성도 크지만 그것이 정부에 꼭 유리한 씨나리오가 되리라는 보장도 없다(졸고「선진화담론과 87년체제」,『어디가 중도며 어째서 변혁인가』, 창비 2009 참조). 어느 경우든 2008년 초여름의 별처럼 아름다운 축제마당이 그대로 재연되는 일은 없을 것 같다.

관건은 '촛불소녀'로 상징되는 발랄함과 유쾌함이 한층 절박해진 군중과의 결합을 통해 또 한번 새로운 시위문화를 창출하는 일이다. 그리고 이번에는 대중의 토론과 합의를 이어받아 언론과 여러 전문집단, 권익집단을 포함한 시민사회가 정당들과 함께 건설적으로 국정에 기여하는—단순한 시위참여가 아니라 국가 거버넌스에 참여하는—길을 마련해야 한다. 그러자면 길을 닦는 작업이 상당정도 미리 진척되어 있어야 하며, 그랬을 때 한국사회에서 국민주권과 민중자치, 그리고 한반도 분단체제의 극복이 2009년의 새로운 촛불과 함께 큼직한 발걸음을 내디딜 것이다.

물론 2009년이 종착점은 아니다. 도중의 가장 눈부신 이정표가 못 되어도 좋다. 그러나 전진이 계속됨을 실감할 때 어떤 경제위기도, 정치혼란도 견뎌낼 만해지고 이겨낼 수 있게 될 것이다.

—창비주간논평 2008. 12. 30.

덧글 (2021)

이명박정부가 나의 이 칼럼에 호응하리라는 기대는 애당초 없었지만 내가 경고한 대규모 촛불시위나 "횃불 들기도 마다않는 배고프고 성난 군중"도 나타나지 않았다. 대신 일어난 것이 2009년 벽두의 용산참사였다. 어찌 보면 정부가 선제적인 토벌작전을 시작한 형국이었다. 2004년의 노무현 탄핵 반대시위와 2008년의 미국 소 수입 반대시위에 나섰던 국민이 그런 예행연습을 마치고 전례없는 성공적 촛불대항쟁을 벌인 것은 2016

년에 가서였다. 하지만 거기까지 가는 동안 2009년 용산, 2014년 세월호, 2015년 백남기 농민의 피격(2016년 사망) 등 잇단 참사가 촛불시위를 혁명의 수준으로까지 발전시킬 결기를 심어주었다.

3. 6·15시대는 계속됩니다

존경하는 귀빈 여러분, 친애하는 6·15남측위 동지 여러분, 국민 여러분, 그리고 7천만 동포 여러분.

6·15공동선언 발표 10주년이 되는 오늘, 북과 해외의 동포들과 더불어 민족공동행사를 하지 못하고 남측위원회 단독으로 기념식을 거행하게 되어 서운하기 짝이 없습니다. 그것이 남북교류가 거의 전면적으로 단절된 사태 때문이기에 서운함을 넘어 통탄을 금할 수 없습니다. 더구나 6·15공동선언을 오랫동안 무시하고 폄하해오던 우리 정부가 최근에 드디어 선제적인 교류단절 선언까지 한 탓에 이런 사태가 야기되었다는 점에서 통탄과 더불어 분노마저 느낍니다.

그러나 여러분. 저의 결론부터 말씀드리면 6·15시대는 여전히 계속됩니다. 6·15공동선언이 민족의 장전이요 한반도 평화의 초석으로 역사에 길이 남으리라는 그런 막연한 이야기만이 아닙니다. '6·15시대'라고 할 때 저는 구체적으로, 2000년 6월의 남북정상회담으로 시작하여 아주 멀지는 않은 장래에 남북이 국가연합을 선포함으로써 1단계 통일이 달성될 때까지의 특정한 시간대를 염두에 두고 있습니다. 그런 6·15시대가 지금 한창 진행 중이라는 것입니다. 당장은 다음 시대의 갓밝이를 앞두고 어둠이 가장 짙어진 시각입니다. 그러나 한번 동이 트기 시작하면 밝은 햇살이 온누리를 덮는 것은 잠깐입니다.

사람이 시련을 겪으면서 그 깜냥이 드러나듯이 6·15공동선언의 진가도 6·15에 대한 훼손작용이 극에 달했을 때 빛을 냅니다. 천안함사건 합동조사단의 발표에 이어 지난 5월 24일 이명박 대통령이 전쟁기념관에서 발표한 특별담화는 6·15선언은 물론이고 1988년 노태우 대통령의 7·7선언 이래 20년이 넘게 진행되어온 남북화해의 온갖 조치들을 일거에 뒤엎는 내용이었습니다. 동시에 이른바 북풍을 일으켜 6·2지방선거에서 민주·평화세력에 궤멸적 타격을 안기고 분단체제 기득권세력의 일방통행을 영구화하려는 시도였습니다.

그러나 보십시오. 민심의 판결은 어땠습니까. 유권자들은 '북풍'에 흔들리지 않고 마땅히 심판해야 할 정권을 심판했으며, 독재가 아닌 민주, 전쟁이 아닌 평화를 선택했습니다. 실은 선거 전에 이미 대통령 스스로 전쟁불사론에서 뒷걸음질치기 시작했습니다. 민심에 둔감한 정권이지만 전쟁위험이 경제위기를 악화시킬 조짐 앞에서는 움찔하지 않을 수 없었던 것입니다.

이는 지난 10년간, 경제를 포함한 이 나라 국민생활이 6·15공동선언이 안겨준 평화와 남북협력을 바탕으로 영위되어왔음을 말해줍니다. 5·24담화 직후의 교류중단 조치들이 개성공단을 예외로 남겨둘 수밖에 없었던 사정도 그렇습니다. 이번 지방선거에서 이른바 '접적지역(接敵地域)'에서 오히려 야당의 진출이 두드러졌던 것은 또 무엇을 뜻합니까. 그런 지역일수록 6·15시대가 깊숙이 체질화되어 있었던 것입니다. 그러나 사실 6·15시대 이전의 대결상태에서는 대한민국 전역이 일종의 접적지역이었습니다. 그러던 중 6·15공동선언과 후속된 여러 조치들을 통해 우리는 한반도 평화정착의 첫걸음을 내디뎠고 덕분에 민주화와 경제발전이 지속될 수 있었습니다. 6·15공동선언이 당연시되던 시기에 그 고마움을 몰랐던 것뿐이지요.

6·15시대의 끈질긴 지속을 제가 확신하는 이유는 또 있습니다. 한반도를 대결의 시대로 되돌리려는 최근의 움직임이 그 어느 때보다 허술한 근거로 출발하고 있다는 점입니다. 북이 비핵화를 해야만 남북교류를 하겠다는 것은 비록 오만하고 현실성도 없는 고집이었지만 적어도 그것은 북이 핵무장을 하고 있다는 확실한 사실을 근거로 삼고 있었습니다. 그런데 5·24담화의 근거가 된 천안함의 어뢰피격설을 우리는 얼마나 믿을 수 있습니까. 한국의 중요 교역대상국이자 동반자관계를 자랑하는 나라들의 정부를 비롯하여 국내외의 전문가와 양식있는 시민들 가운데 합조단 발표에 의문을 제기하는 이들은 왜 이렇게 많습니까.

합조단 발표에 대해 제기된 의문점을 열거할 생각은 없습니다. 더구나 대부분의 관련 정보와 증거물이 공개되지 않은 상태에서 천안함 침몰의 정확한 원인 규명은 외부의 그 누구도 불가능합니다. 저 자신의 경우는, 설혹 모든 것이 공개되더라도 명확한 판정을 내릴 전문성이 없기도 하지요. 다만 이성을 지닌 한 인간으로서, 그리고 한국어의 독해에 골몰해온 문학평론가로서, 당국의 발표에 믿음이 가지 않는 게 어쩔 수 없는 사실입니다. 그리고 이런 부실한 보고 ─ 그것도 정부 스스로 중간발표에 불과함을 공언하는 보고 ─ 를 바탕으로 남북 간의 모든 합의를 뒤엎고 북에 대한 적대행위를 불사하겠다는 방침에 이의를 제기하지 않을 수 없습니다. 이는 진보와 보수를 떠나 이성과 상식을 존중하는 인간의 기본 임무요 교양인 것입니다.

며칠 전 감사원의 감사결과 발표도 같은 기준으로 봐야 합니다. 정부의 대응과 합조단 발표에 불만이 쌓인 상태에서 군 당국의 태만과 허위를 지탄하고 상당수 장성의 징계를 요구한 조치가 일종의 카타르시스를 제공할 수는 있습니다. 그러나 본질은 어디까지나 합조단 발표내용의 진실성 여부입니다. 어째서 실물증거나 정황증거에 그토록 어긋나는 발표가 이루어졌으며 만약에 발표가 조작이라면 누가 어떻게 그런 엄청난 짓을 했느냐를 감사해야 하는 것입니다. 사고 시각에 최고위급 장성이 술에 얼마나 취해 있었느냐는 것은 부차적인 문제지요. 설혹 만취했던 게 사실이라도 당자의 그날 일진(日辰)이 고약했던 것으로 돌리고 적당한 징계조치를 취하면 그만입니다.

합조단의 중간발표가 진실이라는 대전제로 감사를 진행하다보니 감사원 발표는 새로운 의혹을 낳을 수밖에 없었습니다. 가령 당시에 북측에 특이동향이 있는데도 없다고 보고서를 '조작'했다고 했는데, 그렇다면 특이동향이 없었다고 발표한 미군 당국도 감사해야 하는 것 아닌가요? 어뢰피격 사실을 국방장관은 4월 4일에야 알았고 대통령이 언제 알았는지는 잘 모르겠다고 감사원장이 국회에서 진술했는데 이런 부실한 감사를 한 감사원은 누가 감사해야 하나요?

감사원 발표에 대해서도 제기된 의문들을 여기서 다 들먹일 생각은 없습니다. 거듭 말씀드리지만 저 자신은 기본적인 상식과 한국어의 독해에 대한 약간의 능력 말고는 아무런 전문성도 없는 일개 시민으로서 말씀드리는 것뿐입니다. 그러나 이 자리에서 이런 문제제기를 하는 것은, 6·15시대가 우리 삶의 일부로 체질화된 결과 이제는 과도한 무리수를 두지 않고서는 6·15정신을 파괴할 수 없다는 자신감을 우리가 가져야 하겠기 때문입니다.

어쨌든 위기에 처한 6·15정신을 지켜내고 6·15시대의 순조로운 진행을 복원하는 일차적 임무는 우리 남측 국민들에게 있습니다. 지금이야말로 남녘의 민간사회가 한반도문제 해결의 '제3의 당사자'라는 분명한 자기 인식을 갖고, 남과 북 어느 당국에도 예속되기를 거부하면서 남녘 시민으로서 남측 정부의 행태부터 바꾸어나가는 데 주력할 때입니다.

이 과정에서 6·15공동선언실천 남측위원회는 한편으로 민족공동위원회의 일원이라는 독보적 위상과 다른 한편으로 남녘 비정부단체로서 불가피한 한계도 아울러 지닌 특이한 존재입니다. 지금은 5·24담화의 직접적인 피해자의 하나로서 6·15선언 10주년기념 공동행사조차 개최 못할 만큼 많은 어려움에 처해 있기도 합니다. 그러나 오늘의 현실과 우리 자신의 입지를 냉철히 직시하면서 6·15공동선언 실천을 위해 정성과 슬기를 모아간다면 머잖아 6·15시대의 보람찬 결실을 보리라고 확신합니다. 감사합니다.

—6·15공동선언 10주년 6·15남측위원회 기념식 명예대표 격려사, 2010. 6.

4. 2010년의 시련을 딛고 상식과 교양의 회복을

2010년의 한국사회는 유달리 시련이 많았다는 느낌이 든다. 어쩌면 지난 11월 23일 연평도 포격사건 이후의 한달 남짓 동안 슬퍼하고 분노하며 불안해할 일이 넘쳐났기 때문에 그런지도 모른다.

연평도사건 자체로 말하면, 그 이유와 경위가 무엇이건 남쪽 땅에 대한 북측의 의도적인 포격은 충격과 분노를 안겨주었다. 게다가 남측의 초기 대응이 너무 어설픈 게 불안했고, 뒤늦게 '전면전 불사'를 외치며 위기를 키워가는 방식이 도리어 불안을 키우고 분노마저 자아냈다.

12월 8일에는 국회 한나라당 의원들이 안보위기를 틈타 예산안 등의 날치기 통과를 감행했다. 권력분립과 법치주의가 완전히 짓밟혔고 민주주의의 위기라는 말을 또 한번 실감할 수 있었다. 날치기는 4대강사업과 이른바 '친수구역법(親水區域法)'이라는 관련 악법의 추진이 가장 큰 동기였던 모양이다. 이로써 자연파괴는 물론 법치와 민주주의의 파괴도 가속화할 전망이다. 그런가 하면 정부가 자랑하는 신속한 경제회복은, 그 자체를 의문시하는 일부 전문가들의 견해를 차치하고도, 서민생계에 대한 위협과 일자리 부족을 개선하지 못했다. 아니, 변변한 일자리를 가진 층에서도 자녀 양육비와 사교육비 부담을 못 이겨 '출산 파업'이 지속되고 있는 실정이다.

남북관계에서는 이명박 대통령 스스로 11월 29일 담화에서 북한의 자발적 핵포기 가능성을 배제했으니 '비핵·개방 3000' 정책의 실질적 파탄을 자인한 셈이다. 이제 남은 것은 전쟁 아니면 상시적 위험 속에서 북한이 무너져주기만을 기다리는 일인가.

'천안함'이라는 전환점, 그리고 '연평도'와의 함수관계

연평도 공격의 배경에 남북 간에 쌓여온 적대관계가 있다는 점은 누구나 인정한다. 이명박정부 출범 이후 긴장상태는 더러 기복을 거치면서도 지속되어왔다. 그런데 '긴장'을 '적대'로 확연히 바꿔놓은 것이 지난 3월의 천안함사건이었다. 따라서 오늘의 상황을 제대로 판단하기 위해서도 그 전환점으로 되돌아가 차분한 복기(復棋)를 해볼 필요가 있다. 올바른 대응은 정확한 상황인식으로만 가능하기 때문이다.

연평도사건 이후 북이 천안함 공격도 했으리라는 대중적 정서가 크게 늘어났다. 동시에 정부 발표에 의문을 제기하는 인사가 '친북좌파'로 몰릴 가능성도 한결 높아졌다. 그러나 천안함의 진실 자체가 대중의 정서나 정치논리로 결정되는 것은 아닐 테다. 그것은 어디까지나 사실의 영역이요 이성과 논리에 따라 식별할 문제인 것이다.

천안함 침몰의 진상에 관해서는 불행히도 아직 과학과 이성의 검증을 거쳐 합의된 결론이 없다. 이른바 민군합동조사단 발표는 과학계의 검증을 통과하지 못했고, 다른 한편 외부의 과학자들은 자료에 대한 접근이 제약된 상태에서 독자적인 진상규명이 불가능했다. 따라서 '연평도'와 '천안함'의 함수관계도 아직은 정답풀이가 불가능하다. 다만 복수의 가설을 놓고 그에 따른 결론을 추정할 수 있을 뿐이다.

알기 쉽게 두개의 가설만 상정해보자. 가설 A: 설혹 합조단 발표가 허점 투성이라 해도 천안함이 북한의 공격으로 침몰한 것은 맞다. 가설 B: 진상의 전모가 무엇인지 몰라도 북한에 의한 천안함 공격은 없었다.

A일 경우 연평도사건은 무엇을 말해주는가. 첫째, 천안함을 격침한 북한군이 이번에 또 연평도를 포격했다면 이는 그야말로 참을 수 없는 도발행위다. 게다가 포격으로 해병 둘 죽이고 민가 몇채 불태우고서 그토록 의기양양해하는 자들이 신출귀몰하는 수법으로 천안함을 격침하고 46명의 해군을 수장시키는 혁혁한 전과를 올렸다고 자랑함직한 대목에서는 기어코 안 했다고 잡아떼었으니, 이런 정권은 거의 정신이상 수준의 범죄 집단이 아닐 수 없다.

또한 가설 A가 맞는다면 우리 군의 대응도 단지 안이하고 무능한 것을 넘어 거의 범죄 수준이 된다. 북의 공격으로 천안함이 침몰하고 수많은 인명이 희생되고 온 나라와 국제사회가 발칵 뒤집혔었는데, 연평도 공격 계획을 8월에 감청(監聽)하고도 상투적인 헛소리거니 하며 무방비로 있다가 당했다면 세상에 이런 군대가 어디 있단 말인가. 국방장관 경질로 끝낼 일이 아니고 군 수뇌부의 대대적인 개편이 따라야 할 사태다.

반면에 가설 B를 따른다면 한국군의 대응이 얼마간 이해되는 바 없지 않다. 북이 천안함을 공격하지 않았다는 사실을 적어도 정부의 핵심관계 자와 군 수뇌부는 알고 있었을 테니 8월 감청의 결과를 듣고도 상습적인 위협에 불과하다고 생각했을 수 있는 것이다. 물론 그렇더라도 중대한 판단착오임이 분명하고 사건발생 당시의 무기력한 대응에 대한 책임을 물어야겠지만, '이건 군대도 아니다'라는 오명을 쓸 정도는 아니다.

가설 B에 의하면 북측 정권에 대해서도 A의 경우와는 꽤나 다른 인식을 하게 된다. 남한 영토에 대한 포격이 정전협정과 남북기본합의서 위반이요 용인 못할 도발인 점은 여전하지만, 저들 나름의 치밀한 운산을 수행한 결과일 확률이 높아진다. 남북정상회담 이야기까지 나돌던 상황이 천안함 침몰을 계기로 일거에 적대관계로 바뀌면서 국제사회에서 범죄자로 낙인찍힐 위험에 처했고 각종 고강도 한미군사훈련이 지속되어온 끝에, 드디어 그들 나름의 계산된 승부수를 던진 형국인 것이다. 그 결과도 일방적인 손실만은 아닌 셈이다. 남한 국민의 인심을 잃은 것이 무엇보다 큰 손해지만, 그런 장기적 고려는 원래 북측 당국의 셈법에서 큰 비중을 갖지 않는다. 그것보다는 내부 결속을 강화하면서 서해지역을 확실한 분쟁지역으로 국제사회에 각인시키는 데 성공했고 대미교섭에서 ─ 남한군의 무력시위에 대한 대응 자제와 평양에 온 리차드슨 뉴멕시코주 지사와의 합의들도 겹쳐 ─ 새로운 계기를 만들었다는 점을 자축하고 있기 쉽다.

2011년, 상식과 교양의 회복을 시작하는 해로

위의 두가지 추론 중 어느 것이 더 타당하다고 생각할지는 각자 소신과 양식에 따라 판단할 문제다. 그러나 잊지 말 것은, 그것이 어디까지나 A와 B라는 양립 불가능한 전제에서 각기 출발한 추리이며 둘 중 어느 전제가 맞는지는 철두철미 사실 차원의 문제라는 점이다.

물론 세상사를 모두 과학에 맡길 수는 없다. 예컨대 진실규명 이후의 상황에 어떻게 대처할지는 과학만으로 결정할 수 없으며, 과학의 진실이 무시되는 상황을 어떻게 돌파할지도 자연과학 이상의 교양과 실력을 요한다. 그러나 과학의 영역을 넘어서 해야 할 일을 하되 과학의 영역에 속하는 사안에서 과학의 권위를 인정하는 것이야말로 인문적 교양이요 자기 삶의 주인이 되고자 하는 민주시민이 갖춰야 할 요건이다.

아무튼 천안함 침몰의 원인이 어뢰공격이었느냐 좌초였느냐 기뢰폭발이었느냐 또는 좌초 후의 2차 사고였느냐 하는 물음 자체는 오로지 물리학, 화학 등 자연과학으로 규명할 일이다. 거기에는 좌도 우도, 진보도 보수도 있을 수가 없는 것이다. 그런데도 이 문제가 정치논리와 사상공방에 휘둘린 것은 2010년 한국이 겪은 뼈저린 좌절의 하나였으며, 정부나 국회, 언론계뿐 아니라 우리 지식계 전반에 걸쳐 교양의 얄팍함을 드러낸 사건이었다.

동시에 2010년의 한국사회가 무교양·몰상식으로 일관하지는 않았다. 신상의 불이익을 감수하며 진실규명에 용감하게 나선 개인들의 헌신이 있었고 이들에 호응한 수많은 누리꾼들과 익명의 과학자들이 있었다. 무엇보다 6·2지방선거에서 이 땅의 평범한 시민들은 의도적으로 조장된 '북풍'을 잠재우고 이명박정부에 엄중한 경고를 보냈던 것이다.

그런데 정작 어려운 일은 천안함의 진실이 밝혀졌을 때가 아닐까. 가설 A와 B 중 어느 쪽이 진실이라도 사태는 우리가 흔히 생각하는 것보다 훨씬 심각하다. A가 맞더라도 전쟁은 안 된다는 명제는 여전히 유효하지만, 범죄적일뿐더러 예측불능인 북한정권이 핵무기마저 보유한 이 위험천만한 사태를 어떻게 관리할지가 난감하기 그지없다. 반대로 B의 경우처럼 북한의 공격이 없었는데 우리 정부 스스로 그런 엄청난 왜곡과 조작마저 저질렀다면 이 또한 너무도 심란하고 위험천만한 일이다. 사태를 호도하기 위한 또다른 무리수도 배제할 수 없으려니와, 우리 손으로 뽑은 정부가 너무 빨리 너무 심한 권력누수 현상에 빠지는 것도 결코 바람직한 일은 아니다. 일반시민들의 건전한 상식과 보수·진보의 낡은 틀을 넘은 각계의 합리적 역량이 결합함으로써 위기국면을 수습하고 새로운 도약을 이룩해야 할 대목이다.

1987년 이래의 한국사회는 선거를 통한 권력교체의 공간이 열려 있는 사회이니만큼 2012년의 총선 및 대선과 연계해서 생각하지 않는 '새로운 도약'은 현실성이 부족하다. 그러나 2011년에 각계각층에서 상식과 교양의 회복을 시작하고 국정체계 개편을 준비함이 없이는 2012년에도 큰 성과를 기대하기 어려울 것이다. 무엇보다 연합정치의 소중함에 대한 지방선거의 교훈을 달라진 여건에 맞게 살리는 지혜가 필요하며, 여기에는 그동안 선거와 무관하게 우리 사회 곳곳에서 무르익어온 새로운 기운이 응당 반영돼야 한다. 4대강사업에 저항하는 종교계와 시민사회의 분발만 해도 아직 정부 방침을 바꾸는 데는 성공하지 못했지만 우리 사회의 체질을 바꿔놓고 있으며, 바닥 민중의 생존권을 위한 싸움이 기륭전자 노동자나 KTX 승무원들의 소중한 승리를 기록한 것도 그 외형적 규모로만 따질 일은 아니다.

그러고 보면 2010년은 좌절도 많았지만 성취 또한 만만찮은 한해였다. 나 자신은 새해에 우리가 그 좌절과 성취를 딛고 어느 해 못지않은 진전을 이룩하리라는 꿈에 부풀어 있다.

—창비주간논평 2010. 12. 30.

5. '김정일 이후'와 2013년체제

김정일 국방위원장의 갑작스러운 타계는 한반도 전체로서도 큰 사건이다. 평소에 한반도에 관심이 적은 서방 언론도 이를 대대적으로 보도했고 '김정일 이후'가 어떻게 전개될지 많은 논평을 쏟아냈다. 후속 김정은시대가 어떤 양상일지 누구나 궁금해할 법하다.

그런데 이런 궁금증도 있다. 북녘의 지도자 교체와 남녘에서의 2013년체제 중 어느 것이 더 큰 변수가 될까. 북녘 동포들로서야 영도자의 급서(急逝)가 당연히 최대의 사건이겠지만, 한반도 전체의 장기적 전망에서는 2013년체제의 성패, 곧 1987년 6월항쟁으로 한국사회가 한번 크게 바뀌었듯이 다음 정부가 출범하는 2013년을 그에 못지않은 새로운 전환점으로 만들 수 있을 것인지 여부가 한층 중요할지도 모른다는 것이다('2013년체제'에 관해서는 『실천문학』 2011년 여름호에 수록된 졸고 「'2013년체제'를 준비하자」; 졸저 『2013년체제 만들기』, 창비 2012 참조).

최고지도자의 급서와 '급변사태'를 구별해야

그런 생각을 하게 되는 것은 지도자의 급서가 곧 나라의 급변사태로 이어지지 않을 씨스템을 북측이 마련해놓았음이 점차 뚜렷해지고 있기 때문이다. 그 씨스템이 민주적이냐 아니냐 하는 것은 별개 문제다. 오히려 왕조적 성격이 두드러진다. 매들린 올브라이트(Madeleine Albright) 전 미 국무장관의 회고록에는 김정일 위원장이 태국의 입헌군주제에 많은 관심을 표명했다고 나온다는데, 북조선체제가 형식과 내용 모두 태국과 거리가 멀지만 김정일에서 김정은으로의 교체가 연로한 국왕의 승하(昇遐)를 대비하여 책봉해두었던 왕세자의 등극과 흡사한 면이 있는 것이 사실이다. 이런 대비에 주목했더라면 너무 쉽게 '급변사태'를 예단하지 않았을 것이다.

북측 체제의 '왕조적 성격'에 유의한다면 김정은 당 중앙군사위 부위원장의 나이가 어리다거나 후계연습기간이 아버지 때보다 짧았다는 사실도 당장에 큰 문제를 일으킬 것 같지 않다. 첫번째 세습의 경우는 국조(國祖)에 해당하는 김일성 주석의 비중이 워낙 크고 그의 죽음이 워낙 갑작스러운데다 공산주의혁명을 표방하고 건설된 국가의 '왕조적' 변형을 처음으로 확인하는 과정이었기 때문에 더 많은 준비가 필요했고 어쩌면 더 큰 진통이 따랐을지 모른다. 반면에 3대 세습은 김일성 가문(이른바 '백두혈통')이 아니고는 최고지도자의 지위에 오를 수 없음이 통념화된 사회에서 2대 세습으로 이미 닦아놓은 길을 따라 진행되는 사건인 것이다.

다른 한편, 같은 유일체제라도 김일성과 김정일의 권력이 달랐듯이 김정은체제도 많든 적든 변용을 거쳐 형성되리라 보는 게 옳을 것이다. 김정일 위원장이 절대권력을 휘둘렀다고 하지만 선대와는 달리 그는 '수령'도 '주석'도 아닌 지위에서 '선군정치'라는 군부와의 일정한 타협을 전제로 권력을 행사했다. 마찬가지로 김정은이 왕년의 일본 천황을 방불케 하는 신성불가침의 존재로 옹립되더라도 그의 실질적인 통치는 당과 군 엘리트집단과의 또다른 관계 속에 진행될 가능성이 높다. 그 새로운 씨스템이 얼마나 현실에 적합하며 '대장 동지' 자신이 얼마만큼의 정치력을 발휘하느냐에 따라 김정은시대의 명운이 갈릴 것이다.

2013년체제 건설이 핵심 변수인 이유

아무튼 김정일 위원장의 육체적 생명에 대한 불확실성을 곧 북측 체제의 '급변사태' 가능성과 동일시하던 씨나리오가 퇴색하면서 한반도 정세의 '불확실성'이 도리어 감소한 면이 없지 않다. 동시에 남한 민중이 2013년체제를 건설하느냐 못하느냐는 변수의 비중이 그만큼 더 커졌다고 말할 수 있다.

기본적으로 그 비중은 남북한의 국력 차이와 무관하지 않다. 남북은 경제력과 국제사회에서의 영향력이 너무나 차이가 나기 때문에, 결국 남쪽 사회가 어떤 선택을 하느냐가 더 큰 무게를 갖게 마련인 것이다. 이런 원론적 고려를 떠나서도, 그동안 이명박정부가 한반도 정세를 꼬이게 만드는 데 얼마나 결정적인 역할을 했는지를 돌이켜보면 '한반도문제에서 한국정부의 주도력'을 실감할 수 있다(한반도평화아카데미 2011. 11. 1. 강의 「2013년체제와 포용정책 2.0」, 『2013년체제 만들기』 제8장 참조).

물론 북에서 급변사태가 실제로 일어난다면 이야기가 달라진다. 그리고 먼 장래에 어떤 상황이 벌어질지야 누가 알겠는가. 하지만 중기적으로도 북의 급변사태를 방지하려는 중국의 의지와 능력에 큰 변동이 없을 터인데, 지금은 내부적으로 비교적 질서정연한 승계작업이 진행되는 모양새이고, 중국뿐 아니라 미국, 러시아, 일본이 모두 행여나 순탄한 진행이 안 될까봐 일제히 '안정 최우선'을 부르짖고 나오는 형국이다. 심지어 이명박정부도, 특유의 무정견(無定見)과 무교양(無敎養)을 드러내긴 했지만, 결과적으로 안정유지를 선택한 것이 분명하다.

남한 바깥의 변수로 말하면 오히려 2012년 미국 대선에서 공화당 후보가 당선될 가능성이 더 걱정거리다. 후보지명전에 나선 인사들 중에 심지어 온건파라는 롬니 매사추세츠주 지사조차 극우적인 공약을 남발하고 있기 때문이다. 하지만 최악의 경우로 공화당이 집권하더라도 2013년체제가 아주 불가능해질 것 같지는 않다. 조지 W. 부시가 당선된 2000년대 초와 달리, 현재 미국은 국가경제가 거의 거덜나고 국제무대에서의 영향력이 현저히 약화된 상태이며, 이런 판국에 합리적인 국가경영을 아예 포기한 듯한 정강정책을 내걸고 당선된 대통령이 한반도와 동북아에서 부시와 같은 완력을 행사하기는 어려울 것이다. 한국 국민이 2012년에 새 출발을 선택했을 때 훼방을 놓고 애를 먹일 수는 있을지언정 완전히 좌절시킬 수는 없으리라 본다.

2013년체제 건설에서의 북한 변수

여기저기서 논의와 공부가 진행되고 있듯이 2013년체제는 한국사회의 일대 전환을 기약하고 있다. 87년체제에서의 민주화가 새로운 단계로 약진하면서 그간의 극심한 양극화 경향을 반전시키고 국가모델을 생명친화적인 복지사회로 바꾸며 정의·연대·신뢰 같은 기본적인 덕목을 존중하는 사회분위기를 재생하는 등의 과제를 설정하고 있다. 이때 핵심적 의제의 하나이자 어떤 의미로는 여타 의제의 성공을 좌우할 것이 분단체제극복 작업의 획기적 진전이다.

'극복작업의 획기적 진전'이지 완전한 '해소'를 주문하지 않는 것은 1953년의 한국전쟁 휴전 이래 굳어져온 분단체제의 온전한 극복은 아직 먼 길이기 때문이다. 그렇다 해도 2013년체제 성공의 한가지 전제가 정전협정을 평화협정으로 대체하는 작업인 것만은 분명하다. 새 정부가 그것조차 해내지 못한다면 87년체제의 민주개혁 작업을 발목 잡던 세력을 제어하기 힘들 것이다. 물론 평화협정만 해도 결코 쉬운 일은 아니고, 북측의 동의와 주변국 특히 미국의 동조가 필요하다. 6자회담이 재개되고 핵문제 해결에 최소한 상당한 진전을 보이면서 남북 간 및 미북 간의 신뢰가 쌓여야 가능하다. 그러나 이 모든 것은 '김정일 유훈'의 범위 안에 있는 것으로, 북측도 김정은시대의 안착을 위해 마땅히 추구할 일들이라 생각된다.

반면에 남북연합 건설이라는 2013년체제의 더 큰 목표는 좀 다른 차원이다. 이것도 김정일 위원장의 유산인 6·15공동선언에 포함된 것이고 실제로 10·4선언을 통해 그 준비에 시동이 걸렸지만, 정작 남북연합을 수용하려면 새로운 전략적 결단이 필요할 것이다. 김정은체제가 그럴 의지와 실력을 갖게 될지는 현재로서 미지수인데, 주변여건이 개선되고 특히 남쪽 국민이 북과의 화해와 협력을 확실히 선택하여 지혜롭게 추진할 경우 새 대통령의 임기 내 실현이 반드시 불가능한 것도 아니리라 믿는다.

어쨌든 이명박정부의 남은 기간에라도 대북지원과 금강산 관광을 재개하는 것이 급선무다. 경제협력을 확대하고 고위급 접촉을 진행하여 '북한변수'를 대한민국의 이익과 한반도 대다수 주민의 염원에 부합하는 방향으로 관리해야 한다. 그렇게 한다면 정권의 불명예가 그나마 덜어지고 87년체제의 극복이 그만큼 순조로워질 것이다. 반면에 그것조차 못한다고 하면 정권교체를 통해 새 체제를 출범시킬 필요성이 더욱 커질 따름이다.

2013년체제는 오고 있다

2013년체제가 다가오는 징후는 2011년 한국의 도처에서 나타난 바 있다. 무엇보다 지난 10월의 서울시장 보궐선거와 '안철수현상'이 그랬고, 한진중공업에서 309일간의 고공농성을 해낸 김진숙씨가 희망버스를 비롯한 범사회적 지원을 업고 생환할 수 있었던 것 또한 그런 징후의 일환일 것이다. 변화의 중심에 SNS라는 새 매체를 통해 전에 없이 긴밀히 연결되고 소통하는 대중이 있음은 여러 분석가들이 지적하는데, 이들 대중이 여차하면 오프라인에서도 움직일 태세가 되어 있다는 사실이 결정적이다. 여기에 김정일시대의 종언은 어쨌든 변화가 불가피함을 다시금 일깨워주었다. 북에서도 '재스민혁명'이 임박했다는 허황된 기대가 아니라, 남한의 수구세력이 북녘 사정을 정확히 파악하고 분단현실을 슬기롭게 관리할 능력이 태무함을 재확인해줌으로써 시대전환에 대한 우리 국민의 욕구를 더욱 자극하고 있는 것이다.

여당의 유력한 대선후보인 박근혜 의원이 당 비상대책위 위원장으로 때 이르게 전면에 나선 것도 2013년체제를 예감케 하는 징후가 아닐까 싶다. 어차피 '이명박 계승'을 내걸고 선거를 치를 수 없다는 것은 삼척동자도 아는 바였고, 따라서 박위원장이 언젠가 나서는 것은 예견된 수순이었다. 그러나 대통령과 거리를 두면서도 좀더 오래도록 신비의 베일 속에 머물다가 총선이 임박해서 혜성처럼 나타나는 것이 애초의 전략이었을 것으로 짐작되는데, 급변하는 세상은 그런 우아한 이미지 정치를 더는 용납하지 않은 것이다. 그는 결국 서울시장 선거에서 마지못해 나경원 후보 지원에 나섰다가 상처만 입었고, 비대위 위원장으로서의 '조기등판'조차 우여곡절을 겪어야 했다. 어쨌든 에이스의 구원등판으로 접전의 양상은 달라졌다. 앞으로 박근혜체제가 실제로 소통과 문제해결 능력을 보여주며 4월 총선을 승리로 이끈다면 그의 대선 전망도 한결 밝아질 것이다. 반면에 그러지 못할 경우 대선승리를 위한 여당의 최대 카드가 일찌감치 무력화되기 쉽다.

야권이 분열로 패배를 자초할 가능성도 엄연히 남아 있다. 그동안 민주통합당과 통합진보당의 출범으로 각기 부분적인 통합을 이루었고 최소한 연합 대상정당의 '개체 수'를 줄이는 성과를 확실히 거두었다. 하지만 이들 두 당의 추가통합 내지 선거연대는 여전히 장담 못할 일이다. 국회의원 선거에서 다른 당끼리 연합한다는 것은 공동정부를 전제로 대통령후보를 단일화하는 일보다 몇배나 어렵기 때문이다. 더구나 어느 정당도 지지하지 않는 유권자들의 위력을 상징하는 '안철수현상'이 추가변수로 남아 있는데, 연대조차 못하는 야권이 그들을 끌어들이기는 힘들 터이다.

관건은 역시 2013년체제다. 얼굴을 바꾸고 'MB와의 차별화'에 성공한 구 집권세력으로 만족할 것인가, 아니면 남한에서뿐 아니라 남북이 공유하는 획기적인 새 시대로의 전환을 이룩할 것인가. 어렵지만 가슴 벅찬 모험의 길을 향해 다수 국민들이 열성과 지혜를 모으기만 한다면 총선이라는 최대의 난관을 돌파하는 현실적인 방안을 마련하지 못할 이유도 없다. 정치권의 타성과 작은 이익 챙기기가 한결 발붙이기 어려워지는 동시에, 분단체제 속에 살면서 너무 완벽하고 상큼한 해결책을 기대하는 것도 또다른 타성임을 국민들 역시 냉철하게 인식하게 될 것이기 때문이다.

누구보다 우리들 하나하나가 2013년체제 도래의 징후에 마음을 열고 신심에 찬 노력을 지속할 일이다. "겨울이 오면 봄이 멀리 있으랴?"고 영국의 시인 셸리가 노래한 바 있는데(「서풍에 부치는 노래」, 1819), 우리는 표현을 약간 바꾸어, "봄이 다가오는데 겨울이 오래 버텨낼 수 있으랴?"고 읊어봄직하다.

—창비주간논평 2011. 12. 28.

6. '희망 2013'을 찾아서

연말에 치러진 대통령선거에서 박근혜 새누리당 후보가 당선되었다. 헌법에 따른 국민의 결정이니만큼 존중해 마땅하고 승자에게 축하를, 패자에게는 위로를 전하는 것이 도리다. 그중 내 마음이 먼저 가는 곳은 아무래도 패배의 아픔과 허탈감에 젖은 이들께 공감과 위로를 전하는 쪽이다.

국민은 훌륭했다

그분들이 '우리 편'이었기 때문만은 아니다. 정의가 어느 한쪽의 독점물일 수야 없지만, 정의감이 드높고 사익보다 공익을 앞세우며 불안하더라도 희망찬 미래를 선택하겠다는 사람들이 패배한 편에 훨씬 많았다고 믿기 때문이다. 실제로 그들은 좌절 속에서도 희망을 만들어냈다. 분단체제의 기형적인 정치지형임에도 야당 후보는 DJP연합이나 노무현·정몽준 단일화 같은 이질적 세력의 도움 없이 투표인구 48%의 지지를 받았고 1470만표라는 기록적인 득표를 했다. 민주통합당이 잘해서가 결코 아니었다. 문재인 후보 또한, 비록 차출된 정치신인으로서 최선을 다한 것은 사실이지만, 정치력이나 개인적 득표력이 탁월하달 수 없었다. 오로지 그를 찍는 것이 대의에 더 부합한다고 수많은 사람들이 판단해서 만들어낸 성과인 것이다.

국민들이 훌륭했기에 패배는 더욱 쓰라리다. 정치권 안팎을 막론하고 사회의 지도적인 위치에 있다는 사람이라면 국민에게 사죄하는 마음을 먼저 가져야 한다. 자신부터 반성하고 성찰할 일이며, 서로의 아픔을 최대한으로 달래주려 노력할 때이다. 특히 아픈 정도를 넘어 삶 자체를 버리고 싶은 절망감에 빠진 분들이 ─ 실제로 며칠 사이에 5명이 절망 속에 죽어갔다 ─ 어떻게든 참고 견딜 수 있도록 공감과 위무의 손길을 뻗어야 할 터이다.

한마디 덧붙인다면, 90% 안팎의 높은 비율로 정권교체를 지지하고도 좌절한 데 더해 영남지역의 '묻지마 새누리당' 투표를 정당화하는 구실로 들먹여지는 호남인들에게도 특별한 위로를 전해야 옳을 것 같다. 지난 총선 때 영남의 67개 의석 가운데 새누리당 아닌 후보가 당선된 곳이 고작 3군데(전체의 5% 미만)인 데 비해 호남 30석 중 4석(전체의 13% 남짓)이 비민주당인 사실에서도 보듯이, 호남은 민주당의 전통적 아성이면서도 '묻지마 민주당'과는 거리가 엄연하다. 이번 대선에서도 민주당보다 무소속 안철수 후보에 대한 지지가 더 높았던 곳인데, 그럼에도 불구하고 정권교체의 대의를 위해 부산 출신 문재인 후보에게 대대적인 지지를 보냈고, 결과적으로 '경상도보다 전라도가 더 심하지 않냐'는 힐난까지 듣게 된 것이다. 지역 간 통합과 화해를 위해서도 정확한 인식과 진심어린 위로가 필요한 대목이다.

승자에 대한 기대와 주문
아무튼 박근혜 당선인에 대한 축하에 인색할 생각은 없다. 사실 이명박 대통령이 당선됐을 때 나는 당선 직후의 신년칼럼에서부터 새 정부와 각을 세우기를 마다하지 않았다(「대선 직후에 서둘러 할 일들」, 『창비주간논평』 2007. 12. 30). BBK와 도곡동 등 엄중한 도덕성 문제가 걸려 있어서만은 아니었다. 당선인의 주된 정책 대부분이 결코 그대로 실현되게 방치해서는 안 될 성격이었기 때문이다. 한반도 대운하 기획이 그랬고, 남북관계의 파탄을 불러올 게 뻔한 '비핵·개방 3000'이 그랬으며, MB판 '줄푸세'에 해당하는 '비즈니스 프렌들리' 친재벌노선이 그랬다.

박근혜 당선인의 경우는 그 점에서 퍽이나 대조적이다. 그는 야당과 시민사회가 주장해온 갖가지 의제들 ─ 정치쇄신, 복지와 경제민주화, 남북관계 개선, 국민통합 등 ─ 을 자신이 실행하겠노라고 약속했다. 심지어 '단순한 정권교체를 넘어 시대교체를 이룩하겠다'고까지 했다. 아, 이건 바로 '2013년체제론' 아닌가! 그런데도 솔직히 나는 기쁘다기보다 기가 찬 느낌이었고, 박후보 지지세력의 체질이나 후보 자신의 성향으로 보아 그 좋은 공약들이 실현될 수 있으리라 믿을 수 없었다. 하지만 당선이 되고서 '약속 대통령'이 되겠다고 공언하는 마당에 실패를 예단하고 미리 악담을 할 이유가 없다. 대통령의 실패가 나라에 도움이 될 것도 아니다.

실제로 과반수 득표로 당선됐고 여당이 국회의 과반수 의석을 확보한 상황에서 대선 공약의 이행은 대통령의 의지에 크게 달린 문제다. 특히 야당의 공약과 겹치는 대목이 많은 걸로 아는데, 이런 공약들을 초당적 합의로 처리한다면 굳건한 사회적 토대로 남을 수 있다. 남북관계 개선만 하더라도 야당은 정부가 더 많이 나가주기를 바라는 형국이니만큼, 박후보가 공약대로 남북대화와 인도적 대북지원을 재개하면서 신뢰를 쌓아 북측 최고지도자와의 만남까지 성사시킨다면, 이는 보수진영 출신 대통령의 이점이 최대한으로 발휘된, '국민적 동의에 기반한 남북관계 발전'이 될 것이다.

물론 대통령이 알아서 잘해주겠지 하고 기다리는 것은 민주시민의 자세가 아니다. 일단 대통령으로 뽑았으니 무조건 돕고 봐야 한다는 것도 진정한 나라사랑과는 거리가 멀고 오히려 노예근성의 발로일 수 있다. 공약 가운데 좋고 나쁜 것을 엄격히 가리고, 좋은 공약의 확실한 이행을 다그치며, 그 약속을 뒤집거나 나쁜 공약을 실행하려는 시도를 매섭게 비판해야 한다.

걱정스러운 것은 이런 작업의 큰 몫을 맡은 제1야당이 아직 혼미상태인데다 시민사회에서 그런 기능을 일차적으로 떠맡은 언론계와 지식인사회의 풍토가 이명박정부 5년을 거치면서 극도로 황폐해져 있다는 점이다. 선거를 앞두고 김종엽(金鍾曄) 교수가 지적했듯이, "이명박정부는 자신이 원하는 것을 이루기 위해서 이미 축적된 민주화의 제도적·문화적 성과를 무너뜨리는 작업을 해야 했던 데 비해, 만일 당선된다면 박근혜는 그런 '수고'조차 할 필요가 없이, 이명박정부가 잘 닦아놓은 역진(逆進)의 길 위에 있는 셈이다."(김종엽 「아직 깨지지 않은 박근혜에 대한 환상」, 『창비주간논평』 2012. 12. 17) 이번 선거의 민의가 박근혜 대통령이 그리 해도 좋다는 신호라고는 보기 어렵다. 하지만 당선인 본인이나 선거철을 맞아 더욱 거침없이 활개치고 나선 고비용·저품질 인생들이 그렇게 오해할 소지는 충분하다. 역진을 막기 위한 시민사회의 지루한 진지전과 때로는 불꽃 튀는 기동전이 불가피할 듯싶다.

'희망2013'의 또다른 의미

원래 '희망2013'은 '승리2012'를 전제한 구호였다. 그것은 그런 전제조건이 달성되었더라도 실현이 담보되는 목표는 아니었는데, 선거승리조차 못했으니 '희망2013'은 실종의 위기에 처했다 해도 과언이 아니다. 하지만 정말 실종한 것인가? 바깥에서 실컷 두들겨맞고 집에 들어와서는 '정신적 승리'를 주장하는 아Q(루 쉰의 소설 주인공 阿Q)처럼 돼서는 곤란하지만, '승리2012' 이후에도 '희망2013' 작업이 험난할 수밖에 없었을 터였듯이 패배 이후의 '희망2013' 또한 완전히 사라졌다기보다 한층 복잡해지고 다소 흐릿해졌을 따름이 아닐까?

물론 2013년 새 정부 출범과 더불어 '2013년체제'의 건설이 힘차게 시작되리라는 꿈은 접어야 한다. 그러나 벌써부터 '희망2018' 또는 '승리2017'로 쉽게 목표를 바꾸는 대선 위주의 발상에 빠지다보면, '승리2012'에 집착한 나머지 선거승리마저 놓친 2012년의 실패를 되풀이할 위험이크다. '희망2013'의 남은 불씨나마 어떻게든 살리려는 노력 없이 5년 후에 시원한 꼴을 보리라는 보장이 없는 것이다.

실제로 이번 대선은 양대 후보가 모두 '시대교체'를 약속하는 가운데역대 최다 유권자가 참여한 선거였다. 여당 지지표 중 상당수를 포함한국민 대다수가 2013년부터 세상이 크게 달라져야 한다는 데 뜻을 같이했다고 볼 수 있다. 다만 그 실현을 위해 낡은 세력을 확실히 제압하지 못하고 그들의 정권연장을 허용한 것이 뼈저린 좌절이며 '희망2013'의 일대위기다. 그러나 2013년 2월이 획기적인 출발점이 못 되고 그 실행의 경로가 더 복잡해졌을 뿐, 2013년 이후에 대한 국민적 염원이 있고 여기에 그염원을 감당하려는 사람들의 한결 끈덕지고 담대하며 유연한 활동이 더해진다면 '희망2013'에 또다른 의미를 부여할 수 있을 것이다.

실행경로가 복잡해졌다는 것은, 집권세력이 확실한 구심점을 제공하지 못한 채 그 실현작업의 일부를 새누리당 대통령의 약속이행에 맡겨야하고, 다른 일부를 협력과 견제의 양면작전을 슬기롭게 펼치는 원내야당들에 기대해야 하게 되었기 때문이다. 물론 둘 중 어느 것도 안심할 대상이 아니다. 특히 민주통합당의 행로는 눈을 부릅뜨고 지켜볼 문제다. 하지만 시민들이 바로 이런 불안요인을 감안해서 자신의 몫이 그만큼 커졌음을 자각한다면 그 자체로 하나의 진전일 수 있고, 각자 처한 위치에서 자신의 과제를 찾아내리라 본다. 결국 가장 본질적인 것은 새 시대를 설계하고 준비하며 자신과 외부세계의 낡음을 끊임없이 닦아내는 시민 하나하나의 노력이 '이소성대(以小成大)'의 원리를 따라 큰 희망을 일궈내는 일이며, 그것은 미래의 어느 시기가 아니라 당장에 수행되어야 할 과제다. 2013년 새해를 맞이하는 지금은 다시 희망을 말할 수 있고 말해야 할 시점인 것이다.

─창비주간논평 2012. 12. 27.

7. 사회통합, 불가능한 일은 아니다

이명박정부 5년간 한국사회는 갈등과 분열로 거의 하루도 편한 날이 없었다. 국민대통합과 '100% 대한민국'을 공약한 새 대통령이 들어선 뒤의 사정도 더하면 더했지 조금도 덜한 게 없다. 크리스마스를 앞둔 지난 23일에는 민주노총 사무실에 경찰병력이 강제로 진입하는 사상 초유의 사태까지 벌어져 한국노총을 포함한 노동계 전체가 정부에 등을 돌리고, 취임 1년차 대통령에 대한 사퇴요구가 종교계와 시민단체의 범위를 넘어 나날이 번져가는 형국이 되었다. 한 대학생의 대자보가 던진 '안녕들 하십니까'라는 질문에 '아니요, 안녕하지 못합니다'라는 답변이 전국에 메아리치고 있기도 하다.

도대체 어쩌다 이 지경이 되었나? 100% 통합은 아니고 지금보다는 한결 안녕하고 통합된 사회라도 이룩할 길은 없는 것인가?

100% 통합은 위험한 환상

바로 그거다. 소중한 것은 상대적 안녕과 생산적 갈등을 확보해줄 수준의 사회통합이지, 인간 사는 세상에서 완전한 통합이란 바람직하지도 가능하지도 않다. 한국사회의 100% 통합을 이룩하겠다는 구상 자체가 실은 위험하기까지 한 것이다.

더구나 권력자가 100% 사회통합이라는 환상을 추구하는 순간, 자신을 따르고 순응하지 않는 사람들은 자동적으로 '소수 불순세력'이 되고 배제와 척결의 대상이 된다. 스딸린이 무갈등사회를 선언한 후로 일체의 반대파가 단순한 반대세력이 아닌 제국주의 첩자가 될 수밖에 없었고, 히틀러가 독일민족의 총화단결을 외쳤을 때 뜻대로 안 되는 모든 일은 유대인이라는 불순요소 탓으로 돌려지게 마련이었다. 군국주의 일본제국에서도 그랬다. 비판세력은 비판적인 국민이 아닌 '비국민'의 낙인이 찍혀야 했다. 한반도의 북녘에서 인권유린과 숙청이 거듭되는 것도 '당과 인민 사이에 털끝만 한 틈도 없다'는 정권 측의 주장과 무관하달 수 없을 것이다.

한국이 그 점에서 북녘을 닮아가지 않으려면 그와 다른 목표를 설정해야 한다. 갈등과 혼란을 아예 제거하려 하기보다 적절한 수준으로 관리하면서 대화와 상호비판을 통해 생산적인 긴장을 유도한다는 민주사회의 원리를 재확인할 필요가 있는 것이다. 나아가 그러한 현실적인 목표조차 어째서 그토록 달성하기 힘든가를 정확히 짚어내야 한다.

북녘 닮아가기를 앞에 언급했지만, 남북한은 흔히 극과 극의 대조를 이루는 사회로 여겨지며 실제로 적대적 대치관계에 있다. 그런데도 툭하면 이런 대치관계와 상대방의 책임을 들먹이며 양쪽 모두가 반민주적 억압을 일삼아온 것 또한 사실이다. 최근의 북한은 장성택의 숙청과 처형으로 그 왕조적 성격을 새삼 과시한 꼴이지만, 남한도 '제왕적 대통령'의 폐습을 일층 강화하려는 행태가 도처에서 목격된다.

남북의 대치관계에서 발생하는 각종 사태에 대한 책임은 사안별로 따질 일이다. 그러나 대국적으로 봐서 4·19혁명과 부마항쟁, 5·18민주항쟁, 그리고 1987년 6월의 시민혁명 등을 거치며 민중의 피와 땀으로 민주화를 일구어온 남녘 사회가 북한과 똑같은 정도로 반민주적이랄 수는 없다. 다만 분단체제의 멍에를 지고 있는 한에는 양쪽 모두 창조적인 갈등보다 소모적 갈등이 우세해질 수밖에 없다는 것이다. 그 책임을 상대방과 내부 불순세력에 돌리는 습성에 젖어 있기에 더욱이나 그렇다.

분단체제의 힘과 '2013년체제의 숙제'

그러한 습성이야말로 갈등의 실상을 은폐하는 분단체제의 힘이다. 예컨대 오늘날 사회통합이 안 되는 주된 원인으로 일각에서 지목하는 '종북주의'가 그렇다. 이는 북한의 존재, 그리고 북한정권의 노선에 동조하는 인사들의 존재가 한국사회의 핵심적 갈등요인이라는 주장인데, 남한의 약 40분의 1로 추정되는 경제력을 지닌 북한이 아무리 핵무장을 하더라도 남한사회를 온통 뒤흔들 수 있는 존재인지, 그리고 북한에 추종적인 일부 인사들이 헌법 제1조를 실질적으로 부정하는 막강한 세력들보다 과연 대한민국에 더 위협적인 존재인지는 그야말로 실사구시(實事求是)의 정신으로 따져볼 문제다.

분단체제는 본디 억압적이고 불공정한 체제지만, 1961년부터 1987년 사이의 분단 고착기(固着期)에는 얼마간의 안정성을 띠었고 한국경제의 초기적 발전단계에 유리한 여건을 제공한 면도 있다. 그러나 87년 이래의 동요기(動搖期)에 이르러서는 북핵문제를 포함한 불안정 요소가 날로 가중되면서 남북관계의 새로운 해법을 요구하게 되었다. 한국 자본주의의 발달을 위해서도 국민의 민주적 창의성의 극대화가 절실한 단계로 진입했다. '종북' 여부가 사회의 심각한 쟁점이 될 수 없을 만큼 세상이 바뀐 것이다. (실제로 '종북'은 기득권세력이 '대선불복' 타령까지 엮어서 아무대나 들이댄 끝에 벌써 다수 국민들에게 웃음거리가 되거나 식상한 구호로 전락하고 있다.)

그런데도 매사를 이념대결로 몰고 가는 행태는 좀더 심층적이고 과학적인 분석을 요구한다. 곧, 기득권세력의 부당한 특권에 대한 일체의 비판과 도전을 봉쇄하려는 전략의 측면이 더 본질적이 아니냐는 것이다. 본인들이 반드시 의식적 계산을 근거로 종북몰이를 한다고 단정할 일은 아니다. 다만 그러한 사회갈등 조장과 한반도 긴장 악화가 저네들의 사익추구를 오히려 돕지 않는다면, 정부·여당과 각계의 기득권세력이 그 전략을 이토록 애용하지 않으리라는 것은 분명하지 않은가. 따라서 이들 기득권세력이 선출된 권력의 자리마저 차지하는 현실을 바꾸지 않고서는 실질적인 국민통합을 기대할 수 없다. 그러기에 나는 2012년의 양대선거를 앞두고, 사회통합이 비록 대다수 국민의 염원이지만 당장에 실현할 과제라기보다 '2013년체제' 아래 우리가 풀어갈 '숙제'로 설정했던 것이다.

그런데 2013년체제 만들기는 실패했다. 하긴 2013년 초만 해도 '시대교체'를 약속하고 당선된 박근혜 대통령이 2013년체제 건설은 아니더라도 새 시대를 향한 어느정도의 기반 조성은 해줄 수 있으리라는 기대를 피력하는 사람들이 적지 않았다(예컨대 『창작과비평』 2013년 봄호 좌담 「2012년과 2013년」(『백낙청 회화록』 제7권, 창비 2017 수록) 참조. 나 자신은 그 자리에서 기대와 더불어 우려되는 대목들을 짚어보기도 했다). 합헌적인 절차로 당선된 새 대통령에게 일단 기대를 걸어보는 것이 87년체제를 성취한 시민으로서의 자존심이기도 했고, 이른바 보수진영 출신의 대통령이 경제민주화, 복지확대, 남북관계 개선 등 공약을 부분적으로나마 이행해준다면 그 의제들을 더 일찍부터 추진해온 쪽에서는 '거저먹고 들어가는' 꼴이 될 수 있다는 계산 또한 없지 않았던 것이다.

하지만 역시 공짜는 없는 모양이다. 국내 민주화와 남북관계 개선은 긴밀히 엉켜 있어 분단체제극복의 경륜 없이는 그중 어느 하나도 실현되기 어렵다는 분단체제론 및 2013년체제론의 명제가 지난 1년의 경험을 통해 또 한번 쓰라린 확인과정을 거친 것이다. 게다가 국가정보원과 국방부의 대대적인 선거개입이 밝혀지면서 헌정질서에 대한 국민의 자존심에도 깊은 상처를 주었으며, 진상규명과 사법적 정의 실현을 방해하는 정부라면 당장에라도 퇴진해 마땅하다는 공감대가 넓어지고 있는 형국이다. 결국 믿을 것은 더 나은 삶을 열망하는 시민들 자신의 노력뿐인 것이다.

지금은 유신 2기도 망국 전야도 아닌 시대전환기

그런데 어떤 노력을 할 것인가. 명확한 답을 찾기 전에 2013년체제 만들기의 실패에서 올바른 교훈을 얻는 일이 우선이지 싶다. 아무리 국가기관의 불법·불공정 행위가 판을 쳤다 해도 87년 이래 국민들이 만들어낸 선거공간은 정권교체가 가능한 만큼은 열려 있었음을 겸허하게 시인하는 데서 출발해야 한다. 민주당 후보가 얻은 48% 득표율의 주된 교훈도 바로 그것 아닐까. 조금만 더 잘했으면 온갖 부정을 뚫고 승리할 수 있는 선거였는데도 야당들과 '진보개혁진영'은 정권교체와 2013년체제 건설의 적임자로서 국민의 신임을 받아내는 데 실패했던 것이다.

그렇다고 실패의 결과로 우리 사회가 유신시대로 회귀했다고 단정하는 것도 올바른 배움의 자세가 아니다. 유신시대를 그리워하는 인사들이 청와대 안팎에 대거 포진하여 독재회복을 도모하는 사태는 개탄해 마땅하지만, 그들이 마치 유신회귀를 달성했거나 달성할 수 있다는 듯이 보는 것은 대한민국의 실상과 동떨어진 인식이며 우리가 그간 이룩해온 성취를 너무 얕잡아보는 자세다. 지금은 유신 2기도 아니고 일부 보수논객이 우려하는 구한말 같은 '망국 전야'도 아니며, 단지 이미 수명을 다한 87년 체제를 제때에 극복하지 못해 겪고 있는 극심한 혼란기인 것이다.

따라서 지금이야말로 이처럼 지체된 시대전환의 담당자로서 실력을 쌓고 국민의 신뢰를 얻을 때다. 또한 지금은 세계화의 시대요 지역연대의 시대니만큼 국제사회로부터도 최소한의 인정을 받아내야 한다. 이것이 얼마나 어려운 과제일지는 사회통합 문제를 놓고 봐도 실감나는 바 있다. 곧, 한편으로는 남북대결과 국내의 이념대결을 일용할 양식으로 삼는 세력과 싸워서 이길 전투력이 필수적인데, 다른 한편으로 싸우기만 하고 선거에서 이길 생각만 하는 집단이 아니라 통합을 능히 이룩할 세력임을 미리 보여줄 수 있어야 하는 것이다.

그러자면 비교적 폭넓은 사회통합이 이 땅에서도 가능하다는 확신이 서야 한다. 이는 분단시대의 한국이 북한과의 대결상태를 유지하거나 반대로 북한의 존재를 망각한 채로 남한만이 잘살 수 있다는 헛된 꿈을 청산할 것을 요구하는 것이기도 하다. 남북의 점진적·단계적 재통합으로 분단체제 전체가 변혁되는 과정과 결합된 한국의 민주개혁과 민중생활 향상이 목표가 되어야 하며, 이를 위해 광범위한 세력의 연대를 형성할 수 있어야 한다. 그것은 물론 국민 100%의 동의와 동참을 얻어내는 연대가 아니다. 그러나 부패한 극우세력과 진보를 자칭하며 각종 단순논리를 펼치는 이들을 배제한다는 의미로 '중도주의적' 연대이며, 그러한 중도주의에 공감하는 국민들이 하나의 정당이나 조직으로 일심동체(一心同體)를 이루기보다 다체동심(多體同心)에 해당하는 느슨한 연대일 것이다. 나는 그러한 연대의 이념을 '변혁적 중도주의'라 일컬은 바 있는데, 이것이 현실정치의 구호가 되기는 힘들다는 점은 분명하다. 한때 '2013년체제'를 제창한 것도 그러한 점을 보완하기 위해서였다. 이제 그 구호가 과거지사가 된 현실에서 변혁적 중도주의의 새로운 '보급판'을 개발하는 것도 우리가 해야 할 일의 하나다.

이름을 어떻게 붙이든 변혁적이면서도 중도적인, 논리적 '형용모순'이랄 수도 있는 이 작업은 각자가 지금부터 시작할 일이다. 아니, 개념을 명시적으로 공유하지 않았을 뿐 그러한 흐름이 우리 사회에 이미 자리잡아가는 중이라고 본다. 변혁적 중도주의에 어긋나는 극단적 이념은 좌든 우든 그 설득력을 급속히 잃어가고 있으며, '안녕들 하십니까' 문답이나 심지어 최근의 노동자파업까지도 한편으로 이념보다 생활에 밀착된 정치를 요구하면서 다른 한편으로 사회 곳곳에 분산되어 벌어지는 생활현장의 실험과 싸움을 연결시켜줄 다른 차원의 이념에 대한 갈망을 담고 있다.

물론 많은 사람들이 가장 답답해하는 대목은 2016년 총선이나 2017년 대선에서, 그리고 당장 새해에 닥칠 전국적 지방선거에서 수구세력을 꺾을 현실적인 방안이 잘 안 보인다는 점일 것이다. 하지만 선거중독증은 원칙적으로 경계할 일이려니와, 2014년 지방선거는 2010년에 북풍을 일으켜가며 온갖 무리한 공약을 밀어붙이려던 이명박정권을 견제해야 할 때처럼 절박한 선택이 아니다. 박근혜 후보가 내걸었던 전향적 정책공약들이 야권의 지방선거 승리로 되살아날 가능성은 희박하고, 여당의 승리로 박근혜정부의 실행력이 유신정권 수준으로 올라갈 리도 만무하다. 그러므로 우리에게 선거공간의 소중함을 늘상 유념하면서도 변혁적 중도주의 세력의 성장을 위해 각자가 할 일을 차분히 진행하는 일이 무엇보다 중요한 것이다. 우리가 'MB' 5년을 겪은 것이 우리들 마음속에 아마도 '작은 MB' 하나씩을 간직하고 있었기에 가능해진 사태였듯이, 진정한 사회통합을 설계하면서 그 실현을 위한 싸움을 준비하며 지금부터 수행하는 시민 하나하나의 일상적 노력이 곧 시대전환의 길을 열고 세력과 인물도 만들어내는 원동력이 되리라 믿는다.

아무튼 2013년 말의 때이른 대혼란에서 나는 도리어 '100% 대한민국'이라는 무리한 기획에 결코 순응하지 않는 우리 국민의 변함없는 저력을 감지하며 희망을 느낀다. 안녕들 못한 가운데서도 우리 모두가 스스로 안

녕을 찾아내는 2014년이 되기를 기원한다.

창비주간논평 2013. 12. 27.

8. 광복 70주년, 다시 해방의 꿈을

"어둡고 괴로워라 밤이 길더니 / 삼천리 이 강산에 먼동이 텄다."

8·15 직후 부르던 「독립행진곡」의 첫머리다. 돌이켜보면 일본의 식민지통치 35년은 분단 70년의 절반에 불과했지만, 어둡고 괴롭고 치욕스러운 남의 나라 종살이였기에 해방의 환희와 감격이 그만큼 벅찼다. 그런데 70년이 지난 오늘도 이 노래가 가슴을 울리는 것은 환희의 기억이 생생해서라기보다 어둡고 괴로운 세월이 여전히 끝나지 않았고 "아~아, 자유의, 자유의 종이 울"리고 "해방의, 해방의 깃발 날"리는 날에 대한 목마름이 간절하기 때문이 아닌가 한다.

그렇더라도 1945년 8월 15일은 확실히 빛을 되찾은 광복(光復)이었다. 이를 부인하는 것은 비록 분단시대라 해도 자기 나라 이름을 걸고 운영되는 역사를 명실상부한 식민지 역사와 혼동하는 부실한 역사인식이요, 일제통치를 끝내기 위해 헌신했던 선열들에 대한 도리도 아니다.

유달리 어두웠던 2014년

다른 한편 광복 이후에도 많은 사람들에게 강제된 어둡고 괴로운 날들은 그것대로 직시해야 한다. 연합군의 승리는 국토의 분단을 가져왔고 온갖 혼란과 낭자한 유혈사태를 거치며 두개의 정부가 수립되었다. 곧이어 3년여에 걸친 참혹한 동족상잔의 전쟁이 뒤따랐다. 그런 뒤에도 38선과 크게 다름없는 휴전선이 60년 넘게 존속되어 분단**체제**라 부름직한 현실이 굳어졌다. 내부 기득권세력과 외부 강대국들의 '갑질'에 취약한 사회가 남북 모두에 자리잡았고, 주민들 스스로도 '갑'이 되고 싶은 욕망과 기회만 닿으면 '갑질'을 마다않는 행태가 널리 퍼졌다. 매사를 '갑을관계'로 보는 습성마저 내면화된 듯하다. 이제 70년 전과는 다른 차원의, 훨씬 다면적인 해방이 절실해진 시점이다.

2014년은 그런 목마름이 유달리 애타는 한해였다. 특히 4월 16일의 세월호 침몰사고가 국가적 **사건**으로 확대되는 가운데 우리가 어떤 나라에 살고 있는지를 수많은 사람들이 깨닫게 되었다. 깨달은 것이 또 하나 있다. 국민들이 애통하고 분노하며 변화를 갈망한다고 해서 쉽게 바뀌지 않는 것이 오늘의 대한민국이라는 사실이다. 세월호사건을 겪었다고 일대 전환이 당장 이루어질 사회라면 애당초 그런 사건이 일어나지 않았을 테고, 그런 사건이 일어나는 사회라면 쉽게 전환하고 개조될 사회일 수가 없는 것이다. 실제로 끔찍한 군부대 사건들이 잇따랐고 군과 정부는 '우리는 갑이니까 아무렇게나 말해도 상관없다'는 태도로 일관했다. 그렇다고 권력을 효과적으로 행사하는 진정한 강자의 모습을 위정자들이 보여준 것도 아니다. '비선실세'와 '문고리 3인방'의 국정농단 논란이 표상하듯이 정권의 난맥상은 실로 엽기적 수준이었다.

수많은 자살자가 세상을 떴고 노동현장의 안전사고도 끊이지 않았다. 게다가 여성들은 또다른 성격의 안전사고에 항시 노출되어 마음놓고 길거리를 걸어다닐 수도 없었다. 무엇보다 한창 꿈에 부풀 나이의 젊은이들이 일자리도 없고 일할 전망도 막막한 상태로 무기력해지거나, 젊은 기운을 '일베' 식으로 엉뚱하게 발산하기도 했다. 과거보다 나아진 면이 있다면 '4대강사업' 같은 초대형 국토파괴 작업이 없었다는 것인데, 이 또한 국고가 바닥나고 집권자가 자신의 뚜렷한 국정목표를 못 가졌다는 현실의 다른 일면이었을 뿐, 환경의식과 준법정신의 부재가 지난 정부와 전혀 달라진 바 없음은 부실하고 부정확한 4대강사업 조사보고에서도 확인된다.

통합진보당 해산, 정권의 꽃놀이패인가?

대선 2주년이 되는 12월 19일에는 헌법재판소에 의한 정당 강제해산이라는 초유의 사태마저 벌어지면서 한국 민주주의의 죽음을 선포하는 목소리가 드높다. 그럴 만도 한 것이, 바로 87년 민주화의 값진 열매인 헌법재판소가 "민주적 법치주의 원리에도 불구하고 북한 문제와 관련해서는 헌법을 빈껍데기로 만들 수 있는 위험마저도 감수할 수 있다는 '무모'하고도 '비겁'한 결정을 '무책임'하게 내려버렸"기(김종철 「진보당 해산 결정문 살펴보니」, 『한겨레』 2014. 12. 22) 때문이다.

하지만 이를 두고 파시즘의 복귀라고 단정한다든가 반대로 통진당 옹호가 될까 두려워 미온적인 비판에 그치는 것은 정권의 꽃놀이패에 걸려드는 일이다. 체념하거나 이제 물리적 투쟁만 남았다고 단정하는 사람들이 많아지는 사태 또한 집권층으로서는 나쁘지 않다. 대중의 체념은 그들이 바라는 바이며, 물리적 투쟁이 성가시긴 해도 공권력이나 '재건 서북청년단' 등의 물리력 동원에서는 자신의 우세가 확실하기 때문이다.

거리에 나가 싸우는 일 따위는 아예 접자는 이야기가 아니다. 상황에 따라 필요하고 적절한 방법을 선택할 일이되 상황에 대한 판단만은 정확해야 한다는 것이다. 헌재의 이번 결정도 그 양면적 성격을 두루 보아야 한다. 한편으로 그것은 무슨 희한한 묘수라기보다 분단체제 속에서 우리가 수없이 겪어온 하수농락법의 일종일 뿐이다. 1987년의 민주화는 독재를 끝장냈지만 독재의 토대가 되었던 분단체제를 허물지는 못했기에, 위에 인용한 "민주적 법치주의 원리에도 불구하고 북한 문제와 관련해서는 헌법을 빈껍데기로 만들 수 있는 위험"은 87년 이후에도 여전히 남았던 것이며, 87년체제의 민주헌법에는 국가보안법으로 표상되는 '이면헌법'이 수반했던 것이다(졸저 『2013년체제 만들기』, 창비 2012, 제7장 「한국 민주주의와 한반도의 분단체제」 145~47면).

다른 한편 이번 결정의 과정에 87년체제의 남은 생명력이 작동했음을 놓쳐서도 안 된다. 헌재는 87년 민주화의 성과물답게, 정당해산을 어째서 함부로 해서는 안 되는지를 상세히 설파한 뒤에야 한국사회의 '특수성' 때문에 그 원칙이 적용될 수 없다고 판시했다. 이는 이승만정권에 의한 진보당 해산 및 조봉암 처형과는 엄연히 다르다. 당시의 진보당은 미군의 '군정명령'을 자의적으로 해석한 행정부 처분으로 해산되었고 조봉암 재판은 날조된 증거에 입각한 그야말로 사법살인이었다.

굳이 이런 차이점을 밝히는 것은 역사의 큰 흐름을 바로 읽으면서 현실에 대응할 필요가 있기 때문이다. 8·15해방으로 먼동이 트고도 어둡고 괴로운 날들이 이어져온 게 사실이지만 줄곧 어둡기만 했던 역사는 아니다. 오늘날 어둠이 다시 짙어진 것은 6월항쟁으로 한결 밝아진 날들을 맞이했건만 87년체제가 다음 단계로 제때에 진화하지 못함으로써 말기국면 특유의 혼란과 퇴행현상이 극에 달했기 때문이다. 나는 작년 말의 칼럼에서도 "지금은 유신 2기도 망국 전야도 아닌 시대전환기"(「사회통합, 불가능한 일은 아니다」, 『창비주간논평』 2013. 12. 27; 본서 405면)라고 주장했는데, 현 시기가 87년체제의 막장이자 분단체제 자체의 전환기라는 인식이 그 어느 때보다 절실하게 요구된다. 이런 고비에서 분단체제의 일익인 북녘에 대한 비판의식이 부재하고 내부적 자기쇄신 노력이 결여된 집단이라면 통합진보당이든 누구든 원칙 있는 비판의 대상으로 삼아야 한다. ('변혁적 중도주의'라는 이름으로 정리해본 그 원칙에 대한 설명은 여기서 생략한다. 관심 있는 분들은 졸고 「큰 적공, 큰 전환을 위하여」, 『창작과비평』 2014년 겨울호〔본서 9장〕, 제6절 '무엇이 변혁이며 어째서 중도인가'를 참조해주시기를.) 어쨌든 '종북'과 선을 긋는답시고 헌재의 행태에 결연히 항의하지 못하고 쭈뼛거리는 정치권에 흔한 자세는 과도한 흥분 못지않게 정권의 꽃놀이패에 걸려든 꼴이다.

말기국면의 핵심적 위기와 새로운 해방의 꿈

헌재도 헌재지만, 체제말기적 혼란의 핵심에는 87년 6월항쟁 최대 성과인 직선 대통령이라는 헌법기관의 위기가 있다. 2012년 대선은 국정원과 군부의 선거개입 같은 부정사례가 있긴 했지만, 87년 민주헌법의 절차에 따라 대통령이 선출되어 취임하였고 그 합헌성을 야당이나 국민 대다수가 부정하지 않았다. 그런데 87년체제 최고·최강의 헌법기관인 대통령이 거의 모든 여타 헌법기관의 권위와 권능을 무시하는 행태를 견지하고 있는데다가 그 때문에 정권의 통치력이 강화되기는커녕 오히려 대통령권력 자체의 급속한 무기력화가 일어나고 있는 것이 오늘의 핵심적 위기요 혼란의 진원(震源)이다. 이는 박근혜 대통령 본인의 민주헌정 의식이 원래 희박한 점과, 누구 말대로 집권플랜만 있었지 집권 후의 통치플랜은 없었던 준비부족 및 통치능력의 결여, 그리고 어느 누가 하더라도 발본적 전환 없이는 수습이 안 되는 체제말기적 여건 들이 복합적으로 작용한 탓이다. 따라서 쉽게 개선될 현상이 아니며, 그렇다고 기득권구조의 큰 전환 없이 대통령중심제를 내각제 또는 이원집정제로 바꾸는 보수작업만으로 시정될 일도 아니다.

그러나 거듭 말하지만 혼란이 곧 파시즘은 아니다. '사랑은 아무나 하나'라는 노랫말이 있지만, 파시즘도 아무나 하는 게 아닌 것이다. 다만 파시즘을 하고 싶어하는 사람들이 힘센 자리에 너무 많다보니 내공도 없는 파시스트 지망생들에게 난동 면허가 곳곳에서 발부되고 있을 뿐이다. 87년체제가 하루아침에 사라질 수도 없으려니와 유신정권 같은 파시즘을 재연하기에는 분단체제의 고착기도 멀리 가버렸다. 남북대결을 새로 격화시킨다고 해도 분단체제가 안정되기는커녕 더욱 변덕스럽고 위태로워질 따름이기 때문이다. 물론 무능한 정부의 거듭된 실정과 극심한 사회혼란에도 불구하고 민주개혁세력이 적공(積功)을 못하고 계속 밀리기만 한다면 언젠가 강력한 파시즘이 대안으로 떠오를 가능성은 배제할 수 없다.

그런데 당장의 괴롭고 고달픈 현실에서 이러저런 '체제'를 들먹이는 게 무슨 도움이 될까? 먹고살기에 바쁜 사람 아무나 붙들고 체제 논의를 벌이자는 건 물론 아니다. 우리 삶이 왜 이렇게 괴롭고 답답한지를 올바로 알아서 제대로 대응하려면 한층 체계적인 인식이 필수적이라는 것이다.

사회체제는 사람이 만든 것이기에 사람이 바꿀 수 있다고들 하지만, 어떻게 만들어졌는지를 알아야 어떻게 바꿀 수 있으리라는 희망이 가능해진다. 그런 점에서 우리가 겪고 있는 어둠과 괴로움이 한반도의 분단과 얼마나 일상적으로 연결되어 있는지를 알려주는 분단체제론은 한갓 이론이 아니라 희망의 메시지일 수 있다. 물론 만악의 근원이 분단이라는 단순논리라면 전혀 가당치 않은 소리며, 오히려 통일이 안 되면 아무것도 이룰 수 없다는 절망의 메시지가 될 터이다. 그러나 매사를 신자유주의 탓으로 돌리고 이 범세계적인 대세와 싸우라고만 다그치는 것도 아득하고 절망스럽기는 매한가지다. 신자유주의와 낡은 군국주의 등 여러 국내외적 요인이 한반도 특유의 분단현실을 매개로 우리 삶을 옥죄는 실상을 정확히 짚어낼 때만 그 멍에를 벗어던질 길이 보이게 된다.

더구나 분단체제의 작동이 시기마다 다르다는 점에 유의함으로써 그때그때의 단기적 과제와 분단시대를 관통하는 과제, 나아가 분단시대 이후까지 내다보는 세계사적 과제를 식별하고 이들 사이에 상승효과를 낼 수 있어야 한다. 지금은 87년체제의 말기국면을 청산하는 일이 우선 급하다. 어려운 점은, 2016년과 17년의 선거가 이 단기적 과제의 관건일 수밖에 없지만 선거중독증에 걸려 적공 없이 승리만 챙기려는 어리석음을 다시 범해서는 안 되며, 반대로 야당이 하는 꼴을 보니 선거승리는 아예 물 건너갔다고 스스로 패배주의에 젖어들어서도 곤란하다는 것이다. 적공의 구체적 방안은 널리 논의되어야 하고 그것 자체가 적공의 한 과정이겠지만, 한반도의 남북 모두에 지금의 분단체제보다 나은 체제를 이룩하는 중기적 과제와 보수·진보를 떠나 너무 몰상식한 현실을 남녘에서만이라도 일단 정돈하자는 단기작업을 적절히 배합하는 성격이어야 할 것이다.

분단을 만악의 근원으로 볼 일은 아니라고 앞서 말했지만, 오늘날 우리 사회에 만연한 온갖 '갑질'과 '갑을관계'는 분단 안 된 대다수의 나라들에서도 만날 수 있는 현상이다. 빈부격차, 환경파괴, 성차별, 폭력문화 등이 모두 현존 세계체제에 공통된 문제들이다. 이걸 싸잡아서 신자유주의로 단순화하며, 분단체제의 작용을 빼놓은 채 마치 한국인들이 유달리 못나서, 또는 위정자가 유달리 사악해서 나라가 이토록 엉망이라는 듯이 생각하지 말자는 것이지, 분단이 극복된 이후에도 사라지지 않을 장기적 문제들을 인식하고 그 극복 노력을 각 분야에서 지금부터 차분히 진행할 필요성은 그것대로 절실하다.

이런 다면적인 해방의 과제를 의식할 때 「독립행진곡」 제3절의 "유구한 오천년 조국의 역사/앞으로 억만년이 더욱 빛나리"라는 첫 대목은 확실히 격세지감을 느끼게 한다. "아아, 청춘의, 청춘의 피가 끓는다"는 결말도 젊은 인구가 줄어들고 피 끓는 청춘을 만나기도 한결 어려워진 지금은 실감이 덜하다. 그러나 당시의 희망찬 열정은 여전히 감동적이다. 실제로 달라진 세월과 한결 원대하고 복잡해진 시대의 과제를 의식할수록 당면의 짙은 어둠부터 걷어냈으면 하는 우리의 목마름이 더해지는 것도 사실이다. 새해에는 다시 해방을 꿈꾸는 피 끓는 청춘을 많이 만나고 싶고 남녀노소가 해방을 위한 적공의 길에 "발맞추어 함께 나가자"고 노래하고 싶다.

―창비주간논평 2014. 12. 30.

9. 신종 쿠데타가 진행 중이라면

지금이 '신종 쿠데타 국면'이라는 주장이 『창작과비평』 2015년 겨울호 머리말에서 제기되었다(이남주 「역사쿠데타가 아니라 신종 쿠데타 국면이다」). 이 것이 상투적인 과장이 아니라면 '신종 쿠데타'가 무엇인지부터 규명할 필요가 있다. 그래야 진단의 적절성을 검증할 수 있고 올바른 처방을 낼 수 있다. 동시에 쿠데타를 막아내고 무얼 하겠다는 건지도 따져봐야 한다.

먼저 분명히 해둘 점은 '신종 쿠데타'론이 흔히 들먹여지는 '파시즘 부활' 주장과는 다르다는 것이다. 이명박과 박근혜 정부를 거치면서 한국 민주주의에 심각한 퇴행이 이루어지긴 했지만 그것이 곧 1987년 이전 군사독재체제의 부활은 아니다. 이 점은 지난해 신년칼럼에서도 지적했는데(「광복 70주년, 다시 해방의 꿈을」, 『창비주간논평』 2014. 12. 30; 본서 4부 8), 쿠데타가 '진행 중'이라는 표현 자체가 하루아침에 총칼로 세상을 바꿔놓는 군사정변과는 다른 '신종' 사태임을 말해준다. 이남주 교수는 이를 '저강도 쿠데타' 또는 영어로는 한층 실감나는 'creeping coup d'État'(슬금슬금 기어들어오는 쿠데타)로 규정하기도 했다.

어떤 '신종'인가

대한민국은 휴전 이후 세번의 쿠데타를 경험했다. 그중에서 5·16이 일부 군인들의 반란에 의한 전형적 쿠데타였다면, '10월유신'은 군 통수권 자인 대통령이 손수 헌정을 파괴한 친위쿠데타였고, 전두환 일파는 12·12로 먼저 군부를 장악한 뒤 이듬해 5·17 계엄확대로 일종의 '할부식' 쿠데타를 완수했다. 현 시국은 그 어느 경우와도 달라서 군대출동의 가능성은 희박하다. 다만 87년 이래의 민주화된 제도와 관행들을 전방위적으로 허물어가는 과정의 중심에 대통령 자신이 있다는 점에서 5·16이나 5·17보다는 10월유신을 닮았다고 하겠다.

역사교과서 국정화 추진이 보여주듯이 이 과정은 목표가 반시대적일뿐더러 절차가 불법·탈법적이고 '대한민국 대 반대한민국' '통일을 대비하는 전국민의 사상무장' 등 유신시대의 선전문구들을 총동원하고 있다. 당연히 '역사쿠데타'라는 말이 나올 법하다. 그런데 교과서 문제에만 골몰하다보면, 이 정권이 한없이 어리석고 황당한 집단이라고 얕보기 쉽고, 우리가 설혹 국사교과서의 국정화를 막지 못하더라도 '1년짜리'로 끝날 테니 잠시 버텨내면 그만이라는 안일한 생각에 빠질 수 있다. 대통령의 무능하고 무모한 면모가 엿보인다 해도 한국의 기득권세력이 정말 그토록 멍청한 집단인가. '1년짜리' 여부도 다음 대통령선거 결과에 달린 것 아닌가.

대선에서 누가 이기든 박근혜 대통령 자신의 임기연장은 없을 것이다. 그러나 87년 6월항쟁의 최대 열매 가운데 하나인 선거를 통한 정권교체의 가능성은 최근 몇년간 착실히 축소되어왔다. 2012년 선거에서의 대대적인 관권개입과 불법행위에 대한 조사와 처벌이 대부분 흐지부지되었고, 수사기관의 독립성, 관료조직의 중립성, 언론의 공정성 등 재발방지 장치들이 하나같이 멸종 위기에 놓였다. 시민들이 집회와 시위를 통해 의

사를 직접 표시할 기회는 극도로 억압되었다. 규정을 어긴 물대포 직사로 백남기씨가 사경을 헤매는데도 당국이 사과 한마디 않는 것은 반민주적 자세의 '결연함'을 과시하는 사례다. 여기에 언론장악과 문화예술에 대한 검열, 대학의 자율성과 교육자치에 대한 공격, 전문가집단들의 무기력화와 예속화, 각종 우익단체의 극렬행위에 대한 묵인 내지 방조를 더하면 교과서 국정화는 박근혜식 '시대교체' 기획의 가장 표나는 일부에 불과함을 알 수 있다.

물론 박근혜 대통령이 박정희 같은 전략가가 못 되기에 신종 쿠데타는 그 추진과정이 일사불란하지 못하다. 그렇지만 이명박 대통령과 비교해보면 4대강사업 같은 일에 한눈 파는 일 없이 '100% 국민통합'과 '하극상 불용납'의 사회를 만드는 데에 독기에 가까운 집중력을 발휘하고 있음이 돋보인다. 그리고 대통령의 이런 지원을 받는 수구세력은 기나긴 세월을 통해 축적해온 체질화된 '노하우'와 정권상실 10년의 원통함을 절대로 되풀이하지 않겠다는 결의를 공유하고 있다. 최고위 전략가의 공백을 능히 감당할 형국이다.

87년체제 다음은?

그런데 성사되더라도 옛날 정변의 화끈한 효과를 못 거두는 것이 신종 쿠데타의 또다른 특징이다. 국민들의 각성을 피해가며 '슬금슬금 기어들어오는' 것이 그 속성이므로 '경제민주화' '복지국가 건설' '자유민주주의 수호' 같은 거짓말을 끊임없이 해야 하고, 결국 제대로 복종하는 국민을 만들어내지 못한다. 게다가 세계경제는 박정희시대와 달리 혁신과 창의를 중시하는 시대에 돌입했기에 상명하복 또는 면종복배가 체질화된 사회로는 한국경제의 추락을 막기가 어려워진다. 돌파구가 될 수 있는 남북의 경제협력도 지지세력의 특권적 지위 —— '종북좌파' 낙인을 아무한테나 찍어줄 권한을 포함하는 '수퍼갑'의 지위 ─ 를 위협하기 때문에 진도를 내기 힘들다. 그리하여 점점 작아지는 '파이'를 두고 계급·계층 간의 싸움이 더 치열해질 때, '소득주도형 경제'로 전환할 국가능력 또한 점점 줄어든다. 결국 괜찮은 일자리 창출 대신에 소수층의 비용부담을 삭감해주는 경제적 자충수를 계속 두게 될 것이다.

이처럼 전망 없는 쿠데타가 과연 성공할 수 있을까 의심할 수 있지만, 지상목표가 나라야 어찌 되든 '해먹던 사람들이 계속 해먹는 것'인 사람들에게는 이 목표의 달성이 곧 성공이다. 그런데 87년체제의 한정된 민주주의조차 항시적인 위협이 되기 때문에 그 위험부담을 제거하기 위해 쿠데타라도 하려는 것이다.

이때 그 쿠데타가 신종임을 간과하고 6월항쟁과 같은 민중총궐기를 촉구하는 것은 잘못된 진단에 근거한 잘못된 처방이다. 물론 길거리에서의 직접행동은 민주시민의 당연한 권리요 때로 의무이기도 하지만, 87년체제가 비록 훼손되었어도 6월항쟁으로 쟁취한 민주수호의 여러 수단이 아직 남아 있는 상황에서 그것들을 최대한으로 활용하지 않는다면 민주시민의 책임을 방기하는 일이 될 것이다.

예컨대 선거공간과 더불어 6월항쟁의 또다른 열매인 삼권분립도 그사이 심하게 훼손되었다. 하지만 지난 12월 5일의 평화적인 대중집회가 가능했던 것만 해도 법원의 독립적 결정에 힘입은 것이었고, 입법부에 대한 대통령의 부당한 압박을 견뎌낸 것은 정의화 국회의장의 상식적인 처신과 더불어 의석 5분의 2 이상을 점유한 야당들의 존재 덕분이었다. 세월호사건의 진실 규명 작업도, 대통령과 정부·여당은 애당초 특별법 자체를 무산시키려 했고, 그게 안 되자 시행령을 통해 법률을 무력화하려 했으며, 그런 방해공작을 뚫고 특조위가 출범하고 드디어 청문회가 열렸을 때 철저히 비협조로 나왔다. 그러나 국회가 아닌 민간이 소환권을 행사한 최초의 청문회가 조그만 진실의 조각 몇개라도 캐내는 것을 아주 막지는 못했다(이태호「세월호 특조위의 첫 청문회가 남긴 것」,『창비주간논평』 2015. 12 .23).

그렇더라도 87년체제는 극복의 대상이지 개량하고 쇄신해서 수명을 연장할 대상이 아니다. 이 점을 망각하는 것은 또다른 책임방기의 길이다. 신종 쿠데타가 착실히 진행될 수 있는 것도 최소한 저들 추진세력은 87년체제를 자기식으로 극복한다는 — 실은 '파괴'일 뿐이지만 — 목적의식이 뚜렷하기 때문이다. 반대운동이 저들 못지않은 결연함을 보이고 진정한 극복의 비전을 제시할 때만 승산 있는 싸움이 가능할 것이다.

그럼 어떻게?

당연한 이 질문을 마주할 때 적잖은 곤혹스러움이 느껴지는 것이 사실이다. 87년체제를 극복할 '대전환'의 비전이 전혀 없거나 전환에 대한 일반 국민의 욕구가 희박해서가 아니다. '2013년체제' 구상이 비록 그대로 실현되지는 못했지만 87년체제를 넘어서는 새로운 사회를 향한 갈망은 오히려 더 커져왔고 풀뿌리 차원의 준비도 곳곳에서 진행되어왔다. 전환의 가능성을 원천적으로 봉쇄하려는 신종 쿠데타가 추진되는 것도 그 때문이다. 이처럼 쿠데타 저지와 대전환의 달성은 불가분의 관계이며, 쿠데타 저지의 결정적인 방안도 시야에 들어와 있다. 수구세력의 장기집권이 쿠데타의 목표인 만큼 2017년 대선에서 새누리당 후보를 꺾으면 최소한 이번 신종은 치명상을 입는 것이다.

그런데 바로 이 대목이 곤혹감의 원천이기도 하다. 어차피 선거는 정당 중심으로 치러지게 되어 있고 여당을 꺾으려면 야당 후보가 이겨야 하는데 도무지 그게 가능하리라는 믿음이 안 생기는 것이다. 사실 2012년과 달리 야권에는 대선후보감이 많고 여당이 오히려 인물난이다. 문제는 코앞에 닥친 2016년 총선인데, 다음 대선이 87년체제가 건재한 상태에서 치러지는 '정상적'인 선거라면 총선은 총선이고 대선은 대선이라고 생각할 수도 있다. 그러나 87년체제의 민주주의를 허물어가는 일련의 기획에서 19대 대선이 그 종결수순에 해당한다면 여당의 총선 압승은 그 기획에 엄청난 추진력을 더해줄 것이다. 그러잖아도 이제까지 신종 쿠데타에 번번이 힘을 보태준 것이 근년의 크고 작은 중간선거에서 야당의 패배가 아니었던가.

답답하고 곤혹스럽다고 현장을 모르는 외부인이 정치권에 어떤 구체적 방책을 제시할 수는 없다. 다만 야당 지도자들에게 과연 현 시국을 신종 쿠데타 국면으로 보는 절박함이 있는지, 87년체제의 재활용이 아닌 극복을 설계하고 있는지를 물어보는 일은 시민의 몫이다. 지난번 대선 때 야당 후보가 '2013년체제'를 들먹이긴 했지만, 그때나 지금이나 야당 정치인의 압도적 다수는 87년체제가 열어준 선거공간에서 자신들이 당선되는 것이 곧 '전환'이라고 생각하는 것 같다. 이런저런 '혁신'과 '통합' 구상도 쿠데타 저지 아닌 선거승리 위주의 발상에 머무는 느낌이다. '그것이 쿠데타 저지책으로 적절한가?'라는 질문을 던져보기나 했는지 의심스러운 것이다.

예컨대 모두에게 상처만 남긴 채 무산된 이른바 '문·안·박 연대' 제안도 이 물음을 먼저 던졌더라면 그런 식의 실패는 없었을 것이다. 오히려 (이미 부질없는 이야기가 됐는지도 모르지만) 한두달 전에라도 신종 쿠데타에 대한 위기의식이 공유되는 가운데 당대표가 혁신과 단합의 동시적 수용을 조건으로 대표직에서 선제적으로 물러났더라면 국민과 당원에게 감동을 주고 선거승리에 크게 이바지하는 길이 열렸기 쉽다. 또한 그러한 이바지의 한 수단으로 당내 유력 대선후보 3인이 사심없이 협업하는 연대가 가능했고 훨씬 위력적이 아니었을까.

야당인사들의 정치력이 그 수준이 못 됨이 명백해진 오늘 시민들이 무엇을 할지에 대한 고민이 크다. 다만 '그것이 쿠데타 저지책으로 적절한 가?'라는 물음은 정치권에만 던질 질문이 아니다. 신종 쿠데타가 점진적이고 다면적인 만큼이나 그 대응책도 다양하기 마련이지만, 정확한 현실인식을 공유함으로써만 헛힘을 안 쓰게 되고 쓸데없이 상처 주는 일을 피할 수 있다. 나아가 신종 쿠데타를 막아내고 진정한 대전환을 이룩하는 작업에 동참한다는 자부심과 연대의식을 가짐으로써 매사를 더욱 자신있고 정성스럽게, 더욱 기쁜 마음으로 해낼 수 있을 것이다. 이처럼 위기의식이 평상심과 결합할 때 2016년의 정치적 난제에 대해서도 한층 차분하고 슬기롭게 대처하는 길을 찾아낼 수 있으리라 믿는다.

새해에 독자 여러분 모두 건강하시고 평상심으로 비상시국을 이겨내는 복도 많이 지으시기를 기원한다.

―창비주간논평 2015. 12. 30.

10. 편안한 마음으로 투표합시다

4·13총선을 일주일 앞두고 많은 분들이 불편한 마음일 듯합니다. 박근혜정권을 투표로 응징할 날을 고대해왔다가 야권 표의 분산으로 좌절감을 느끼는 분들은 물론이고, 정부 지지자들 중에도 그동안의 공천 과정이나 결과를 보면서 심기가 불편한 이들이 적지 않습니다. 아예 투표할 생각이 안 날 지경인데 편안한 마음으로 투표하자라니 지금이 무슨 태평성대란 말인가, 되물으실 법도 합니다.

태평성대는커녕 재난의 시기이자 비상시국이라는 것이 저의 시대인식입니다. 서민들의 억울함과 고달픔이 날로 더해짐은 물론, 1987년의 국민항쟁을 통해 어렵사리 마련한 민주적인 권력통제 장치들이 하나하나 무너져가는 형국입니다. 어떤 이는 '점진 쿠데타'라는 표현을 썼는데, 군대가 탱크 몰고 나와서 하루아침에 세상을 바꿔놓는 군사정변 대신에 문민 주도의 조직적이고 전방위적인 민주헌정 파괴작업이 진행 중이라는 뜻이지요.

이럴 때 야권의 총선완승으로 결정적 반전이 일어났으면 하는 마음은 이해할 만합니다. 하지만 현실은 그처럼 간단히 바뀌기에 너무나 엄중합니다. 야당들을 다 합쳐도 과반수 확보가 어려워 보이는데다 야권 의석이 지금보다 조금 늘어난다 해서 대통령의 통치방식이 변화하거나 수구 기득권세력의 헌정파괴 공작이 중단될 리 없습니다. 실제로 2012년의 19대 총선에서 국민은 당시 민주통합당에 (그들이 여당이던 2006년을 빼고는) 역사상 최다의석을 마련해주었지만 정권교체를 이루지 못했습니다. 4년 내내 수권정당의 모습을 보여주지도 못했고 '점진 쿠데타'의 진행 앞에서 무기력했습니다. 어차피 정치권과 국민의 더 큰 적공이 없이는 세상을 바꿀 수 없게 되어 있습니다. 따라서 이번 총선도 그런 적공의 한 과정으로 접근할 일입니다. 실제로 유권자가 선택할 여지는 의외로 많습니다.

깨끗한 두표

흔히 우리는 '깨끗한 한표'를 던지자고 말하지만 알다시피 사람마다 두 표씩을 행사하는 것이 우리나라의 국회의원 선거입니다. 2012년에는 두 표를 한 당에 몰아주는 경향이 우세했습니다. 새누리당 지지자들은 물론이고 야권에서도 제1야당을 다수당으로 만들려는 소망이 강했기 때문이지요. 올해도 몰아주기를 하는 분들이 적지 않을 겁니다. 하지만 어차피 제1야당의 압승이 불가능하고 승리하더라도 내부의 공 다툼과 외부를 향한 오만을 조장해서 정권교체에 도리어 불리해질지 모른다고 판단한다면 정당명부제 투표에서는 한층 마음 편하게 자신이 가장 좋아하는 당을 찍을 수 있습니다. 더불어민주당, 국민의당, 정의당 중 어디를 찍어도 정권을 견제하는 효과는 거둘 것이고, 3%에 미달할 위험을 무릅쓰면서 예컨대 녹색당을 원내에 진입시키려는 노력에 가세할 수도 있습니다. 친여적인 유권자는 그들대로 지역구에서 무소속이나 야권 후보를 찍을 경우 정당투표를 새누리당에 함으로써 아쉬움을 달랠 수 있습니다. 반대로 새누리당 지역후보를 찍되 비례대표는 마음에 드는 다른 당을 밀어줄 수도 있겠지요.

지역구 선거는 훨씬 복잡합니다. 간명한 선택을 가능케 하는 '후보단일화' 시도가 이번에는 미미한 성과밖에 거두지 못했기 때문입니다. 그러나 지역구 선거도 선거구마다, 그리고 권역마다 사정이 크게 다릅니다.

전략투표: 호남의 경우와 수도권의 경우

예컨대 호남에서는 이른바 야-야 대립이 한창인데 유권자에게 실질적인 선택기회를 준다는 점에서 나쁘게만 볼 일이 아닙니다. 새누리당에 어부지리를 안겨주지 않으면서 야권의 정당들과 인물을 두고 선택할 수 있는 현실은 어쩌면 그동안 호남인들이 온갖 차별과 불이익을 감내하며 달성한 높은 정치의식 덕분이랄 수 있습니다. '호남 자민련'이 탄생하리라는 걱정도 기우라고 생각합니다. 안철수 국민의당 대표가 호남사람이 아니기도 하려니와 호남인들의 '전략적 선택'이 자기 지역을 챙겨달라는 주문과 거리가 멀기 때문입니다. 다만 이런 선거환경일수록 좋은 인물을 냉정하게 가려 뽑는 기회로 활용했으면 합니다.

대구시민들에게도 모처럼 선택지가 주어진 것이 이번 선거입니다. 무조건 새누리당이라야 한다거나 대통령이 찍으라는 대로 찍어야 한다는 입장이 아니라면, 비록 극도로 비정상적인 정당운영의 산물이지만 역설적으로 이것도 우리 정당정치의 발전으로 평가할 수 있지 않을까요?

문제는 수도권과 충청 등의 경합지역들입니다. 언론보도에 따르면 대체로 정권심판에 공감하는 층이 다수임에도 불구하고 야권 표 분산으로 여당 후보가 당선될 확률이 높은 지역이 수두룩하다고 합니다. 그렇다면 저처럼 그런 경합지역에 거주하는 유권자는 어떻게 하나요?

정당과 후보자들을 다그치는 일의 한계가 드러난 이상 유권자가 실질적인 단일화를 조금이라도 해내는 길만이 남았습니다. 호남과는 전혀 다른 종류의 전략투표가 필요합니다. 당선 가능성이 제일 높은 야권인사에게 유권자 스스로 표를 몰아주는 전략 말이지요. 여론조사발표나 순위보도가 금지된 선거 직전의 상황에서 누가 더 유력한 후보인지를 스스로 탐사해서 마음에 좀 덜 들더라도 찍어주는 것 또한 공부라면 공부입니다.

총선 이후도 준비해야

동시에 총선 이후를 지금부터 준비해야 합니다. 대중의 살림살이는 더욱 힘들어질 테고 '점진 쿠데타' 추진세력과의 싸움도 계속될 게 분명합니다. 다음번의 최대 정치일정은 2017년의 대선인데, 승리를 위해서는 아마도 정치권의 대대적인 개편과 통합 그리고 선거제도의 개혁이 선행되어야 할 것입니다. 국민들의 지혜가 한껏 발휘되어야 할 국면이지요.

그런 의미에서 그동안의 선거연대 논의도 차분히 되짚어볼 사안입니다. 어째서 그토록 미미한 성과밖에 못 내면서 그토록 격렬한 언사가 오갔는지 성찰하지 않고서는 총선 이후에도 크게 나아지는 게 없을 것입니다.

2012년에도 우리는 적공이 모자라서 총선승리를 놓치고 정권교체에 실패했습니다. 그런데 올해의 연합정치 노력은 2012년에 비해서도 훨씬 부실한 상태로 진행되었습니다. 일각에서는 단일화에 소극적으로 임한 안철수 대표에게 대부분의 책임을 돌리기도 합니다. 그러나 국민의당의 원내교섭단체 형성을 막지도 못할 상황에서 이는 현실적으로도 빗나간 선거전략이려니와, 제1야당의 자기반성을 저해하고 20대 국회에서 야당들이 협력할 공간을 좁히는 결과가 될 수 있습니다. 분당 사태는 본디 어느 한쪽만의 책임일 수 없으며 원론적으로 말한다면 당이 깨지는 사태를 막지 못한 지도부의 책임이 가장 큰 것 아닌가요. 통합과 연대 논의에서도 제1야당의 성의와 겸손이 19대 총선 때의 민주통합당에 비해서도 크게 모자랐던 것이 사실입니다.

솔직히 저는 그동안 제1야당이 여당과의 담합구조에 안주해온 면이 있다는 지적에 공감하는 축입니다. 다만 새누리당의 확장을 저지하면서도 3당구도를 만드는 '두마리 토끼 잡기'를 해낼 만한 능력과 경륜을 안철수 대표가 지녔는지는 의문입니다. 국민들에게 바로 그 점을 설득하지 못했기 때문에 그의 제3당 전략은 전체 선거판이 어찌 되든 호남 의석을 휩쓸겠다는 근시안적 작전의 혐의가 걸리는 것이겠지요.

실제로 한국의 '양당 기득권구조'를 비판하는 분들이 그 정확한 역사적 성격을 들여다보지 않은 채 피상적인 진단에 머무는 경우가 많은 것 같습니다. 한국은 미국처럼 양당체제가 확립된 나라가 아닙니다. 오히려 정반대지요. 식민지시대가 끝나자마자 국토가 분단되고 곧바로 참혹한 전쟁을 치렀으며 이후의 독재정치에서 야당은 원외의 국민들과 함께 싸우는 집단으로서나 겨우 힘을 썼습니다. 정부가 어느정도 존중하는 원내세력으로 야당들이 자리잡은 것은 87년체제 아래서인데 김대중, 노무현 정권에서는 여당이 되기도 했습니다. 그러나 2007년 대선에서 결정적으로 패한 이후 선거마다 거의 연전연패하면서 야당은 재집권 노력보다 원내 제2당의 알량한 기득권에 안주하는 습성이 생겼습니다. 87년체제 말기국면 특유의 이런 현상이 곧 한국판 양당 기득권구조인 것입니다. 그런데 이제 수구세력은 제1야당에 나눠주는 먹이조차 점점 더 아까워지고 선거 때마다 표를 얻어야 하는 일이 너무 부담스럽기 때문에 아예 87년체제를 자기들 식으로 끝내려는 작업을 속속 진행하고 있는 것입니다.

이런 현실을 제대로 인식하지 않은 채 야당 의석을 조금 늘린다거나 3당구조를 만든다고 해서 민주헌정을 지켜내고 민생을 살리며 국민들이 갈망하는 대전환을 이룩할 수는 없습니다. 반면에 이렇게 좀 멀리 보고 크게 보며 적공을 마다하지 않는 시민이라면 선거전망에 일희일비함이 없이 편안한 마음으로 '깨끗한 두표'를 행사할 수 있습니다. 저 자신은 그동안의 활동과 정책공약, 공천과정 등을 저 나름으로 평가해서 가장 낫다 싶은 정당에 한표를 주고, 나머지 한표는 형세를 끝까지 관찰하다가 당선권에 제일 근접한 것으로 보이는 야권의 지역구 후보에게 던질 작정입니다.

—창비주간논평 2016. 4. 7.

11. '내란'을 당하고도 국민은 담대하고 슬기로운데

지금 대한민국은 일종의 내란을 겪고 있다. 하긴 내란치고는 희한한 내란이다. 국민의 위임으로 공무를 맡은 국정 책임자가 주권자인 국민의 압도적인 명령에 정면으로 반기를 들었고 그런데도 국민들은 승리를 확신하며 즐겁게 싸우고 있다. 실제로 누가 이길지 뻔하기도 하다. 다만 아직도 공인된 폭력기구의 대부분을 장악한 반란자를 국민이 맨손으로 촛불만 들고 제압할 수 있을지가 미지수다. 그러나 이 싸움을 원만하게 마무리한다면 우리는 세계의 혁명사에서도 새로운 한 가름을 써낼 것이다.

이를 위해서는 전황을 점검해가며 싸우는 일도 필요하다. 전체 상황을 어느 개인이 속속들이 알기는 어차피 힘든 만큼 나는 지난주(11월 16일) 페이스북 발언(「담대하고 슬기롭게 새 시대를 열어갑시다」 참조;『한겨레』 2016. 11. 16)을 잇는 후속논의를 통해 시국이 요구하는 '집단지성'의 작업에 일조할까 한다.

그 발언 당시에도 박근혜씨는 100만 촛불민심에 불복할 기색을 보였지만 곧바로 검찰조사에 불응하고 고위직 인사를 단행하는 등 더욱 노골적으로 움직였다. '지지층 재집결'을 노렸다고도 하는데, 결과는 여론조사 지지율 5%에 계속 머물렀을 뿐 아니라 11월 19일의 4차 촛불집회에 다시 100만 가까운 인파가 전국적으로 모여 단호한 퇴진명령을 재확인했다. 이 집회는 내용의 풍부함과 창의성에서도 또 한번의 진화를 보여줌과 동시에, 전국 도처에서 동시다발적으로 열림으로써 굳이 서울에 안 가고도 촛불시위의 감동을 맛볼 기회를 골고루 선사했다.

대통령 퇴진운동에서 '내란진압' 촛불로

네차례의 촛불이 모두 대통령의 퇴진을 명한 것이지만 3차와 4차 명령 사이에는 차이도 있는 것 같다. 처음 두번은 시위에 놀란 박근혜씨가 진정성이 결여된 사과나마 연거푸 했다. 하지만 국민들이 전혀 넘어가지 않고 11월 12일의 3차 촛불대행진을 통해(말하자면 3심에서) 퇴진판결을 확정하자, 도리어 정면 불복의 길을 택했다. 주권자에 맞선 '내란' 수준의 저항으로 가기 시작한 것이다. 19일의 4차 집회는 따라서 종전의 국정농단·부정비리에 대한 단죄에서 '내란진압' 작업으로 옮겨갔다고 말할 수 있다. 26일의 집회가 구체적으로 어떤 모습을 띠건 간에 실질적 '내란죄'에 대한 국민적 소추(訴追)를 확인할 것만은 분명하다. 그리고 이후의 응징작업은 집회인원이 불고 줄고를 떠나 더욱 다양하고 창의적으로, 즐겁고 질기게 진행될 것이다.

촛불민심의 위력은 20일의 검찰발표에서도 드러났다. 최순실·안종범·정호성 씨들의 공소장에 대통령이 피의자로 적시됨으로써 박근혜씨는 예의 '배신의 정치'와 '하극상'을 겪어야 했고 그동안 야당들이 머뭇거리던 탄핵논의가 급물살을 타게 되었다. 그렇다고 '탄핵정국'이 시작되면서 국민적 퇴진운동이 사그라지는 '국면전환'이 이루어질 것 같지는 않다. '탄핵하려면 해보라'는 협박은 일부 야당인사들에게 먹힐지언정 국민들에게는 허장성세 아니면 이성을 잃은 마지막 몸부림으로 다가올 뿐이다. 현명한 정치인이라면 자기중심적인 계산으로 이 사태를 '수습'하려 들지 말고, 국민의 지상명령을 받드는 일을 최우선순위에 두어야 할 때다.

총리 문제를 대하는 야권의 태도

지난번 '페북' 글에서 급선무로 제시한 총리교체 문제만 해도, 그 지상명령을 이행하는 데 몰두하면 부질없는 고민을 크게 덜 수 있다. 대통령의 궐위 또는 직무정지 상태에서 현재의 총리가 권한대행이 되는 것을 어떻게든 막고자 최선을 다하는 것은 정치권의 책임이며, 최악의 경우로 황교안 대행체제를 맞아야 한다면 어떻게 감당할까 하는 대책(이른바 '플랜B')도 마련할 의무가 있다. 실제로 탄핵 준비가 급속히 진행되면서 새 총리를 선임할 시간적 여유가 없게 될 가능성도 커진 것이 최근의 형국이지만, 요는 야당들의 태도가 달라질 필요가 있다는 것이다. 황교안 대행이 불가피해지더라도 아무 생각 없이 목청만 높이다가 당하는 식으로는 국민의 신뢰를 얻기 어렵다. 예컨대 박근혜씨가 퇴진선언을 하기 전에는 총리인선도 안 하겠다는 민주당 지도부의 '초강경' 태세가 결과적으로 황대행 옹립을 위한 운동이 돼도 상관없다는 취지였는지 스스로 정직하게 되물을 일이다. 반면에 총리교체가 급하니 '영수회담'을 열어서 합의하자는 주장도 국민의 뜻에 어긋나기는 마찬가지다. 추미애-박근혜 2인회담은 안되고 3인 또는 4인의 회담이라면 괜찮다는 말인가.

퇴진운동은 운동대로 하면서 지금이라도 대통령이 국회의장에게 요청한 대로 국회가 총리를 추천해서 들이밀면 그만이다. 박근혜씨가 안 받겠다고 하면 ── 이제는 그 약속마저 뒤집을 속셈을 내비치고 있지만 ── 안 받는다는 사실이라도 빨리 확인하고 그걸 전제로 싸우면 된다. 후보를 합의하는 문제도 국민의 지상명령을 우선시하고 '퇴진 이후'의 이해득실을 일단 접어두기로 하면 너무 걱정할 게 없다. 어차피 국민의 명령은 '퇴진에 따른 과도내각'이지 '실질적인 권한을 이양받은 거국내각'이 아니다. '최악'보다 나은 인물이면 된다. 야3당뿐 아니라 새누리당 비박계의 추천 인사도 포함해서 논의하다가 합의가 안 되면 의원들의 투표로 정하는 방법도 있다. 요컨대 대통령을 그 자리에 둔 채로 권력을 누려보자는 미련이나 특정인의 대선가도에 유리한 권한대행을 고르겠다는 집착을 버리고 최대한 신속 간명하게 처리할 일인 것이다.

정치인도 국민처럼 담대하고 슬기롭기를

그 점에서 지난 20일에 야권의 대선주자 8인이 '정치회의'를 열고, "촛불민심과 국민 의사를 폭넓게 수렴하여 대통령 퇴진과 탄핵에 따른 국정공백을 최소화하기 위해, 국회 주도의 총리 선출 및 과도내각 구성 등 세부 수습방안을 조속히 마련할 것을 야3당에 요청한다"고 합의한 것은 높이 평가할 만하다. 모였다는 것 자체로 의미가 있는데 합의내용도 대체로 훌륭하다. 야3당과 국회에 "국민적 퇴진운동과 병행하여" 탄핵추진을 논의해줄 것을 요청한 것도 좋았고, "야3당의 강력한 공조가 필요하다는 데 인식을 같이하고, 시민사회와 적극적으로 연대하기로 하고, 정치적 이해관계를 떠나 단합하고 단결하여 헌정질서 회복과 국민주권 확립, 정의로운 국가 건설에 헌신하기로 했다"는 마지막 항목도 현 시국에서 꼭 유념할 원칙을 천명한 것이다.

이렇게 합의했다고 해서 여덟 사람이 내내 똑같은 목소리를 낼 필요는 없다. 국민명령의 구체적 이행방안에 대해서는 각자 앞다투어 최선의 지혜를 발표하는 게 오히려 바람직하며, 합의정신에 어긋나는 언행이 나올 때는 기탄없는 상호비판이 가해져야 옳다. 대선 경쟁은 그런 차원에서 진행되어야 하며 당과 당 사이의 경쟁도 마찬가지다.

촛불이 지속되고 진화하면서 '내란'세력을 와해시킬 구체적인 방안과 더불어, 국민의 지상명령을 왜곡하거나 둔화시키려는 정치권 일각의 행태에 대한 한층 세심한 조명도 이루어지리라 예상된다. 국민의 담대함과 슬기로움은 5차 집회에서도 돋보일 것을 믿는다. 세계적으로 유례가 드문 시민혁명의 전략으로서만이 아니라 부모의 손을 잡거나 부모 품에 안겨 나오는 어린이들의 안전을 위해서도 평화의 원칙이 존중될 것이 분명하며, 수많은 새로운 논객과 웅변가, 예술가와 코미디언의 등장을 기대해도 좋을 것 같다.

―창비주간논평 2016. 11. 23.

12. 새해에도 가만있지 맙시다

　박근혜 퇴진이 끝나지 않아서만이 아닙니다. 촛불혁명은 대통령의 퇴출을 넘어 불평등과 불공정이 청산되고 정의가 바로 서는 세상을 만들려는 것이기 때문입니다. 그런데 퇴진의 전망이 굳어질수록 '이젠 우리가 알아서 해줄 테니 가만있으라'는 소리가 다시 들려옵니다. '좋은 헌법 만들어줄 테니 그것으로 새세상 만들기의 출발점을 삼으면 된다'라거나, '정당들이 알아서 후보를 공천할 테니 국민은 정신 차려서 좋은 사람을 뽑으라'는 식이지요.

　헌법재판소의 심판을 '조용히' 기다려보자는 목소리는 거의 수그러들었습니다. 국회표결 바로 이튿날인 12월 10일 추워진 날씨에도 불구하고 전국적으로 100만이 넘는 인파가 '즉각 퇴진'을 다시 한번 외쳤고, 더 추워진 17일과 24일의 제8차, 9차 집회에서도 국민의 명령을 재확인한 것입니다.

　'조기 개헌'과 '즉각 퇴진'은 물리적으로 양립하기 어렵다는 것이 상식입니다. 그런데도 개헌부터 하자는 주장은 여전히 사그라들지 않습니다.

물론 새세상을 만들려면 새세상에 걸맞은 헌법도 마련해야 합니다. 따라서 어떤 개헌을 언제 어떤 식으로 할지를 미리 밝히고 민심의 검증을 받는 일이 중요합니다. 그런데 현실에서는 1) 대선 이전의 조기 개헌, 2) 개헌논의 시작 후 새 정권에서의 개헌, 3) 지금은 개헌논의 자체에 반대라는 세가지 입장이 '개헌 대 반개헌'이라는 양분법으로 처리되어 혼란을 부추기기도 합니다. 조기개헌론자일수록 자신의 구체적인 개헌구상을 빨리 내놓아 마땅한데 대부분 원론적인 입장표명에 머무는 것도 혼란요인입니다. '개헌세력'의 몸집을 부풀리려는 정치적 타산인지도 모르겠습니다. 게다가 '지금 당장에 해보고 안 되면 2018년 6월까지 한다'는 국민의당 당론은 도무지 종잡을 수 없습니다. 여기에도 조기개헌론자와 개헌신중론자를 한 지붕 안에 모아보려는 정략이 개입한 것 아닐까요? 그렇다고 제1야당의 선두주자가 애초에 주장했듯이 개헌논의조차 말자는 것이 반드시 지공무사한 처사였는지도 의문입니다. 결선투표제 도입마저 반대하던 모습이었기에, '3자필승론' 내지 '4자필승론'의 불길한 그림자를 느끼는 사람도 있었고, 어차피 결선투표는 없을 테니 조속한 단일화에 동의하라는 압박전략이라는 의혹을 사기도 했습니다.

촛불은 호헌운동이자 '이면헌법' 폐기의 시작

2016년 촛불혁명의 두드러진 한 특징은 민주공화국 헌법을 주권자 국민들이 지켜낸 헌법수호운동이라는 점입니다. 현행 헌법을 끝까지 그대로 보존한다는 의미의 호헌은 아니지만 헌법 제1조 등 민주공화국의 골격을 규정한 조항들을 짓밟고 망가뜨린 대통령과 그 친위세력을 탄핵하고 응징함으로써 헌법을 지켜내고 있는 것입니다. 앞으로 실현할 개헌과는 별도로, 헌법이 안 지켜지던 나라를 헌법이 지켜지는 나라로 바꾸는 한층 본질적인 혁명이 일어나고 있습니다.

그동안 헌법이 지켜지지 않은 것이 꼭 박근혜 일당 때문만은 아닙니다. 대한민국은 정부수립 당시에도 그랬지만 특히 한국전쟁 이후 정전협정체제 아래 분단이 고착되면서 '북한이라는 반국가단체와 대치하고 있는 대한민국의 특수한 상황'을 감안하여 국민주권과 갖가지 기본권 조항의 효력을 정지할 수 있다는 '관행'이 일종의 '이면헌법'으로 존재해왔습니다. 이것이야말로 '제왕적 대통령제'의 뿌리이며 1961년 이래의 군사독재를 허물어뜨린 87년체제도 제거하지 못한 한국사회의 질곡입니다. 그것이 87년체제하의 민주화과정에도 태생적 한계로 남아서 결국 낡은 부패세력의 대대적 반격을 허용했습니다. 그리고 수구세력이 일체의 비판을 '종북'으로 몰아치며 '편안히' 국정운영을 해오던 끝에 박근혜·최순실게이트로 곪아터진 것입니다.

이면헌법은 성문화된 것이 아니기 때문에 국회의 개헌작업 대상도 아닙니다. 그 폐기는 이면헌법에 기대어 국정을 농단하며 사회를 황폐화하던 자들을 촛불혁명 같은 범국민적 울력으로 축출하고, "글자로 있던 헌법 제1조를 이젠 온 국민이 노래 부르며, 온몸으로 써내려가고 있는 시대"(한인섭 「'주권자혁명' 시대로 행진하기」, 『한겨레』 2016. 12. 17)에 비로소 가능해집니다. 완전한 폐기에 이르려면 더 많은 공부와 작업이 필요하겠지만요. 아무튼 실제 개헌작업도 주권자의 그러한 혁명적 성취를 존중하고 계승하는 자세로 진행될 때만 국민의 지지를 받을 것입니다.

대선후보의 선정도 시민토론에 부쳐야

개헌 말고도 국회가 당장에 할 수 있는 일이 많습니다. 특히 새누리당 잔류파가 100석 미만의 제2당으로 전락함으로써 국회의 개혁입법 작업이 한결 수월해졌습니다. 대통령 결선투표제를 압도적 다수로 통과시켜봄직하고, 국회의원 선거의 승자독식제도를 없애거나 대폭 완화하는 선거법

개정의 가능성도 높아졌습니다. 그밖에 검찰개혁, 재벌개혁, 지방자치 강화 등 시급한 의제들이 기다리고 있습니다.

광장의 촛불은 이미 탄핵촉구와 저들 의제의 병행 추진을 목표로 설정했고 새해 1월을 '국민 대토론의 달'로 선포했습니다. 그동안에도 촛불시민은 대규모 집회에만 열심히 나온 것이 아닙니다. 개인 또는 소집단으로 다양한 정치참여를 해왔으며, 실시간 제보로 국정조사 청문회의 흐름을 바꿔놓기도 했습니다. 이들의 열정과 창의성이 '대토론의 달'에도 다양하게 발휘될 것은 확실합니다.

그런데 시민사회나 다수 지식인들이 아직 정면으로 대하기를 꺼리는 문제가 있습니다. 곧, '무엇'을 할 것인가를 넘어 다음 대통령을 '누구'로 만들어 그런 과제를 감당할 정부를 이끌게 하느냐는 문제지요. 이 문제가 떠오르는 순간 온갖 힐난과 오해와 혼탁이 몰려올 수 있습니다. 잿밥에만 관심을 돌린다는 비난에서부터 당신은 결국 아무개 편에 선 것 아니냐는 공격에 이르기까지, 전하고는 종류가 다른 난처함을 겪게 마련이지요.

중요한 것은 누가 누구를 지지하느냐 마느냐가 아니라 정치권이 자기네 후보를 결정하는 방식 자체가 촛불 이전과는 달라져야 한다는 원칙입니다. 생각해보십시오. 시민들의 거대한 노력과 희생으로 대통령을 축출하고 정치판 전체를 흔들어놓았는데 유독 정당들만은 87년체제가 만들어낸 틀 그대로 당내 경선을 치르고 그렇게 탄생한 서너명의 유력 후보 중 하나를 옛날식 그대로, 마음에 드는 사람이 없으면 제일 덜 싫은 후보라도 찍으라고 들이미는 것은 심지어 상도의(商道義)에도 어긋나는 일 아니겠습니까.

물론 현실적으로 시민들이 어떻게 개입할지는 난해한 문제입니다. 그러나 어떤 특정 방식이 최선이라고 미리 정해놓는 대신, 이제까지의 촛불혁명이 그러했듯이 다양하고 개방적인 태도로 실험을 해간다면 시민들 스스로도 종래의 고정관념을 털어내는 자기교육의 과정이 되며 집단지성이 다시금 빛날 것입니다. 촛불집회나 '만민공동회'에 주요 후보들을 초빙해서 이야기를 들어볼 수도 있고 규모를 조금 줄여서 한층 차분한 토론과 평가를 해보는 방법도 있을 것입니다. 어느 경우에나 SNS 등을 통한 후속 토론과 검증이 당연히 따르겠지요. 시간이 많지는 않지만 지금 시작하면 민의가 한결 충실하게 투영되는 방안들이 나오며 직접민주주의와 숙의민주주의를 동시에 강화하고 대의민주주의도 개선하는 선례를 만들어낼 것입니다. 법적인 마무리는 각자 헌법기관인 정당들이 법률과 당헌 당규에 따라 후보를 공천하는 과정이겠지만, 그 종착점에 도달하기 전에 실제로 어떤 경로를 거쳤는가에 따라 후보자와 정당 모두 국민의 응당한 평가를 받을 것입니다.

더 잘 배우고 잘 놀며 잘 싸우는 국민으로

2016년 가을과 겨울 우리 국민은 세월호참사 당시의 '가만있지 않겠습니다'라는 서약을 이행하며 위대한 시민혁명을 시작했습니다. 그때의 분노와 슬픔을 간직하면서도 새로운 상황에 맞게 서로 배우고 가르치며 새로운 싸움을 싸웠고 또 즐겁게 놀았습니다. 새해에는 우리 모두가 더욱 잘 배우고 잘 가르치며 잘 놀고 일상의 불의와도 더 잘 싸우는 시민으로 진급하십시다.

—창비주간논평 2016. 12. 28.

13. '촛불'이 한반도 평화를 만들어낼까

　제목의 질문은 곧 '촛불혁명'이 '미완의 혁명'이 안 되는 방도를 묻는 질문이기도 하다.

　작년 10월 하순부터 올해 3월 초까지 이어진 촛불대항쟁[1]에서 남북관계가 크게 부각되지는 않았다. 그러나 '정의로운 사회' 못지않게 '평화로운 사회'가 촛불시민들의 간절한 소망이었음은 분명하다. 더구나 항쟁이 한반도의 남북대결을 빌미로 나랏일을 농단하고 민생을 짓밟아온 수구세력과의 전면대결이었다는 점에서, 저들의 '종북'몰이와 안보장사를 무력화할 한반도의 평화 만들기는 촛불시민의 본질적인 과제로 이미 대두했던 셈이다.

촛불혁명과 한반도체제

　분단체제의 존재는 촛불대항쟁을 '혁명'으로 볼 수 있느냐는 논란에서

---

1 애초 '촛불항쟁'으로 표기했으나 우리 현대사의 다른 촛불항쟁과 구별하기 위해 '촛불대항쟁'이 적절한 표현이라는 점에 대해 본서 서장 11면 참조.

도 결정적이다. 항쟁의 규모나 지속성이 유례없는 수준이었고 그럼에도 철저히 평화적이고 합법적으로 일차적 목표인 박근혜 퇴진을 이끌어냈다는 점에서 혁명(내지 명예혁명)의 이름에 값한다는 평가가 우세하다. 반면에 모든 것이 기존의 헌법과 법률 체계에 따라 이루어진 점이 87년체제의 개혁이요 소생일지언정 혁명은 아니라는 지적도 있다. 사실 분단한국의 특수한 현실을 빼면 후자가 훨씬 냉정한 사회과학적 진단이다. 다만 분단체제에서 '안보'를 위해 민주공화국의 헌법을 무시해도 된다는 일종의 '이면헌법'이 작동해온 상황에서, "헌법이 안 지켜지던 나라를 헌법이 지켜지는 나라로 바꾸는 한층 본질적인 혁명"(졸고 「새해에도 가만있지 맙시다」, 『창비주간논평』 2016. 12. 28; 본서 436면)을 수행한 것이 촛불대항쟁이었다.

최근에 북한의 미사일 발사와 핵실험으로 한반도의 위기가 고조되면서 촛불혁명의 진로와 남북관계가 얼마나 밀접히 연관되는지가 한결 뚜렷해졌다. 이른바 안보위기를 맞아 적폐세력들은 새로 기세등등해지고 사회의 전반적인 담론 수준이 다시 저열해져서, "분단체제의 기득권을 지키려는 목적의 각종 허구적 주장이 불변의 진리처럼 반복해서 주장되고 있다."(이남주 「'진짜 문제'가 된 북한의 핵과 한국의 선택」, 『창비주간논평』 2017. 9. 6) 심지어 문재인 대통령도 "북한이 핵과 미사일을 고도화하고 있는 상황 속에서 그에 대한 방어능력을 최대한 높여나가지 않을 수 없다"는 구실로 민주적 절차를 무시한 채 사드 배치를 강행함으로써 박근혜정부의 행태를 연상시키고 있다.

촛불혁명의 세 단계

촛불대항쟁은 박근혜 탄핵을 이끌어냄으로써 '실패한 혁명'의 길을 피했고, 촛불혁명의 제1기가 성공적으로 완수되었다. 시민들의 비폭력·평화 전략이 주효했던 것이다. 뒤이어 벌어진 대선국면을 제2기로 본다면,

촛불의 계승을 약속한 정권이 탄생함으로써 2기 역시 성공하여 '미완의 혁명'으로 끝날 운명을 면한 셈이다. 그런데 혁명이라는 관점에서는 기성 체제의 헌법과 제도에 따른 선거의 실시가 얼마나 위태로운 국면이었는지를 되새겨볼 필요가 있다.

이 점은 1968년 프랑스의 5월혁명과 비교해보면 분명해진다. 프랑스의 5월은 노동자들의 총파업을 동반한 훨씬 심각한 소요사태였으며 그 문화적 파급효과가 전세계에 두고두고 미쳤다. 그러나 드골 대통령이 의회를 해산하고 새로운 선거를 발표하면서 사태는 급속히 가라앉았고 총선에서는 드골파 정당이 압승을 거두었다. 2017년 5월 한국에서 그런 반전이 일어나지 않은 것은, 대선이 표면적으로는 국회와 헌법재판소의 결정에 따른 것이지만 내용상으로는 국민의 직접행동이 강요한 결과였기 때문이다. 따라서 드골의 의회해산이나 1987년 한국의 6·29선언처럼 집권층의 주도적 결단이라는 모양새를 허락하지 않았고, 여당이 겉으로나마 항쟁의 계승을 내세우는 상습적인 국민기만 전략을 구사할 여유도 없었던 것이다.

그럼에도 불구하고 일단 선거국면에 들어서자 촛불대항쟁의 성과가 적잖이 훼손되었다. 공식 선거운동의 개시와 더불어 일반시민들의 정치적 참여는 터무니없이 억압되었고, 유력 후보들 대다수가 '중도 마케팅'에 골몰했으며, 대선후보 토론회 내용도 후진적인 안보논쟁에 집중되는 등 빈약하기 짝이 없었다. 결과적으로 탄핵 직후 지지도가 바닥으로 떨어졌던 자유한국당(전 새누리당)은 대선에서 25%에 가깝게 득표했고 원내 107석의 거대야당으로 떵떵거리며 되살아났다.

그런 댓가를 치르면서 촛불혁명이 만들어낸 것이 문재인정부다. 당선 가능성이 있는 후보 중에서 유일하게 촛불계승을 확약한 후보가 낙승했다는 점에서 제2기 역시 원만한 마무리를 지은 셈이다. 논자에 따라서는

1, 2기를 합쳐 제1단계로 보고 새 정부 출범 이후를 제2단계로 보는 관점도 있지만, 중요한 것은 숫자가 아니라 촛불대항쟁의 혁명적 성격과 대선 국면에서 촛불혁명에 닥쳤던 위험을 정확히 인식한 채 정권교체 이후의 시기에 접근하는 일일 것이다.

'촛불정부': 통로냐 수임대리인이냐

아무튼 그렇게 탄생한 정부가 '촛불정부'를 자임하는 것은 당연하고도 바람직하다. 더구나 정부 스스로 촛불혁명이 아직 진행 중이며 자신들이 혁명의 완결자가 아닌 '통로'라고 주장한 것은 반가운 일이다(이에 관해 필자의 페이스북 2017년 6월 2일의 발언 "촛불혁명의 통로" 참조). 실제로 새 정부 첫 3개월 내지 100일의 실적을 보면, 비록 실수도 있었지만 대통령의 탈권위적 행보를 비롯하여 켜켜이 쌓인 적폐를 청산하고 새 시대를 열어가려는 의지가 돋보였다. 쏟아져나온 지난 시대 범죄행위들에 대한 사실확인만으로도 한국의 민주주의는 의미있는 전진을 이루었다. 통로 중에서도 대통령 권력이라는 간선도로를 확보한 것이 촛불혁명으로서 얼마나 큰 성취였는지 실감하게 된다.

그렇더라도 대통령의 막대한 권력으로도 온전히 감당할 수 없는 것이 촛불혁명이다. 정부가 '통로' 구실을 제대로 해내려면 새로운 진입로와 별개의 도로를 계속 만들어가야 하는 것도 그 때문이다. 예컨대 무작위로 추출된 시민들의 '숙의 여론조사'(deliberative polling)에 원자력발전소 신고리 5, 6호기의 건설 중단 여부를 맡기는 방식을 선거제도 개혁이라든가 증세 문제, 남북관계 등 다른 분야에도(물론 사안마다 적절하게 변주해가며) 확대 적용할 법하다. 특히 헌법을 어떻게 바꾸느냐에 따라 촛불혁명이 87년체제와는 다른 역사를 제도로 안착시키느냐 아니면 87년 헌법의 땜질 정도로 끝나느냐가 판가름날 터인데, 현재 국회가 일방적으로 정한 공론화 과정이나 정부에 의한 추가적 여론수렴을 넘어서는 시민참여의 과정이 필수적이다. 나아가 개정되는 헌법 자체가 '숙의 여론조사'식 시민참여의 일상화를 보장하는 조항을 반드시 담아야 할 것이다. 이는 현재 촛불혁명에 결코 우호적이지 않은 또 하나의 중요 국가기관인 의회에 대한 시민들의 견제력을 키우는 길이기도 하다.

이럴 때 으레 나오는 반론이 고도의 전문성을 요하는 국정과제들을 어떻게 시민 아무한테나 맡기느냐는 것이다. 정부와 국회는 무얼 하라고 두었냐는 볼멘소리도 들린다. 하지만 시민 직접참여의 확대가 대의기관을 대체하는 일이 아니려니와, 무작위로 뽑힌 뒤 일정한 학습과 숙의 과정을 거친 — 그것도 촛불혁명을 해낸 나라의 — 일반시민들이 정치적 출세를 우선목표로 삼고 정치자금 조달과 인맥관리에 몰두하는 정치인들보다 저급한 결정을 내릴 확률은 극히 낮다고 봐야 한다.

'촛불정부'도 그것이 촛불혁명의 통로가 아니라 전권을 위임받은 대리인으로 행세하는 순간 촛불 이전의 정부들과 대동소이해질 위험이 있다. 특히 시민들과의 정보공유가 제한될 뿐 아니라 미국의 압력과 북한의 일방적인 행동으로 한국정부의 운신 폭이 원천적으로 제한되는 남북관계에서는 대리자 역할의 유혹이 더욱 커진다. 설혹 대통령 자신은 통로가 되겠다는 충정을 버리지 않았더라도, 대통령이 수임대리인(受任代理人)이 될수록 자신들의 지위가 굳어지고 달콤해지는 주변 인사는 시간이 갈수록 늘어나기 십상이다.

그런데 남북관계나 외교 문제에서 문재인정부가 촛불혁명의 일개 통로라는 자기인식을 저버리고 촛불시민의 혁명적인 요구를 운반하고 실행하지 못할 때, 국내의 적폐청산과 개혁의 동력이 급격히 떨어지게 마련인 것이 분단체제의 속성이다. 특히 남북문제에서는 정부가 대응을 잘못해서 남북의 갈등이 격화되더라도 국민여론은 그 책임을 일단 북에 돌리는 경향이 있다. 분단체제의 상대방 탓하기 관성이 작동하기 때문인데, 집권자에게 독배를 겸한 단술이 되는 묘한 유혹이 되기 쉽다. 이명박, 박근혜 대통령 모두 남북관계를 악화시키면서 한때 맛본 재미가 그러했으며 종내 그들의 전반적 국정실패와 국민지지 상실의 한 원인이 되었다.

촛불혁명 제3기의 핵심과제

결국 한반도의 평화 만들기야말로 이면헌법을 폐기하고 적폐를 청산하며 참다운 민주공화국을 만들려는 촛불혁명의 핵심과제임이 드러난다. 물론 "북에서 미사일을 쏘아대고 핵실험을 거듭하는데 도대체 무엇을 할 수 있느냐"는 반론은 벌써부터 요란하다. 여기에 "이런 때 정부시책에 반대하는 당신은 도대체 어느 나라 국민이냐"는 공격이 곧잘 따라오기도 한다.

구체적으로 무엇을 할지에 대한 토론이 시민사회의 여기저기서 이미 시작되고 있다. 예컨대 '문재인정부의 외교안보정책, 이대로는 안 된다'라는 제목으로 시민평화포럼과 참여연대가 공동으로 주최한 원탁토론이 열리기도 했고(자료집 『문재인정부의 외교안보정책, 이대로는 안 된다』, 2017. 9 .5. 참조), '북-미 수교'라는 근본 카드가 아직 남아 있음을 상기시키면서 한국의 주도적·창의적 외교를 주문하는 제언도 나온 바 있다(이종석 칼럼 「'북-미 수교' 카드가 남아 있다」, 『한겨레』 2017. 9. 11).

그러나 가장 중요한 것은, 무엇을 할지가 막막한 때일수록 하지 말아야 할 것을 안 하는 일이다. 특히 낡은 언어를 극구 피해갈 줄 알아야 한다. '독자적 핵무장'이니 '전술핵 재배치'뿐 아니라 '북을 대화로 끌어내는 더욱 강력한 제재와 압박'도 낡아빠진 언어이기는 마찬가지다. 물론 '통일만이 살길이다'라는 익숙한 옛 노래를 다시 불러도 곤란하다. 그렇다고 '이제 통일은 잊어버리고 남북이 이웃나라로 평화롭게 살자'는 주장도 새로울 것 없는 공리공론이다. 이 땅은 무작정 통일을 부르짖는다고 통일이 되고 평화가 오는 곳도 아니려니와, 점진적·단계적 과정으로서의 통일마저 외면한 채 두 나라의 항구적 평화공존을 주장한다고 평화가 달성되는 지역도 아니기 때문이다.

점진적·단계적 통일과정에 대한 구체적 방향 제시가 없었다는 것은 촛불혁명 제1기의 한계였다. 대선국면에서 그 모색이 이루어졌다면 더 바랄 나위 없지만, 1기보다 여러모로 더 후진적이었던 것이 2기요 그것이 분단 한국의 현주소이기도 하다. 문재인정부 출범으로 시작된 제3기가 얼마 안 지나서 이른바 북핵위기가 터진 것은 언젠가 넘어야 할 고비에 부닥친 것일 뿐인데, 정부의 대응자세에 따라 촛불혁명 완수의 호기가 될 수도 있다. 이때 명심할 것은 촛불정부는 국민과의 약속을 가볍게 여기고 "우리 정부가 취할 수 있는 최선의 조치"를 임의로 선택할 재량권을 가진 수임 대리인이 아니라는 점이다. 어려운 고비를 만날수록 자의적 판단과 관성적 언동을 자제한 채 촛불혁명의 통로다운 겸허한 자세로 차분히 정신을 가다듬을 때 당연하고도 지혜로운 길이 열리게 되어 있다.

—창비주간논평 2017. 9. 13.

14. 촛불혁명과 촛불정부

'촛불'은 혁명 맞다. 하지만 생각 없이 혁명을 말하며 기분 내는 것은 촛불혁명의 성공에 도움이 안 될 것이다. 사실 우리가 자랑하는 촛불대항쟁의 평화로운 성격은 고전적 혁명론에 어긋나는 특성이며, 대통령 파면과 정권교체가 기존 헌정질서의 규칙에 따라 이루어졌기 때문에 '촛불'이 87년체제의 수호요 재작동이지 혁명일 수 없다는 주장도 학자들로부터 제기된 바 있다.

2016~17년의 촛불대항쟁이 이미 혁명의 시작이라는 인식은 단지 학술상의 문제가 아니다. 1년 전의 신년칼럼에서 지적했듯이 "헌법이 안 지켜지던 나라를 헌법이 지켜지는 나라로 바꾸는 한층 본질적인 혁명"(졸고 「새해에도 가만있지 맙시다」, 『창비주간논평』 2016. 12. 28; 본서 436면)이 일어났고 바로 그런 혁명이 필요한 분단국가에 우리가 살고 있음을 인식하는 문제인 것이다. 학문적으로도 혁명사와 혁명론 교과서를 다시 써야 할 사안인지 모른다.

촛불정부와 촛불대통령

이렇게 이해한 촛불혁명은 아직 진행 중인 혁명이고 '미완'으로 끝날 가능성도 남아 있다. 그러하기에 많은 사람들이 촛불로 탄생한 정부에 기대를 걸기도 하고 가슴 졸이기도 한다. 다행히 대통령 스스로 '촛불정부'를 자임하며 촛불혁명의 완수를 다짐하고 있다.

그런데 촛불대항쟁이 평화적이었기 때문에 종전의 제도적 틀 안에서 치러진 대선국면은 엉뚱한 역전의 가능성을 내장하고 있었다. 역전이 실제로 벌어진 사례로는 1968년 프랑스의 5월혁명이 선거가 치러지면서 드골 대통령 세력의 압승으로 끝난 역사가 두드러지거니와, 한국에서 그런 반전이 일어나지 않은 것이야말로 촛불시민의 위력이다(졸고「'촛불'이 한반도 평화를 만들어낼까」,『창비주간논평』2017. 9. 13; 본서 4부 13). 하지만 투철한 혁명적 집단이 집권하기는 애당초 힘들도록 설계된 경로였다.

더구나 민주헌법의 수호를 위해 평화적으로 탄생한 정권이기에 혁명과업 또한 기존의 법질서와 헌법절차에 따라 수행해야 한다. 촛불혁명의 거의 모든 과제를 부정하는 세력이 국회의 3분의 1 넘는 의석을 차지한 채 사사건건 훼방을 놓는데도 2020년의 총선 이전에 응징할 수단이 마땅치 않기도 하다. 이런 상황에서 정부와 대통령은 도대체 무엇을 할 수 있을까?

국가의 불행이지만 정부를 위해 다행스러운 것은 구정권의 너무나 많은 인사들이 실정법을 너무 많이 위반했기 때문에 행정부의 권한으로 촛불시민이 요구한 적폐세력 청산을 수행할 여지가 무척 넓다는 점이다. 정상적인 법치의 실행만으로도 "헌법이 안 지켜지던 나라를 헌법이 지켜지는 나라로 바꾸는" 혁명적 과업이 크게 전진하게 되어 있는 것이다.

그렇기는 해도 성문헌법을 촛불정신에 맞게 개정하는 작업은 필수적이다. 선거법개정 등 필요한 입법현안도 쌓여 있다. 박근혜가 제거된 지금 그를 몰아낸 '탄핵연대'의 복원은 쉽지 않겠지만 과반수 지지라도 비교적 안정적으로 확보하는 연합정치가 절실하다. 또한 자유한국당의 반대로 개헌안의 국회통과가 난망인 상황에서 그 경우에 어떻게 하리라는 '플랜 B'도 지혜롭게 준비해야 할 것이다.

난관이 많지만 촛불혁명에 대한 인식과 촛불정부로서의 자긍심이 뚜렷하면 대통령이 할 수 있는 일이 참으로 많다. 중요한 것은 문재인정부가 김대중, 노무현 정부를 잇는 '제3기 민주정부'라기보다 '촛불시대의 제1기 정부'라는 발상의 전환이다. 예컨대 대통령이 지금도 선거기간이나 취임 초기를 방불케 하는 소통과 위무의 행보를 계속하는 것을 두고 '쇼'를 한다는 비판도 있지만, 이는 오히려 '촛불대통령' 본연의 임무라 봐야 한다. 나는 대통령이 국민들을 찾아다니면서 촛불정신을 북돋우고 촛불민심을 살피며 촛불혁명 완수를 다짐하는 발언을 계속했으면 한다. 어느 대통령이든 국민여론을 선도(先導)하는 역할을 떠안게 마련이지만, 이번 대통령의 경우는 촛불혁명의 전도사로 적극 나서는 일이 기본 직무가 된 것이다.

그렇게 '전도사 행각'을 벌이는 것이 대통령의 정신건강에도 좋고 민주주의의 장기적 비전에도 걸맞다. 청와대에 들어앉아 있는 대통령은 '갑' 중의 '갑'이지만 선거운동 하듯 다니다보면 후보시절 '을'의 초심을 간직하는 데 도움이 된다. 나아가, 대통령과 국민이 갑을관계를 떠나 서로 배우고 가르치는 세상이 촛불의 꿈이 아니었던가.

그럴수록 일상적인 국정운영을 맡길 사람들을 잘 골라야 한다. 국무총리나 대법원장 또는 국무위원뿐 아니라 여타 고위직과 정부 산하기관장의 인선에서도 정파적 친소관계나 이념적 잣대에 매이지 않고 공심과 업무능력을 갖춘 인물을 찾아야 한다. 또한 시민이 공직자들을 감시하고 독려할 장치들도 더 창의적으로 마련해야 할 것이다.

정치적 돌파구로서의 남북관계와 시민참여

현재 남북관계는 정국의 돌파구는커녕 촛불정부의 발목을 잡는 덫에 가깝다. 핵문제로 인한 한반도 긴장이 국내 수구세력의 기를 한껏 살려주었고, 미국으로 하여금 일방적이고 과도한 청구서를 들이댈 빌미를 주고 있다. 그러나 남북관계야말로 국내의 적폐청산 작업처럼 대통령이 여소야대 국회에 휘둘리지 않고 주도할 수 있는 대통령 고유의 업무영역이다. 더구나 지난 두 정권이 워낙 못했기 때문에 조금만 잘해도 국민의 갈채를 받을 분야다.

문제는 남북관계가 워낙 망가진 상태라서 '조금만 잘' 하려 해서는 조금 잘하기도 힘들게 되어 있다는 것이다. '제재·압박과 대화의 병행'이라는, 박근혜도 말로는 그랬고 트럼프도 되뇌는 구호를 답습해서는 북이 죽기 살기로 추진하는 핵무장 정책을 바꿀 수가 없다. 북의 정권이 좋은 정권이라고 두둔할 마음은 없지만, 자신의 생존과 체제보전을 위해 정권이 온갖 수단을 강구하는 것은 예측하고도 남을 일인데, 한때 햇볕정책 내지 포용정책을 통해 핵무기 없는 안전을 보장하겠다고 약속했다가 9년 동안 그 정책을 온통 뒤집어놓고 이제 와서 비핵화를 위한 대화에 응하지 않으면 '더 강한 제재와 압박'을 하겠다고 하면 저들에게는 백기투항 요구로 들릴 수밖에 없지 않겠는가.

아무튼 북이라는 까다로운 상대가 있고 미국이라는 외부요인도 있어 정부의 운신 폭이 무척이나 좁다. 더구나 국민들도 그동안 북에 대한 반감과 심지어 혐오의 정서를 키워왔다. 때문에 남북관계처럼 어려운 문제는 후순위로 돌리고 우선 손쉬운 국내문제부터 해결해보려는 유혹이 생길 법도 하다. 그러나 이는 남북관계 개선이 없이는 국내개혁의 동력도 근원적으로 제한될 수밖에 없다는 분단체제의 속성을 간과하는 길이다. 여기서 돌파를 못하면 촛불혁명은 '절반의 성공'으로 끝날 우려가 크다. 반면에 한반도 긴장이라는 근원적 장애를 제거해놓으면 어차피 여소야대 국회 때문에 한계가 지어진 개혁작업들도 조만간에 빛을 보게 될 것이다.

그러므로 촛불혁명의 완수를 위해서는 외교에서도 대통령 스스로 언급한 촛불이라는 중요한 자산을 최대한 활용하여 한반도문제에서 우리의 주도력을 높여야 한다. 필요할 경우 상대방 정상을 향해, "당신 말을 들어주려 해도 나는 촛불대통령이라 그러다간 혹 가버릴 수도 있다"고 '개기는' 방법도 써봄직하다. 촛불시민들이 이 과정에 적극 나서야 함은 물론이다. 우리가 광장에서 '평화로운 삶'을 요구했던 의미를 되새기면서, 단순한 교류협력정책의 복원을 넘어 한반도의 궁극적 비핵화를 실현할 수 있는 남북 간의 공동 위기관리 장치 등 '포용정책 2.0 버전'(졸저 『2013년체제 만들기』 제2부 참조)이라 부름직한 방안들을 제기할 때이다.

'포용정책 2.0'의 구성요인으로 '시민참여형 통일과정'을 말하면 흔히들 당국이 아닌 시민이 통일작업을 좌지우지해야 한다는 허황된 주장이거나 남북협력사업 중 민간의 몫을 늘리는 정도의 지엽적 사안으로 오해하기도 한다. 그러나 '시민참여'의 가장 큰 몫은 대화와 교류를 거부하는 정권을 시민의 힘으로 갈아치우는 일이다. 이 기본적인 책무를 우리는 촛불대항쟁을 통해 훌륭하게 이행하였다. 남은 과제는 정권을 잃었을 뿐 여전히 사회의 각종 고지에 포진하고 있는 세력을 촛불시민과 촛불정부가 힘을 모아 제압하며 정의롭고 평화로운 나라를 만들어가는 일이다. 정부와 대통령의 분발을 촉구하면서 시민들 스스로도 평화로운 한반도와 핵없는 세상을 실현하기 위한 구체적인 지혜를 선보일 때가 되었다. 피 흘리고 땀 흘리면서, 때로는 추위에 떨며 여기까지 온 우리 아닌가.

—창비주간논평 2017. 12. 28.

15. 하늘을 본 뒤에 무엇을 할까

신동엽 시인은 "누가 하늘을 보았다 하는가/누가 구름 한 송이 없이 맑은/하늘을 보았다 하는가"라고 물은 적이 있다. 대부분의 사람들은 먹구름이나 지붕을 덮은 쇠항아리를 하늘로 알고 일생을 산다는 것이다(「누가 하늘을 보았다 하는가」). 4월혁명의 경험은 시인에게 그런 확신을 주었을 것이다. 김수영 시인 또한 「저 하늘 열릴 때」라는 산문에서 "4·19 때에 나는 하늘과 땅 사이에서 통일을" 느꼈노라고 했다.

우리 시대에 많은 사람들은 촛불을 들고 길거리에 나와 하늘을 보았다. 물론 촛불이 한창일 때도 집회 후 일상으로 돌아갈 때마다 먹구름과 쇠항아리가 여전함에 힘들어하는 이가 많았다. 그러나 동료 시민들과 함께 하늘을 보며 자신도 바뀌는 것을 느꼈고 세상을 바꿀 수 있다는 희망을 버리지 않았다. 그랬기에 시민들은 엄혹한 추위를 뚫고 항쟁을 이어갔고 마침내 박근혜 퇴진과 '촛불정부'의 탄생을 이루어냈다.

촛불정부와 촛불시민

그렇게 탄생한 정부가 곧 3년차를 맞는다. 그사이 세상은 얼마나 달라졌는가? 최근의 어느 여론조사에서는 대통령의 국정수행에 대한 부정적 평가가 긍정 평가를 처음으로 앞질렀다고 한다. 부정적인 평가가 모두 세상이 안 달라졌다는 평가만은 아니고 너무 달라져서 싫다는 반응도 포함됐겠지만, 아무튼 촛불정부로서는 심각하게 고민하고 성찰할 지점에 도달했음이 분명하다.

실제로 달라져야 할 것이 별로 안 달라진 현실은 곳곳에서 발견된다. 직장이 없거나 빚에 허덕여온 젊은이들 중 다수가 여전히 실업과 부채에 시달리고 있다. 위험한 작업환경이나 부실한 시설들에서의 안전사고도 끊일 줄을 모른다. 자신들의 절박한 호소에 정부가 귀를 닫고 있다고 느끼는 사람도 적지 않을 것이다. 여기에 먹구름과 쇠항아리 아래서 너무나 안락했던 세력들의 총공세까지 더해진다면 문재인정부 또한 노무현정부처럼 양면의 협공으로 위태로워질 가능성을 배제할 수 없다.

이럴 때 하늘을 본 시민은 어떻게 해야 할까. 정부가 스스로 촛불정부를 표방한다고 해서 일체의 비판과 투쟁을 자제할 일은 아니다. 다만 비판하고 투쟁하면서도 촛불혁명의 주체라는 자기인식을 견지할 필요가 있다. 촛불 이전의 타성으로 정부가 자신의 요구사항을 안 들어주면 곧바로 "달라진 게 아무것도 없다"고 규탄하며 다음에 더 나은 정권이 나타나기를 기대한다면 촛불정신을 누가 지켜줄 것이며 입맛에 맞는 정권이 다음에 들어설 확률은 얼마나 될까.

촛불혁명은 헌법이 안 지켜지던 나라를 헌법을 지키는 나라로 만드는 혁명이기 때문에 초헌법적 비상수단을 동원하지 못한다. 통상적인 혁명이라면 당장에 국회의원 선거부터 다시 했을 것이다. 바꿀 것을 제때 못 바꾼 게 그밖에도 너무나 많다. 그러나 바꿀 게 이렇게도 많이 쌓였다는 것을 알게 된 것도 촛불 덕이다. 예컨대 여성에 대한 차별과 폭력행위가 요즘 갑자기 늘어났다기보다 촛불시대에 와서야 본격적으로 알려진 면이 없지 않다. 최저임금과 노동시간 제한의 후퇴로 야기된 노동계와의 갈등 역시 애당초 이 정부가 '소득주도성장'이라는 패러다임 전환을 선택했기에 발생했다. 정책의 작명이 적절하며 개념이 잘 정리되었는지는 논란의 여지가 있지만 어쨌든 대기업 이윤 위주의 과거 패러다임을 바꾸려는 시도는 촛불정신을 반영한 것이며, 쌍용자동차 해고노동자의 복직이라든가 KTX 승무원들의 복귀 같은 노동운동의 국지적 승리도 그 과정에서 가능했다. 최근 정부에 의한 일부 정책 수정이 단순한 '속도조절'인지 소득주도정책 포기의 시작인지는 시간이 말해줄 터이다. 관건은 경제 사정이 너무 어려우니 잠시 숨을 돌려 정치개혁의 공간을 확보하겠다는 것인지 아니면 그냥 반대세력에 밀려서 후퇴하는 것인지일 것이다.

한반도 정세의 변화, 되돌릴 수 있는 성질인가

2018년에 가장 극적으로 바뀐 것은 남북관계다. 평창올림픽에 북측이 선수단과 고위급 대표단을 파견한 데 이어 4·27판문점선언은 그야말로 역사의 새 장을 열었다. 뒤이어 북조선정권 성립 이래 최초의 북미정상회담이 6월 12일 싱가포르에서 열렸고, 이후 9월의 개성 남북공동연락사무소 설치와 평양공동선언, 군사적 긴장완화를 위한 별도의 합의문과 그에 따른 후속조치들, 서해수역에서의 공동 고기잡이, 남북 철도·도로 연결 착공식 등 획기적인 사건들을 다 열거할 수 없을 정도다. 더구나 이 모든 일이 유엔의 대북제재가 풀리지 않은 상태에서 이루어진 것이다.

그러니 이 분야에서는 바뀐 게 없다는 말이 나오기 어렵다. 다만 북미관계의 진전이 예상보다 느려져 제2차 북미정상회담과 김정은 위원장의 서울 답방이 미뤄지면서 기껏 시작된 변화가 원점으로 되돌아갈까 걱정하는 목소리가 적지 않다. 그런데 이런 정당한 걱정 또한 도가 지나치면 촛불시대의 주인답지 못하다. 2017년의 전쟁위기를 '원점'으로 친다면 2018년의 변화는 실로 경천동지(驚天動地)할 수준인데, 분단체제에 길들여져 살면서 위험의 뿌리를 탐구하려 하지 않았듯이 2018년의 변화에 대해서도 그 내용과 역학관계를 깊이 생각하지 않는 자세인 셈이다.

무엇보다 변화의 실질적 출발점이 우리의 촛불혁명이었고 지금도 한국정부와 촛불시민의 지속적인 개입 없이는 북·미 간의 교착상태를 타개하고 한반도의 비핵화를 이루어낼 동력이 없다는 점을 인식할 필요가 있다. 이는 또한 미국의 주류사회가 북에 대한 고질적 불신과 적대감을 버리지 못하고 트럼프로 하여금 싱가포르회담 이전으로 돌아가는 또 한번의 '변덕'을 부리도록 강제하려 해도, 불가역적인 남북관계 개선을 이미 수행 중인 한국 때문에 그럴 수 없으리라는 말이 된다.

한반도 평화를 위한 주전선과 선결과제

바로 그렇기 때문에 촛불정부와 촛불시민의 건재 여부가 한반도 평화의 주전선을 이룬다. 문재인정부의 지지율 하락은 주로 경제와 민생 분야의 미흡한 실적 탓으로 돌려진다. 경제와 민생은 어느 정부에나 중요하고 '헬조선'을 '나라다운 나라'로 만들겠다고 약속한 정부에는 더욱이나 중요하다. 당연히 정부가 더 잘해야 하고 특히 어떤 의미로는 민생에 가장 직접적인 영향을 미치는 각종 산하기관의 인사와 운영에 전문성을 높여야 한다.

하지만 '오로지 경제'라는 프레임은 실은 극도로 정치적인 프레임이다. 남북대결로 엄청난 이득을 누리던 세력이 북의 '도발' 중단으로 실망한 데 이어 트럼프 대통령이 김정은의 평화제의를 일축하지 않는 바람에 절망에까지 이르렀다가 기사회생을 노리며 펼친 어쩌면 마지막 전선이 '경제'인 것이다. 이 프레임에서는 빈부격차에 대한 정치적 토론이 사라지고 경제체질 개선을 위한 입법을 막아온 정치권이나 재계의 책임이라든가 민생고의 뿌리에 있는 분단체제와 세계체제의 적폐 같은 것은 모두 논의에서 배제되고 만다.

그러므로 촛불정부의 경제개선 노력도 정치담론의 복원과 함께 진행되어야 한다. 이는 자유한국당에 대한 비난을 강화해서 될 일은 아니다. 한국당이 바뀌지 않았다고 개탄하는 사람도 많으나 나는 촛불 이후 새누리당-자유한국당이야말로 크게 바뀌었다고 본다. 국민을 속여서 집권하려던 정당에서 목전의 기득권 지키기에 안면몰수하고 골몰하는 정당으로 바뀐 것이다. 오히려 여당인 더불어민주당이 덜 바뀐 것 아닌가.

민주당 안에 촛불시대의 주인의식을 가진 정치인이 있는 것을 모르지 않는다. 그러나 한국정치의 최대 당면과제인 선거제도 개혁만 하더라도, 연동형 비례대표제를 지향한다는 당론을 정한 뒤에도 딴소리가 끊이지 않는다. 한국당이 반대해서 어차피 안 될 거라느니, 의원정족수를 늘려야 하는데 '국민'이 싫어해서 곤란하다느니 하는 식이다. 그러는 사이 선거연령 낮추기 같은 또다른 핵심과제는 어느덧 잊혀버리고, 한국당이 요구하는 개헌에 관해서도 의회권력이 개혁되고 나면 대통령 권한을 대폭 제약하는 개헌도 굳이 마다할 이유가 없다는 이야기는 나오지 않는다.

더구나 '개혁정권 20년 집권' 운운하는 발상이 기존의 승자독식 틀 안에서 민주당이 오래오래 집권하여 자유한국당을 회생불능으로 만들겠다는 계산이라면 이것이야말로 촛불시민들로부터 버림받고 촛불정부의 한반도문제 주도력을 훼손하며 수구적폐세력의 재기를 돕는 길이다. 선거제도 개혁에서 한국당이 몽니를 부릴 수 있는 것도 민주당의 불투명한 태도를 직감한 국민들의 비난이 한국당에만 집중되지 않기 때문이며, 기존의 선거제도를 지켜내기만 하면 국회는 결정적인 대목에서 '개혁입법 연대'보다 '더불어한국당' 짬짜미로 운영될 수밖에 없음을 저들이 알기 때문이다. 촛불혁명의 주인들이 이 상황을 꿰뚫어보고 한반도 평화의 '운전자'를 자임하는 문재인 대통령이 여당 내의 잡음을 확실히 해결함으로써 국회의 민심 대표성을 획기적으로 높이는 개혁을 달성하도록 하는 것이야말로 2019년 벽두의 선결과제가 아닐까 한다.

그에 대한 정리가 아직 진행 중인 상태에서는 김정은 위원장의 답방이 잠시 미뤄진 것도 나쁘달 수 없다. 하늘을 본 시민들은 그의 방문이 늦어지는 동안에도 할 일이 많은 것이다.

─창비주간논평 2018. 12. 27.

16. 촛불혁명이라는 화두

　'촛불혁명'은 진짜 혁명인가? 그렇다는 의견을 나 스스로 내놓기도 했지만, 더 중요한 것은 그 질문을 화두로 삼아 연마하는 일이지 싶다. 불가의 화두공부가 깨달음을 얻기 위해 기존의 온갖 상념을 비워가는 과정이듯이, 촛불혁명에 대해서도 정답을 찾기보다 간절히 물음을 지속하는 것이 요체다. '촛불혁명이라는 것이 진행 중이라면 지금은 어떤 시대인가?' '그런 시기에 나는 무엇을 해야 하나?' 이렇게 끊임없이 물으며 살자는 것이다.

　교과서 지식을 앞세워 '촛불'이 혁명 개념에 안 맞는다고 가르치려 드는 것은 일종의 '꼰대질'이다. 반면에 2016~17년의 촛불대항쟁을 곧바로 촛불혁명 자체로 단정하고 그런 주장을 계속하는 것도 또 하나의 꼰대질이기 십상이다.

　지난 가을의 서초동 촛불집회도 화두를 연마하는 마음으로 평가할 필요가 있다. 개혁이 위기에 처했을 때 100만이 넘는 시민들이 '느닷없이' 쏟아져나와 문재인정부에 출구를 열어주고 검찰개혁을 국민의 명령으로 군혀준 것은 대단한 사건이었다. 하지만 서초동 집회 자체도 초기와 후기의 양상이 다르거니와, 오랜만에 다시 타오른 촛불이 혁명이 진행 중임을 확인해주었을지언정 탄핵을 이끌어낸 2016~17년의 항쟁에 비견할 성질은 아니었다. 그때만 못했다고 비하할 까닭도 없고 그때의 재연인 듯 과대평가할 일도 아니다. 촛불혁명이 실제로 진행 중이라면 그럴수록 촛불을 들지 않고 수행해야 할 과업이 산적한데, 동시에 촛불시위가 꼭 필요할 때면 언제든지 다시 나설 수 있는 형국임을 일깨워준 것이다.

혁명은 겁나는 것

무엇보다 경계할 점은 별생각 없이 '혁명'을 들먹이며 자기도취에 빠지는 일이다. 혁명은 본디 처절하고 겁나는 것이다. 프랑스혁명, 러시아혁명 모두 국내의 유혈사태뿐 아니라 외국군이 개입한 전쟁과 살육을 겪어야 했다. '촛불혁명'의 경우 그 철저히 평화적인 성격 때문에 유혈진압이나 군사적 개입의 명분이 약했던데다 한반도가 워낙 일촉즉발의 화약고인지라 누구도 그런 모험을 감행하기 어려웠다. 하지만 어쨌든 혁명인 이상 그 청산대상들이 순순히 물러서길 기대해선 안 된다. 저쪽은 기득권을 안 놓치려고 죽기 살기로 나오는 마당에 '화합'하고 '협치'하라고 타이르는 것 또한 한가한 이야기다.

더구나 혁명의 목표가 한반도 분단체제의 극복이라면 반혁명세력의 반격에는 막강한 외국세력이 동참하게 마련이다. '촛불'은 세계적으로 극우 포퓰리즘 정치인들이 득세하는 흐름 속에 예외적으로 성공한 민주화운동이기도 했다. 그런 민주화가 한반도 남북에 걸쳐 새로운 체제를 건설할 길을 열었다는 점이 혁명적인 면모인데, 이는 기존의 동북아질서와 미국의 세계지배에도 심각한 위협이 됨을 뜻한다. 일본 아베정권의 촛불정부 흔들기나 북·미 화해에 대한 미국 주류층의 끈질긴 반대가 모두 공연한 몽니가 아닌 것이다.

그럴수록 결정적인 남한 내부의 전선

혁명이 겁나는 또 하나의 이유는 혁명기의 신속한 변화를 따라가지 못하면 단순히 제자리걸음이 아니라 전보다 더 나빠지기 마련이라는 점이다. 거대 수구정당이 한때 국민을 속여서라도 집권하려던 '성의'마저 포기하고 나라망신 집안망신을 마다않는 집단으로 변한 모습이 바로 그렇다. 개혁의 시간이 다가오자 무소불위 권력의 민낯을 드러낸 검찰도 마찬가지다. 기득권과는 거리가 먼 일부 노년층의 반응은 따로 살펴볼 문제지만, 멀쩡해 보이던 신사, 숙녀, 지식인들 상당수가 극우집회에서나 나옴직한 발언을 서슴지 않고 실제로 그런 집회에 합류하기도 하는 사태 또한 혁명기의 역사에서 낯익은 현상이다.

'촛불정부'를 자임하는 현 정부는 어떤가? 그동안 문재인정부의 행태가 촛불정부답지 않은 면을 자주 드러낸 것이 사실이고 그래서 적지 않은 시민들이 이제는 그런 호칭을 거둬들여야 한다고 주장하는 것도 이해할 만하다. 하지만 촛불정부 없는 촛불혁명을 어떻게 이어갈지에 대한 마련이 없이 결별선언만 하자는 거라면 이 또한 '촛불'이라는 화두를 쉽게 내려놓는 일이다. 합헌적 절차로 집권한 정부이기에 혁명정부로서의 한계가 엄연하다는 사실을 감안하면서, '그래도 촛불혁명에 유용한 정부인가'라는 기준으로 시민 각자가 나라의 주인답게 판단할 필요가 있다.

개인적으로 나는 문재인 대통령 자신은 촛불혁명에 복무하겠다는 초심을 버리지 않았다고 믿는다. 다만 그가 거느린 정부에서 '촛불'을 화두로 삼는 이들이 얼마나 되는지는 의문이다. 작년 지방선거 압승 이후 대통령은 '등골이 서늘할 정도로' 두려움을 느낀다고 했는데 여당인사나 청와대 참모 중 실제로 등골이 서늘했던 사람이 몇이나 될까. 권력층의 도덕적 해이로 여러 사고가 터지는 시점에서 지금이라도 오싹해지는 사람이 좀 늘어났으면 한다. 특히 여당은 최근 선거법개정 과정에서 누구 못지않은 기득권수호 집단임을 보여주었다. 자기 의석을 하나라도 늘리려고 군소정당을 압박해서 결과적으로 한국당 의석이 조금이라도 덜 줄게 만들어준 것이다.

2020년, '촛불'의 새 국면을 여는 해로

그러나 어쨌든 '4+1' 연대를 구성하여 반촛불세력의 의회 점거를 깨뜨린 것은 평가할 만하다. 이제야말로 여당은 주체적인 대북관계·대외관계와 지혜로운 국내개혁의 선순환구조를 만들며 다른 개혁세력들과 함께 늦게나마 제21대 국회를 '촛불국회'로 진행할 큰 그림을 제시함으로써 국민의 신뢰를 되찾아야 한다. 연말의 일부 패스트트랙 법안 처리가 그 가능성을 열어놓았다. 사실 남북관계 발전에 대한 미국의 방해가 극심해진 2019년에 문재인정부가 한층 주체적인 대응에 나서지 못한 데는 '남한 내의 전선'이 너무 불안했던 현실도 크게 작용했다. 정부가 미국에 조금이라도 맞서려 하면 곧바로 '한미동맹 파탄'을 울부짖는 세력이 너무도 강력했던 것이다. 그러나 선거제도 개혁과 검찰개혁 입법만으로도 촛불정부다운 주체적 행동을 보여줄 여지가 늘어날 것이다.

물론 70년, 아니 100년이 훨씬 넘게 우리 사회에 켜켜이 쌓여온 폐해가 단기간에 정리될 리 없다. 그러나 정쟁 뉴스와 검찰발 수사보도에 가려진 우리 시대의 현장을 둘러보면 촛불 이전과는 완연히 다른 기운이 느껴진다. 곳곳에서 새롭고 창의적인 공부모임, 놀이모임, 사업모임이 진행되고 있으며 K-팝과 한국영화, 한국문학, 한국어 열기 등 각종 한류의 기세도 촛불시대의 활력과 무관하지 않을 것이다. 여성차별, 노동천대, 안전무시 등에 대한 저항도 끈질기게 벌어지고 있다. 이에 대한 정부나 기업의 대응이 너무나 구태의연해서 시민들의 분노를 낳고 있지만, 이 분노를 냉소가 아닌 개혁 노력으로 이어가려는 민주시민의 대오도 건재하다. 밑으로부터의 이런 기운이 국가정책으로 연결되는 것을 막는 차단벽이 아직도 여기저기 남아 있지만, 그중 가장 큰 벽 일부에 틈새가 벌어지기 시작하는 새해에는 시민의 기상이 더욱 드높아지고 더 큰 성취를 이루리라 기대해도 좋을 것 같다. 이를 위해 '촛불혁명'이라는 화두에 대한 연마가 지속되어야 함은 물론이다.

—창비주간논평 2019. 12. 30.

17. 다산학과 '근대' 담론

『유배지에서 보낸 편지』 학술집담회 개최를 진심으로 축하합니다. 축하를 받아야 할 분들이 참 많습니다. 무엇보다 2백년 넘어 전에 고난의 귀양살이를 하면서 이 편지들을 쓰신 다산(茶山) 정약용(丁若鏞) 선생께 감사와 더불어 축하의 말씀도 드려야겠지요. 오늘의 대중이 그분이 남기신 방대한 문학적·학술적 성과에 쉽게 다가갈 통로가 만들어졌고 이 통로를 더욱 넓히는 행사가 열리고 있으니까요.

『유배지에서 보낸 편지』라는 통로를 처음 열었고, 최초의 건설공사 이후 지난 40여년간 한층 원전에 충실하면서도 현대인이 다니기에 편리한 길을 만들고자 네번에 걸친 대대적 보수공사를 해오셨으며, 오늘 행사의 주최기관인 다산연구소를 이끌고 계시는 박석무(朴錫武) 이사장께도 각별한 축하인사를 드려야겠습니다. 아울러 공동주최를 해주시는 실학박물관, 그리고 다산연구소를 수원에 유치하여 지역의 품격을 스스로 높인 경기도에도 축하를 건넵니다.

책을 펴낸 (주)창비도 축하를 받을 만하겠지요. 그런데 애초의 안내자료에 저의 축사 제목이 「63쇄를 펴내면서」로 나왔기에 제가 원고를 보내면서 두마디 토를 달았습니다. 첫째는 '63쇄'라는 숫자에 관해서였지요. 제가 가진 2019년의 개정3판 1쇄본의 판권란을 보면 초판이 13쇄를 찍었고 개정1판이 24쇄, 개정2판이 36쇄까지 발행된 걸로 나옵니다. 그것만 합계해도 73쇄려니와, 개정3판도 이미 3쇄를 찍은 모양입니다. 더구나 창비판 이전 최초의 시인사판도 정확한 기록은 없지만 최소한 5쇄를 찍은 물증이 확보되어 있다고 합니다.

저의 지적을 받고 주최 측은 다음 안내자료에서 「81쇄를 내면서」라는 새 제목을 달아줬더군요. 사실은 81쇄도 전부가 아닙니다. 『유배지에서 보낸 편지』는 국방부에서 '진중문고'로 선정되어 창비사가 1만 5천부를 따로 제작해서 납품한 적이 있는데 이건 중쇄 계산에 안 들어갔지요. 한 쇄를 3천부씩이나 찍는 걸로 계산하더라도 추가분 다섯쇄가 더 있는 셈입니다. 박이사장께서 무슨 부정축재를 하신 것도 아니니 떳떳이 밝히셔도 될 겁니다.

제가 토를 달았던 또 한가지는 '~쇄를 펴내며'라는 제목이 마치 책의 발행자가 저인 것처럼 들린다는 점입니다. 최근 개정판의 펴낸이는 강일우(姜日宇) 창비 사장이며 창비판이 처음 나오던 1991년 당시의 발행자는 김윤수(金潤洙) 선생이었을 것입니다. 게다가 1979년에 『유배지에서 보낸 편지』를 최초로 발행한 이는 박이사장의 막역한 친구이던 고 조태일(趙泰一) 시인이었습니다. 그가 거액의 선금을 주고 '입도선매'한 뒤 매일같이 역자를 닦달해서 시인사 초판본이 나올 수 있었던 것입니다.

저는 「다산학과 '근대' 담론」이라는, 축사에 다소 안 어울리는 거창한 제목을 지어 보냈습니다. 주최 측에서 이걸 받아들여 자료집 본문에 실어주셨군요. 감사드리며, 관련된 모든 분들께 다시 한번 축하의 말씀을 드립니다.

저처럼 다산의 저작 중 우리말로 번역된 것조차 극히 일부밖에 못 읽은 인간으로서는 이 지점에서 말을 마치고 내려가는 것이 적절한 처신이기 쉽습니다. 하지만 이 뜻깊은 자리에 와서 발언할 소중한 기회를 얻은 김에, 『유배지에서 보낸 편지』나 다산사상 자체보다 현대 한국의 담론과 관련된 이야기를 잠시 해볼까 합니다.

아시다시피 오늘날 우리 사회에서는 다산 선생의 업적에 대한 인식이 점점 증대하는 가운데, 다른 한편으로 다산이나 실학 전반에 대한 부정적인 평가도 끈질기게 나오고 있습니다. 그중에서도 가장 흔하며 일부 언론의 적극적 응원을 받는 주장이 다산을 포함한 실학의 '근대성'이 과장되었다는 것입니다. 이는 근대야말로 문명개화의 시대이고 실학이든 무엇이든 근대로의 전환을 얼마나 선도했느냐에 따라 그 가치가 좌우된다는, 전형적인 근대주의적 주장이지요.

이에 대해 다산 선생이 비록 '근대적'은 아니었지만 충분히 '근대지향적'이었다고 응수하는 것은 다소 궁색한 변명으로 들리며 기본적으로 근대주의 사고의 틀, 저들의 이른바 '프레임'에 말려드는 일입니다. 다산이 당대의 적폐를 파헤치며 새로운 세상을 꿈꾼 것은 사실이지만, 그가 오늘 우리가 살고 있는 근대를 지향했다는 것은 그의 사상을 외면하고 왜곡하는 결과가 되겠지요. 그는 당신의 표현으로(물론 유교 전통에 있는 표현입니다만) '도심(道心)' 곧 수신을 통해 지켜낸 인간 본연의 착한 성품이 지배하는 세상을 꿈꾸었지, 수양 없는 무리들의 탐욕을 포함한 일상적 감정 곧 '인심(人心)'을 예찬하며 심지어 작동의 원리로 삼는 자본주의 근대를 지향했을 리가 만무한 것입니다.

물론 그의 사상에 근대의 어떤 특징들을 선취하고 예비하는 요소들이 있습니다. 그런 요소가 구체적으로 어떤 것들이며 정확히 어느 정도로 오늘 우리의 근대적응을 도와줄 수 있는지를 규명하는 것도 다산학의 중요한 과제가 되겠습니다. 그러나 못지않게 중요한 과제는 다산사상이 도저히 근대 세계체제와 양립할 수 없는 어떤 요소들을 지녔으며, 그러한 요소가 오늘날 무작정 이 체제에 순응만 하다가는 자멸하게 마련인 현대 인류에게 어떤 활로를 열어줄 수 있을지를 밝혀내는 일일 것입니다. 사실 그 두가지 과제는 별개가 아닙니다. 극복 노력이 없는 적응만으로는 적응조차 결국 불가능하려니와, 적응은 안 하고 극복만 하려는 노력 역시 실효를 거두기 어렵기 때문입니다.

한마디 곁들인다면, 다산이 근대를 지향하거나 선취했다고 말하면서 그가 지향한 근대는 자본주의적 근대와 본질적으로 상이한 '대안적 근대'임을 강조하는 분들도 있습니다. 취지는 이해합니다만, 저는 이것이 두가지 면에서 생산적인 담론이 못 된다고 생각합니다.

첫째, 자본주의적 근대 세계체제가 이미 전지구를 덮고 있는 세상에서 이 자본주의를 어떻게 할 것이냐는 관건적인 질문을 회피하는 효과가 있습니다. 자본주의를 그대로 둔 채 '대안적 근대'를 건설할 수 있다는 생각은 일종의 자기기만이지요. 또한 '대안적 근대'의 비전을 제시하는 것만으로 자본주의를 대체할 수 있다는 생각도 자본주의 무서운 걸 모르는 순진한 발상이 아닐까 합니다.

둘째로 자본주의 이후의 세상을 상상하고 추구하는 사람들이라면, '근대'와 '현대'를 구별 못하는 영어 등 서구어 사용자들과 달리 '대안적 현대'라는 말을 쓰는 게 적절하다고 믿습니다. 우리는 서양의 언설에 너무 물이 들어서 항상 영어나 다른 서구어의 표현이 원문이고 그걸 번역하는 일이 우리 몫이라고 생각하곤 합니다. 그러나 역사상의 한 시기로서의 '근대'와 자기가 살고 있는 시기로서의 '현대'를 '모던'(modern)이라는 하나의 낱말로 통칭하는 것은 저들 어휘의 부족 탓일 뿐입니다. 그런 언어적 빈곤과 무관한 우리 동아시아인들이 자본주의 시대를 넘어선 새로운 시대를 '대안적 현대'로 표현하고, 이걸 영어로 어떻게 번역할지에 대한 고민은 영어권 인사들에게 맡겨놓았으면 합니다.

따라서 저는 자본주의 근대에 적응하면서도 그것을 극복해가야 하는 우리 시대의 과제를 '대안적 근대의 추구'가 아닌 '근대적응과 근대극복의 이중과제'라고 표현해왔습니다. 딱히 그 표현을 쓰지 않더라도, 저보다 다산 선생의 저작을 훨씬 깊고 넓게 공부해오신 분들이 저의 이런 문제의식을 다소나마 수용하면서 연구와 토론을 해나가셨으면 하는 간절한 소망을 저는 품고 있습니다.

오늘의 집담회가 그런 연구의 본격화를 위한 계기가 된다면 발표자와 토론자 그리고 주최자 모두에게 더욱 큰 감사와 축하의 인사가 쏠리겠지요.

—2020. 10.

18. 세상의 민낯을 본 뒤에 무엇을 할까

2020년은 정말 길고 힘든 한해였다. 유달리 어수선한 정국에다 전에 없
던 코로나19 대유행까지 겹쳐 살림살이가 극도로 힘들어진 세월이었다.
'세상이 왜 이래?'라는 탄식이 곳곳에서 들려오는 것도 당연하다. 하지만
냉정하게 돌이켜보면 세상은 늘 이랬고 여러 면에서 더 나쁘기도 했다.
물론 감염병 대유행이 겹친 점이 새롭지만, 이 경우도 주로 예전에 힘들
었던 사람들이 더욱 힘들어진 사례가 대부분이다.

'촛불'이라는 화두와 표준

따라서 '세상이 왜 이래?'라는 물음도 그냥 탄식에 그칠 것이 아니다.
지난해 신년칼럼에서 나는 촛불혁명을 섣불리 정의해서 찬반 어느 쪽을
고집하기보다 이를 화두 삼아 연마할 필요성을 강조한 바 있는데(졸고 「촛
불혁명이라는 화두」, 『한겨레』 및 『창비주간논평』 2019. 12. 30; 본서 4부 16), '이런 세상'
의 실체가 속속 드러나고 있는 지금이야말로 더욱 그렇다. 민낯들의 드러
남이 촛불혁명의 성과인 동시에, 드디어 민낯을 보여준 세력이 이제는 그

야말로 '안면몰수'하고 나설 것이 예상되기 때문이다.

촛불혁명으로 가장 일찍 진면목을 드러낸 것이 거대 수구정당이었다. 그런 면에서 그들이야말로 가장 크게 변한 집단이다. 국민을 속여서 집권하는 게 목적이었고 2007년과 2012년 모두 그 목적을 너끈히 달성했던 정당이 촛불 이후 국민을 속이는 능력뿐 아니라 속이려는 성의마저 상실한 기색이 역력해졌다. 최근에는 2012년 박근혜 후보의 '경제민주화' 공약을 입안했던 분이 비상대책위원장으로 돌아와 다시 국민을 속일 수 있는 정당으로 만들고자 분투하고 있지만, 그사이 국민의 의식수준이 엄청 높아진데다 당내에 솔직한 인사들이 너무 많아 자기들끼리 손발을 제대로 맞춰갈지도 의문이다. 일시적으로 여론의 지지도가 좀 오르더라도 반촛불 세력의 지휘부라기보다 누구든 앞장서 정부를 흔들어대는 인사의 써포터즈 역할에 머무는 형국이다.

검찰의 민낯도 온 천하에 드러났다. 검찰이 '무소불위의 권력'을 휘두르고 있음을 아는 이들은 꾸준히 늘어왔지만 설마 이 정도일 줄은 개혁을 추진한 대통령과 정부도 잘 몰랐던 게 분명하다. 그러나 윤석열 총장이 이끈 대대적 반항사태를 지켜보면서 철저한 검찰개혁이 수구정당 제압에 못지않은 시대적 과제임이 분명해졌다. 또한 검찰처럼 직접 칼을 휘두르지 않는다 뿐이지 국민을 죽이고 살리는 최종적 권한을 가진 법관들의 정체도 드디어 국민들에게 각인되기 시작했다. 그 동네야말로 설마가 사람 죽이는 곳인데, 사실 '설마'는 배부른 계층들 얘기이고 돈 없고 힘없는 백성들은 일찍부터 그곳이 '유전무죄 무전유죄'의 본고장임을 실감해왔다. 아무튼 학습의 소중한 기회를 얻었는데, 이럴 때일수록 관성적인 개탄이나 옥석을 안 가리는 과격한 공격이 아니라 촛불을 표준삼은 냉정한 형세 판단과 착실한 제도개혁으로 대응할 필요가 절실하다.

아직 덜 드러난 민낯들

경제관료들, 특히 예산권을 틀어쥔 관료들의 실상도 드러나는 중이다. 한국의 재정건전성이 OECD 국가들 중에서 매우 양호한 축인데도 코로나사태로 거의 사경에 처한 사람들 도와주자고 할 때마다 '재정건전성'을 들고 나와서 한푼이라도 덜 주려고 한다. K-방역이 진단과 추적에서 모범적인 성과를 내면서도 국민들의 전폭적인 협조를 얻는 데 한계를 보이는 것도, 정부관료가 서민을 '죽게 내버려두는' 속마음으로 재난극복에 임하고 있지 않나 하는 불신을 사기 때문은 아닐까.

이밖에도 우리 사회의 숨겨졌던 진실이 곳곳에서 표출되고 있다. 언론계가 정직한 보도를 하지 않는다는 점은 이미 많은 사람에게 알려졌다. 대중이 직접 참여한 큰 사건이 일어날 때마다 언론이 자신들이 목격하는 실상을 보도하지 않음을 체득하는 사람 수가 늘어나기 때문이다. 그러나 언론계의 문제가 일부 기자들의 타락, 또는 특정 언론사들의 진실왜곡에 국한되지 않는 현상임을 더 공들여 연마할 시점에 왔다. 이제는 저들의 왜곡보도가 단순한 사실왜곡의 수준을 넘어 촛불정부의 실패를 위한 면밀한 작전의 일환이며 그런 점에서 제1야당보다 대형 수구언론이 반촛불세력의 전략본부로 기능하고 있다고 봐야 한다. 또한 소위 진보신문이 이에 효과적인 대응을 못하는 것이 단지 물적 자원의 부족과 발행부수의 열세 탓이 아니라, 손쉬운 양비론에 안주하면서 포탈의 클릭 수에 누구 못지않게 집착하는 자세에 기인하기에 이른 것이 오늘의 현실이다. 그 배경에는 정권보다 금권이 우위에 선 지 오래된 우리 사회에서 언론인집단의 체질 자체에 일어난 변화가 작용하고 있을 것이다.

미진한 공부거리를 열거하자면 한이 없으나 여당에 대한 지적을 빼놓을 수 없다. 민주당이 수구야당과 동일한 수준의 적폐세력은 아니지만 줄곧 우리 사회 기득권구조의 일부로 기능해왔음은 엄연한 사실이며, 의석

180석을 동원할 수 있는 지금도 툭하면 말을 뒤집고 개혁에 발을 끄는 모습은 결코 대충 넘길 일이 아니다. 대통령 자신은 여전히 촛불정부의 초심을 잃지 않았다고 믿기에 나는 계속 지지를 보내는 축이지만, 촛불혁명의 개념조차 희박한 고위관료와 여권 정치인들을 제대로 통어하지 못하는 책임마저 불문에 부칠 수는 없다. 이는 정치적 개인기의 문제라기보다 촛불시민들과 지속적으로 소통하며 그들의 선한 기운을 북돋우는 노력의 문제인 것이다.

근대세계와 '중근' 고비

이런저런 민낯들을 보면서 우리가 반드시 할 일은 거울을 들여다보는 일이다. 상식적으로 추론해도 세상이 온통 '이런데' 자신만 온전할 확률이 얼마나 될까. 이런 세상을 만드는 데 각자가 스스로 해온 몫이 당연히 있게 마련이다. 사람에 따라 다르겠지만 대한민국을 '기후악당국가'로 만드는 데 알게모르게 기여한 바 있을 것이고, 노동을 멸시하고 생명을 경시하며 차별과 혐오를 조장하는 사회에서 무심코 살아왔다면 그것도 반성하고 참회할 대목이다. 나는 분단체제가 괴물이라면 그 속에서 살아온 우리 내부에도 괴물 하나씩은 있게 마련이라는 주장을 펴왔는데, 분단체제를 포괄하는 자본주의 세계체제의 괴물스러움 또한 팬데믹시대를 맞아 한층 뚜렷해지고 있다.

불가에서는 부처님의 교화를 받을 능력과 소질을 근기(根機)라 하고 상·중·하 등급으로 나누곤 한다. 물론 하근기라도 수행을 통해 중·상근으로 진급할 수 있는데 가장 위태로운 것이 오히려 중근(中根)의 고비라고 한다. 이 단계는 아주 몽매한 상태를 벗어나 분별력이 늘고 더러 사람들의 칭찬을 받기도 하지만, 그 때문에 오히려 자기 기준으로 매사를 재단함으로써 상근으로 못 가고 심지어 하근보다 못한 지경에 떨어지기 일쑤라는 것이다.

주변에서 자기 마음에 안 드는 언행을 일삼으며 혼자 똑똑한 척하는 '중근병자'들을 식별하기는 어렵지 않다. 반면에 자신이 동조하는 사람들 중에서 그런 부류를 인지하기는 한결 어렵다. 무엇보다 스스로 중근 고비에 걸려 있다는 생각은 중근기일수록 하지 못한다. 이런 때야말로 스승이나 목자, 도반의 일깨움이 필요한데, 우리 시대에는 어떤 스승의 존재보다 촛불혁명의 거대한 흐름을 마음에 모시고 정진하는 것이 중근 고비 넘기의 관건이다.

굳이 불교 용어를 빌려온 것은 근대 세계체제야말로 중근병자를 대량 생산하도록 설계된 체제라는 생각에서다. 제도교육의 확대와 지식산업의 발달, 특히 디지털정보기술의 극대화로 하근에 멈춘 인구가 대폭 줄어든 대신, 중근 고개를 넘어 상근기로 진급하는 공부는 공식적인 교육과정이나 교육이념에서 아예 자취를 감춘 형국이다. 아니, 자기 몸을 닦아 인간 세상을 평안하게 하는 공부, 스스로 부처가 되어 중생을 건지는 공부, 또는 하느님을 공경하고 이웃을 내 몸처럼 사랑하는 공부는 진지하게 하면 할수록 손해 보게 되어 있는 세상이다.

촛불혁명을 화두로 삼고 살아간다는 것은 바로 이런 세상에서 나라다운 나라를 만들자는 엄청난 도전이다. 2020년의 고난과 혼란 속에서도 이런 작업이 멈추지 않았다는 믿음을 갖는 것은 감염병 대유행에 대처해온 공동체의 분투와 사회운동, 시민정치, 학문, 예술, 기술 등의 수많은 현장에서 촛불을 화두로 삼은 창의적 노력들이 계속 전개되어왔음을 알기 때문이다.

—창비주간논평 2020. 12. 30.

찾아보기

수록문 출처

서장 「촛불혁명과 개벽세상의 주인노릇을 위해」

본서에 처음 게재함.

1장 「근대, 적응과 극복의 이중과제」

네이버문화재단 주최 '문화의 안과 밖' 강연(2014. 11. 22)의 원고를 수정 보완해, 송호근 외 『시민사회의 기획과 도전: 근대성의 검토』(민음사 2016)에 수록. 본서에 수록하면서, 강연 후 발표한 별개의 글인 "The Double Project of Modernity," *New Left Review* 2015년 9–10월호(95호)의 내용 일부를 반영함.

2장 「3·1과 한반도식 나라만들기」

한국기독교사회문제연구원 주최 '3·1운동100주년기념 국제컨퍼런스'(2019. 2. 25)에서 강연한 내용을 수정 보완해 『창작과비평』 2019년 여름호에 게재. 이후 백영서 엮음 『백년의 변혁』(창비 2019)에 수록하면서 약간의 손질을 더하고 덧글을 달았으며, 본서에 수록하면서 다시 일부 개고함.

3장 「한반도에서의 식민성 문제와 근대 한국의 이중과제」

미국 뉴욕주립 빙엄튼대학 페르낭 브로델 쎈터에서 개최된 학술대회(1998. 12. 4~5)에서 영어로 처음 발표되었고, 국역본을 『창작과비평』 1999년 가을호 게재. 이후 *Interventions* 제4호(2000년 첫호)에 "Coloniality in Korea and a South Korean Project for Overcoming Modernity"라는 제목으로 게재했으며, 개고 후 이남주 엮음 『이중과제론』(창비 2009)에 수록했다가, 본서에 수록하면서 다시 일부 개고함.

4장 「근대 한국의 이중과제와 녹색담론: '이중과제론'에 대한 김종철씨의 비판을 읽고」

『창작과비평』 2008년 여름호 게재. 이남주 엮음 『이중과제론』(창비 2009)에 수록하며 개고 후 덧글을 달고, 본서에 수록하며 다시 개고함.

5장 「고(故) 김종철과 나」

『녹색평론』 2020년 9-10월호 게재.

6장 「동아시아공동체 구상과 한반도: 일본의 한국병탄 100주년을 맞아」

일역본을 『세까이(世界)』 2010년 5월호 게재. 『역사비평』 2010년 가을호에 수록하면서 개고하고, 본서에 수록하면서 '글머리에' 추가함.

7장 「국가주의 극복과 한반도에서의 국가개조 작업: 동아시아 담론의 현실성과 보편성을 높이기 위해」

제3회 동아시아평화포럼 기조발제(2010. 11. 5) 원고를 개고하고 덧글을 추가해 『창작과비평』 2011년 봄호 게재.

8장 「2013년체제와 변혁적 중도주의」

『창작과비평』 2012년 가을호 게재하고, 정현곤 엮음 『변혁적 중도론』(창비 2016) 수록.

본서에 수록하면서 덧글 추가함.

9장 「큰 적공, 큰 전환을 위하여: 2013년체제론 이후」

제96차 세교포럼(2014. 9. 19) 발표문을 대폭 수정 보완해『창작과비평』2014년 겨울호
에 게재. 대담집『백낙청이 대전환의 길을 묻다』(창비 2015)에 수록하면서 개고함.

10장 「'촛불'의 새세상 만들기와 남북관계」

한평아카데미 강의 '새세상 만들기와 남북관계'(2016. 12. 15)의 내용을 수정 보완해
『창작과비평』2017년 봄호에 게재하고 본서에 수록하면서 개고함.

11장 「시민참여형 통일운동과 한반도 평화」

한평아카데미 특별강연(2018. 7. 12) 원고 및 질의응답의 녹취본을『동향과전망』
2018년 가을·겨울호에 수록하면서 덧글을 추가함.

12장 「어떤 남북연합을 만들 것인가: 촛불혁명 시대의 한반도」

『창작과비평』2018년 가을호 게재.

13장 「기후위기와 근대의 이중과제: 대화 「기후위기와 체제전환」을 읽고」

『창작과비평』2021년 봄호 게재.

제4부는 각 글의 말미에 출처를 명기하였음.

근대의 이중과제와 한반도식 나라만들기

초판 1쇄 발행 / 2021년 11월 19일

지은이 / 백낙청
펴낸이 / 강일우
책임편집 / 박주용 신채용
조판 / 황숙화
펴낸곳 / (주)창비
등록 / 1986년 8월 5일 제85호
주소 / 10881 경기도 파주시 회동길 184
전화 / 031-955-3333
팩시밀리 / 영업 031-955-3399 편집 031-955-3400
홈페이지 / www.changbi.com
전자우편 / human@changbi.com

ⓒ백낙청 2021
ISBN 978-89-364-7892-6 93300